加爾默羅靈修

凡尋求天主，深感除天主外，
心靈無法尋獲安息和滿足的人，
會被吸引，進入加爾默羅曠野。

星火文化

聖女大德蘭誕生五百週年新譯本

The Book of Her Foundations · Libro de las Fundaciones

聖女大德蘭的建院記

十六世紀隱修女的創業家、旅行家、管理者的奇妙旅程

大德蘭 St. Teresa of Avila◎著

加爾默羅聖衣會◎譯

范毅舜◎封面攝影

聖女大德蘭建院的足跡

西班牙
（17）布格斯 BURGOS
（14） 帕倫西亞 PALENCIA
（4） 瓦亞多利 VALLADOLID
（15）索里亞 SORIA
布爾格
（2）梅地納 MEDINA DEL CAMPO
阿雷巴羅
（7）撒拉曼加 SALAMANCA
（9）塞谷維亞 SEGOVIA
（8）奧爾巴 ALBA DE TORMES
杜魯耶洛
（1）亞味拉 Avila
亞爾加拉
馬德里
（6）巴斯特日納
BASTRANA
（5）托利多 TOLEDO
葡萄牙
（13）哈拉新鎮
VILLANUEVA DE LA JA
（3）馬拉崗 MALAGON
（10）貝雅斯 BEAS
哥多華
（12）卡拉瓦卡
Caravaca
瓜達爾幾微河
（11）塞維亞 SEVILLA
（16）格拉納達 Granada

註：請參見本書第二六六頁及第三九四頁。

CONTENTS

目錄

CONTENTS

目錄

CONTENTS

推薦序一

天主的奔波者

亞味拉聖若瑟赤足加爾默羅隱修院
Mother Julia of the Mother of God

聖女大德蘭在世時，被稱為天主的奔波者（Andariega de Dios）。西班牙文的這個語詞表達得非常生動，不過，確實很不容易翻譯成其他的語言。許多聖女大德蘭的畫像是這樣呈現的：光著腳、握著手杖行走，風塵僕僕，或坐在騾子拉的馬車內，橫跨西班牙的東西南北。「天主的奔波者」……總是一路上供奉新的聖體龕，尋找深愛基督的靈魂，她們獻身於讚美祂，在愛與關懷的隱修生活中，深入祈禱、單純的工作，嚴格又喜樂。修女的陶成者，其唯一的理想是效法納匝肋的生活方式，聖童貞瑪利亞度隱沒生活時期的靜默，呼吸福音的嶄新氣息……「因此，童貞聖母的這些小鴿房開始拓展，至聖的至尊陛下開始顯示祂的崇偉，施展於這些弱小的女子，雖然如此，她們的渴望及超脫萬有是堅強的。」（4・5）①

1. 本書中，凡引用《建院記》處，只標示章・節，不附書名。

《建院記》遠勝過一部小說，或冒險的書，它是真實的故事，是由一位聖女執筆寫出的。穿越各種不同的道路，她逐漸明白自己的建院者角色：管理團體、寫信給國王，也和客棧老板、趕騾的車夫、學生⋯打交道。在《建院記》中，呈現出來的是更有人情味的聖女大德蘭，是一位組織者和企業家，一位旅行者和神祕家，能夠化解困難的處境，通達人情，善與各種人相處，無論其社會地位如何。她也是一位改革者和導師，適宜地寫下修會的法規，賦予修會新的活力，既年輕又成熟。

不過，最好還是你們親自從中發現，如果剛開始閱讀時，覺得有些氣餒，不要驚奇。許多的人名、事件和地方，起初可能會覺得不熟悉，然而，如果恆心看下去，在大德蘭的《建院記》中，你們會找到基督徒智慧的寶藏，能夠回答過去和現在的許多問題。

本文作者Mother Julia of the Mother of God，為聖女大德蘭首座革新隱修院——亞味拉聖若瑟赤足加爾默羅隱修院現任院長。

推薦序二

《建院記》中譯代序

關永中教授

聖女大德蘭其他著作都不乏譯者們的青睞，《建院記》卻是破天荒第一次被翻譯成中文！

論篇幅，其頁數不少於《自傳》；

談比重，其份量不輕於《會憲》；

講靈修，其價值不低於《靈心城堡》；

言務實，其叮嚀不亞於《全德之路》。

但《建院記》為何要遲至今天始以中譯本面世呢？

固然，它缺乏《靈心城堡》的清晰思路，它沒有《自傳》的扣人心弦，它稍欠《諷刺評判》②的風趣幽默，它也比不上《詩集》的溫潤空靈；

但到底這都不是拒絕翻譯的理由！

2. 參閱《攀登加爾默羅山》導讀二（星火，台北 2012）377—379。

況且，《建院記》有其特色是其他著作所無：

首先，它是會院長上的領導寶鑑——大德蘭自從建立多座隱修院以來，先後累積了豐富的第一手資料，得悉其中能夠出現的狀況，曉得如何駕馭此等危機，值得長上們借鏡。

再者，它是對治修道精神病患的指南——修道問題眾多，尤其是為過於內斂、帶有憂鬱傾向的隱修者而言，身處隔離而靜默的氣氛下，會比一般人容易招惹心理病癥，須及時發現並迅速對治，否則後果嚴重。大德蘭旅居各地，博見廣聞，經驗豐富，給予的建言，精闢獨到，值得指導者再三參考。

如此珍貴的檔案，若遭遺漏，誠屬可惜！

然而，話須說回來，凡讀過《建院記》原典或譯文的人，也許已多少察覺其中讓人望而生畏的地方：

其一是，其歷史背景複雜——十六世紀的西班牙，並非我們想像般單純，其中錯綜複雜的情節，尚須一位懂得當時歷史與地理的史學家來疏解，否則大德蘭建院的經歷，就逾越了一般華人所能掌握的範圍。

其二是，所牽涉的人物眾多——凡與大德蘭有互動的人物，不論是教會中人，或政治要員，都纏繞在繁瑣的線索脈絡當中，須要求一一釐清，方不至於費解紊亂。

其三是，作者行文每多曖昧——較之大德蘭其他作品，《建院記》是耗時最久的著作；打從一五七三年，直到一五八二年，她花了整整九年的光陰，直至接近臨終時才擱筆；反觀其代表作《靈心城堡》（一五七七年），所用的時間，也只不過兩個月而已。《建院記》持續地寫成，思路幾經轉折，篇幅前後不易貫串，加上大德蘭在行程倉促間下筆，文意不免模稜兩可，難以揣摩。為此，光是兩份英譯本的對照，Kieran Kavanaugh 的某些譯句，其意就與先前的 E. Allison Peers 的詮譯迥異；其晦澀之程度，由此可見一斑。

姑勿論一般輿論如何看待《建院記》，到底其獨到的弦外之音卻相當鮮明——人是「旅途之人／*homo viator*」，由大德蘭的建院歷程所見證；在「旅途之人」的前提下，大德蘭以身作則地給我們提示了如下的重點：

一、人生如同旅客

打從一五六二年開始，大德蘭就已經在亞味拉建立起第一座修院——聖若瑟隱修院，並因應其神師賈熙亞．托利多（García de Toledo, O.P.）的囑咐，把建院過程收錄於《自傳》（三十二至三十六章）內。之後，於一五六七年至一五七一年間，聖女大德蘭又先後在梅地納、馬拉崗、瓦亞多利等地，建立起另七座隱修院。並經由其繼任神師熱羅尼莫．李帕達神父（Jeronimo Ripalda S.J.）的吩咐，也把經歷寫下來，成了《建院記》前二十章的篇幅。一五七〇年二月，大德蘭在神視中接受吾主的催促，繼續努力於建院和筆錄（*Spiritual Testimony*．6）；如是者，於一五七一年起，又一座座隱修院先後矗立在西班牙境內，並受命於她當時的長上古嵐清神父（Jerónimo Gracián），把《建院記》其餘的文獻寫完，時已屆其臨終之期。

大德蘭後半生縱橫馳騁，舟車勞頓，其行蹤足以給我們象徵人生之為「旅客」，每一路標皆是過站，為永恆歸宿做預演。

二、有神在指引前路

就如同聖祖亞巴郎蒙召一般，大德蘭也心悅誠服地接受命令，踏上征途，即使重重的困苦阻擋前路，也毫不退卻，因為她深信神強有力的手在指引著，讓她度過一切難關；為此，她指出：「在這些建院中，不是我做了什麼，而是大能的祂做了一切。」（29・5）

三、千山萬水，任重道遠

聖女大德蘭為承行主旨而四處奔波，所經之地，都有排山倒海的困難等待著她去面對，讓人藉此體會世途險惡，建樹艱辛；我們一旦起而向善，就自然有各式各樣的負面力量與之抗衡。在《自傳》裡，邪靈藉社會陋習、靈的攻擊等來阻撓，在《建院記》裡，邪惡勢力則轉而透過人事干預、逆境病痛等來破壞。例如，梅地納的建院計畫，就遭遇奧斯定會士以法律訴訟加以恐嚇（3・4）。一五七七年聖誕夜，聖女大德蘭跌斷左臂，傷勢至臨終都未能癒合。多方面的磨難，足以讓人精神崩潰，心灰意冷。聖女大德蘭的對治法是祈禱、修德、聆聽神師與德學兼優之士。

四、唯獨神的旨意終將成就

到底為承行主旨的人而言，神必藉著他，在逆境中大獲全勝（18・1；27・11、20）；

為此，服從上主而執行使命者，會在舉手投足之間體會祂的助祐，甚至在廚房的盤碟之間，瞥見祂的足跡（5 · 8）。固然我們力量有限，無從對付一總的困境，但以大德蘭的建院始末做為榜樣，我們可從中獲得鼓勵，勇往直前。

總之，我們無論是以閱讀靈修書的心態來面對，或以研究歷史典籍的態度來探討，都會從《建院記》的行文中深受教益。

本文作者關永中，香港中文大學畢業，比利時魯汶大學神學、哲學博士。國立臺灣大學哲學系教授。著有《郎尼根的認知理論》、《神話與時間》等書。

推薦序三

行動中的默觀者——聖女大德蘭

曾慶導神父

聖女大德蘭的著作裡，一本很容易讀也很吸引人讀的，是《建院記》。因為這不只是一本靈修書（大德蘭是一位靈修大師，思想很深奧，有時不容易明白），更是一本歷史書，在建院過程裡有很多有趣味的小故事。看這書，更能體會到大德蘭是個活力充沛的行動家，也是一個祈禱家。更好說，是一個寓默觀於行動、行動於默觀的靈修大師。

聖女改革加爾默羅女隱修會，茹苦含辛在各地建立了十七座會院，經歷了疲憊、挫折、失望、生病等相當多的磨難。她雖然很有人緣，容易交朋友得人助，其中有權有勢的朋友也有，但有錢有勢的人也不是常常好對付的，他們未必沒有私心雜念，甚至有世俗人的算盤。使她鍥而不捨的，是因為她在祈禱中，主讓她知道「祂會在這會院裡得到侍奉」。大德蘭是像聖母一樣「爾旨承行」的「主之婢女」。她說：「我從未由於害怕辛勞而不去建院。雖然我對旅行感到極大的抗拒，尤其是長途跋涉的旅途。不過，一旦開始上路，我就覺得不算什麼了。看到我要服侍的是誰，及深思在那會院裡，上主會受到讚美，而且供奉至聖聖體。這是我特別感到安慰的，我不知有什麼磨難，無論多麼大，是應害怕的……主耶穌基督，真天主又真人，真的在至聖聖體內……」（18．5）

除了建造修院的硬體設備，大德蘭也要為每個修院找最適合的修女。故《建院記》也是不少小姐的「入會記」。百忙中，大德蘭沒有忘記給修女們眾多的靈修講話，鼓勵她們為主耶穌奉獻犧牲，修德成聖。所以這部《建院記》也是一部「心靈的建院記」。主管們可以從她對各修院院長姆姆的諄諄教導中，學習如何有智慧地帶領管理屬下的人員，包括在人性和靈性上的事務，並且培養各種德行如服從、刻苦、明辨等等。

「羅馬不是一天建成的」。任何好的事，值得做的事，都要付出代價，甚至很大的代價。沒有奉獻犧牲，就沒有成功的喜樂。這是一個弔詭的真理。看完這《建院記》後，我覺得我們會為值得做的事更樂於犧牲。而大德蘭說過，在這世上最值得做的事，就是為天主而接受痛苦。我們每天的生活都充滿這逾越的奧蹟。

本文作者曾慶導神父，耶穌會士。在香港念完中學後移民美國，獲生物學碩士，後於加州柏克萊耶穌會神學院獲靈修學碩士，波士頓威士頓神學院信理神學博士。曾任輔仁大學神學院院長，現任臺灣總修院神師。

推薦序四

再讀《建院記》

陳新偉神父

再讀《建院記》是爲了這本譯本的出版寫些感言。

再讀後，對本會會母的先知性，那種厄里亞先知般「憂心如焚」的心情，有更多的領悟，同時體認作爲加爾默羅孩子的責任；再讀後，更清楚什麼叫做活出基督，活出加爾默羅會獻身精神，特別是真福的成聖精神；再讀後，明白原來我們最後必會懷有熾熱的牧靈使命；在祈禱中，在靜默中，即使在隱修院中，都是充滿著對世人的愛和憐憫。

因曾在二〇一四年會母五百年慶典期間，到過她所建立的會院，照會母時代西班牙的社會及教會環境，再讀時，更能瞭解會母爲何選擇改革。「上主使我明瞭，祂在隱院得到很多的事奉」；教會的分裂，使大德蘭難過極了，希望能有默觀的團體，成爲天主的好朋友，拯救許多失落的靈魂，特別是那些天主曾善待過的人——神職人員、傳教士、神學家，尤其是教宗、主教，爲他們能獲得極大的恩寵祈禱，希望他們在全德和聖召上前進；還有，為當時，也是現在基督徒的問題——對祂如此的不忠誠，沉迷於塵世俗務。（參閱全德③

3. 大德蘭，《聖女大德蘭的全德之路》，（臺北：星火文化，2011）。

1・1）

該用怎樣的心情來讀《建院記》呢？這本書絕對是建院的歷史記錄，但卻不是沉悶的歷史敘述，而是電影般，充滿感動，喜樂的畫面。那畫面來自大德蘭本身的人格特質，靈活地展現每次建院時出現的人物。更重要的，在她筆下，讓我們感受到立體的畫面，特別是她本人的魅力，提供我們更大的想像空間。她毫無隱藏的個性，她的幽默，她的真誠和無窮的耐力與智慧，足以讓這一本書成爲修會的經典，也是朝聖者必讀之書。

大德蘭的《建院記》，對修道者的靈魂來說，絕對有很多的益處。建院的工程，其實是對加爾默羅靈修與修道果實的檢驗。聖女大德蘭如何落實教會的教導：神貧、貞潔和服從？這是度奉獻生命的三個重要要求，沒有天主的恩寵，沒有大德蘭的服從，那種堅決地把意志交給天主的順服，是完成不了的，「服從給予力量」。具體來說，即是「真福八端」，基督徒身分的展現，完成了她成聖的道路。

對一般的讀者，這本書會讓你認識，什麼是信仰帶來的靈修生活。所謂靈修生活就是在面對生命時，找到了超越世俗智慧的解決力量，就是相信，天主置於每個人內的寶藏，是爲了某個偉大的目的。聖女服從，遵從真福八端的天國福音，在其生命中，逐步開啓天主寶藏的智慧；凡是能保管這個大寶藏的人，就是超脫世俗、謙虛和愛天主在萬有之上，對愛無任何條件的人。有信仰的人，閱讀此書，將可以體會到「上主安排的，比我所想的好得多。」對於沒有信仰的，如果有勇氣來閱讀，會在大德蘭的身上，從她和天主的談話中，思索信仰如何帶來樂趣。

《建院記》對大德蘭來說，是她塵世朝聖的最後一里路，是經過祈禱，全德的操練後，對聖召的積極回應。朝聖就是尋找天主的旅程。抱著朝聖的心情，每一次的行程都學習依靠天主，都以榮耀天主為目的；每次決定，都先尋求天主的旨意。建院的旅途充滿主的臨在，讓她和修女們什麼都不怕，也不渴求，磨難也不會使他們驚慌，快樂也不會打動他們。她們的滿足已經不再是塵世的物質餵養，而唯有天主本身才可以讓她們滿足。

神貧是我們的徽章。（全德2．7）顯然，神貧是大德蘭改革、建立赤足加爾默羅新會院的宗旨之一：「我愉悅地在這麼聖善又純潔的靈魂中間，她們唯一關心的，是事奉和讚美我們的上主……當我們缺少時——這是很少有的——她們更加歡喜……我讚美我們的上主，尤其她們超脫萬有，唯獨事奉祂。我是那裡的長上，總想不起曾爲生活必需品操煩過；我非常確信，凡沒有其他的掛慮，只求悅樂祂的人，上主不會辜負她們。」（1．2）

一個修女，開始為天主的國，一步一脚印，完成十七座女隱修院，協助多座男修院的建立，很多人認爲整個事情就在於思想，正如很多人覺得祈禱在於思想，其實並非如此——而是來自至尊陛下的手。這位聖師給了我們這樣的教導：「靈魂不是思想，意志也不受思想的指使；靈魂的進步不在於想得多，而在於愛得多。」（5．2）——這是靈魂品嘗到上主是溫柔與愛，所出現的幸福的服從。這就是基督信仰的精髓，聖神的記號——愛德和信德的行動力，來自至尊陛下。基督在犧牲與奉獻的愛中，有這個力量，因爲唯有這成全的愛，我們才會忘記自己的滿足，來滿足所愛的人，才能讓不可能的任務得以完成。

《建院記》讓我對修會的神恩，有了煥然一新的領悟：使靈魂進步，不在於長時間的祈禱（我們在開始修煉德行的，必須服從修會的要求）；對於習慣於默觀生活的，時間長短不是關鍵，而是如何妥善運用祈禱與工作的時間，才是關鍵，才是個大幫助，以非常短的時間，做更好的準備，點燃起愛火，遠勝過許多小時的深思默想。萬有都來自天主的手！（5・17）

願讀這本《建院記》的朋友們，能領受到真福的恩惠

願天主受讚美永無終窮！

陳新偉 神父

2017.6.15

本文作者陳新偉神父，加爾默羅會士，臺灣大學外文系畢業後返回馬來西亞從商，四十二歲領洗進教，四十四歲入加爾默羅會。

推薦序五

爲了更懂大德蘭

孔令信教授

《建院記》不同於大德蘭其他的著作，本書最特別的是大德蘭寫下她創建革新隱修院的努力過程，事實上從教會的革新歷程來說，當時爆發胡格諾戰爭（一五六二年三月一日），這場新教胡格諾派（即喀爾文派）與羅馬公教的對抗延續有三十年之久，不少聖堂遭到破壞；激起大德蘭創建隱修院與更多聖堂的鬥志，讓教友重新恢復信德與愛德，重新回到公教。也就是說大德蘭除了用創建隱院來回應天主的召叫外，更回應了新教徒在當時所造成的裂痕與傷害。

《建院記》側寫了十字．若望、安道．耶穌、李帕達等神父的聖德，他們也是幫助大德蘭建立一系列隱院的得力助手，書中雖未詳述她和這些神師們在靈修上深度交流的內容，卻從處理建院的每件瑣事裡，讓世人能看見他們的言行。事在人為，從這些描述中讓我們更可看到大德蘭在神見上主之後，確定是上主命令，就全力以赴一直到完成建院，然後馬上離去的行事風格。

《建院記》特別寫下聖女加大利納・卡多納和隱院幾位聖女的故事，無論是在入院前的百般折磨或者入院後的精勤修道，這些聖女都讓大德蘭深深感受到上主是如此深愛與眷顧隱修女們，這根本就是天大的恩寵，所以《建院記》可說是大德蘭為她的好姊妹們、好女兒們寫下的另一本見證與提醒，期許正在修道與未來的隱修女，真正的目標與方向就是一步步走向耶路撒冷、接近耶穌。世間的名利，本來就是魔鬼的誘惑，要克服誘惑戰勝魔鬼，成為天主的真子女，換言之，大德蘭認為要成為天主的真子女，真正要繼承的是耶穌的五傷啊！

《建院記》值得一段一段地閱讀，十七座隱院都有各自的故事，大德蘭一而再、再而三地叮囑院長和修女們做好準備，就像在巴斯特日納建院過程中，愛伯琳公主原本呵護備至，可是當親王過世後，失去丈夫的公主，堅持要到隱院修道，卻無法接受《會規》與《會憲》的約束，不能安心修道，反而與隱院格格不入，造成隱修女們與她之間的強烈衝突，傷害了彼此的情誼。大德蘭毅然決然地命人趁著深夜將隱院所有的修女全部撤離，所有的帳目完全交代清楚，讓愛伯琳公主無從下手提告。事後證實了整個風波都是公主自己引爆，責任完全在愛伯琳公主。大德蘭感謝上主允許這個搬離的結果，她更安慰的是修女們能遠離公主的風暴。

讀《建院記》再回頭去讀大德蘭的《自傳》、《全德之路》及《靈心城堡》等書，你將會看到的是大德蘭的謙卑與一心嚮往天主而鍥而不捨的身影，及服從至死！只是要問的是大德蘭為何會如此地「服從至死」？答案很可能得向她的言行與書中尋思，祝各位跟隨大德蘭找到回歸天主之路！

本文作者孔令信教授，銘傳大學新聞系主任。

推薦序六

怎說精神生病了？

張達人醫師

一般的精神疾病主要分成精神病與精神官能症（所謂非精神病）兩大類，在精神病我們最常見到的為思覺失調症（原稱精神分裂症）與躁症；本書裡提到的瘋子想必就是這兩種病的急性（復發）期，就是它們此時的臨床症狀出現妄想、幻覺、情感（如哭笑）表達不恰當、另外行為也呈現異常。但在它們的恢復期或慢性期的時候，就不會看到上述情形，這時常因判斷力減損造成行為干擾，此與書中所談的問題行為雷同。

而精神官能症是以焦慮、憂鬱、強迫行為或恐懼等為主的症狀，本書所提到憂鬱症似乎是除了急性期的精神病外，所有的其他精神疾病都可以歸類到書中的憂鬱症；此憂鬱症與現代精神醫學診斷的憂鬱症是相當不一致的，且目前憂鬱症也只是現今百種診斷中的一種而已。精神疾病的病因學經過了五百年後的二十一世紀，如今透過腦科學的發展，已經有相當多的進展；目前證據大多偏向腦部化學傳導物分泌失衡所產生，尤其是思覺失調症與躁症之兩大精神病！

症狀。

至於精神疾病的治療呢？其實藥物的效果相當好，尤其針對精神病！不過，在五百年前腦科學還不是很發達的時候，可以想見大德蘭在處理有行為或情緒控制困難的精神病修女們，是相當頭痛且痛苦的，也就是說，目前對精神疾病已有相當良好的藥物，可以控制症狀。

幫助非精神病（本書列為憂鬱症），最大的困難則是他們的失當情緒或行為控制，他們不像精神病（書中所言的瘋子）既已失理智，大家反而可理解。但對非精神病的憂鬱症之修女，她們並非全無理智，因此處理她們不當的情緒或行為，當時的大德蘭不得不使用一些能使這些修女們產生害怕的措施，透過使他們的害怕，達到抑制其失當的情緒或行為。不過現今對憂鬱症患者，除了藥物治療外，在心理治療或職能復健之專業發展上，都已有相當的水平；相信大德蘭與她的修女們若生於現代，他們所遭逢的困擾必會大大的降低！

總之在本書裡所提到的憂鬱症，和我們現今的憂鬱症專業診斷是相當不同的，書內所談的憂鬱症涵蓋除了精神病（瘋子）以外所有的精神疾病，因此兩者雖名稱一樣，但完全不能混為一談。

最後我們還是回到一個大家常關心的問題，就是靈魂上遭逢到特殊經驗的困擾（如有神視等）；若有，我們就要思考他是不是有精神病的可能性，此時宜求助於醫療專業而不是解釋為魔鬼的影響，或採大德蘭當時在修院所不得不執行的令憂鬱症修女害怕的手法。

本文作者張達人醫師，現任天主教仁慈醫療財團法人執行長。醫療專長為焦慮症、憂鬱症及重大精神病之診療。

序言

❶除了在許多地方所讀到的，我從經驗中看出來，一個靈魂不離開服從所得的大益處。我了解，服從會使人在德行上進步，逐步獲得謙虛；服從是懷疑偏離天堂之路時的安全保護（對活著的世人，是很好的事）。服從使人獲享安寧，渴望取悅天主的靈魂，對此十分珍視。因為，如果真的順服這個神聖的服從，交出理智於服從，除了告解神師的看法，別的什麼都不要，又，如果是修會會士，則是服從長上，魔鬼會停止不斷騷擾的攻擊。因為牠會看到，其結果不是贏取，而是喪失；還有，我們猛烈翻攪的衝動，喜愛一逞己意，甚至使理智在我們愉悅的事上順從，這些都會停止，服從者會想起，他們已經堅決地把意志交給天主，藉著順服天主的代表而服從。

至尊陛下因祂的慈善，賜給我光明，認清蘊含於此珍貴德行內的大寶貝，我——雖軟弱又不成全——盡力獲取服從之德；雖然如此，由於看到自己少有服從的美德，常常會覺得反感，因為受命去做的有些事，我明白自己服從的不足。願至尊陛下親自補充我的欠缺，完成現在的這個工作。

❷一五六二年，在亞味拉聖若瑟隱院，這修院是在那一年創建的，我那時的告解神師，道明會士，賈熙亞·托利多神父（P. García de Toledo），命令我寫那座修院的建院記，及其他許多的事，凡讀到那本書的人，如果書出版了，就會看見①。現在，在撒拉曼加

1. 大德蘭在她的《自傳》32—36 章敘述亞味拉聖若瑟隱院的建院，這是加爾默羅會首座革新隱修院。那時，賈熙亞神父是她的告解神師。

（Salamanca），時為一五七三年，就是在十一年後，我的告解神師，一位耶穌會的院長神父，名叫李帕達大師②，看了記載首座修院的那本書，他認為，如果我記述，因我們上主的慈善，後來創建的其他七座隱修院③，及原初會規赤足男修會的首座會院④，這樣會服事我們的上主，於是，他命令我寫下來⑤。對我來說，似乎是不可能的事（因為有許多的事務，如寫信，以及其他必須的職務，是長上們命令我的事），所以，我把自己交託於天主，多少感到難過，因為自己這麼的不才，還有這麼差的健康，就算不是如此，我常常覺得難於忍受的是，我卑劣本性配不上這工作，上主對我說：「女兒，服從給予力量。」

❸但願這麼做能悅樂至尊陛下，願祂賜下恩寵，使我能述說祂的光榮，就是在建立這些隱修院時，祂賜給本會的恩惠。可以確定的是，所說的完全真實，毫不誇張，按照我的理解，並且和所發生的事相符。因為，即使是對非常不要緊的事，我也不為世上的什麼而說謊；關於這事，所寫的是為了頌揚我們的上主，說謊會使我的良心極度不安，我認為這不只浪費時間，也是以天主的事功來欺騙，不但沒有讚揚它們，反而開罪天主。這是個大背叛。為了我所要做的事，願至尊陛下樂於不使我放開祂的手。

我會清楚說明每座隱修院，力求簡潔，如果我做得到，因為我的文體是這麼的繁複，雖然想要簡潔，恐怕還是不免讓人厭煩，也使自己疲累。不過，由於我的女兒們對我的愛，在我逝世後，她們必會保留這部書，也許能夠容忍。⑥

❹我不在任何事上尋求己益，也沒有理由這麼做，我只求頌讚祂、光榮祂，從許多的事中會看到，應給祂的是怎樣的讚頌和光榮。願我們的上主保祐，凡閱讀本書的人，絕不要

2. 李帕達大師（Maestro Ripalda）：熱羅尼莫・李帕達神父（Jeronimo Ripalda S.J.，一五三五至一六一八），於一五五一年進入耶穌會。一五七三年擔任耶穌會學院的院長時，是大德蘭的告解神師，同時兼任比拉加西亞（Villagacía）、布格斯（Burgos）和瓦亞多利（Valladodid）的院長。逝世於托利多（Toledo）。參見 *Spiritual Testimonies*（暫譯：心靈的自述）58・3，以下簡稱為 Spir. Test.。
3. 這七座隱修院是：一五六七－梅地納（Medina del Campo）、一五六八－馬拉崗（Malagón）、一五六八－瓦亞多利、一五六九－托利多、一五六九－巴斯特日納（Pastrana）、一五七〇－撒拉曼加、一五七一－奧爾巴（Alba de Tomes）。
4. 一五六八年，創立於杜魯耶洛（Duruelo），一五七〇年遷移到曼色納（Mancera de Abajo）。

歸功於我，因為這麼做是與事實相左的；而是要讀者們祈求上主寬恕我，從這一切恩惠中，我的獲益是這麼糟糕。為此，我的女兒們，你們有更大的理由抱怨我，超過感謝我所做的。我的女兒們，讓我們全心感謝天主的良善，為了已賜給我們的這麼多恩惠。為了祂的愛，我請求凡讀本書的人，唸一遍聖母經，為能幫助我離開煉獄，得以面見我們的主耶穌基督，祂和聖父及聖神，永生永王，阿們。

5 由於我的記性很差，我相信會略過許多非常重要的事，而有些能略而不談的，卻述說了。總之，就是相稱於我的才疏學淺，又加上缺少靜息的寫作時間。他們也命令我，如果遇有機會，要談些有關祈禱，及使修行無法更向前邁進的騙局。

6 諸事中，我順服羅馬[7]慈母聖教會，我也決定，此書到達妳們——我的姊妹和女兒們——的手中之前，先經由博學者與神修人士審閱。我以上主之名開始，依靠祂榮福母親的助祐，我身穿她的聖衣，雖然自覺不堪，也依靠我的榮福父親和主人，聖若瑟，我正在他的修院中，因為這座赤足隱修院係奉他為主保[8]，他的祈禱持續不斷地助祐我。

7 一五七三年，法國聖王路易的紀念日，八月二十四日[9]，願天主受讚美。

開始梅地納加爾默羅隱修院的建院

5. 聖女大德蘭顯然想要接續《自傳》中的32章至36章，當她寫首座隱修院的建院時，並沒有想到後來會繼續創院，現在要開始寫的《建院記》是《自傳》中建立聖若瑟隱修院的續集。一六二三年出版大德蘭的著作時，《自傳》中的這幾章被放在《建院記》的開頭。
6. 就是說，容忍她的繁複文體。
7. 「羅馬」：是聖女大德蘭在頁緣處後來加上的。在《靈心城堡》序．3及跋．4，同樣補上「羅馬」。
8. 這座修院是撒拉曼加的聖若瑟隱修院。
9. 其實是八月廿五日。

第一章

談開始建立這座及其他隱院的多種方式。

❶亞味拉的聖若瑟隱修院建立後①，我住在那裡有五年，按我現在的了解，我覺得那是我一生中最安息的日子，我的靈魂常很懷念那時的靜息和寧靜。在那時期，有些年輕的女子入會修道，若看她們的模樣，華麗又時尚的服飾，好像世界已擁有她們。上主很快帶領她們擺脫那些虛榮，領她們來到這個修院，賦予她們這麼的成全，使我因之感到難為情，直到人數達到十三位，這是已確定不要超出的人數②。

❷我愉悅地在這麼聖善又純潔的靈魂中間，她們唯一關心的，是事奉和讚美我們的上主。至尊陛下不等我們向祂祈求，就送給我們必需的用品；當我們缺少時——這是很少有的——她們更加歡喜。看到這麼多高貴的德行，我讚美我們的上主，尤其她們的超脫萬有，惟獨事奉祂。我是那裡的長上，總想不起曾為生活必需品操煩過；我非常確信，凡沒有其他的掛慮，只求悅樂祂的人，上主不會辜負她們。有時，如果不夠食物給所有人，我說，那就給最有需要的人，每一位都認為她不是最需要的，於是，就等到天主送來足夠給大家的食物。

❸關於服從的德行，這是我非常偏愛的（雖然我不懂得修行它，直到這些天主的僕人教導我，致使我對自己有否服從之德，不能不知道），我能述說在那修院裡看見的許多事。

1. 亞味拉的聖若瑟隱修院，建立於一五六二年八月廿四日。
2. 參閱《全德》2・9；《自傳》23・13；36・19。關於每座隱修院的人數，大德蘭後來准許增加到廿一位。

現在我想起了一件事，有一天在餐廳裡，分給我們黃瓜。我得到一個非常瘦小的黃瓜，裡面是爛的。我裝糊塗地叫來一位修女，在那裡，她是最聰明、最有才幹的修女，為證實她的服從，我對她說，去把這黃瓜種在我們的小菜園裡。她問我，要打直或橫著種。我對她說，橫著種。她就去種了，想也不想這是不可能的事，黃瓜只會枯掉；其實，她這麼做是出於服從，盲目本性的理智，因為她相信這是非常適當的③。

❹再者，我給一位修女去做六、七項對立的職務④，她靜靜地去做，好似做完一切是可能的。修院中有一口井，經檢驗後說，是很不好的井水，井非常深，看來不可能冒水出來。我請專業工人來掘井，他們笑我白白浪費金錢。我問修女們，她們的想法怎樣？有一位⑤回答：「要設法去做；我們的上主必會找到人，帶給我們水，也給我們食物；因為從修院中給我們水，對至尊陛下來說，這是比較便宜的，所以，祂不會不這麼做。」看著她說這話的大信德和果斷，我也認為事在必行，於是違背懂水泉專家的意見，我放手去做。上主保祐，我們挖到一個噴出的水源，足夠供應我們，是可以喝的水，至今還在⑥。

❺我不說這是奇蹟，我也能說其他這類的事；而是為了說明這些修女的信德，事情的發生正如我所說的，因為，我的主要意向並非誇讚這些隱院的修女；更好說，由於上主的慈善，直到現在，她們都是這樣行事。關於這些及其他的許多事，寫起來可能會很冗長，雖然並非無益；因為，往往會鼓舞跟隨者效法她們。不過，如果上主願意事情曉諭於人，長上們可以命令院長們寫下這些事⑦。

❻那麼，我這可憐的人⑧，正處在這些天使般的靈魂中間（在我看來，無非就是這樣，

3. 這位很服從的修女是瑪利亞・包迪思塔（María Bautista，一五四三至一六〇三）。
4. 「對立的職務」，原文是“oficios contrarios”，意思是幾項職務無法一起完成。
5. 這位修女同樣是瑪利亞・包迪思塔。
6. 這口井至今仍存在，雖然只使用於花園。她們稱之為「瑪利亞・包迪思塔的井」，聖女大德蘭喜愛說是「撒瑪黎雅婦女的井」。
7. 「長上們」，是指管理隱修院的神長。
8. 聖女大德蘭的自謙之詞。

因為沒有什麼過失，即使是內在的，都隱瞞不了我，而且，上主賜給她們極大的恩惠、熱烈的渴望及超脫；孤居獨處是她們的安慰，她們肯定地向我這樣表示，對於獨處從不覺得飽足，所以若有人來訪，反覺得是苦事，即使來訪者是兄弟姊妹；有更多時間留處獨居室的修女，自認為是最幸運的）……，我深思這些靈魂的大勇敢，及天主賜予她們的勇氣，來服事和為祂受苦，確實這不是女子的特質，我多次想，天主置於她們內的寶藏，是為了某個偉大的目的；不是因為我想到後來會發生的事，因為在那時，是不可能想得出來的，由於根本無法加以想像，隨著時光流逝，我願幫助一些靈魂的渴望，愈來愈增長，我常常覺得，自己好像是保管一個大寶藏的人，盼望所有的人來享有，她的手卻被綁起來，不能分施給人；同樣，我的靈魂也被綁住，因為在那些年裡，上主賜予的恩惠非常大，我認為自己完完全全沒有善用。我以貧乏的祈禱⑨來事奉上主；力求修女們這麼做，要她們愛好靈魂的益處及教會的廣揚；凡是和她們交往的人，總是會受感化。在這事上，我的大渴望得以滿足⑩。

❼四年過去了（我想是更久一點），正巧有位方濟會士來看我，名叫亞龍索．曼多納多⑪，是天主的大忠僕，他和我一樣，對靈魂的益處懷有熱烈的渴望，他能把熱望化為事功，使我羨慕極了。他剛從西印度地區⑫回來不久。他開始對我說，在那裡，有千千萬萬的靈魂喪亡了，因為缺乏教會的道理，離開前，他給我們講了一篇道理，也做了個交談，鼓勵我們做補贖。這麼多靈魂的喪亡，使我深覺痛心，不能自抑。我走進一間獨修小屋⑬，淚流不止。我向我們的主哀求，懇求祂賜給我方法，使我能做點什麼，好能獲得一些靈魂來

9. 「貧乏的祈禱」是聖女的自謙之詞。
10.「滿足」：原文寫的是“embebía”（沉醉），就是說，不只滿足，還沉醉於其中。
11. 亞龍索．曼多納多（Alonso Maldonado）大約生於一五一〇／一五一六，逝世於一五九七／一六〇〇：在墨西哥傳教十年之久（一五五一至一五六一），他極力維護美洲原住民的權益，在馬德里及羅馬向國王和教宗提出訴求。他是非常熱心的人，在生命的末刻，受教會法庭的審訊。
12. 西印度地區（las Indias ／ the Indies）：泛指西班牙在中南美洲的殖民地，此處指的是墨西哥。同一名詞今日稱之為西印度群島，則包括巴哈馬群島及安地列斯群島。

服事祂，由於魔鬼帶走這麼多的靈魂，但願我的祈禱能做點什麼，因為我不能做得更多。我極羨慕那些能為了我們上主的愛，從事這事⑭的人，雖然他們忍受成千的死亡。所以，當我們讀聖人的傳記，讀到他們歸化靈魂時，更是讓我崇敬、深愛和羨慕，遠超過他們所忍受的一切致命，這是上主賜給我的偏愛，我認為祂更看重的是，透過我們的勤勞努力和祈禱，仰賴祂的仁慈，為祂獲得一個靈魂，超過所有能獻給祂的服事。

❽懷著這麼大的痛苦，有個晚上，我在祈禱時，我們的主以經常的方式⑮顯現給我，流露深切的愛，想要安慰我，對我說：「女兒，再等一等，妳會看見大事。」

這些話在我的心中確定不移，我忘懷不了。雖然不能完全明白，到底是怎麼一回事，也看不見能想得出來什麼道路，我還是深感安慰，也極其確定，這些話必會應驗；然而，其應驗的方式，從未進入我的想像⑯。就這樣，我想是又過了半年，後來所發生的事，正是我現在要述說的⑰。

譯者按：

瑪利亞·包迪思塔是她的會名，本名是瑪利亞·賽佩達·奧坎伯（María de Cepeda y Ocampo），生於一五四三年，卒於一六〇三年。

《建院記》的首章，大德蘭稱讚一位修女的順服，雖然沒有指名，她說的就是瑪利亞·包迪思塔。她在聖女的著作中出現過數次⑱，她是亞味拉人，大德蘭堂兄的女兒，算是她的堂侄女。也是開始創會的同伴之一，然而，在大德蘭生命的末刻，卻發生非常痛心的事件。

13. 就是在亞味拉聖若瑟隱院的花園裡，聖女大德蘭建造的獨修小屋之一。
14. 意指拯救靈魂。
15. 以經常的方式：指的是，上主以至聖人性的想像神見顯現給她。參閱《自傳》28·3；29·4。
16. 就是說，想也沒想過，完全想像不到的意思。
17. 我們很容易推算出大德蘭說的日期：一五六二年八月，創立亞味拉聖若瑟隱修院；約四年後，一五六六年十月，會見曼多納多，在那時期，上主顯現給她。再過半年，一五六七年八月建立梅地納隱修院。所以，聖女大德蘭說，她在亞味拉聖若瑟隱修院，度過了寧靜的五年。
18. 《自傳》32·10；《建院記》1·3—4；29·1。雖然都沒有直接提名，但很容易確定就是她。

瑪利亞的母親早逝，父親續弦後，與叔叔和嬸嬸同住。到了十七、八歲，大德蘭把她帶到降生隱修院與她同住。大德蘭在《自傳》中提及，有一次，當她們一小群人聚集在她的房間，大家一邊做著縫工，一邊談話，大德蘭說到非常嚮往古時隱修聖父，他們崇高的獨修生活，充滿靜默和力量。正說著這些話時，瑪利亞首先回應：「讓我們來組織像獨修士那樣的生活……」大德蘭面帶微笑地看著她的侄女，這位年輕又愛漂亮打扮的女孩，這句半開玩笑的話打開了話匣子，整個晚上，大家熱切地討論如何建立一個小修院，要如何實現……。甚至談到必須的建院費用，瑪利亞堅決地盼望真有這樣的獨修之處，她向姑姑說：「建立一座吧！就像剛才我們說的隱修院！我要用我的錢來幫助妳！」她慷慨地捐出自己的部分遺產一千達卡。這是亞味拉首座加爾默羅革新隱修院的起始。

一五六二年八月二十四日，聖若瑟隱修院成立時，她是首批入會的四位之一。一五六七年，她陪伴大德蘭去梅地納建院，繼而前往瓦亞多利建院，一五七一年當選為院長，她一直留守該院，直到一六〇三年逝世。

她與聖女大德蘭有最多的往還信函，聖女對她的個性敘述得非常清楚。她善於理財，非常節儉，加上她的聰明和謹慎，使她成為一個強勢的勸告者。不過。大德蘭認為她對自己的勸言過於自信。《建院記》中，除了第一章外，在第二十九章第一節再度提到她，雖然不具名，所說的瓦亞多利的院長即是瑪利亞·包迪思塔，她堅決地催促大德蘭繼續創立隱修院。

一五八二年，八月二十五日，大德蘭逝世前不到三個月，路經瓦亞多利，在瓦亞多利的停留是很不愉快的。大德蘭的一些親戚，尤其是她侄兒方濟各的岳母，反對勞倫先生（Lorenzo de Cepeda）的遺囑，瓦亞多利的院長瑪利亞・包迪思塔，是大德蘭堂兄的女兒，支持那些抗議的親戚。由於大德蘭堅決反對，瑪利亞・包迪思塔大發忿怒。根據安納・聖祿茂（Ana de San Bartolomé），當她們離開時，院長對她們砰然關門，告訴她們，滾，永遠不要再回來。

勞倫是大德蘭的弟弟，大兒子是方濟各，女兒小德蘭預備進入亞味拉聖若瑟隱修院，她入會的同時，帶來勞倫為了她而贈予隱修院的遺產。大德蘭是遺囑的法定執行人，方濟各的岳母為了爭取遺產，聯合親戚慫恿小德蘭放棄聖召，反對大德蘭，所以導致此一事件。然而這只會觸及大德蘭的外在感受，已達到靈修高境的她，已是自由無礙。

第二章

我們的總會長神父如何來到亞味拉，及來訪之後所發生的事。

1 我們的總會長經常留駐羅馬，從未來過西班牙①，所以現在會來，似乎是不可能的事。然而，當我們的主願意時，沒有事情是不可能的，因至尊陛下的安排，那從未有過的事，現在發生了。當我知道這事時，卻感到憂愁；因為，正如在聖若瑟的建院記說的，因所說的理由②，那個會院沒有隸屬於男會士。我怕兩件事：其一，他會惱怒我，他是有理的，因為不知道事情發生的經過；其二，他會命令我返回降生隱修院，那是緩規的修院，為了許多無需述說的理由，這會使我很難過。只提其中的一個理由就夠了，我不能嚴格遵守原初會規，因為那裡的人數超過一百五十位③，而且，在人數較少的地方，會更和睦與寧靜。上主安排的，比我所想的好得多；因為，總會長是祂這麼好的忠僕，又是這麼謹慎和博學，他看這是個好事，此外，他一點也沒有對我表示不悅。他名叫洗者若翰・魯柏・拉梅納會士（fray Juan Bautista Rubeo de Ravena），是修會中非常傑出的會士，也確實這樣。

譯者按：

魯柏神父是義大利人，他的名字是洗者若翰・羅西（Giovanni Battista Rossi），西班牙文稱他為洗者若翰・魯柏（Juan Bautista Rubeo），一五〇七年，生於義大利拉梅納

1. 這話不完全正確，因為一三二四年，若望・阿雷里歐（Juan Alerio）總會長神父曾經蒞臨西班牙，於巴塞隆納（Barcelona）主持總會的大會。
2. 見《自傳》32・13—15；33・16。聖若瑟隱修院隸屬亞味拉主教阿爾巴羅・曼多撒（Alvaro de Mandoza），係因省會長神父安赫・薩拉察（Angel de Salazar）的拒絕接受。
3. 降生隱修院的歷史學家瑪利亞・比涅爾（María Pinel）寫道：「人數達到一百八十位。」見B.M.C. 2・140。

（Ravena），一五七八年卒於羅馬，在總會長的任期內。

十七歲進入加爾默羅會，在西恩那（Siena）和帕多瓦（Padua）求學，成為羅馬大學的教授。一五六四年獲選為總會長。熱衷於革新修會的國王斐理伯二世（Felipe II），得到教宗碧岳五世的詔書，命令魯柏神父來訪西班牙。總會長神父於五月十三日抵達，六月受到國王的款待。然後，他下到南方，九月，在塞維亞（Sevilla）主持省會議，十一月，前往里斯本。一五六七年二月，從撒拉曼加開始視察卡斯提會省。四月十一日，到達亞味拉，停留一個月，並主持省會議，任命亞龍索．孔察雷斯神父（P. Alonso González）為卡斯提的省會長，安赫．薩拉察神父為亞味拉會院的院長。最後探訪瓦倫西亞（Valencia）和巴塞隆納，於夏末離開西班牙。

當他視察亞味拉時，會晤了聖女大德蘭，批准了她的革新修院，給予所有必須的許可。後來甚至批准她創建兩座革新的男會院。他給大德蘭許多的鼓勵，盼望她建立更多的革新隱修院，如她的頭髮那麼多。然而，總會長的規定不許在安大路西亞（Andalucía）建立會院，男會士卻因教廷大使的授權，沒有遵守原初的規定，開始擴大建院於安大路西亞，因而引發新、舊修會之間的強烈衝突。魯柏總會長在義大利碧山城召開大會，決定鎮壓革新修會，德蘭姆姆被迫軟禁於托利多隱修院，革新修會面臨極大迫害之際，一五七八年十一月四日，魯柏總會長逝世。大德蘭始終向他表達深切的愛慕之情，為他的逝世傷痛不已。

❷ 所以，他來到了亞味拉，我設法請他來聖若瑟隱院，主教④認為是件好事，他全力歡

4. 阿爾巴羅．曼多撒（逝世於一五八六），一五六〇年被任命為亞味拉主教，一直是大德蘭革新使命的忠實支持者，遵照他的請求，逝世後，埋葬於亞味拉聖若瑟隱修院的聖堂。

迎，並且親自款待。我以完全的真誠和單純向總會長述說，因為我偏愛像這樣和長上談話，無論結果會怎樣，他們代表天主，我對告解神師也是這樣；如果我不這麼做，我不認為自己的靈魂是安全的；這樣，我向他敘述我的靈魂，幾乎是我的整個一生，雖然是夠卑劣的。他給我很多安慰，並保證不會命令我離開那裡⑤。

❸看見我們的生活方式，總會長感到欣喜，雖然不完美，卻是我們修會開始時的一個理想，也看到如何徹底嚴守原初會規，因為全修會中，只有守緩和會規，沒有守嚴規的修院⑥。他願意這個起始大有進展，頒發給我非常完備的恩准證書，以建立更多的隱修院，並附上責罰規條⑦，不許任何省會長阻止我⑧。我並沒有要求這些，不過，他從我的祈禱方式了解，我懷有熱烈的渴望，為了要幫助一些靈魂更靠近天主。

❹我沒有求取這些方法，相反的，我認為是蠢事，因為像我這麼無能的小女子，我清楚明白，是什麼也做不了的；可是，當這些渴望臨於靈魂時，想要拋開，則非她能力所及。信德及取悅天主的愛，使本性理智認為不可能的事，成為可能；所以，看到我們至可敬總會長的熱切願望，要建立更多的隱修院，我覺得彷彿已看見它們落成。想起上主曾對我說過的話⑨，我明白了，有某些事就要開始，那是我先前不能理解的。

看見我們的總會長神父返回羅馬，我深覺難過；我感到對他懷有深愛，他的離去，讓我覺得非常的無依無靠。他對待我寵愛有加，當他有空時，常會到這裡來談談靈修的事，他就像是上主必定賜予很大恩惠的人，在此聆聽他是我們的安慰。甚至在他離開前，由於主教（就是阿爾巴羅・曼多撒閣下）對於尋求以更成全來事奉天主的人，非常喜愛加以恩

5. 就是，不會命令她離開聖若瑟隱修院。
6. 在西班牙是這樣，但義大利熱那亞（Génova）附近，有座修院名為橄欖山（Monte Oliveto），是遵守嚴規的。關於原初會規，參閱《自傳》36・26。
7. 責罰，原文為“censuras”，也有懲戒之意。
8. 兩份恩准證書的日期分別為，一五六七年四月廿七日；一五六七年五月十六日。見 B.M.C., t. V, pp. 333—335。
9. 見1・8。

待，於是向總會長請求許可，恩准在他的教區內，建立一些修院，給原初會規的赤足男會士。也有其他的人請求這事。總會長神父願意這麼做，然而，他在修會內碰到反對；所以，為了不要擾亂會省，就此擱下。

❺過了幾天之後，我深思，這是多麼重要的事，如果要建立女隱修院，就必須有遵守相同會規的男會士，又看到這個會省中男會士這麼少，甚至連我都覺得事情會不了了之，我熱切地把這事交託我們的主，寫給我們的總會長神父一封信，盡我所知地向他懇求恩准，陳述理由，並說明這會是獻給天主的一個大服事；至於能有的那些障礙，都不足以放棄這麼好的工作，向他提出，這是獻給我們聖母的服事，而他是非常虔敬聖母的。聖母必定是處理這事的人；因為這封信寄達時，他正在瓦倫西亞⑩，從那裡，他寄給我恩准兩座修院的證書，由於他渴望在修會內遵守最好的會規。為了不遭受反對，他將之寄給當任及前任的省會長，最難得到同意的即是他們。不過，看到最主要的事已達成，我期望上主完成其餘的；事情的進展是這樣，因著主教的幫助，他把這事當做是自己的事，兩位省會長⑪都同意了。

❻然而，有了恩准而感到欣慰時，我的掛慮更加增多，因為在會省中，我不認識有要開始這工作的男會士，也沒有平信徒願意做這樣的開始。除了懇求我們的上主，至少喚醒一個人來，我什麼都沒做。我既沒有房子，也不知如何獲得。我在這裡，一個貧窮的赤足隱修女，除了上主，沒有來自任何地方的幫助，只有恩准證書和善願，沒有半點可能來推展這個工作。不過，我的勇氣和希望都絲毫不減，因為上主既給了這一個，也會給另一個。

10. 其實是在巴塞隆納，他於一五六七年七月底到那裡，停留六個星期，恩准證書標示的日期是一五六七年八月十四日。
11. 亞龍索・孔察雷斯於一五六七年四月十二日開始擔任省會長，前任是安赫・薩拉察。

現在，我認為凡事都是可能的，所以就開始著手工作。

❼ 啊！偉大的天主！祢如何顯示祢的大能，賜給一隻螞蟻膽量！我的上主！為何那些愛祢的人，做不了大事，不是因為祢的緣故，而是出於我們的膽小和怯懦！因為我們從不堅心定志，反而充滿了人性成千的害怕和謹慎，所以，我的天主！祢無法完成祢的奇蹟和大事。如果有誰願意接受，誰比祢更喜愛給予，或甚至不惜付出自己呢？願至尊陛下保祐，使我為祢做些什麼，除了回報所領受的許多恩惠，不必多記掛什麼，阿們。

第三章

述說經由什麼方式，開始交涉創立梅地納聖若瑟隱修院

❶當我懷著這一切掛慮時，想起了幫助過我的耶穌會神父①，他們在梅地納很受歡迎。正如我在創立首座隱修院中所寫的，他們指導我的靈魂許多年，由於他們給我的大益處，我總是特別摯愛他們②。關於我們的總會長命令我做的事，我寫信給那裡的院長，他正巧是我多年的告解神師，如我所說的，雖然我沒提他的名字。他名叫巴達沙・奧瓦雷思，現在是省會長③。他和其他的人都說，要盡所能的幫助這事，於是，他們做了好多事，獲取居民和主教④的准許，由於是守貧的隱修院，在所有的地方都很難得到准許；因此在交涉上拖延了幾天。

❷有位神職人員來到這裡，他是天主的大忠僕，非常超脫世上的萬物，也是常修行祈禱的人。他是我所在之地的駐院司鐸，上主賜給他和我一樣的渴望，所以他幫助我很多，如後來會看見的。他名叫胡利安・亞味拉⑤。

那麼，我已有了許可，卻沒有房子，也沒有半毛錢來買房屋。我什麼貸款的信用也沒有，如果上主不給，像我這樣的朝聖者⑥，怎麼會有呢？天主送來一位很有德行的少女，她是因為聖若瑟隱院缺少房間，而不能入會，獲知要建立另一會院，前來懇求我收她進入新隱院⑦。她有一點錢，但非常少，不夠買房子，只能租房子，也能幫助去梅地納的旅費，所

1. 原文在此不是直稱「耶穌會」，而是說「la Compañía」（公司、團隊之意），顯然這是當時的簡稱，大家一聽就知道是耶穌會。本書以下都直譯為耶穌會。
2. 參閱《自傳》23・3、9；33・7。
3. 巴達沙・奧瓦雷思（Baltasar Alvarez，一五三三至一五八〇），並非當時（一五七三年）的省會長，他是代理者。省會長吉爾・龔撒雷斯・達維拉（Gil González Dávila）正在羅馬。
4. 這位主教是伯鐸・龔撒雷斯・勉多查（Pedro González de Mendoza），他是撒拉曼加的主教，梅地納屬於他的管區。
5. 胡利安・亞味拉（Julián de Avila，1572-1605），是瑪利亞・聖若瑟（María de San José，Dávila）修女的兄弟，這位修女是亞味拉聖若瑟隱修院創立時的四位修女之一。他陪伴聖女到處奔波建院，自許為她的「隨從」。

以，我們租了一間房子。除此之外，沒有再多的資助，我們動身離開亞味拉，兩位來自聖若瑟隱修院的修女和我，及四位降生隱修院（就是尚未創立聖若瑟隱院之前，我所在的緩規隱修院）的修女⑧，還有我們的隨行神父，胡利安．亞味拉。

❸當這個城市獲知此事，惹來紛紛的議論：有的說我是瘋子；有的則希望這個事結束。至於主教，根據他後來對我說的，他認為是愚蠢極了，雖然那時他不讓我知道，也沒有阻礙我，因為他非常愛我，不要使我難過。我的朋友們對我說了好多話，不過，我都不太理會；因為，對我來說，是這麼容易的事，他們卻猶豫不決，我也不能說服自己，認為這事不會真的成功。

離開亞味拉之前，我寫信給一位我們修會的神父，他名叫安道．艾瑞狄亞會士⑨，請他幫我買個房子，因為他是我們男修會梅地納會院的院長，那修院名為聖安納，為此，請他幫我買一座房子⑩。他和一位敬愛他的女士⑪商談這事，她有棟房子，全都破破爛爛，但其中有個房間還可用，且是在非常好的地點。她這麼好，答應要賣掉房子，於是，他們達成協議，不要求保證金，也不要更多的權益，只信靠神父的話；因為，如果她要求，我們是一點辦法也沒有。一切都是上主的安排。這棟房子破爛不堪，連牆壁都沒有，為此之故，我們必須另外租房子，同時整修那房子，要做好多的事。

❹第一天的行程，到達時已是晚上，由於行路的裝備很差，使我們疲勞不堪，進到阿雷巴羅（Arévalo），有位神職人員，他是我們的朋友，為我們安排住在熱心婦女的家中，他出來會見我們，私下告訴我，為什麼我們會沒有房子；因為是在奧斯定會修院的附近，

6. 意指靠施捨維生的窮人。
7. 這位少女是依撒伯爾．馮德霞（Isabel Fontecha），亞味拉人，一五六七年在梅地納領會衣，取會名為依撒伯爾．耶穌（Isabel de Jesús）。
8. 來自聖若瑟的是瑪利亞．包迪思塔、安納．諸天使（Ana de los Angeles），來自降生隱院的是：依內思．耶穌（Inés de Jesús）、安納．降生（Ana de la Encarnación，TA.P.ia）、德蘭．哥倫納（克莎達）（Teresa de la Columna，Quesada）和依撒伯爾．十字（亞立阿斯）（Isabel de la Cruz，Arias）。
9. 安道．艾瑞狄亞（Antonio de Heredia，一五一〇至一六〇一）：一五六八年他和聖十字若望共同創立革新男修會的第一座會院，改會名為安道．耶穌（Antonio de Jesús）。在修會內擔任重要的職務，聖女大德蘭和聖十字若望臨終時，他都在身旁。參閱本章 16—17。

他們抗拒，不要我們進到那裡，否則必會引起控訴⑫。天主啊！幫助我吧！當祢，上主，願意賜予勇氣時，所有的反對都不算什麼，反而使我因之勇氣倍增！既然魔鬼開始擾亂，必定是上主會在這修院受事奉。總之，我告訴他不要說什麼，以免擾亂我的同伴們，尤其是來自降生隱院的那兩位⑬，因為其餘的修女會為我忍受任何的磨難。那兩位修女中的一位，是當時那裡⑭的副院長，她們會極力阻止出發，兩人都有很好的親友，反對她們的意願，因為大家都認為我們在做傻事，而後來，我看他們是超有理的，因為，當上主樂意我創立一座這樣的修院時，我認為，除非完成建院，不會有任何的想法，足以讓我放棄不做。那時，所有的困難全都呈現出來，如後來會看見的。

❺ 抵達我們的住處時，我獲知在這地方⑮有位道明會士，是天主的一位非凡的大忠僕，當我在聖若瑟隱修院時，我向他辦告解。因為在寫那個建院記時，我已敘述他的許多德行，在此就不贅述了，而只提他的名字，大師道明．巴臬斯會士⑯。他既博學又審慎明智，我接受他的指導，他的看法是，並非這麼困難，如大家所想；因為，愈認識天主的人，做起事來也愈容易，由於他知道至尊陛下賜給我的一些恩惠，及在創立聖若瑟隱院時，他所看見的，他認為一切都是非常可能。會見他時，給了我很大的安慰；因為有了他的見解，我認為一切都會妥當。所以，他來我這裡時，我很隱祕地告訴他我所想的。根據他的看法，我們能快速地結束和奧斯定會士的談判；然而，對我來說，任何的拖延都是很糟糕的事，因為不知道要如何安頓這麼多的修女，因此，那一夜我們全都在掛慮中度過，因為在那住處，修女們隨即獲知這事。

10. 原文在此重覆說兩次這句話。
11. 就是瑪利亞．蘇亞蕾思夫人（Doña María Suárez）
12. 奧斯定會的恩寵聖母修院。這位好友神父名叫亞龍索．愛斯德洋（Alonso Esteban）。
13. 就是依撒伯爾．亞立阿斯和德蘭．克莎達，依撒伯爾修女是降生隱院的副院長。
14. 指降生隱修院。
15. 「這地方」指的是阿雷巴羅。
16. 道明．巴臬斯（Domingo Báñez，一五二八至一六〇四），是十六世紀最傑出的神學家之一。參閱《自傳》36．15；34．14；39．3。

❻後來，到了早上，我們修會的院長神父，安道會士來到這裡，他說，已經簽訂買下的房子是夠好的，又有一個門廳，裝上一些掛簾，就能成為小聖堂。我們就這麼決定；至少我認為非常好，因為能愈快完成，對我們就是最適宜的。因為我們在自己的修院外，也因為我怕會有人反對，如我從第一座修院得到的教訓。所以，我想要在被人覺察之前，先持有那房子，為此，我們決定馬上付諸行動。大師道明會士神父也同意此事。

❼我們抵達梅地納，是八月聖母節日的前夕，半夜十二點[17]。為了避免喧鬧，我們在聖安納修院落腳，步行到那房子。真是天主的大仁慈，為了明天的鬥牛，那時正要把牛關進畜欄，而我們都沒有被牛撞到。我們完全專注於要進行的事，什麼事都不加理會；然而，上主總是關照那些渴望服事祂的人，使我們免受傷害，我們確實別的什麼事都不尋求。

❽走到那房子，我們進入內院。在我看來，四壁嚴重傾倒，白天看起來情況更慘。好似上主故意使那有福氣的神父[18]盲目，看不出這地方不合適安置至聖聖體。看看那廳堂，得要好好清理地面，屋頂上空無片瓦，牆壁沒有抹泥，夜晚的時間很短，我們什麼都沒有，除了幾條毯子，我想是三條：這為廳堂的整個長度，是算不了什麼的。我不知道要怎麼辦，因為我看這裡不適於做祭台。上主保祐，祂樂意立刻做好一切，那位夫人[19]的管家，在他的家裡有許多夫人的掛毯，還有一條裝飾床的藍色錦緞，而夫人對他說過，我們想要什麼，都要提供給我們，因為夫人非常好。

❾看到這麼好的掛毯，我讚美上主，其餘的人亦然；雖然我們不知道怎麼釘釘子，又不是買釘子的時候。我們開始在牆壁上尋找；終於，辛苦地找到夠用的釘子。有的人釘釘

17. 就是八月十四日，聖母升天節前夕。
18. 聖女幽默地指安道神父，就像華人說的，傻人有傻福。
19. 瑪利亞・蘇亞蕾思夫人，參閱前面第 3 節。

子，我們清掃地面，動作非常迅速，天一亮，已經安置好祭台，走廊掛上一個小鐘，立刻舉行彌撒。這樣就足以持有這個房產。由於不懂，我們供奉了至聖聖體⑳，因為沒有地方，我們透過對面一扇門的一些隙縫望彌撒。

⑩到此為止，我感到非常高興，因為，看到多一個供奉聖體的聖堂，對我來說是至極的安慰。不過，我的高興只是一下子。因為，彌撒結束後，我稍微看看窗外，望見院子所有的牆，有些部分已經傾倒在地上，需要好多天來修補。天主啊！幫助我吧！當我看見至尊陛下被供奉在街上，就像由於這些路德教徒，現在我們也處在這麼危險的時刻㉑，我的心是多麼痛苦啊！

⑪除此之外，再加上所有的困難，就是那些背後議論紛紛的人能造成的障礙，而我則清楚明白，他們是有理的。我覺得，要推展已經開始的事，似乎不可能，因為，就像先前我認為一切都容易，是為天主做的，同樣，現在的誘惑如此地縮小天主的能力，我不覺得曾經接受過祂的什麼恩惠；只呈現出我的卑劣和無能。那麼，所依靠的是這麼可憐的東西，還能希望什麼美好的成功呢？如果只我單獨一人，我會覺得好受些；可是，想到同伴們得回家去，而她們是遭受反對而離家的，這令我感到煎熬。還有，我也認為，這個起點就錯了，所有我了解的，後來要為上主做的一切，也都不會成就。接著，又加上害怕，擔心在祈禱時所懂得的是錯覺，這個痛苦不小，其實是最大的痛苦；因為我極其害怕，自己是不是上了魔鬼的當。

啊！我的天主啊！這是怎樣的事啊！看見一個靈魂，祢願意讓她受苦！的確，當我回

20. 聖女那時以為，建立修院不能沒有供奉至聖聖體，後來她發現了自己的錯誤，請看 19・3。
21. 由於房子破爛不堪，大德蘭非常難過，也想起當時教會分裂的痛苦，她將之全歸罪於路德教派。因為那個時代的通訊不發達，大德蘭得到的傳聞不是全面的。參閱《全德之路》導論，26—27 頁。

想起這個折磨，及創立這些隱院其他的一些苦難，若以身體的磨難，即使是劇烈的，和這個比起來，我都視之為不算什麼。

⑫懷著這一切憂苦，我真的難過極了，我什麼也沒有讓同伴們知道，因為我不願她們愁上加愁。我忍受這個憂苦，直到晚上，耶穌會的院長派一位神父來看我，他給我很大的鼓勵和安慰。我沒有告訴他我的所有痛苦，只說我們敞露在街頭的感受。我開始和他討論，請他為我們尋找出租的房子，無論價錢如何；為讓我們搬去暫住，度過修補這房子的期間。我開始感到安慰，因為看到許多人來訪，沒有人認為我們做的是蠢事；這是天主的仁慈，因為，如果我們的至聖聖體被偷走，說我們做蠢事，是非常正確的。現在我回想自己的愚蠢，及大家都不太注意要把聖體領完；我反而認為，如果這麼做，所有的一切也完了[22]。

⑬無論我們多麼盡力尋找，在整個地方都找不到租屋，這使我日日夜夜痛苦不堪。因為，雖說一直都有人看著至聖聖體，我還是掛心萬一他們睡著了；所以，我夜晚起身，從一個窗口觀望，那時的月光非常明亮，我能看得很清楚。在那些日子裡，有許多人來，他們不但沒有認為不好，還使他們虔敬有加，看見我們的主再次住在馬槽中[23]。而至尊陛下，祂從不疲於為我們貶抑自己，好像也不想離開這裡。

⑭過了八天後，有一位商人看到我們的急難（他住在一棟非常好的房子），對我們說，我們可以住在他家的樓上，就像是在自己的家[24]。他有個非常寬敞的金色大廳，給我們做聖堂。有位女士，住在我們買的那房子隔壁，名叫愛蓮娜．基洛嘉夫人[25]，是天主的大忠僕，她說要幫助我，立刻開始建造一間聖堂，用來供奉至聖聖體，還有設備我們的住處，為能

22. 意思是說，如果當時大家都認為是蠢事，不願供奉聖體，把聖體全部領完，如此一來，建立新院也可能會因此而不了了之。
23. 馬槽：大德蘭在此使用一個很妙的雙關語，門廳的原文 portal，同時也意指畜牲圈、耶穌誕生情景的模型，至聖聖體供奉在破爛的門廳中，彷彿是在白冷的馬槽中。
24. 這位商人名叫布拉斯．梅地納（Blas de Medina）
25. 愛蓮娜．基洛嘉夫人（doña Elena de Quiroga）：她是宗教法庭庭長基洛嘉樞機的侄女。一五八一年，她進入梅地納加爾默羅會隱修院，取會名為愛蓮娜．耶穌（Elena de Jesús），那時，她的女兒已是該院的修女，名叫熱羅尼瑪．降生（Jerónima de la Encarnación）。

遵守隱院禁地。其他的人施捨給我們許多吃的食物，然而，這位夫人是援助我最多的。

⓯這麼一來，我開始有了寧靜，因為在那裡我們能過完整的禁院生活，我們開始誦唸日課，那位好院長趕忙地修理房子，也遭受相當多的磨難。整整耽擱了兩個月；不過卻整修得那麼好，我們能在那裡完善地度過好幾年。後來，上主繼續地予以改善㉖。

⓰我在這裡，仍然掛念著男會士的修院，由於我連一個會士也沒有，如我已說過的㉗，我不知道要怎麼辦；於是我決定，非常隱祕地和這裡的院長，安道神父，商談這事，看他會建議我什麼，所以我就這麼做了。當他獲知此事時，非常欣喜，並向我許諾，他會是第一位。我以為他是在開玩笑，也這麼對他說；因為，雖然他一直都是個好會士，收心斂神，非常好學又喜愛他的斗室，他是個博學者，我卻不認為他是開始這事的人選，需有的精神和更精修的嚴格，他都沒有，因為他的身體虛弱，看不出來能承擔這事。他極力向我保證，他說，已有好長的一段日子，上主召喚他度更嚴厲的生活；所以，他已決定要去加杜仙會（*cartujo* / Carthusian），他們也已經說要接受他。面對這一切，我並非十分滿意，雖然我高興聽到他所說的，所以我請求他暫緩一些時候，他也可以修練他已答應的事。他就這麼做了，一年過去，在這一年內，這麼多假見證的磨難和迫害接踵而至，好似上主有意考驗他；他這麼完善地忍受一切，進步這麼多，我讚美我們的上主，我覺得至尊陛下為此事而準備他。

26. 一五七〇年，修女們買到幾間房子和一些土地，使她們能有較大的生活空間。
27. 參閱前面 2・5—6。

譯者按：安道・耶穌神父

安道・耶穌神父，原名安道・艾瑞狄亞，生於一五一〇年，卒於一六〇一年，享年九十一高壽。聖女大德蘭和聖十字若望逝世時，他都隨侍在旁，目睹兩位聖人的臨終。

他是大德蘭革新男會院最早入會的兩位之一。出生於瓦倫西亞的雷克納（Requena），十歲時，在該地入會穿上會衣，然後在撒拉曼加大學研讀藝術和神學，二十二歲時祝聖為神父。一五三六年起，歷任加爾默羅男會院的院長。

一五六七年八月，聖女大德蘭在梅地納創立第二座革新隱修院時，安道神父是該地加爾默羅緩規男修院的院長，他事先幫助大德蘭租到一間房子，也幫助她建院。不久，大德蘭為了請教他，給他看總會長的信，授權給她建立兩座守原初會規的男會院，大德蘭的困難是有許可，卻沒有會士。神父聞言，立即表態，他是第一位入會者。大德蘭看著五十七歲的院長神父，身材魁梧，面貌英俊，儀態優雅，出身名門，早年也是撒拉曼加的優良學生。大德蘭心想，這位耀眼的神父是在開玩笑，心中暗笑：「他是否認真地考慮過？這樣的生活轉變為他是很艱辛的，尤其是已經度過了五十七年舒適的生活。」

然而，神父卻一再堅持。德蘭姆姆明言相勸：「每個人各有其道路，神父，您已走在合適您的道路上。不懷疑您渴望嚴格的生活……可是……」院長神父聲稱，他有意轉入嚴格的加杜仙修會，而且也得到省會長的批准。大德蘭於是要求他用一年的時間來準備，要他修行最嚴厲的補贖。

此後三十餘年，他投入大德蘭的革新修會，也歷任長上的職務，雖然不曾擔任過最高長上，但他忠心於修會，持續遵守嚴格的原初會規，至死不渝。

大德蘭的信中有許多關於他性格的描述，尤其是他的溫和卻不穩定的性情，易於一下子鬆弛，又突然嚴格，還有對古嵐清和大德蘭之間親密友誼的嫉妒，終其一生，他都未能享有大德蘭如對聖十字若望和古嵐清的完全信賴，不過，他一直都享有赤足修會對他的敬重。

⑰不久之後，來了一位年輕的神父，他在撒拉曼加大學讀書，他和另一位同伴一起來，那位同伴對我說些了不起的事，即關於這位神父所度的生活，他名叫十字若望會士[28]。我讚美我們的上主，和他談話，令我非常滿意，我從他獲知，他也想去加杜仙會。我告訴他我所追求的，也懇切請求他等候，直到上主賜給我們修院，又說這會是極好的，如果他想要改善，應該是在他的修會內，而且會獻給上主更多的服事。他答應我做這事，附帶說不要讓他等太久。當我看到已有兩位會士來開始，我覺得事情有了眉目，雖然我還不是那麼滿意這位院長；於是，我等候一些時日，也是為了尋找要在什麼地方開始。

⑱修女們在城鎮裡博得好名聲，也獲得很多的敬愛，我則認為，這是有道理的；因為，她們別的什麼都不理會，每一位都只專注於如何能更事奉我們的上主。在諸事中，都按照亞味拉聖若瑟隱修院的作息方式，因為是遵守相同的《會規》和《會憲》。

上主開始召喚一些人來領會衣[29]；又賜給她們這麼多的恩惠，令我感到驚奇。願祂永遠受讚美，阿們。為了去愛，祂等待的只是被愛。

28. 聖十字若望（San Juan de la Cruz，一五四二至一五九一），他當時的會名是若望．聖瑪弟亞（Juan de Santo Matía）。他的同伴神父是伯鐸．奧羅斯克（Pedro de Orozco）。他想要轉入的加杜仙修會，可能是位於塞谷維亞（Segovia）的保拉修院（Paular）。
29. 「領會衣」：穿上會衣就是進入修會，在當時，一入會就領會衣。

第四章

本章談及上主賜給這些隱院修女的一些恩惠，勸告院長要如何對待她們①。

❶我認為，繼續寫下去之前（因為我不知道，上主還會讓我活多久，也不知道有否機會寫，現在我似乎有點時間），我要寫些勸告，為使院長們明白，藉以引導屬下獲得靈魂的更大益處，即使她們並非享受這麼多的神味。

我必須說明一下，當我受命寫這本《建院記》時，除了已寫的首座亞味拉聖若瑟院之外，因上主的恩惠，已建立了另外七座，直至奧爾巴．多爾美斯，這是其中最後的一座；理由是不再創立更多修院，長上約束我做其他的事情，如後來會看見的②。

❷在這些隱修院中，這些年來，由於看見所發生的屬靈事件，我明白，我想說的事，是必須述說的。願我們的主保祐，使我所說的完全符合所見的，這是必須的。由於這些屬靈的經驗不是欺騙，就不必使靈魂遭受心靈的驚恐。因為，如我在別處所說，即關於一些小事，我寫給修女們的③，如果我們懷著純潔的良心，以及服從，上主絕不許魔鬼有那麼大的魔力來欺騙我們，以致能傷害靈魂；相反的，受騙的是魔鬼自己。由於牠知道這事，我相信，牠不會像我們的想像和壞的體液④做出那麼多的壞事，尤其是，如果遇有憂鬱症的人；因為女人的本性是脆弱的，而自愛非常巧妙地在我們內稱王。為此，有許多人來找我，男女都有，也有我們隱修院的修女，我清楚地辨識出來，他們常是欺騙自我，卻不是故意

1. 從第四章到第八章，聖女大德蘭插入靈修專論，談及隱院中的祈禱生活，不只有益於她的女兒，神師和靈修指導者都很受用。
2. 亞味拉聖若瑟的建院故事寫於一五六五年，參閱《自傳》32—36。大德蘭寫《建院記》的這一章，約在一五七三年末，於撒拉曼加。她不能再建立更多修院，理由是宗座視察員伯鐸．斐南德斯（Pedro Fernádez O.P.），指定她返回降生隱院擔任院長（一五七一年十月至一五七三年七月底）。這七座隱院，請看卷首序，註解 3。

的。我深信，魔鬼必定介入其中，為了要愚弄我們；不過，有許多次，如我說的，我看見，由於上主的良善，祂沒有放手捨棄他們。或許祂願意在這些失敗中磨練他們，為了從中獲取經驗。

❸我必須這樣地聲明，關於祈禱和全德之事，由於我們的罪過，在塵世中已是這麼的失落；因為，即使沒有看見危險，人們還是害怕行走此路，如果我們說出一些危險，又會怎樣呢？雖然，這是真的，凡事都有危險，人生在世，都要戒慎恐懼，祈求上主教導我們，不要拋棄我們。不過，我相信，我曾說過⑤，如果有什麼人能減少許多危險，就是那些更專注於存想天主、在生活中努力於全德的人。

❹我的上主啊！正如我們所看見的，祢往往解救我們免於自陷的危險，甚至是違背祢的危險，那麼，當我們尋求的只是祢的滿足，及取悅祢，怎能相信祢不解救我們呢？我絕不能相信這事。可能是由於其他祕密的決斷，天主容許有些事以其方式發生；然而，善絕不會導致惡。願我所說的有助於我們努力善行此路，更取悅我們的淨配，更快找到祂，而不放棄向前行走；也為了鼓勵我們，以剛毅行走非常崎嶇的山間窄路，就像今生的道路一樣，但不是要恐嚇我們前行。那麼，總而言之，我們要懷有謙虛，依靠天主的仁慈，最後我們必會抵達耶路撒冷聖城，在那裡，所有經歷的痛苦，比起所享的福樂，我們都視之為不算什麼，或什麼都不是。

❺因此，童貞聖母的這些小鴿房開始拓展，至聖的至尊陛下開始顯示祂的崇偉，施展於這些弱小的女子，雖然她們的渴望及超脫萬有是堅強的，實應歸因於，靈魂更與其造主

3. 參閱《全德之路》40・4；21・7。
4. 從前的醫學認為人體流著四種體液（humor）：血液（blood）：黏液（phlegm）、膽汁（choler）、黑膽汁（black bile）。這四種體液配合的比例決定人的性情、脾氣等。四種體液能平均的話則人的性情可以圓滿無缺，血液太多則會快樂活潑（sanguine），黏液太多則會導致笨拙、冷漠（phlegmatic），膽汁太多則會易怒、急躁（choleric），黑膽汁太多則會導致憂鬱（melancholic）。
5. 《全德之路》21・7及其後；《自傳》20。

結合，且以純淨的良心行走。無須指明這事，因為，如果是真實的超脫，我認為，開罪天主是不可能的。由於她們的所有交談和交往，都不離開祂，同樣，至尊陛下也不要離開她們。這正是我現在看見的，我所說是真實的。那些後來者及閱讀本書的人，要害怕，如果看不見現在所讀到的，不要責怪時代，對天主來說，賜下大恩惠給真心服事的人，隨時都行，他們要看看是否在這方面⑥有缺陷，且要加以修正。

❻關於修會的創始者，有時我聽說，由於他們是基礎，上主賜給那些人，即我們的聖先祖，較大的恩惠。正是這樣。不過，我們常要看他們是後來者的基礎。因為，如果現在活著的人，沒有稍減前人的風範，後來者也如此，修會的大樓必然永久堅穩屹立。如果我的追隨是這麼卑劣，因我的惡習，敗壞修會的大樓，古聖先賢的懿行對我何益之有？因為顯然地，對於去世多年的先輩，後來的人不會清楚記得，有如當下的目睹者。若我辯解，自己不是先輩之一，也不想自己的生活與德行，很不同於天主賜予極大恩惠的那些人，這是蠢事。

不用說那些創立修會的人，由於天主揀選他們是為了重大的職務，賜給他們更大的恩寵⑦。

❼天主啊！幫助我吧！多麼歪曲的辯解！多麼明顯的欺騙啊！我的天主，我深感悲痛，對祢的服事，我是這麼卑劣，又做得這麼少；然而，我清楚明白，祢之沒有賜我那些給先輩的恩惠，過失乃在於我。上主，我對自己的生活感到悲痛，當我和他們的生活相比時，我不能不含淚說這話。我看到，我已失掉他們辛勞的成果，而我什麼都不能抱怨祢；而，

6. 指前面所說的渴望、超脫、與主結合、純淨的良心及不離開主。
7. 在手稿中，最後這段是聖女在頁緣插入的。A.P. 和 K.K. 英譯本分別放在不同的地方，這裡按照西文版的順序。

如果看見修會有些衰微，有人抱怨也不是好事，反而該努力，使自己成為能再建造大樓的磐石，上主會助祐達到目的。

❽那麼，重返我所說的——我已經遠離了話題⑧——，在這些會院中，上主賜予這麼多的恩惠，如果有一或兩位，天主現在帶領走默想之路，其餘的全都達到完美的默觀；有幾位更加精進，達到神魂超拔（*arrobamiento* /rapture）。有的人，上主賜予另類的恩惠，除了神魂超拔，還加上啟示、神見，而且清楚知道是從天主來的；現在每個隱院，都有一、兩位或三位得到這些恩惠。我清楚明白，聖德不在於此，我的意向並非僅只讚美她們；而是為了讓人知道，我想說的勸告，不是沒有目的的⑨。

8. 繼續前面第 5 節的主題。
9. 簡單地說，因為修女們得到那麼特殊的恩惠，而聖德不在所得的恩惠，所以大德蘭要提出勸告，教導修女們。

第五章

述說祈禱和啟示①方面的勸告。本章對於從事活動工作者非常有益。

1 我的意向和想法並不在於，我在這裡說的是這麼準確，要讓人奉為絕無錯誤的規則，在這麼困難的事上，這是愚蠢的。在靈修的路上，有許多的道路，我可能準確說出其中的某些重點。但如果不是行走此路的人，恐怕不會了解我說的，也許他們走的是其他的道路。又如果我所說的對誰都沒有用處，上主會接納我的心願，因為祂知道，我雖然沒有全部親身經歷，卻親眼目睹了其他的靈魂。

2 按照我的貧乏理智，首先我要說的是，成全祈禱的實質是什麼。因為我碰見過一些人，他們認為整個事情就在於思想，如果能專注於天主想許多事，即使要費很大的力氣，他們馬上自認為是屬靈的（*espirituales*）；而如果分心走意，不能多想，即使是要想美好的事，他們立刻憂傷至極，自認為已經迷失了。博學者不會有這些事和愚昧無知，雖然我也曾碰過幾位是這樣；不過，為我們女人家，會有這一切的愚昧，我們理當接受勸導。我不是說，常能做默想專注於上主化工的人②，不是上主的恩惠，努力這麼做是很好的；可是必須了解，並非每個人的想像都能自然地專注於默想，然而，所有的靈魂都能愛。我想，我曾在別處寫過，關於我們的想像如此不受約束的理由③；但不是全部的——這是不可能的——，而是一些理由。所以，我現在不談這事，我想解釋的是，靈魂不是思想，意志也不

1. 聖女在標題上寫：「述說祈禱和啟示……。」後來的編輯，可能因為本章中沒有談及啟示，所以刪掉「和啟示」。
2. 古嵐清神父為了使意思更清楚，他刪掉「常能做默想專注於祂的化工」，改成「思想常能專注於祂」。
3. 參閱《自傳》17．5—7；《全德之路》31．8；《靈心城堡》4．1．8。

受思想的指使，這樣會非常不幸：因此，靈魂的進步不在於想得多，而在於愛得多。

3 如何獲取這個愛呢？要決心工作和受苦，遇有需要時，這麼去做。這是很真實的，思想我們對上主的虧欠，祂是誰，我們又是誰，會促使一個靈魂堅心定志，而這是很大的功勞，對於初學者非常適當；然而要明白，這必須在服從和有益於近人方面，沒有障礙時。當兩者之一有所需要時，會要求給出時間，放開我們這麼想給天主的時間，按我們的見解，這[4]是單獨專注於思想祂，也是歡享祂賜給我們的愉悅。為了兩者中的任何一個而放開這事，即是取悅祂，為祂而做，祂曾說過：「凡你們對我這些最小兄弟中的一個所做的，就是對我做的。」[5]至於觸及服從的事，祂不願那愛祂的人，走其他不是祂走的道路："*obediens usque ad mortem*"[6]」。

4 那麼，如果這是真的，大部分的不高興是怎麼來的呢？係來自一整天中，許多時候不能非常隱退，及陶醉於天主，雖然我們正做著這些其他的事。按我的見解，這有兩個理由：其一，也是最主要的[7]，由於自愛混雜在裡面，非常的微妙；這會使人不明白，我們更愛滿足自我甚於天主，是怎麼回事。因為顯然的，當靈魂開始品嘗到「上主是多麼溫柔[8]」之後，身體更喜愛休息，不做事，使靈魂享樂。

5 啊！真愛這位上主、又認清自己本性之人的愛德啊！如果他們看到能做一點什麼，為使單單一個靈魂受益，更愛天主，或為了給他一些安慰，或除去他的一些危險，他們能有的私下休息，是多麼少啊！當人不能以工作，他會以祈禱，為許多他悲傷地看見，就要喪亡的靈魂，懇求上主。他失去自己的享受，也視之為很好的失落。因為他想的不是自己

4. 「這」就是指「給天主時間」。
5. 《瑪竇福音》廿五章40節。
6. 原文在此引用拉丁文，意思是「聽命至死」（《斐理伯書》二章8節）。
7. 第二個理由在第二十節。
8. 意指《聖詠》卅四篇9節：「上主是何等的和藹慈善！」

的滿足，而是如何更滿足上主的旨意，且是在服從中實行的。這會是惡劣的事：天主清楚地告知我們，一些祂視為重要的事，而我們卻不願意，反而注視著祂，因為我們更在意自己的愉悅。在愛天主上，多麼可笑的進步啊！這是綁住祂的手，認為，除非經由某一條道路，祂不能幫助我們獲益。

❻我親自認識一些人（如我說的⑨，就是，除了我親身經歷外的那些人），他們使我明白這個真理，當我看到自己的時間這麼少，而感到難過，所以，看見他們總是忙於好多的交涉和事情，這些是服從命令而做的事，我覺得同情他們；我想到自己，甚至這麼說，處在這麼騷動中，靈修的成長是不可能的，因為在那時他們沒有很多靈修。上主啊！祢的道路和我們笨拙⑩的想像，是多麼不同啊！已經堅決愛祢，且捨棄自己於祢手中的靈魂，又是怎樣的呢？除了服從，祢不要別的，他清楚知道什麼是對祢的最大服事，這是他的渴望！他不必尋找道路，也不用選擇，因為他的意願就是祢的，我的上主！祢負起這個照顧，指導他達到獲益最大的地方。雖然長上沒有留意我們靈魂的獲益，他做的安排，是他認為對團體合適的，祢，我們的上主，祢關心，且安置靈魂及事情，以至於，不曉得怎麼回事，我們發現自己有靈修，又突飛猛進，使得我們後來感到驚奇。

❼正如幾天前我說的某人就是如此，大約有十五年，服從使他這麼辛勞於職務和管理，在那些年裡，他不記得有一天是給自己的，雖然如此，他盡力之所能，每天祈禱一會兒，並保持純淨的良心。他是我曾見過的，最愛好服從的靈魂，這樣，他影響了所有與他交往的人。上主給他很好的回報，因為，不知不覺，他獲得這麼珍貴和渴望的心靈自由，是成

9. 見第 1 節。
10. 手稿中刪掉「笨拙」（torpes），可能是聖女大德蘭親自劃掉的。

全者所擁有的，在其中尋獲人在今生能想望的所有幸福，因為，什麼都不想望者，他們擁有萬有。世上的事物，他們什麼都不怕，也不渴求，磨難也不會使他們驚慌，快樂也不會打動他們。總之，沒有人能奪走這平安，因為這是只屬於天主的平安。正如沒有人能奪走祂，只有怕失去祂能使他們痛苦，世上的事事物物，按他們的看法，彷彿虛無不存，因為，對他們的幸福，既不加增，也不減損。啊！幸福的服從，及為服從而分心[11]，能有的收獲何其之多啊！

❽這個人不是獨一無二的，我還認識了其他這類的人，我已有幾年，有的是好多年，沒有見到他們；問起他們，這些年是怎麼過的，他們都專務服從和愛德。另一方面，我看見他們在靈修的事上，這麼精進，令我驚訝。那麼，我的女兒們！當服從要妳們去做外在的事時，不要憂傷；要知道，如果在廚房裡，就在鍋碗瓢盆當中，上主會幫助妳們內在和外在的修持。

❾我記得，有位會士告訴我，他堅心定志，嚴以待己，沒有一件長上命令他的事，他會說：「不」的，無論給他多麼辛苦的工作；有一天，他做到精疲力盡，天色已晚，已經不行了，於是坐下來，休息一會兒，長上碰見了他，對他說，拿起鋤頭，到花園裡去掘地。他靜默不語；雖然本性覺得非常折磨，因為他無能為力；他拿起鋤頭，走進花園裡的一條通道（他對我說這事的許多年後，我見到這地點，因為我打算建個會院在那裡），我們的上主費力地背著十字架，顯現給他，這麼疲憊和勞累，使他清楚明白，和上主的辛苦相比，自己的勞苦根本算不了什麼。

11. 意即，因服從而不能專心祈禱。

10 我相信，由於魔鬼看見，沒有比服從更快達到至高成全道路的，遂在美好的掩飾下，放置這麼多的厭煩和困難。好好注意這事，就會清楚看出來，我說的是事實。至高的全德，顯然不在於內在的恩賜，也不在於崇高的神魂超拔，不是神見，也不在於預言的神恩，而在於我們的意志這麼翕合主旨，凡我們知道祂渴望的，我們無不以全部的意志去渴望，無論愉悅或痛苦，我們都這麼喜樂地接受，只要知道是至尊陛下渴望的。這似乎是最困難的，難的不是做事，而是我們的這個滿意，樂於使我們的意志，完完全全[12]相反我們的本性；所以，真的很難。不過，愛會有這個力量，如果愛是成全的，我們會忘記自己的滿足，來滿足所愛的人。而真是這樣，即使是最大的磨難，知道我們是為了取悅天主，我們會甘之如飴。已經達到此境的人，他們就是這樣地去愛迫害、羞辱和傷害。這是這麼的確實，也這麼為人所知和易懂，我沒有理由在這個事上耽擱。

11 我有意說明的，按我的見解，服從是較快，或說較好的方法，達到這麼幸福的境界，其理由何在？這是因為，我們無法主導我們的意志，達到單純又純潔地完全專務於天主，除非意志順服理智，服從是使理智順服的真正道路。因為，這不是以良好的理智達成的；由於我們的本性，及這麼多的自愛，我們總是達不到那境界。那最正當的事，如果得不到利益，我們往往認為是愚蠢的[13]。

12 在此，有這麼多要說的，這個內在的戰鬥，我們說也說不完，魔鬼、世俗和我們的感性，擺出這麼多的花樣，為扭曲我們的理智。

那麼，補救的良方是什麼呢？解藥在這裡，就好像一場很難決定的官司，雙方把事情

12. 原文在此重複兩次「完全」（en todo en todo），用來表示強調。
13. 這一句的原文含糊不清。聖女大德蘭本來這麼寫：「如果得到利益，我們往往認為是愚蠢的。」為求清楚，她自己加上一個「不」，成為「如果得不到利益」，結果還是語意不清。

交在一位法官手中，官司打累了，我們的靈魂接受了一位（法官⑭），這一位可能是長上或告解神師，決心不要多爭辯，也不多想自己的理由，而是信賴上主所說的話：「**聽你們的，就是聽我。**」⑮輕視自己的意志。上主這麼看重這個順服（這是有道理的，因為是讓祂來做主人，主導祂賜給我們的自由意志），我們做此修行，有時是棄絕自我，有時對付成千的戰鬥，因為對事情所做的判斷，我們覺得是蠢事，以此痛苦的修行，我們達到翕合命令我們的事；然而，無論有或沒有痛苦，總之，我們做了所命令的事，上主從祂那方面，給予這麼多的幫助，為了相同的理由，我們的意志和理智，為祂而順服，祂也使我們成為意志的主人。那麼，成為自己的主人，我們能成全地專注天主，獻給祂純潔的意志，為與祂結合，祈求祂從天上降火，以祂的愛燃燒這個祭獻⑯，除掉所有能使祂不悅的一切；既然我們已是毫無保留，雖然相當艱苦，已把祭品放在祭台上，所以，我們要盡一切所能，不使祭品碰觸地面。

⑬顯然地，一個人不能給出他所沒有的，他必須先擁有。那麼，請相信我，為了獲得這個寶貝，沒有更好的道路，除了挖掘和工作，從服從的這個礦源挖取；同時，我們挖得愈多，獲得的也愈多，這時，我們順服於人，除了長上的意願，沒有其他的意願，我們也就愈是自己意志的主人，使之和天主的旨意翕合。

女兒們，請看，放棄獨居的愉悅，是否有了很好的回報！我對妳們說，不是因為缺少獨居，使妳們沒有準備好，達到這個所說的真正結合，這個結合在於，使我的意志和天主的旨意合而為一。這是我所渴望的結合，也盼望妳們全都如此，不是一些神魂超拔，無論

14. 譯者加上括號內的字。
15. 《路加福音》十章16節。
16. 參閱《列王紀上》十八章38節：「於是上主的火降下，焚盡了全燔祭、柴木、石頭和塵土，也燒乾了溝中的水。」

是多麼歡愉，可以稱之為「結合」，也有可能是結合，如果後來有我所說的那樣。不過，如果這個神魂超拔之後，沒有什麼服從，又有自我的意志，我認為，她是和自愛結合，而非與天主的旨意結合。願至尊陛下保祐，我所做的工作合乎我所理解的。

14 我認為，造成這個不高興的第二個理由[17]，是由於在獨居中，較少機會得罪上主（有些機會是少不了的，因為魔鬼和我們自己，處處都在），靈魂會覺得更潔淨；因為，如果是害怕得罪祂，事事都不失足，是至極的安慰。確實，我也認為，這是較充足的理由，不想要和任何人交談，除非是談關於天主的大恩惠和愉悅。

15 我的女兒們，在這裡必須看到愛，不是藏在角落裡，而是處在那些失足的機會當中[18]。請相信我，雖然有較多的過失，甚至也有些小失敗，我們的收獲之大，是無可比擬的。請注意，我經常假設說，做這些事要有服從或愛德；如果沒有行之以服從或愛德，往往我還是說，獨居是較好的，甚至處身於我所說的情況當中，我們還是要渴望獨居；事實上，在真愛天主者的靈魂裡，這個渴望持續不斷地湧現。至於我說的[19]這是獲益，是因為會使我們了悟自己是誰，及我們的德行達到什麼境界。因為一位經常收心斂神的人，無論他自認為如何聖善，他不知道自己是否忍耐，是否謙虛，也不知如何去獲知。這就像，如果一個人很英勇，假使沒有作戰，怎麼會知道呢？聖伯鐸非常自以為是，然而，看看事情發生的結果[20]；經過那個失敗之後，他就完全不再信靠自己，而是信賴天主，我們看到，後來他殉道致命。

16 天主啊！幫助我吧[21]！要是我們了解，自己是多麼的可憐！如果我們不懂這事，什

17. 第一個理由在第 4 節。
18. 請參閱《靈心城堡》7．4．7。
19. 她說的是放棄獨居。
20. 《瑪竇福音》廿六章 31—35、69—75 節。

麼都會有危險。為此之故，如果命令我們的事，是為了顯出我們的卑微，這是極好的。我認為，只一天得到上主給的對自我和謙虛的認識——即使我們必須付出折磨和艱辛——，仍是更大的恩惠，超過多天的祈禱。更何況，真正的愛人無論在哪裡都在愛，永遠記得所愛的人！只有在角落裡，才能修行祈禱，這是一件很過分的事[22]。我已看出來，這不能是好多個小時[23]；可是，我的上主啊！從內裡發出的一聲嘆息，對祢有多大的威力啊！痛苦地看到，我們在此流放之地，這還不夠，甚至又沒有機會（獨居），能使我們單獨地享有祢[24]。

17 在此，會清楚看出來，我們是祂的奴隸，為了祂的愛，我們的意志已賣給服從的德行，因為藉著服從，我們以某種方式，放棄享有天主。但是，這根本不算什麼，如果深思，因著服從，祂從父的胸懷而來，成為我們的奴隸。那麼，要用什麼或以什麼服事，來償還這個恩惠呢？必須留心又認真地實行善工，雖然是藉著服從和愛德，也要常常向天主發出內在的懇求。還有，請相信我，使靈魂進步，不在於長時間的祈禱；時間妥善地運用於工作時，是個大幫助，以非常短的時間，做更好的準備，點燃起愛火，這遠勝過許多小時的深思默想。萬有都必須來自祂的手。願祂受讚美永無終窮！

21. 天主啊！幫助我吧！（¡Oh válgame Dios!）：是一句口頭禪，類似我們說的「天啊！」、「老天哪！」
22. 很過分的事（recia cosa）："recia" 這個原文字的含義有：粗大的，粗壯的，強勁的，惡劣的，嚴酷的。K.K. 英譯："a thing hard to bear"；A.P.："a hard business"。中文很難找到完全對應的譯詞，大致上，也可以譯為「很受不了」、「很糟糕」，譯者認為，在此「很過分」是比較貼切的譯詞。
23. 就是說，不能躲在角落裡祈禱許多小時。
24. 古嵐清神父在手抄本邊緣寫道：「對忙於愛德工作的人，是很好的安慰！」

第六章

警告神修人，不了解何時必須抗拒神靈（*espíritu*），能造成的損害。談論靈魂對領聖體的渴望，在其中能有的騙局。對管理這些會院者，包含重要的道理①。

❶我一直勤奮地力求了解，一個很大神迷（*embebecimiento*）的起因，我曾見過一些人，在祈禱中，是上主所恩待的，為了領受這些恩惠，她們做盡準備。現在我談論的，不是至尊陛下賜予的休止（*suspendida*）和出神（*arrebatada*），我已在別處寫了許多②，關於類似的事，無須述說，因為，如果是真的神魂超拔（*arrobamiento*），我們什麼都不能做，即使我們盡力抗拒。必須注意的是，在出神時，使我們的能力無法自主的強力，為時很短。不過，在開始一種寧靜的祈禱時，往往會發生某種心靈的睡眠（*sueño espiritual*），使靈魂這麼陶醉，如果在此我們不了解必須如何妥善處理，由於我們的過失，能夠浪費許多時間，耗盡力氣，而且少有功勞。

❷但願我知道，如何在此說明我自己，是這麼的困難，我不知道是否做得到；不過，我清楚明白，如果他們相信我，從這事上受騙的靈魂會了解的。我認識有些人，他們七、八個小時處在那種情況中；且是很有德行的靈魂，全都認為是神魂超拔；任何德行上的修練，都會使她們這樣專注，立刻陷入捨棄自我③，認為抗拒上主是不好的；像這樣，漸漸地，如果沒有獲得救助，她們有可能不是死掉，就是傻掉。在這事上，我懂得的是，當上主開始

1. 這一整章，幾乎都在揭穿某種外表的神祕祈禱，針對這些異常的心理現象，大德蘭以自創的用語來述說：1）*embebecimiento*：神迷（第2節）；2）*amortecimiento*：失神（第6節）；3）*embobamiento*：驚訝（第3節）
2. 參閱《自傳》20。
3. 這個「捨棄自己」，原文是“*dejarse*”或“*abandonarse*”，指的是一種主動性的被動，放棄自己的主動，為了引發神性的推動。是當代光照派（alumbrados）的小團體修行的，這樣的修行就稱作“*dejarse*”，意思是一個人處於放棄自己的留守狀態。光照派，或譯先覺派，是十六世紀西班牙的一種默觀靈修團體，強調人與天主的直接往來，個人靈修生活的安排不需透過教會的分辨判斷。

愉悅靈魂時，我們的本性這麼喜愛歡愉，這麼投入那個喜愛，動也不想動，一點都不要失去④。因為，事實上，這是更歡愉的，超過世上的快樂，一旦事情發生於脆弱的本性，或來自軟弱本性的聰明（或更好說，想像），不容改變地，在領悟一件事時，會專注於其上，毫不分心；就像許多人，開始想一件事時，即使不是關於天主，也會入迷或凝視一個對象，沒有留意他們所看見的：就像一個緩慢的人，看起來漫不經心，忘了他要說的話；這裡發生的就是這樣，根據這人的本性、體質或虛弱，或者如果患有憂鬱症，會使她們認定一千個快樂的謊言。

❸關於這個體質，不久後我將會述說⑤，不過，雖然沒有這體質，還是會發生我所說的事⑥，以及在官能磨損之人的身上——如我說過的⑦，當愛開始給予感官享受時，她們深深著迷於其中，如我所說的。按我的見解，不要使自己沉浸在陶醉中，她會愛得更好，因為在此祈禱的臨界點，她們能非常輕易地抗拒。因為，正如當人虛弱時，會感到一種昏迷，既不能說，也不能動，如果不抗拒，就是像這樣；如果是本性的虛弱，心靈的力量會被掌控和征服。

❹你們會說，這和神魂超拔有什麼不同？就外表而言，是相同的。妳們不無道理，表面看似一樣，但本質卻不同。因為神魂超拔，或所有官能的結合——如我說的——延續的時間很短，在靈魂內留下很大的效果，及內在的光明，連同其他許多的益處，理智什麼都沒有做，在意志內工作的，是上主。在這裡⑧，就大不相同了，因為，雖然肉身被囚禁，意志卻沒有，記憶和理智都沒有，而是其官能的作用在發狂，如果它們專注在某一事上，也

4. 譯按，不要失去任何的愉悅。
5. 即下一章，就是第七章。
6. 即上一節，第2節。
7. 第五章2、4、10、11。
8. 就是說，在神迷 embebecimiento 中，這是假的神祕經驗，和神魂超拔 arrobamiento 截然不同。

許，就會在其中吵鬧和爭論⑨。

❺在此身體的虛弱中，我找不到什麼益處——這虛弱什麼都不是——除非有好的開始；不過，善用這個時間，勝於用許多時間留在神迷中；做出一個愛的動作，及時常喚醒意志更愛天主，而不要留在休止中，能有更大的功勞。所以，我勸告院長們，要盡所有可能的勤快，消除這些費時長久的茫然驚愕；按我的看法，這無非就是，促使官能和感官癱瘓，不能做靈魂命令它們的事；這樣，它們奪去靈魂的收獲，就是，如果靈魂小心行事，常會得到的收獲。如果了解這是虛弱之故，要取消守齋和打苦鞭⑩（我說的不是那些必須的，及有時能以好的良知完全寬免的），要給她職務，為使她分散注意力⑪。

❻雖然沒有這些失神（*amortecimiento*），如果導致想像非常專注，即使處於非常崇高的祈禱，也必須這樣處理，因為有時候，她們無法自主。尤其是，如果她們從上主得到一些奇特的恩惠，或看到某個神見，使得靈魂這麼認為，她一直在看著神見，但並不是這樣，看神見是不會超過一次的。誰若看見自己許多天處在此神迷中，必須努力改變默想的主題；因為，如果她默想關於天主的事，變換不同的主題，沒有什麼不妥，因為都是專注於祂的事，而且，有時細思祂的受造物，及創造萬物時的大能，就如同默想造物主本身一般，感受到這麼多的愉悅。

❼啊！不幸的可憐人類哪！由於罪而處在如此的境況，甚至連好事，我們都需要節制和有分寸，才不致毀損我們的健康，竟至無法享受它們！的確，所說的，對許多人是適宜的⑫，尤其是對頭腦或想像虛弱的人們，這是更加事奉我們的上主，非常需要加以理解。如

9. 就是說，當意志在出神時，理智和意志或許會以其胡作非為引發戰爭。
10. 打苦鞭：原文“disciplinas”，有鞭子和紀律的含意，但在加爾默羅會內，我們稱打苦鞭為“discipline”。
11. 這裡說，要取消……要給她職務，都是用命令式的語氣。
12. 指前一節，第6節，最後所說的。

果一個人看見，在想像內呈現一個苦難的奧跡，或天主的榮福，或任何類似的事物，而且是許多天，即使她願意，卻無法想其他的事物，也擺脫不了沉醉於其中，要知道，她最好要盡力使自己分散注意力；如果不這麼做，到時候就會明白這個損害，這是來自我所說的：或是身體的極度虛弱，或來自想像，是非常糟糕的。因為這就好像是一個瘋子，不能自主，既不能轉移注意力，也不能想別的事，也沒有理由能勸服她這麼做⑬，因為她不是理智的主人，像這樣，是此處會發生的，雖然是令人愉快的瘋狂，或者，如果是憂鬱症的體質，能使他遭受很大的傷害。我看不出有什麼好處，因為靈魂有能力，能夠歡享天主本身。那麼，如果這不是我說過的事⑭，由於天主是無限的，為什麼靈魂只被祂的崇偉或奧跡中的一個迷住呢？因為有這麼多我們能專注的。而且，我們渴望深思祂的事愈多，也愈會揭示祂的崇偉。

❽我不是說，在一個小時，甚或在一天中，她們不要想許多事，這或許會什麼都沒有好好享受；由於這些事是如此微妙，我不願別人以為我未經深思而說，或誤解此事為他事。確實地，好好了解本章是這麼重要，雖然書寫這事可能感到吃力，我卻不覺厭煩，希望第一次讀不懂的人，也不要嫌麻煩，再讀許多遍，尤其是院長和初學導師，她們必須在祈禱方面指導修女。因為，如果在開始時，她們不留意，後來會發現，必須用許多時間來補救這類的虛弱。

❾如果我寫下來，所有我知道的許多這類的傷害，妳們會看出來，我這麼強調這事是有道理的。我想說的只有一件，其餘的以此類推：在這些隱修院中，有一座修院，其中有

13. 就是勸服她去想別的事。
14. 即前面第 6 節說的。

一位修女和一位輔理修女[15]，這兩位都是極優的祈禱者，再加上克苦、謙虛和德行，非常蒙受上主的寵惠，上主通傳給她們祂的崇偉；尤其是這麼的超脫，且專注於祂的愛，無論我們多麼就近觀察，看得出來，對於上主俯就人的卑微，所賜給她們的恩惠，她們無不予以回應。我已經細察她們的德行，為使那沒有德行的人，會感到更害怕。當她們開始有一些渴望上主的很大衝勁時，她們無法自持。她們認為，在領聖體時會得到緩解，所以，她們從告解神師得到許可，能常常領聖體，致使她們的渴望增加到，如果不天天領聖體，她們覺得彷彿快要死掉。告解神師看見這樣的靈魂，懷有這麼大的渴望，雖然這一位是很有靈修的人，也認為這個方法是合宜的，為解決她們的困苦。

10 事情還不止於此，其中的一位，她這麼的渴望，必須一大清早就領聖體，為能活下去，這是按照她的看法；她們都不是會捏造事情的靈魂，也不會為任何的世物說謊。我不在那裡，院長[16]寫給我所發生的事，又說對她們毫無辦法，那些人（**譯按，指兩位告解神師**）決定，由於一籌莫展，於是給予這樣的補救。上主恩祐，我馬上明白這事；雖然如此，我保持靜默，直到我出現在那裡，因為我怕自己會搞錯，還有對那批准這事的人，可能是有理由的，還沒有告訴他我的理由之前，我不能糾正他。

11 他這麼的謙虛，我一到那裡，和他說話，他就信任我了。另一位[17]不是這麼有靈修，比較起來[18]，可說幾乎沒有靈修；什麼辦法都說服不了他。不過，我並不怎麼重視這位，因為他並不是這麼的不可或缺。我開始和這兩位修女說話，也說明許多理由，我認為這些理由足以讓她們了解，以為沒有這個補救（**譯按，指領聖體**），她們就會死去，那是她們的

15. 大德蘭故意隱瞞她們的身分，但要知道是誰，並不困難。這是在梅地納隱修院的兩位修女，其中之一是亞爾伯塔．包迪思塔（M. Alberta Bautista），一五六九年發願，一五八三年逝世，享年三十五歲，逝世前頗負聖德美名。另一位輔理修女是依內思．無玷始胎（Inés de la Concepción），一五七〇年十一月十三日發願。聖女大德蘭的時代，輔理修女極少獲准天天領聖體，一般修女也不是天天可以領聖體。
16. 那時的院長是依內思．耶穌。
17. 涉及此事件的神師有兩位。
18. 就是：和別一位神師相比。

想像。她們對於這事這麼把持不捨，說什麼理由都不行，不足以使她們認為合理。我已看出來，多說是沒有用的，所以我對她們說，我也有那些渴望，我不領聖體——為使她們相信，她們可以不必領聖體——，除非大家都領；又說，讓我們三個人都一起死，我認為這樣是更好的，不致於在我們的隱修院內，樹立類似的習俗，這些隱院中也有像她們那樣愛天主的人，也渴望這麼做。

12 這個傷害是這麼的至極，因為已經形成習慣，還有應該是魔鬼的插手干預，真的，由於沒有領聖體，她們以為自己要死了。我表現得極其嚴格，因為愈看到她們不順服（因為，按她們的想法，不能再多做什麼），我愈清楚地看見，這是誘惑。那天[19]，她們過得艱苦極了；再來的一天，比較沒那麼辛苦，就這樣，逐漸地減輕，竟至雖然我領聖體，因為是神師命令我的（他看她們這麼軟弱，所以沒有要她們領聖體），她們對此接受得很好。

13 短短的時間內，她們和所有人都了解，那是誘惑，也明白，及時改善這事的益處；因為不久後，在那會院裡發生了一些事，引起和長上們的紛擾（不是她們兩位的過失；後來我可能會談及）[20]，那些長上無法認同像那樣的習俗，也不能忍受。

14 啊！這類的事，有多少能說的啊！我只要說另外一件。不是發生在我們修會的隱修院，而是在伯爾納會（*Bernardas*）[21]的修院中。那裡有位隱修女，德行不亞於前述的兩位；許多的苦鞭和守齋，致使她虛弱不堪，每次領聖體，或遇有在崇敬時愛火中燒，立刻就倒地不起，像這樣倒地八、九個小時，她和所有的人都認為是神魂超拔。這事發生得這麼頻繁，如果不加以補救，我相信會遭受許多的傷害。神魂超拔的名聲已傳遍整個地區；聽到

19. 就是開始不領聖體的第一天。
20. 這裡說的是指，一五七一年，梅地納隱院和非赤足男修會省會長之間的衝突，其一，是處理一位初學生依撒伯爾・眾天使（Isabel de los Angeles）的財產，省會長和家人的意見和這位初學修女衝突；其次是選舉院長的事件。其實和這兩位的過失沒有直接關係。
21. 此處指的是奧爾梅多（Olmedo）的聖神熙篤隱修院（在瓦亞多利），大德蘭創建新院時，多次居留該院。

這事，我感到難過。由於上主保祐，我知道這是怎麼回事，我也擔心事情會如何收場。她的告解神師是我非常熟識的神父，他來告訴我這件事。我告訴他我所了解的，及為什麼這是在浪費時間，也不可能是神魂超拔，反而是虛弱；又說，要取消她的守齋和打苦鞭，讓她的注意力分散。她是順服的，照著這麼做。短短的時間內，體力逐漸恢復，不再記得神魂超拔；然而，如果是真的神魂超拔，沒有辦法足以阻擋天主的旨意；因為屬靈的能力是這麼大，我們的力量不足以抗拒，而且——如我說過的[22]——在靈魂內留下很大的效果；另一個（譯按，即神迷），一點效果也沒有[23]，又使身體疲勞。

⓯那麼，從中要了解，所有我們順服的事，如果我們知道，理智不得自由，我們都要視之為可疑，也絕對無法因此獲得心靈的自由；理智的一個特點是，能在萬有中找到天主，也能在其中深思。其餘的是理智的束縛，並且使身體受到傷害，捆綁靈魂，以致無法成長；反而像行走在路上，掉進一個陷阱或泥沼中，因而不能繼續前行，靈魂多少就像是這樣，如果她想要前進，不只必須行走，還要飛翔；或者當人們說，自以為沉醉於神，又不能自持時，由於處於超拔中，無法分散注意力，這事經常發生[24]。

⓰請他們留意，我要再次提醒，像這樣的情況，一天、四天或八天，都不必害怕，對一個本性軟弱的人，吃驚發楞（*espantado*）這一些日子[25]，是沒有什麼大不了的（我意指，偶而這樣子[26]）。如果超過這情況，則必須改正。這一切的好處是，其中不含有罪惡的過錯，但也沒有功勞；卻有我所說的多數弊端，而且多得很。在涉及領聖體的事上，可能會非常嚴重，係由於靈魂所懷有的愛，沒有同時順服告解神師和院長；雖然她覺得孤單，也

22. 第 4 節所說的。
23. 原文直譯是「不會比什麼都沒發生還有效果」，是誇張的說法，表示根本沒有效果。
24. 意思是說，假的神祕經驗經常以為神迷是神魂超拔，接下來的一節聖女大德蘭做了更清楚的解析和指導。
25. 就是說，不超過八天，都還可以接受，但如果超過這麼多天，則必須糾正，以免靈魂受傷害。
26. 括號內的話，是聖女大德蘭在手抄本邊緣補上的。

不該走極端。為了不陷於弊端，在這事上，也必須像在其他的事上一樣，她們要修行克苦，也要明白，不行私意比不求安慰更妥當。

⑰我們的自愛也能干預這事。因為我會這樣，有時發生於我，當我一領完聖體（幾乎連聖體的餅形還是完整的），如果看見別人領聖體，我會希望不曾領過，為了再回來重領。由於這麼多次發生於我，後來我才注意到（因為當時我似乎沒有發覺什麼），為什麼這是為了我的愉悅，甚於為天主的愛；正如，在我們領聖體時，通常會覺得甜蜜和愉悅，那些感受很令我著迷。然而，如果我想要在靈魂內擁有天主，我已經有了；如果為了滿全領聖體的義務，我已經做到；如果為了領受至聖聖體賜予的恩惠，我已經得到。總之，我清楚了悟，其中的理由，無非是想重新擁有那有感覺的愉悅。

⑱我記得，在一個地方，有座我們的隱修院，我認識一位婦女，她是天主的大忠僕，所有居民都這麼說，必是這樣的。她每天領聖體，有私人的告解神師，有時去某聖堂，有時去另一聖堂領聖體。我注意到這事，更盼望看見她服從某一個人，而不要這麼常領聖體。她單獨住在家中，我認為她是做事隨心所欲；只不過，由於她很好，所以一切都好。我幾次告訴她這事，可是她沒有理會我，也是對的，因為她比我更好；然而，在這事上，我不認為自己錯誤。聖會士伯鐸．亞爾剛大拉（Pedro de Alcántara）來到那裡，我設法安排他和這婦女談話，而我並不滿意他給她的敘述[27]；也許在這事上，她沒有更多要說的，然而，我們是這麼可憐，總不會非常滿足，除非那些人行走我們的道路；因為我相信，她事奉上主比我多，她在一年內所做的補贖之多，遠遠超過我。

27. 西文版的註解說，很可能是「不滿意她的敘述」。

⑲最後這位婦女得到重病，這是我接下來要說的；她努力設法安排，天天在她的家裡望彌撒，並且領至聖聖體。由於持續生病，有位神父是天主的好僕人，時常來為她主持彌撒，神父不認為她天天在家領聖體是妥當的。應該是魔鬼的誘惑，因為發生事情的那天是她的末日，她死了。她，看到彌撒結束，卻沒有領主聖體，使得她這麼忿怒，對神父大發雷霆，神父震驚極了，來向我講述這事。我覺得好難過，因為我仍然不知道她有否辦告解，因為我發覺她隨即就過世了。

⑳因此，使我了悟，無論在什麼事上，逞一己私意的損害；尤其是在這麼重要的事上；凡時常親近上主的人，理當深切明白她的不配，而不信任自己的看法，然而，為了親近這麼偉大的上主，我們的欠缺恐怕很多，不得不以服從所給的命令來補充。這位有福的婦女[28]有許多謙卑的機會，也許會比領聖體更有功勞，要知道，這位神父並沒有過錯，而是因為，上主看到她的可憐及多麼的不配，才會這樣安排，為進入這麼卑劣的住處；就像祂對某人所做的，謹慎的告解神師時常不許她領聖體，因為她常常去領聖體[29]；她，雖然覺得領聖體充滿溫心柔情，另一方面，她渴望天主的光榮，超過她自己的，除了讚美祂，什麼都不做，因為是祂喚醒告解神師來看顧她，不使至尊陛下進入這麼卑劣的住處。帶著這些思慮而服從，她的靈魂懷有很深的寧靜，雖然也有溫柔和深情的痛苦；然而，即使全世界聯合一起，也不會使她違背命令她的事。

㉑請相信我，天主的愛（我說的是真愛，而不是我們以為的愛），若是翻攪情欲，竟致冒犯上主，或使深情的靈魂擾亂不安，導致理智不能理解，這是很明顯的，我們尋找的

28. 聖女大德蘭稱她為“bendita”，含有「神聖」、「幸福」、「蒙福」之意。
29. 這人就是大德蘭自己。參閱《自傳》25・14：神師說她不該這麼常領聖體。

是自己，而且，魔鬼是不睡覺的，為了折磨我們，當牠以為會更加傷害我們時，就像牠對這位婦女所做的，的確，令我震驚極了，雖然我不認為這會危及她的得救，因為天主的仁慈寬宏大量；令我震驚的是，誘惑出現在最關鍵的時刻。

22 我在此述說這事，為了勸告院長及修女，要害怕，且要深思細想，她們要審查自己領受這麼大恩惠的態度。如果為了取悅天主，要知道，服從比祭獻更悅樂祂[30]。那麼，如果是這樣，則功勞更大，我為什麼擾亂呢？我不說她們會沒有謙卑的痛苦，因為，不是人人都達到不覺痛苦的成全，只承行所知道更悅樂天主的事；如果意志非常超脫，完全沒有私愛，顯然地，她不會感受到什麼事；更好說，她歡躍於這麼高價的事物，若有機會悅樂上主，她會謙卑自下，這麼滿足於神領聖體。

23 不過，在起初，上主賜予的恩惠，是這些親近祂的大渴望（甚至在最後亦然，但是我說在起初，因為會更看重這些），至於我說的成全的其餘部分[31]，初學者尚未完善到在不許領聖體時，她們會感到甜蜜又痛苦；靈魂懷有寧靜，並在其中做出謙虛的動作，這是很好的。但若有什麼擾亂或激情，及設法慫恿院長或告解神師，她們要相信，這是明顯的誘惑。或者，如果有人，雖然告解神師說不許領聖體，仍然執意去領。我不希望有這麼做所取得的功勞，因為在這類的事上，我們不是自己的審判者。那擁有鑰匙，能捆綁和釋放的人，才是審判者。上主保祐，使我們了解這麼重要的事，賜給我們光明，不使我們辜負祂的恩典，為的是，祂所賜給我們的恩惠，我們不會因之使祂不悅。

30. 參閱《撒慕爾紀上》十五章 22 節。
31. 指前面第 4、5 節所說的，成全者的一些特質。

第七章

談論必須如何對待患有憂鬱症的修女。院長必讀的一章[1]。

❶在撒拉曼加的聖若瑟隱院（當我寫這事時所在之地），我的這些修女們，一直極力請求我，說些如何對待有憂鬱體液的修女。因為，無論我們如何盡力，不收錄有此病症的人，這是如此地難以捉摸，在必要時，呈現的情況很不明顯，所以我們認不出來，除非到了無法補救的地步；我好像在一本小書中說過這事[2]，我記不得了；這裡，再說一些是無傷大雅的，如果上主樂意使這事順利完成。可能我已在別的時候說過；要是我覺得自己能說點什麼有用的話，我願說它上百次。這種體液的人，為了一逞私意，有這麼多的花樣，必須加以細察，謀求如何容忍和管理她們，不致於傷害其他的人。

❷必須提醒的是，不是凡有這種體液的人，都是這麼累人的，當患者是個謙虛的人，又性情溫和，雖然也同樣會有麻煩，卻不會傷及別人，尤其是，如果她們有良好的理解力。關於這個體液，也有程度輕重的差異。的確，我相信，魔鬼對付某些人，就是以此（**譯按，體液**）做為手段，為了看看是否能奪取她們；如果沒有極力警覺，魔鬼就會得逞。因為，這個體液能做的，最主要是掌控理智，理智一旦昏暗不明，我們的激情又有什麼做不出來的事呢？似乎是這樣，如果沒有理智，就是個瘋子，正是如此；不過，我們現在說的這些人，還沒有這麼嚴重，而如果她們是瘋子，情況會好得多。再者，對一位沒有理性的人，

1. 大德蘭說的「憂鬱症」，涵蓋所有情緒和精神的失序，很難歸納出一個限定的範圍。聖女說的憂鬱症，用現代的說法，包括所有精神失調的種種病症。
2. 《全德之路》24・4。

必須當她是個有理性的人，且以理性待之，這是個難以忍受的煎熬；那些嚴重罹患此病的人，要憐憫他們，但是他們不會導致損害，而且，如果有什麼辦法管得住他們，就是使他們害怕③。

❸對於這個如此傷人的病症，才開始罹患的人，雖然還不是那麼嚴重，畢竟是從那體液和根源來的，是從那個主幹衍生出來的；因此，當其他的措施不足以奏效時，就必須採取這樣的方法④，院長們要處以修會的補贖⑤，使之順服，使她們明白，她們不會獲准任何想要的事物。一旦她們獲知，有時用她們的吵鬧，及魔鬼在她們內發出的絕望呼喊（為的是，如果牠能使她們喪亡），就足以得償心願，她們真的會喪亡的，只要有一位這樣的修女，就足夠擾亂全修院；因為，由於這個小可憐，沒有人幫助她防禦魔鬼施加於她的事，院長必須極其靈敏地管理她，不只外表，也要兼顧內在；由於患者的理智是黑暗的，院長必須更加清晰，為的是，不使魔鬼開始操控那個靈魂，以這個病做為媒介。因為這是危險的事，有時候，這個體液這麼折磨人，使得理智被掌控（那時，患者是沒有過錯的，就像瘋子所做的蠢事一樣；不過，不是瘋子的人，只不過理智生病，還是有些理性，其他的時候則是好好的），在發病期，必須不讓她們有自由，為的是，當她們不發病時，也不會做自己的主人，此乃魔鬼的可怕計謀。所以，如果加以細察，會看得出來，她們最愛的是為所欲為，隨口發言，想說什麼就說什麼，查看別人的過失，掩飾己過，喜歡令她們愉快的事物；總之，她們就像那誰也不能加以反對的人。那麼，激情不予以克制，每個激情都為所欲為，如果沒有人抗拒它們，將會怎樣呢？

3. 意思是，使他們有所顧忌，而不去傷害別人。此處說的是所有患此病的人，不只是修女。
4. 就是上一節所說的方法，使他們害怕而不造次。
5. 每個修會的《會憲》都有明文規定，院長要處罰犯過的修女，給予應做的補贖。

❹我重新說，有如一個曾經見過，也曾處理許多這類患者的人，對於這事，除了採用所有可能的手段和方法，使這些人順服，沒有其他的良方。如果言語不奏效，就要科以處罰；如果輕微的處罰行不通，就要嚴加處罰；如果關她們一個月不夠，就要四個月：這對她們的靈魂，不能有再好的事。因為，如我已說過⑥，如今再說（因為，重要的是患者自己要了解這事，即使有時，或常常，她們無法自持），由於她不是發瘋的瘋子——真正的瘋子是沒有過錯的——，雖然有時發瘋，但不總是如此，使得靈魂處於更多的危險中；不過，如我說的⑦，理智這麼的失效，迫使患者去說和做，即在理智失控時才會說和做的事。患有此病的人⑧，順服於他們的管理者，越過我所說的⑨這個危險，乃是天主的大慈悲，因為其中含有他們的全部好處，而且，為了天主的愛，如果有人讀到這裡時，請留意，或許對他的得救有重大的影響。

❺我認識某些人，她們幾乎完全失去理智；然而，她們是謙虛的靈魂，這麼怕冒犯天主，雖然私底下，她們淚水泉湧，痛苦不堪，除了被命令的事之外，不多做什麼，她們忍受病苦，一如其他人忍受自己的病苦。雖然如此，此乃更大的殉道，因此也獲得更大的光榮，這是在今世，而不必在來世經過煉獄。不過，我還要再說，對於不願意這麼做的修女，院長要加以督促；不要因不謹慎的憐憫而受騙，因她們的失調而擾亂全體修女。

❻因為，除了所說的危險⑩之外，還有另一個極大的損害：由於患者外表看來好好的，卻不知病勢在其內醞釀惡化，我們的本性是這麼可憐，每個人都會自認為是憂鬱症，為使別人都容忍她；甚至，真實地，魔鬼使人這樣理解，且下手造成一個災難，等到覺察出來，

6. 在2—3節。
7. 同上。
8. 這裡的「人」指的是所有的人，故本句的代名詞譯為「他們」或「「他」。
9. 見第3節。
10. 即第3—4節說的，失去得救的危險。

已經難以挽救。還有，這事是這麼重要，絕不許有任何的疏忽；如果憂鬱病者抗拒長上[11]，她應受處罰，一如健康的修女，什麼都不寬免。如果她對自己的修女口吐惡言，要同樣處置。這樣，所有的事情以此類推。

7 看來好似不公平，如果患者無能為力，卻如健康者一樣的受罰。那麼，把瘋子綁起來，鞭打他們，以免他們殺死所有的人，也是不公平嗎？請相信我，我已經證實這事，按我的見解，我刻意試過相當多的解決辦法，找不到別的。院長出於同情，容許像這樣的修女開始有自由，這是絕對、絕對[12]不能忍受的事，因為，當院長要加以補救時，已經對其他修女造成許多的傷害。如果，因為不要瘋子殺人，把他們綁起來，處罰他們，也是好事，甚至看來似乎是極大的憐憫，因為他們無能為力，那麼，更要多麼的留意，不要讓她們以自由來傷害其他的靈魂呢！還有，我真的相信，如我說的[13]，這往往是為所欲為、缺乏謙虛又很不聽話，體液的影響不會像這樣，有這麼大的力量。我說「對於有些人」，因為我曾見過，誰若有害怕時，她們可以自理，也能順服；那麼，她們為什麼不能為天主做呢？我怕的是魔鬼，在這個體液的掩飾下，如我說過的[14]，企圖贏取許多的靈魂。

8 因為，現今比以往更常用這名稱，所有的自愛和自由，都已冠上了憂鬱症。所以，我曾經想過，在我們的隱修院及所有的修道院，不要從口中說出這個名稱，因為好像是和自由連在一起，而是要稱之為「重病」，這是多麼的真實啊！也要像這樣來醫治。有的時候，非常需要用某些藥物來減輕體液，使之能忍受；這位修女也必須留在病房，要知道，當她離開病房，參加團體時，必須謙虛一如眾人，也要服從如同每位修女；設若不這麼做

11.「長上」（*prelado*）：此處指的是男的長上，不是院長修女，而是省會長神父，或主教。
12.「絕對、絕對」：原文是 *"in fin fin"*，直譯是「總之又總之」，是非常強烈的一種強調說法。
13. 見第 5 節。
14. 第 3—4 節。

時，她不可以利用體液做為藉口；因為，如我說過的諸多理由，還有更多能說的，這是適宜的。院長必須，在不讓這些修女知道的情況下，非常仁慈地對待她們，就像真實的母親，尋找能治好她們的種種方法。

9 我好像是自相矛盾，因為到目前為止，我所說的，是要嚴格對待她們。因此，我再說這事：她們不要認為，必須讓她們隨心所欲，也不許她們得逞私意，預設的條件是，她們必須服從；因為，損害在於她們覺得擁有這個自由。再者，如有看得出來必會抗拒的事，院長可以不命令她們做，因為她們自身無能為力；反而要以需有的靈巧和完全的愛對待她們，為的是，如果可能的話，使她們因愛而順服，這是非常好的，也常會發生，要顯露出非常愛她們，且以行動和話語來表明。也必須提醒，最好的良方是，讓她們多多專注於職務，使她們沒有機會胡思亂想，她們的病全都出在這裡；雖然她們沒有善盡職務，也得忍受她們的一些缺失，以免忍受發病時其他更大的損失，因為我知道，這是能給她們的最有療效的辦法，盡力不使她們常有祈禱時間，甚至是日常的定時祈禱；因為，大多半，她們的想像是虛弱的，長時間的祈禱，導致她們受到許多的損害，不這麼做的話，她們會任意幻想事情，那些事，是她們或任何人聽了，都無法理解的事。要記得，不要給她們吃魚，除了偶而幾次[15]；在守齋時，也不必這麼持續，如同其餘的修女。

10 看來好似過分，為這個病而不為別的，說了這麼多的勸告，在我們可憐的生命中，是有這麼嚴重的病，尤其是在婦女的虛弱方面。這是因為兩件事：其一，看起來她們好好的，因為她們不願認清自己有這個病；由於不能強迫她們躺在床上，因為沒有發燒，也不

15. 聖女大德蘭做此建議，目的是不讓患者的身體過於虛弱，因而寬免《會規》及《會憲》上不食肉類的嚴齋，加爾默羅會內長期守小齋，就是吃魚而不食肉類。現代醫學也證實，缺乏營養會導致精神官能的失調。

用請醫生，院長必須是醫生；然而，對所有完好的人，這是最有害的，遠超過臥床瀕死的人。其二是，因為其他的病，不是痊癒，就是死去；至於這個病，痊癒是個奇事，她們也不會因這病而死，而是會失去全部的理智，此乃殺死所有人的死亡。由於自己內的折磨、幻想和內疚，她們遭受更多的死亡，因此也獲得超多的大功勞，雖然她們往往稱之為誘惑；一旦她們明白是出於這個病，如果她們不去注意它，病情會大為減輕。

確實地，我極同情她們，因此，所有與她們同住的修女，理當同情她們，請看，上主能賜予同情，要忍受她們，而不讓她們知道，如我已說過的⑯。上主保祐，對於如何妥善處理這麼嚴重的病，我說的是正確的。

16. 在 8—9 節。

第八章

談論對啟示和神見的一些勸告①

❶有些人只要一聽到神見和啟示的名稱，就會感到驚慌。我不明白理由何在，天主藉此帶領靈魂的道路，為什麼有這麼多危險？也不懂這個驚異從何而來。現在我不想談論哪些（神見與啟示）是好或壞，也不述說，我從非常博學者聽來的，辨識這事的標記；要說的是，若有人覺察處身於類似的情況時，要如何是好，因為很少有告解神師，會不使他們害怕的；的確，若有人感到驚異地告訴神師，他看見，或聽見某個天使對他說話，或我們的主，被釘的耶穌基督顯現給他時，不必這麼驚慌地說，魔鬼呈現給他們的是，許多種的誘惑、褻瀆的神、荒謬和不道德的事。

❷現在我也不想談論，在什麼時候，啟示是從天主來的（這會帶給靈魂極大的福分，已是不用說的了），我想說的是，魔鬼為了欺騙而造作的顯現，牠利用我們的主基督，或其他聖人的肖像，來欺騙人。我認為，至尊陛下不會准許，也不會給魔鬼能力，使牠以類似的形像來欺騙任何人，除非因為這人的過失，否則受騙的是魔鬼自己。我是說，如果有謙虛，魔鬼無法欺騙②；所以，不必為此而驚嚇，反而要信賴上主，除非為了更讚美祂，要輕看這些事。

❸我認識一個人③，為了類似的事，她的告解神師加給她相當大的折磨，後來，由於從

1. 參閱第 5 章標題的註解。
2. 聖女大德蘭在旁邊附加這句註解。
3. 大德蘭說的是她自己。參閱《自傳》29・5—7；《靈心城堡》6・9・12—13。

中產生的大效果和好事，按她所能理解的，她確認是從天主來的；她受到相當大的折磨，就是，當她在任何一個神見中，看見主的肖像時，她要畫十字聖號，還要做出輕視的動作，因為他們命令她要這麼做。後來，她和一位極博學的道明會士交談，就是道明·巴臬斯會士大師④，他對她說：這是錯誤的做法，沒有人該這麼做，因為無論在哪裡看見我們主的肖像，崇敬這聖像是很好的，即使是魔鬼畫出來的；因為牠是個大畫家，有意加害我們，然而，如果牠畫給我們栩栩如生的十字架苦像，或其他的聖像，使之深刻在我們心內，反而變成對我們做的好工作。這個理由非常令我悅服，當我們看見一幅很好的聖像時，雖然知道是個壞人畫的，我們不會不尊敬那聖像，也不會在乎那個畫家，以致失去我們的崇敬。因為，或好或壞，並不在於神見，而在於看見的人，及沒有因謙虛而受惠於神見；如果有謙虛，即使來自魔鬼，不能造成任何的傷害；沒有謙虛的話，即使是從天主來的，還是不會有好處。因為那神見原本會使人自謙，看自己不配得到那恩惠，反而使他驕傲自負，就好像蜘蛛，把所吃的一切化為毒物；或是像蜜蜂，化為蜂蜜。

❹我願更深入地解說：如果我們的主，由於祂的良善，願意顯現給一個靈魂，為使她更認識或愛祂，或顯示祂的某個祕密，或賜給她某個特殊的禮物和恩惠，至於她，如我已說過⑤，因為這個恩惠（她應該自覺羞愧，也知道，她的卑微是多麼的不配），隨即自以為是聖女，又認為，這個恩惠之臨於她，係因她所做的某個服事，顯然地，這個能臨於她的大善，轉化為惡，就像蜘蛛。那麼，現在我們說，為了煽動驕傲，魔鬼造作這些顯現：如果在那時，靈魂想是從天主來的，自謙自卑，認為配不上這麼大的恩惠，勤勉奮力，加倍

4. 大德蘭在旁附註「道明·巴臬斯會士大師」；參閱《自傳》29·5及其後；《靈心城堡》6·9·12—13。
5. 在第3節。

服事，因為置身於豐盈的恩惠中，她甚至認為不配吃那些人掉下的碎屑——亦即，我曾聽說，天主賜予這些恩惠的那些人——（我要說的是，她不配做他們中任何一位的僕婢），她謙卑自下，開始努力做補贖，及多行祈禱，更加留意不開罪這位上主，因為她以為是上主賜給她這個恩惠，所以更加完美地服從，我敢肯定，魔鬼不會再回來，除非牠要自討羞愧，對於靈魂則毫無損害。

❺若是說，去做些什麼事，或有什麼事會發生，在這事上，必須向謹慎又博學的告解神師告明，除了神師告訴她的話之外，不要去做，也不要相信任何事。也能和院長溝通這事，使院長能為她找到像那樣的告解神師。而且要提醒她這事：如果她不服從告解神師對她說的話，不接受他的指導，那麼，如不是出於惡神，就是患了可怕的憂鬱症。因為，如果告解神師說得不對，但由於沒有違背神師對她說的話，甚至，即使是天主的天使對她說的[6]，她更是做得對，因為，至尊陛下會給神師光明，或者安排如何使事情圓滿實現，這麼做，是沒有危險的，其他的做法，能夠造成許多的危險和損害。

❻請留意，人的軟弱本性是非常軟弱的，尤其是女人家，在這條祈禱的路上，顯露出更多的軟弱；對於突然浮現的每個芝麻小事，我們不要馬上就想成是神見；因為我們要相信，真有神見時，是會清楚明白的。有憂鬱症之處，必須有更多的提醒；因為，有關這些幻想，我曾經面對過，令我驚訝的是，這竟然是可能的，有人這麼真實地以為看見了什麼，實際上，並沒有看見。

❼有一次，一位告解神師來看我，他是很受稱讚的人，他是某人的告解神師，這人告

6. 就是說，即使天使告訴她什麼，她還是順服神父的命令，而非執著於她的神祕經驗。

訴他，我們的聖母許多天顯現給她，坐在她的床邊，和她說話超過一個小時，講述即將來臨的事，及其他許多事。許多的蠢話中，有些應驗了，因此而被當作是真的。我立刻明白這是怎麼一回事，雖然我不敢說出來；因為我們所處的世界是，必須想想別人會怎樣想我們，為使我們的話生效；所以，我說要等等，看那些預言是否成真，也要詢問其他的效果，並查詢該人的生活。總之，他明白了，全都是蠢話。

8 關於這些事，我能說的相當多，很能證實我所要說的，亦即，一個靈魂不要立即相信，而是要等候一些時間，好好的了解後，再說出來，為的是，不欺騙告解神師，不想欺騙他；因為，如果神師對這些事沒有經驗，無論他多麼博學，都不足以明白這些事。不多幾年前，其實是最近，有個人，以類似的事，使非常博學的人受愚弄，直到他去和有得到上主恩惠之經驗的人（**譯按，即大德蘭**）交談，她清楚地看出，那人是神經錯亂，再加上幻想，雖然如此，她沒有立刻揭穿，而是佯裝成毫無所知；不久之後，上主清楚地揭曉，雖然這個人起初了解這事時，由於不相信，受了很多的苦⑦。

9 由於這些及其他同類的事，每位修女要向院長清楚告明她的祈禱，這是非常適當的。院長要非常警覺，細查該修女的體質和全德，為了提醒告解神師，使他有更深入的了解，如果普通的告解神師不足以處理這類的事，也要為此目的選擇神師。對於像這樣的事，修女們要非常謹慎，即使確定是從天主來的，或是像奇蹟般的恩惠，都不要對外面的人⑧，或無法謹慎保密的告解神師訴說，因為這是非常重要的，遠超過她們所能理解的，還有，修女們彼此之間，不要談論這些事。至於院長，她要謹慎明智，時常讓修女們知道，她喜愛

7. 這人是亞味拉的農夫，名叫若望・曼德卡（Juan Manteca），一五六五年時，以其靈修和神祕經驗聞名。聖女大德蘭和他談過話後，很不以為然。後來他被判決為欺騙。（cf. *la deposición de Isabel de S. Domingo en el Proceso de Zaragoza*, 1595; B.M.C., t. 19, p. 81.）
8. 意指隱院外的人。

讚美的修女，是在謙虛、克苦和服從上有良好的表現，甚於被天主帶領，行走這條非常超性祈禱的修女，雖然她們也有這一切的德行。因為，如果是出於上主的神，必會有謙虛相隨，喜愛受輕視，對她們不會造成損害，卻對其他的修女有益。因為，由於她們無法達到這個（**譯按，超性的祈禱**），天主將之賜給祂願意給的人，她們不要灰心，而要修行其他的德行；雖然如此，這些德行也是天主賜給她們的，使她們更加努力，這對於修道生活，有很大的價值。願至尊陛下將之賜給我們。凡加以修練、認真和祈禱的人，沒有人會被拒絕，她們是以信賴天主的仁慈獲取的。

第九章

敘述如何離開梅地納，前往創立馬拉崗聖若瑟隱修院。

❶我離題已多麼遠！然而，述說這些勸言，可能比續談建院，要來得更切合題旨。

那麼，在梅地納聖若瑟隱修院時，我相當有安慰地看到，那裡的修女如何跟隨亞味拉聖若瑟隱修院的腳步：完全獻身的修會生活、姊妹之愛、靈修；我們的上主如何供應祂的會院，無論是聖堂或修女們的需求；有幾位入了會，看來是天主揀選了她們，是適宜同樣建築的地基①。在這些開始的階段，我認為，這一切的美善，是在為將來做準備；因為，由於她們找到了道路，後來者會跟隨她們。

❷有位住在托利多的夫人②，是梅迪納謝利公爵的姊妹，因長上的命令，我曾住過她家，如我在（亞味拉）聖若瑟的建院中，曾很詳細說明的，在那裡時，她特別愛我，這應該是某種方法，激起她做所要做的事；至尊陛下常常使用像這樣的方法，對於不知未來的我們，那些事看來好似沒什麼結果的。當這位夫人知道，我獲准建立多座隱修院，她開始極力堅決請求，在她的一個城鎮，名叫馬拉崗③，建立一座隱修院，我絕不願接受，因為那地方這麼小，會

1. 意思是，非常好的聖召。
2. 露薏莎・瑟達夫人（doña Luis de la Cerda）是梅迪納謝利（Medinaceli）第二代公爵的女兒，這位公爵係出自西班牙和法國的皇室。她是安東尼奧・阿利亞斯・貝德羅・撒阿貝達（Antonio Arias Padro de Saavedra）的第二任太太。她的先生是巴多・達貝拉（Pardo de Tavera）樞機主教的外甥，是卡斯提首富之一。育有七個子女，但僅有一個孩子存活。一五六一年元月十三日，她的丈夫逝世後，她請求卡斯提加爾默羅會省會長，准許大德蘭來托利多陪伴她，因此一緣份彼此發展了親密的友誼，促使露薏莎夫人邀請聖女大德蘭，前來馬拉崗建院。（參閱《自傳》34）
3. 馬拉崗至今仍是個小鎮，在封建時代，是梅迪納謝利公爵的領地。
4. 定期收入（*renta*）：也可譯為「年金」，就是說，修院必須有恩人提供固定的生活基金，不是純靠一般的獻儀生活。大德蘭一直希望她的修會是靠獻儀，而不是靠定期收入。
5. 她那時的神師是道明・巴臬斯神父，參閱第 3 章 5 節的註解；到了第 11 章 3 節時會再提到他。神父反對大德蘭渴望的絕對貧窮，參閱《自傳》36・15，其理由是基於特利騰大公會議 *Decreto De Regularibus* 25・3；參閱《建院記》20・1。

迫使我們必須要有定期收入[4]，方能維持生計，這是我非常反對的。

3 和博學者及我的告解神師[5]商討之後，他們說我的做法不對，因為神聖大公會議准許有年金，我不該因自己的意見，而不在那能這麼事奉天主的地方建院。有此反對，再加上這位夫人許多堅決的請求，因此，除了接受，我別無選擇。她提供足夠的年金；因為我總是喜歡我的修院，或是完全貧窮，或是這樣：修女們不必向任何人，一再強求生活所需。

4 我使盡全力，使修女們什麼都不占有，並且要完全遵守《會憲》，如同其他守貧的隱修院。寫好一切之後，寄給要前去建院的修女，我們和那位夫人前往馬拉崗，那裡的會院尚未備妥，還不能進住；所以，有八天多，我們住在夫人的城堡。

5 一五六八年，聖枝主日[6]，當地的人列隊歡迎我們，我們穿戴著遮面的頭紗和白斗篷，走到該地的聖堂，有人在聖堂中宣道，從那裡恭迎至聖聖體到我們的隱修院。眾人熱烈虔誠地敬禮。我在那裡逗留了幾天，那期間，有一天領聖體時，在祈禱中，我們的上主讓我知道，祂會在這會院中得到事奉[7]。我想，我留在那裡，沒有超過兩個月，因為我的心靈急著要去建立瓦亞多利會院，其理由就是我現在要述說的[8]。

6. 聖枝主日，一五六八年是在四月十一日，大德蘭寫給露薏莎夫人的信（五月十八日），她說，次日要離開馬拉崗。團體的新院長是安納．諸天使姆姆，初學導師是來自亞味拉的修女之一，依撒伯爾．耶穌（Isabel de Jesús）。建院恩准書於一五六八年三月廿四日，於拉莫拉雷哈（La Moraleja），由省會長亞龍索．孔察雷斯神父簽名頒賜。露薏莎夫人的同意書簽定於三月卅日。

7. 有位審閱者在旁加上“*mucho*”，意思是，得到「很多的」事奉。幾年後，一五七九年十二月八日，得到露薏莎夫人的同意，修女們搬到該鎮的南部，比較僻靜之處，這座修院仍保存至今，是大德蘭的所有修院中，改變最少的。

8. 露薏莎夫人邀請聖女大德蘭到馬拉崗建院時，聖女正和亞味拉主教的弟弟伯納迪諾（Don Berradino de Mendoza）商談，是不是有可能去瓦亞多利的歐牧斯河（Rio de Olmos），在他的地方建院。面對夫人的邀請，雖然不能反對，但她不得不深思細想，於是她離開梅地納，前去首都馬德里，帶著安納．諸天使和安東尼亞．聖神（Antonia del Espíritu Santo），於一五六七年十一月初動身前往，她在萊奧諾．瑪斯卡雷娜夫人（Doña Leonor de Mascareñas）處停留兩個星期，接著到亞爾加拉（Alcalá），一五六八年二月抵達托利多。在亞爾加拉時，她能拜見道明．巴臬斯神父，向他請教。

第十章

述說創立瓦亞多利會院，取名為加爾默羅聖母無玷始胎①隱修院。

❶建立馬拉崗隱修院之前的四或五年，我和一位高貴的紳士②交談，他是個單身的年輕人，他告訴我，如果我願意在瓦亞多利建院，他非常樂意給出他的一棟房子，有非常好又寬敞的大果園，其中有個大葡萄園，他願意立刻給出那個產業；那地方相當有價值。我接受了，雖然我還沒有很堅決要到那裡建院，因為那裡離城約有四分之一里格③。不過，我認為，要是在那裡有了產業，我們可以搬遷到城內，而且，由於他這麼樂意奉獻，我不願拒絕他的善行，也不要阻礙他的虔誠奉獻④。

❷大約過了兩個月左右，他得了重病，病勢劇增，竟致不能說話，也不能好好辦告解，雖然他做了許多手勢，請求上主寬恕。他很快就過世，那時，我在離那裡很遠的地方⑤。上主告訴我，他的得救還在很大的危險中，但是祂憐憫了他，係因他對聖母的服事，把那房子奉獻給聖母，做為聖母修會的隱修院，然而，他要留在煉獄中，直到在那裡舉行第一台彌撒，到那時，他才能離開煉獄。這個靈魂的劇苦，這麼常呈現於我，雖然我渴望在托利多建院，也就此暫且擱下，並且盡可能地，趕快在瓦亞多利建院。

❸我不能如願地快速，因為必須在亞味拉聖若瑟院停留好多天，我仍負有職責，後來，到梅地納的聖若瑟院，因為我路過那裡。在那裡時，有一天，在祈禱中，上主對我說，要

1. 無玷始胎（*Concepción*），這個字直譯是「受孕」，不過，這個名稱指的是聖母無玷始胎的奧跡，所以在此譯為無玷始胎。
2. 這位紳士就是伯納迪諾・曼多撒，亞味拉主教阿爾巴羅・曼多撒，及瑪利亞・曼多撒（María de Mandoza）的兄弟，這三位，在本章中都會提及。
3. 里格（*leagua*）：西班牙的長度單位，一里格等於 5.572 公里，四分之一里格約一公里多。
4. 所奉獻的地點，名為歐牧斯河，靠近皮蘇埃加河（Pisuerga），位於城的南方。之前，加爾默羅的男會士曾據有那地，後來於一五六三年二月一日搬進城內。除了不利健康之外，地處偏遠，修女們無法靠獻儀生活，而大德蘭要建立的是守貧的隱修院，必須依靠教友的捐獻。

趕快，因為那個靈魂受苦很多；雖然沒有許多的準備，我著手進行這事，在聖勞倫的慶日進入瓦亞多利[6]。當我看見那房子，令我沮喪不已，因為我看出來，讓修女們住在那裡，必定會付出高價，這是一件蠢事；雖然那地方相當怡人，是這麼愉悅的大果園，但是，修女們不生病是不可能的，因為這地方位於河邊。

❹疲憊不堪的我，必須去我們修會的一座修院[7]望彌撒，那地方是在該地的進城處，這麼遠，使我更是倍感痛苦。雖然如此，我沒有把這事告訴我的同伴們[8]，因為不要使她們失望敗興。雖然虛弱，我對上主仍懷有一些信德，因為祂告訴我前面所說的事，祂會給予救助。我非常隱密地找到工人，開始築圍牆，因為這涉及收心斂神，是必須有的。我說過的一位陪伴我們的神父，他名叫胡利安·亞味拉，還有我所說的，想成為赤足男會士的那兩位，其中的一位[9]，他來學習，在這些會院中，我們的生活方式。胡利安·亞味拉著手從主教獲得恩准證書，在我們來之前，已讓我們知道，大有希望可以得到。但是恩准證書不能這麼快獲得，未頒發之前，會遇到一個主日；不過，我們已被告知，獲准在我們的聖堂望彌撒，就這樣，我們望了彌撒。

❺我真的忘了，我所說的那個靈魂[10]，到時候會期滿的事；因為，雖然我說「第一台彌撒」，我想應該是供奉聖體時的彌撒。當神父在這裡為我們送聖體，他雙手拿起至聖聖體，在我要領聖體時，我說的那位紳士顯現給我，他和神父站在一起，面容光輝燦爛又喜樂；雙手合十，感謝我為他所做的，使他離開煉獄，這個靈魂就升天了[11]。的確，當我第一次獲知，他還在得救的途中，我對這事毫無概念，感到相當的痛苦。由於他的生活方式，我以

5. 一五六八年二月，伯納迪諾逝世於烏貝達（Ubeda），聖女大德蘭遠在亞爾加拉的 La Imagen 隱修院。
6. 聖勞倫（San Lorenzo）的慶日，是一五六八年八月十日。大德蘭之前的行程如下：
五月十九日：離開馬拉崗。
五月廿九日：從托利多到埃斯卡洛納（Escalona）。
六月二日至卅日：在亞味拉，她是該院的院長。
六月卅日：離開亞味拉，途經杜魯耶洛。
七月一日到八月九日：梅地納。
八月十日：抵達瓦亞多利。

為他必須是另一種死亡；因為，雖然他做過許多好事，卻沉溺在世事當中。事實上，他曾告訴我的同伴，他常念及死亡就在他的面前。這是個大事，無論是誰，獻給主的母親任何的服事，也是祂很大的仁慈。願祂事事受讚美和稱揚，因為祂以永恆的生命和光榮，賞報我們卑微的工作，使價值微小的工作，化為偉大的。

❻那麼，到了我們聖母升天的節日，就是一五六八年八月十五日，在這座隱修院中有遊行。

我們住在那裡的時間很短⑫，因為幾乎全體都患了重病。當地有位夫人目睹這事，她名叫瑪利亞·曼多撒，是克博斯（Cobos）司令官的妻子，卡瑪納撒（Camarasa）侯爵的母親，非常好的基督徒，極有愛德（從她慷慨大量的施捨可見一斑），在我開口告訴她之前，她已向我行了許多愛德，因為她是亞味拉主教⑬的姊妹，在建立第一座隱修院時，這位主教非常恩待我們，對所有屬於我們修會的隱修院亦然。因為夫人很有愛德，看見在那裡，我們必會遭受極大的艱辛，再者，修院地處偏遠，既得不到施捨物，還會患病，她對我們說，把那個房子給她，她為我們另買一棟。她就這麼做了，買給我們更高價的房子，還供應我們一切的生活所需，直到現在，而且只要她活著就會持續這麼做。

❼在聖樂修的日子⑭，我們搬進新房子，舉行盛大的遊行，人們虔誠敬拜；這樣的虔敬經常保持，因為在那會院裡，上主施予許多的恩惠，帶領靈魂到那裡，到合宜的時候，會講述那些靈魂的聖德，為讚美上主，藉著像這樣的方法，上主願意擴大祂的工作，施惠給祂的受造物。因為那裡有位入會者，以輕視世俗指出世俗是什麼，她的年紀非常小。我想

7. 非赤足的男會院。
8. 與她同來的三位同伴是：依撒伯爾·十字、安東尼亞·聖神、瑪利亞·十字（María de la Cruz）。
9. 關於胡利安神父，請參閱第三章第2節。所說的這位赤足男會士就是聖十字若望，他在這座會院，接受聖女大德蘭的細心教導，學習革新加爾默羅會的生活方式。參閱3·16—17。
10. 見第2節。
11. 胡利安神父是此一場景的重要人物，他寫道：「當我送聖體給德蘭姆姆時，我看見她深深神魂超拔，這是她在領聖體之前或後，常會有的。」（見BMC18：221）。名畫家魯本斯（Peter Paul Rubens，一五七七至一六四〇）為此典故畫了一幅名畫，至今仍懸掛在安特衛普（Antwerp）的畫廊。

在這裡述說這事，為使深愛世俗的人感到羞愧，也為年輕的女孩樹立善表，使她們能實現上主的渴望，因為上主賜給了她們良好的渴望和感召。

❽在這個地方，有位夫人名叫瑪利亞．雅古娜（María de Acuña），是布恩笛亞（Buendía）伯爵⑮的姊妹，嫁給卡斯提的行政長官。丈夫逝世時，她還很年輕，留下一個兒子，兩個女兒。她開始度非常聖善的生活，德行滿被地教養孩子，堪當上主渴望這些孩子屬於祂。我說得不對，他們有三個女兒：其中一位很快當了修女；另一個不想結婚，和極有善表的母親生活在一起⑯；年紀很小的兒子，開始了悟世俗是什麼，天主召叫他進入修會，結果是任何人都阻擋不了他，雖然如此，他的母親欣喜萬分於他的聖召，為他向我們的主祈禱，給他許多的幫助，雖然因為害怕親戚，她沒有公開地明示。總之，當上主希望一個靈魂屬於祂時，受造物阻礙這事的力量很小；事情就這樣發生了，經過三年的拖延，面對無以數計的勸說，他入了耶穌會。這位夫人的一位告解神師告訴我，夫人曾對他說，在她兒子發願的那天，她心中的喜樂，是一生中從未有過的。

❾上主啊！這是多麼大的恩惠！祢賜給像這樣的父母，他們這麼真實地愛自己的子女，希望他們在榮福中，擁有其地位、長子繼承權和寶藏，這是永無止盡的。令人深感悲傷的是，現今的世界，有這麼多的不幸和盲目，那些父母以為，他們的榮耀在於不忘記今世美物的糞土，在於不記得這些事物遲早必會告終。萬事都有終窮，雖然延續，必會結束，必須輕看它們。那些父母，不惜以可憐的孩子做為代價，來維持他們的虛榮，大膽無比，從天主奪走，那些天主願意屬於祂的靈魂，他們從靈魂奪去一個這麼大的福祐，即使這福祐

12. 從八月十五日到同年的十月，修女們搬到一個臨時的住處。
13. 亞味拉主教是阿爾巴羅．曼多撒，參閱《自傳》36．1—2。
14. 就是一五六九年二月三日。她們搬進瓦亞多利城內的地方，現在名為聖女大德蘭的隆迪亞（Rondilla de Santa Teresa）。
15. 聖女大德蘭本來寫的是公爵，後來修正為伯爵。
16. 大德蘭在此說的是第三個女兒，第 13 節中會詳述。

未必永久常存，此乃蒙天主邀請與祂同在，這仍然是極好的，看見自己獲釋於世上的疲勞和律法，一個人擁有世福愈多，疲倦和辛勞也會多。我的天主！請張開那些父母的眼睛；讓他們了解，必須給孩子的愛是什麼，使他們不會做出這麼多的錯事，最後審判時，孩子們不會在天主面前抱怨他們，到了那裡，即使他們不願意，也會了悟事事物物的價值。

10 所以，由於天主的仁慈，帶領這位紳士離開世俗，他是這位夫人瑪利亞・雅古娜的兒子（名叫安東尼奧・帕迪亞，**Antonio de Padilla**），大約十七歲，他的名分就留給了大女兒，她的名字是露薏莎・帕迪亞（Luisa de Padilla）；由於布恩笛亞伯爵沒有子嗣，安東尼奧先生是伯爵和卡斯提行政長官的繼承人。因為這不是我的題旨，關於安東尼奧離家入會前，所遭受的從親人來的痛苦，我就不多談了。凡是明白世人多麼珍視擁有家室繼承權的人，會很清楚了解這事。

11 啊！永生聖父之子，我們的主耶穌基督，萬有的真君王！祢為何留在世上？為何使我們能繼承祢，成為祢的後裔呢？我的上主啊！為何祢所擁有的，無非是艱難、痛苦和名譽掃地呢？甚至在忍受死亡的艱苦之飲時，除了木頭，祢什麼都沒有。總之，我的天主，我們想要成為祢的真實子女者，不能又不要捨棄世上家產繼承權，我們不該逃避痛苦。祢的徽章是五傷。

那麼，我的女兒們！鼓起勇氣！如果我們要成為祂王國的繼承人，這必須是我們的標記；不是以休息，不是以享受，不是以榮譽，不是以富裕，就會獲得祂以這麼多鮮血所買來的。啊！尊貴的人哪！為了天主的愛，張開雙眼吧！看看耶穌基督的真騎士，及教會的王子，聖伯多祿和聖保祿，他們沒有行走妳們走的路。妳們想，或許，為妳們該會有新的道路嗎？妳們不要相信，請看，透過年齡這麼小的人，上主開始顯示給妳們這事，如我現在要說的那些人。

12 有時，我接見安東尼奧先生，和他談話。他會希望擁有更多，為能將之完全捨棄。這個年輕人是有福的，這少女也是有福的，他們堪當這麼蒙惠於天主，在這樣的年紀，世界通常掌控其中的居民，他們卻將之踩在腳底。施予他們這麼大福祐的祂，應受讚美！

13 那麼，由於名分留給最大的姊姊，她也毫不看重，不遜於她的兄弟；因為自從童年起，她修行這麼多的祈禱（這是上主賜予光明，理解真理的地方），她這麼不珍視這些，一如她的兄弟。天主啊！幫助我吧！多少的艱難、折磨、訴訟，甚至冒著失去性命和榮譽的危險，許多人爭著要成為這個嗣業的繼承人！在獲得同意她拋棄繼承的事上，她遭受不少的痛苦。這個世界就是這樣，如果我們沒有瞎眼，世界會讓我們清楚明白其瘋狂。由於他們解除了這個繼承權，她非常願意放棄，讓給她的妹妹，那時已沒有別人了，她妹妹的年紀是十或十一歲。因為抹滅不掉這陰暗的記憶，她的親戚隨即為這小女孩安排婚事，得到羅馬教宗的特許，讓她和自己的叔叔，就是她父親的弟弟，訂了婚。

14 有這樣母親的女兒，又有這樣兄姊的妹妹，上主不願她比他們遭受更多（世俗）的迷惑，結果所發生的，是我現在要述說的。這女孩開始歡享，合乎其身分的世上華服和裝扮，在她那麼幼小的芳齡，是會讓她喜愛的。然而，訂婚甚至還不到兩個月，上主開始賜給她光明，雖然她那時不明白這事。當她和未婚夫非常快樂地度過一天，她極愛她的未婚夫，那份愛是遠超過她的年齡會有的，看到那一天是怎樣結束的，使她感到一種極度的悲傷，也看到，所有的日子也要這樣結束。天主的偉大啊！那短暫事物的快樂所給的幸福，使她感到憎惡！她開始覺得一種這麼大的悲傷，隱瞞不了她的未婚夫，她不知道這是怎麼回事，也不曉得要對他說什麼，雖然未婚夫問了她。

⓯在這時，她的未婚夫有個不能推辭的遠行，要去很遠的地方，她深感難過，因為她深愛她的未婚夫。不過，上主立刻明示她，痛苦的理由，在於她的靈魂傾向於那永無終結的，於是她開始深思，為何她的兄姊選了那最安全的，卻把她留在世俗的危險中。這是一方面；另一方面，她以為沒有解決的辦法（因為一直都不知道，訂了婚還能當修女，直到她問了這事），使得她疲累不堪；最主要的，她對未婚夫的愛，使得她下不了決心，所以，她遭受相當多的痛苦。

⓰由於上主願意這個女孩屬於祂，逐漸拿走這個愛，並增加她捨棄一切的渴望。在這期間，推動她的，就只有渴望得到救恩，及尋找最好的方法；因為她認為，愈熱衷於世俗的事物，她會忘記追求那永恆的事物，天主把這個智慧灌注給這麼幼小的她，要去尋求獲得那永無終窮的。幸福的靈魂哪！這麼快就擺脫了盲目，許多的老人在此盲目中結束一生！由於她了解意志是自由的，她決定要完全專注於天主，直到那時，她靜默不語；現在，她開始把這事告訴姊姊。她的姊姊認為是孩子氣，就勸阻她並告訴她一些事說，結了婚真的是能得救的。她回答姊姊說，那妳為什麼不結婚呢？又過了一些日子，她的渴望持續不斷地增加，雖然她什麼都不敢對母親說，或許是，因為母親的聖善祈禱，激起了她的戰鬥。

第十一章

讀談已經開始的主題，嘉思塔・帕迪亞（Casilda de Padilla）小姐如何實現她的聖善渴望，入會修道。

1 這時，有位輔理修女在無玷始胎隱修院領會衣①，我可能會述說這位修女的聖召，雖然和嘉思塔的身分不同，因為她是一位農家女，由於天主給她的浩大恩惠，她的聖德非凡，堪當懷念她，以讚美至尊陛下。當嘉思塔小姐（為此，要稱她為上主的愛人）和她的祖母，也是她未婚夫的母親，來參加領會衣禮，她極愛這個隱修院，自我思忖，由於這裡的人數少又貧窮，能更好地服事天主；雖然她還沒有下決心要離開未婚夫，因為，如我說的②，這是最使她猶豫不決的。

2 她回想起，訂婚前，她常做片刻的祈禱；因為她的母親，善良又神聖，要她的兒女這麼做，如此教養他們，到了七歲後，有時帶他們進入一間祈禱室，教他們如何默想上主的苦難，也要他們常辦告解；這樣，她看到自己的渴望，有無比美好的成果；她所渴望的是，所有的孩子都屬於天主。所以她對我說，她經常把他們奉獻給天主，並懇求帶領他們脫離世俗，因為對那不該受珍視的世俗，她已看透真相。有時我會深思，當孩子看見享有永恆的福樂，而母親是中介，他們對她的感恩，以及母親看見孩子時的意外喜樂；又多麼相反的是，那些父母養育孩子，沒有視之為天主的子女（孩子原是天主的，而非他們的），

1. 領會衣：聖女大德蘭本來寫發願禮，後來改為領會衣。這位輔理修女名為愛斯德豐妮亞・諸宗徒（Estefanía de los A.P.óstoles），於一五七二年七月二日領會衣，一五七三年八月六日發願。她單純又聖善的名聲，甚至達及國王斐理伯二世。關於她，有許多啟迪人心的故事，瑪利亞・聖若瑟為她寫了一本傳記。雖然大德蘭說，要談談故事，但後來沒有再提及。
2. 見10・15。

他們會看到自己和孩子都在地獄裡，聽見他們發出的詛咒，及所感受的絕望。

❸ 那麼，重返我所說的，當嘉思塔小姐覺察，自己連玫瑰經都不想唸時，她害怕極了，怕會不斷地每況愈下。她彷彿清楚地明白，來到這個會院，就會確保她的救恩。於是，她完全下定決心；有天早晨，她和姊姊、母親到這裡來，她們進入隱修院裡面，完全沒有留意她會做出所做的事。她一看到自己已在修院內，誰也不能把她逐出。她流了好多眼淚，所說的話，讓所有的人驚慌失措。她的母親雖然內裡歡喜，但害怕親戚，也不要她就這樣留下來，因為不要親戚們說，是她說服女兒的，院長也同意她的母親，認為她是個小女孩，必須有更多的證據。這是早上發生的事。一直留到下午，他們派人去請來她的神師，還有大師神父，他是我的神師，是道明會的會士，本書開始時，我曾提及，雖然那時，我不在那裡③。這位神父馬上了解，這是出於上主的神，給她很多的幫助，也遭受親戚加給他的許多痛苦，（像這樣，就是凡尋求事奉祂的人，必會做的，當他們看見一個靈魂蒙天主召喚，不會考慮這麼多人性的謹慎！）他應許會幫助嘉思塔小姐，使她來日能重返這裡。

❹ 嘉思塔小姐遭受許多的迫害，因為不要讓親戚怪罪她的母親，這次她離開了修院。她的渴望更是不斷地增加。她的母親開始暗地通知親戚們；因為她的未婚夫不知道這事，要他們守密。他們說，她是個小孩，要等到上了年紀，她還沒有滿十二歲。嘉思塔回答說，為什麼他們認定她已夠大了，可以結婚，又把她留給世俗，為什麼不認定她可以把自己獻給天主呢？她所說的事，可以清楚看出來，說這話的不是她。

❺ 事情無法這麼守密，以至她的未婚夫毫不知情。由於她知道這事，她感到忍受不了

3. 那時的院長是瑪利亞．包迪思塔，她是聖女大德蘭的侄女，她和大德蘭有很親密的書信往返。德蘭姆姆的告解神師是道明．巴臬斯神父（參閱 3．5），他那時是瓦亞多利道明會學院的院長。

要等待他④。一天，在聖母無玷始胎的節日，她在祖母（也是她的準婆婆）家裡，祖母對此事一無所知，她懇求祖母讓她和女家庭教師去田野散散心；祖母為了讓她開心，答應她出去，並備好馬車和僕人。嘉思塔拿一筆錢給一個僕人，要他帶幾捆細樹枝或葡萄藤，去修院門口等她。她安排馬車繞道而行，帶她到了這修院。一到了修院門口，她告訴僕人們去向轉箱要一罐水，但不要說是誰要的，接著她非常急速地下了馬車。僕人說，他們會把水帶來給她；她不願意。幾把細樹枝已在那裡。她說，告訴修女們來門口拿那些樹枝，她和僕人們一起在那裡，門一打開，她就進了裡面，去抱住聖母像⑤，哭泣並懇求院長，不要把她趕出去。僕人們的叫聲震耳欲聾，猛烈地敲門。她隔著鐵格窗和他們說話，說她絕不離開，要他們去告訴她的母親。與她同來的那些婦女發出悲鳴。對這一切，她毫不在意。他們一告訴她的祖母這個消息，她馬上趕到那裡。

❻總之，無論是她的祖母、叔叔或未婚夫，來到會客室的格窗前，極力勸阻，面對她時，加給她的是更多的折磨，使她後來更加堅定不移。許多的怨言之後，未婚夫告訴她，她能以施捨獻給天主更多的服事。她回答他，他自己可以去施捨；對其他提出來的事，嘉思塔對他說，最該尋求的是她的救恩，而看到自己的脆弱，處在世俗的那些危險中，她無法得救，不要抱怨她，因為她只是為了天主而離開他，她並沒有錯待他。嘉思塔小姐看到，說什麼都不能讓他們滿意，她就起身，離開他們了。

❼這些對她沒有絲毫的影響，反而使她和未婚夫徹底鬧翻了，因為，天主賜予真理之光的靈魂，魔鬼置入的試探和阻礙，更加幫助她，因為是至尊陛下為她作戰，所以她清楚

4. 就是說，要等到得到未婚夫的同意她人會修道。
5. 這尊童貞聖母像仍供奉在此修院的經堂。

地明白，說話的不是她。

8 由於她的未婚夫和親戚們看到，要她情願地出來，他們已做不了什麼，因此設法要強制執行；他們得到皇家的命令，准許把她帶出隱修院，給她自由。在這個期間，就是從無玷始胎聖母節日，至諸聖嬰孩慶日[6]，她被人抓走之前，在隱修院內，沒有穿會衣，奉行修院中的一切，就像她已穿上會衣一般，而且感到極大的滿足。這一天，法務人員來把她帶到一位紳士家裡。她流了許多眼淚，說他們為什麼折磨她，因為，這麼做，一點用處都沒有，於是，他們一再勸說，有會士，也有其他的人；有些人說，她稚氣未脫，有的則說，希望她保有其尊位。如果要述說他們的爭論，及她擺脫眾人的方式，可以加寫的還有許多。

9 他們已明白，這是沒有用的，就把她帶回她母親的家裡，拖延一些時間。她的母親已深感疲累，看到這麼多的紛擾不安，也不幫她什麼；相反的，彷彿是在反對她。可能是為了更考驗她；至少，後來她對我這麼說，而她非常聖善，不能不相信她所說的；不過，那小女孩並不知道這事。有一位她的告解神師，也極力的反對，因此，她所擁有的就只有天主，和一位她母親的侍女，是她能依靠的。就這樣，她經歷了好多的艱難和折磨，直到她滿十二歲，那時，她獲悉，因為不能打消她入會的念頭，他們要送她去姊姊的隱修院[7]當修女，在那裡不會這麼的嚴格。

10 她一知道這事，下定決心，要用任何可能的方法來獲取，更進一步地實現她的計畫，謀取她的幸福。所以，有一天，她和母親去望彌撒，在聖堂裡，趁著母親去告解亭辦告解，她央求女家庭教師去找一位神父，請他獻一台彌撒；老師一離開，她脫掉高底鞋，放進衣

6. 就是一五七三年十二月八至廿八日。
7. 就是瓦亞多利的道明會隱修院。

袖內，拉高裙子，拔腿就跑，以最快的速度衝到隱修院，那是在相當遠的地方。她的老師回來，找不到她，立刻追去，已經快靠近了，老師請一個男人去抓住她。後來那個男人說，當下他動彈不得，所以就讓她跑掉了。嘉思塔小姐衝進隱修院的第一道門，把門關上，開始大叫，當她的老師趕到時，她已經在修院裡面了，修女們立刻給她穿上會衣，就這樣，她實現了這麼美好的聖召，是上主放在她內的。至尊陛下開始以靈性的恩惠賞報她，她懷著極大的滿足、極大的謙虛和超脫萬有來事奉上主。

11 願祂永遠受讚美！對那迷戀非常新式又昂貴華服的她，穿上貧窮的粗布衣時，天主賜給她愉悅，雖然如此，毫不遮掩她的美麗，上主賦予她本性和靈性的恩惠，她的氣質和才智，這麼討人歡喜，也喚醒眾人讚美至尊陛下。天主保祐，但願有許多人同樣回應祂的召叫。

譯者按：嘉思塔．帕迪亞

《建院記》的第十、十一章，大德蘭敘述嘉思塔追求聖召的入會過程，非常生動精彩，事實上，故事的結局卻充滿令人意外的發展。

嘉思塔的父親是若望．帕迪亞．曼利克（Juan de Padilla y Manrique），一五四七年擔任卡斯提行政長官的主席，逝世於一五六三年。母親是瑪利亞．雅古娜，是布恩笛亞伯爵的姊妹。

嘉思塔有一個哥哥和兩個姊姊。哥哥安東尼奧．曼利克．帕迪亞，十七歲時，一五七二年三月八日，進入瓦亞多利的耶穌會。初學期的指導神師是巴達沙．奧瓦雷思，就是聖女大德蘭先前的神師。

姊姊是瑪利亞・雅古娜，和媽媽取相同的姓名，她入了瓦亞多利的道明會。另一個姊姊是露薏莎・帕迪亞，進入方濟會。後來，因為小妹也入了會，為了保有家門的爵位，露薏莎得到宗座的恩准，離開修會，嫁給叔叔瑪定・帕迪亞（Martín de Padilla）。

嘉思塔大約生於一五六二年，還不到十二歲時，由於兄姊都相繼去修道，她成了合法的繼承人。為了保有家業，大人為她求得宗座的准許，立刻讓她和自己的叔叔瑪定・帕迪亞訂婚。大約十一歲時，她進入瓦亞多利聖衣會隱修院。嘉思塔小姐入會後，取會名為嘉思塔・胡利安納・無玷始胎聖母（Casilda Juliana de la Concepción）。直到她滿十五歲後的一個星期，一五七七年一月十三日才發願。

然而，她並沒有一直留在加爾默羅會內，一五八一年，她得到宗座的准許，轉到方濟會，她那時只有二十一歲，就開始擔任修院的院長。這個方濟會隱修院，位於布格斯附近的 Santa Gadea del Cid 的山谷，是遵守緩規的會院，是和帕迪亞家族相連結的。後來她的姊姊瑪利亞離開道明會，也加入她的團體，一五八九年，遷移到布格斯。

故事發展的結果，難免會讓聖女大德蘭感到驚訝和失望，一五八一年九月十七日，寫給古嵐清神父的信中，提及這個消息，她感到非常震驚。嘉思塔的母親及耶穌會的告解神師，這兩位都和修院的副院長不甚融洽，這似乎對這個決定很有影響。

在此值得一提的是，本來要娶嘉思塔的叔叔，後來娶了她姊姊露薏莎。露薏莎放棄了方濟會的聖召，和瑪定先生結婚。先生逝世後，她再度入會修道，這一次，她進了赤足加爾默羅會，取會名為露薏莎・十字（Luisa de la Cruz）。

第十二章

敘述一位會士的生平與逝世，上主帶領她進入這會院，她名叫碧雅翠絲・降生，她的一生這麼成全，她的逝世亦然，理當紀念她①。

❶這個會院中，有位小姐進來當修女，她名叫碧雅翠絲・歐諾思（doña Beatriz Oñez），是嘉思塔小姐的遠親，在之前的幾年入會②，看到上主在她內賦予的大德行，她的靈魂令眾人驚嘆不止；眾修女和院長③都肯定，從未看見，在她生活的各方面，有什麼能視之為不成全的，也看不見她有不一樣的表情，總是呈現出謙虛的欣喜，使人明顯地意會，她的靈魂懷有內在的喜樂。帶有一種靜默，不會使人難受，擁有很深的寧靜，竟致不能使她注意特別的事物。也找不到她說過該受人責備的話，她既不固執，也不辯白，雖然院長為了考驗她，會責怪她未犯的過失，就像在這些會院④中，為了修練克苦已有的習俗。她從不抱怨事情和任何修女，對所負責的職務，她從未以臉色或話語，使任何人不悅，也沒有機會讓人認為她有什麼不成全，在會議時，也找不到有什麼可以改她的過失，對於非常細微的小過，勤務修女說，她們都已詳察過⑤。諸事中，她內在和外在的和諧，是超然的，此乃源自把永恆深深地放在面前，而天主造生我們即是為了永恆。她的口常常讚美天主，懷有極大的感恩。總之，就是永存不息的祈禱。

❷在服從的事上，她從未有過失，所有命令她做的事，她總是做得快速、完善又喜樂。

1. 碧雅翠絲・降生（Beatriz de la Encarnación）。在手抄本中，本章的標題不是聖女大德蘭親筆寫的，而是抄寫《全德之路》埃斯科里亞（Escorial）抄本的修女寫的。這位聖善修女的生平和德行，成為聖衣會訃聞的範本。這座修院是瓦亞多利加爾默羅會隱修院。
2. 一五六九年九月八日領會衣，一五七〇年九月十七日發願。三年後逝世，大約是一五七三年五月五日。
3. 院長是瑪利亞・包迪思塔。
4. 聖女大德蘭指的是她革新的隱院，她總是這麼說：「這些會院」。
5. 參閱《會憲》No. 29、30、39、43。

她對近人極有愛德，她會這麼說，為了任何一個人，她情願被砍成一千塊，為使靈魂不致喪亡，並享有他們的兄弟耶穌基督（因為她是這麼稱呼我們的主）。在她的磨難中，最大的是她那可怕的重病，如後來會說的⑥，還有極猛烈的痛苦，她以這麼大的情願和滿足來忍受，彷彿是很大的恩惠和愉悅。必定是我們的主將之賜給她的心靈，否則，像她那樣喜樂地受苦，是不可能的。

❸在瓦亞多利這個地方，發生了一件事，有一些人因為犯了大罪，要被燒死。她必定知道，受死刑時，他們不會做良好的準備，一如應有的，這使她傷心極了，她難過萬分，奔向我們的主，為那些靈魂的得救，熱烈無比地向祂懇求；為了交換他們應得的懲罰，或因為她堪當獲得這個⑦——我已不記得她說的準確話語——，她願獻上整個生命，所有她能忍受的苦難和痛苦。就在當天夜裡，她首次發高燒，直到過世，她都在受苦。那些受刑人獲得善終⑧，由此可見，天主應允了她的祈求。

❹接著，她的肚子裡長一個腫膿，造成劇烈的疼痛，為了忍受這些苦痛，真的必須有上主給的忍耐，這是上主放進她靈魂內的。這個腫膿長在很裡面，醫藥罔效；直到上主願意時，腫膿才破開，流膿出來；所以，這個病才稍有好轉。懷著接受痛苦的那種渴望，受苦少是不會使她滿意的；因此，在一個十字架的節日，她聽到一篇證道，受苦的渴望這麼的洋溢，證道結束後，她淚水泉湧，撲倒在她的床上，問她怎麼了，她說，請她們向天主祈求，賜給她更多的苦難，這樣會使她感到滿足。

❺她向院長訴說一切內心的事，及在這事上感到的滿足。整個生病的期間，她從未給

6. 見第 4 節及其後。
7. 譯按，就是說，使她的祈求得到應允，救這些人的靈魂。
8. 善終：意指得到死前悔改的大恩，辦告解、領聖體和臨終傅油。

任何人最小的麻煩，她所做的，無非是事事順從護士修女，即使是要她喝一點水。修行祈禱的人，若沒有苦受時，會渴望苦難，這是很平常的事；不過，處在苦難少的時候，忍受痛苦的喜樂也不會多。這樣，她在這麼受折磨中，雖然為時很短，卻是非常超量的病痛，她的喉嚨裡面長了一個腫膿，不能吞嚥，她在一些修女的面前，告訴院長（安慰她，鼓勵她忍受這麼痛苦的病，是院長的責任），說她毫無痛苦，也不願和任何一位很健康的修女交換。她這麼地臨現於上主，就是不斷地在她為之受苦的那位面前，她盡最大的可能掩飾痛苦，不讓人知道她受許多的苦。因此，除非遇有猛烈折磨她的痛苦，她很少發出呻吟聲。

❻她自認為，世上沒有人比她更卑劣的：所以，在能夠聽到的各方面，她都很謙虛。談及他人的德行時，她非常欣喜。至於克苦的事，她極力苦修。她以掩飾的方式，斷絕任何的消遣事物，除非就近留意，否則沒有人會覺察。也看不出來她和受造物一起生活和交談，可以說，她不在意所有的受造物；無論發生什麼事，總是平安以對，別人看她常是泰然自若；為此，某次，竟然有位修女對她說，她像是一位名門望族，即使餓死，也不願讓外人知道，因為，她們不相信她對事物毫無感覺，雖然這麼少流露出來。

❼她做一切工作或職務，都懷有一個目的，即不要失掉任何的功勞，她這麼告訴修女們：「做最微小的事是無價的，如果是為愛天主而做；修女們，我們的眼睛不要動來動去，除非是專注在這個目標上，及為了取悅祂。」不是她份內的事，她從不介入；所以她不看別人的過失，只看她自己的。她如此不要有人說她有什麼好，所以她很留意，不要當著人的面說人好，為了不使人覺得痛苦。她從不尋求慰藉，無論是去花園，或在受造物上；因

為，按照她說的，尋求舒解我們的主給她的痛苦，這是粗魯的；所以，她從不要求東西，只接受別人所給的。她還說，在不是天主的任何事上取得安慰，對她是個十字架。事實上，當我詢問會院中的修女們時，沒有人在她身上看到別的，只看見極成全者的表現。

❽那麼，我們的上主帶她離世的時候到了，痛苦增加，又有這麼多併發的病症，為了看見她忍受痛苦的喜樂，因而讚美我們的上主，修女們有時去看她。特別懷有大渴望，想要隨侍她臨終的是駐院司鐸，他是該隱修院的告解神師，是天主極好的忠僕；由於聽她的告解，神父認為她是個聖女。天主保祐，神父的這個渴望得以滿全，由於她這麼的痛苦，也領了終傅，之所以請神父來，是因為，如果那個晚上有需要時，可以辦告解，或幫助她善終。快到九點鐘時，所有的人都和她在一起，神父也在，在她死前的一刻鐘，所有的痛苦都消失不見；洋溢著一種極大的平安，她舉目仰望，面容展現出歡欣喜悅，看來好似一道燦爛的光輝；她彷佛注視著給她很大喜樂的某個事物，因為她微笑了兩次。所有的修女都在場，神父也在，都得到這麼大的心靈歡樂和欣喜，他們不知要多說什麼，只能說他們好像在天堂。帶著我所說的欣喜，雙目仰視天堂，她斷了氣，如同一位天使，所以，我們能相信，根據我們的信仰，也按照她的一生，天主來帶她進入安息，賞報她在這麼多的事上，渴望為祂受苦。

❾駐院司鐸肯定地說，也同樣告訴許多人，在埋葬遺體時，他聞到濃郁又非常甜蜜的芳香。更衣所的修女也肯定說，在埋葬和葬禮時燃燒的所有蠟燭，都沒有縮小。我們能相信，這一切是天主的仁慈。我對她的一位耶穌會的告解神父談這些事，她多年向這神父辦

告解及訴說她的靈魂，神父說，這沒什麼了不得，他也不覺得驚奇，因為他知道，我們的上主和她有密切的交往。

⑩至尊陛下保祐，我的女兒們，願我們知道如何獲益於這麼好的同伴，就像這一位，及我們的上主在這些會院中，賜給我們的其他許多位。可能我會說些關於她們的事，好使有些冷淡的修女，努力效法她們，使全部修女都讚美上主，因為對一些軟弱的小女子，這麼地讓祂的崇高尊貴發出光輝。

第十三章

敘述遵守原初會規赤足加爾默羅男會士的首座會院，是如何及由誰開始的。時為一五六八年。

❶創立瓦亞多利這座隱修院之前，我已經同意接受梅地納聖安納加爾默羅會院的院長，安道．耶穌神父，及十字若望會士，如我已說過，他們是最先入會的，就是說，如果原初會規的赤足會的修道院建立起來。然而，由於我沒有辦法得到院舍，只好將之交託給我們的上主；因為，如我說過的，我對這些神父已感到滿意①。因為，自從我和會士安道．耶穌神父談了這事，之後的一年內，上主確實磨練了他，在艱難中，他很成全地忍受困苦。至於十字若望會士，他不需要驗證，因為，即使在非赤足會士，就是穿鞋的②會士當中，總是度著相當成全和善守會規的生活。上主保祐，因為祂賜給我最重要的，也就是，要開始創會的會士，其餘的，祂也會安排。

❷有一位亞味拉的紳士，名叫拉法爾先生③，我從未和他談過，我不曉得，也不記得，他怎麼知道，我盼望有個赤足男修會的修院；他來找我，要奉獻給我他的一座房子，那是在居民極少的一個小地方④，我想不會有二十戶人家，現在我已記不得了，在那裡，他保有那個房子，是為了一個佃戶，在那裡收集他的租糧⑤和租金。雖然想像那會是個怎樣的地方，我仍是讚美我們的上主，也非常感謝他。他告訴我，那是在往梅地納的路上，為了創

1. 雖然說「這些神父」，其實大德蘭滿意的只有聖十字若望。因為有兩次，在提到安道神父時，大德蘭都明白表示對他不太滿意，參閱3．16、17。
2. 大德蘭以簡稱「穿鞋」和「不穿鞋」來分別「非赤足」和革新的「赤足」加爾默羅會。
3. 拉法爾．梅基亞．貝拉斯克斯（D. Rafael Mejía Velázquez），一五六八年六月做此奉獻，是大德蘭在馬拉崗建院之後，返回亞味拉時。
4. 古嵐清神父在手稿上寫：「這個地方名叫杜魯耶洛。」此地離亞味拉約四十公里。
5. 租糧：就是以食糧代替應付的租金。

立瓦亞多利新院，我必會路過該地，是直接的路，會看得到那地方。我對他說，我會照著做，也這麼做了，我離開亞味拉，同行的有一位修女同伴，還有胡利安．亞味拉神父，他是亞味拉聖若瑟隱修院的駐院司鐸，就是我已說過，在這些旅途中幫助我的神父⑥。

❸雖然我們早上出發，由於不知道路，我們迷路了；因為這是個很少被人提及的地方，問不到許多關於此地的資訊。就這樣，我們跑了一整天，太陽非常毒辣，辛苦至極。當我們以為快靠近了，卻又有這麼遠的路要走。我永遠記得，在那路途上，我們的疲累和亂走。終於，我們到達了，已是臨近夜晚時。

當我們走進房子，情況是這樣的，那個晚上，我們不敢留在那裡，理由是，太不乾淨，又有許多夏天的害蟲。那裡有個還不錯的門廳，一個雙倍大的房間和閣樓，加上一個小廚房。這整個的建築物要成為我們的修道院。我設想著，前廳可以做聖堂，閣樓當經堂，好好整修，可以睡在那個房間。

我的修女同伴，雖然是比我好得多的人，也非常喜愛做補贖，無法忍受我認為那裡可以做修院，她這麼對我說：「姆姆，說真的，沒有哪個心靈，無論是多麼好，能受得了的。你不用談這事了。」和我同來的神父，雖然和我的同伴看法一致，當我對他說我的構想時，並沒有反對我⑦。那天夜晚，我們在聖堂度過，由於疲累極了，我們不是在聖堂裡守夜。

❹到了梅地納，我立刻和安道神父談話，告訴他所發生的事，問他是否有勇氣到那裡住些時日，我確信天主會很快予以援助，一切是開始（我覺得天主所做的事，這麼的在我面前，也這麼確信——可以說——如同現在我看見的，甚至比直到現在所見的還多；在我寫

6. 參閱 3．2；10．4。
7. 這位修女同伴是安東尼亞．聖神，是亞味拉聖若瑟隱修院最早入會的四位之一。神父是胡利安．亞味拉。

這事時，因天主的慈善，赤足男會士已有十座會院[8]），我也相信，如果看見我們的房子非常闊氣，前任及現任省會長可能不會給我們准許（如我開始時說的，必須有他們的同意），除了我們沒有別的辦法之外，在那樣的小地方和房子，不會招惹他們的注意。天主給安道神父的勇氣，超過祂給我的；他這樣說，不只願在那裡，更願在一個豬圈裡。十字若望會士也同樣如此。

5 現在，我們還要得到前述兩位神父的同意，因為我們的總會長給的恩准，附有這項條件[9]。為能得到這個批准，我寄望於我們的上主，因此，我留下安道神父，讓他去照顧所有他能做的事，收集為這房子需要的一些用品。我帶著十字若望會士，一起去創立新院，就是我所寫的瓦亞多利會院[10]。我們留在那裡一些日子，由於工人要收拾整理房子，尚未封院，我有機會教導十字若望會士，說明我們所有的生活方式，使他清楚明白每一件事，如克苦，以及我們同在一起時，姊妹情誼和散心的方式，一切是這麼的適度合宜，只是為了有助於覺察修女們的過失，取得一些舒解，好能善守嚴格的會規。他是這麼好，至少我能向他學習的，多過他能向我學的；不過，這是我所做的[11]，我做的是，教給他修女們的生活方式[12]。

6 天主保祐，我們修會的省會長在那裡，而我必須從他得到許可，他名叫亞龍索·孔察雷斯會士。他是個老人家，人相當好，又沒有惡意。我告訴他好多事情，又說，他必須向天主交帳，如果他阻礙天主所要求的，這麼好的工作。由於至尊陛下願意成就這事，親自備妥他，他非常好商談。瑪利亞·曼多撒夫人，及她的兄弟，亞味拉主教都來了，這位

8. 十個男會院如下：1）一五六八，杜魯耶洛，一五七〇遷至曼色納；2）一五六九，巴斯特日納；3）一五七〇，亞爾加拉；4）一五七一，亞爾多米納（Altomira）；5）一五七二，拉羅達（La Roda）；6）一五七三，革拉納達（Granada）；7）一五七三，培紐耶納（La Peñuela）；8）一五七四，塞維亞的雷梅地歐斯（Los Remedios de Sevilla）；9）一五七五，奧默多瓦（Almodóvar del Campo）。由於杜魯耶洛遷院，所以全部是九個會院。.

9. 參閱 2・5。這兩位神父，指的是前、後任的加爾默羅男修會省會長。

主教總是恩待和保護我們，他們得到他和安赫・薩拉察會士神父的准許，薩拉察神父是前任的省會長，我擔心的是，所有的困難會從他而來⑬。再者，那時正好有某個需要，薩拉察神父必須得到瑪利亞・曼多撒夫人的幫助，我相信，這個事大有助益，但若非如此，即使沒有遇到這個機會，我們的上主也會在人心中推動這事，像祂對待總會長神父那樣，使他完全轉變心意。

❼天主啊！幫助我吧！在這些交涉中，我見識過多少事情，看似不可能，至尊陛下多麼輕易地將之擺平！我又是多麼的羞愧，目睹所看見的，我自己卻沒有更好！現在我正下筆寫這事，我深感驚奇，也渴望我們的上主讓眾人明白，建立這些修院，我們受造物所做的，幾乎是聊勝於無。一切是天主的安排，經由這麼卑微的開始，只有至尊陛下能提拔達到目前的境況。願祂永遠受讚美。阿們。

10. 見第 10 章。
11. 譯按，這是大德蘭的幽默說詞，意即，雖然我能向他學很多，但在這裡，仍是我在教導他加爾默羅會的實際生活和靈修精神。
12. 這是很重要的一段，很清楚地說出，聖十字若望如何得到聖女大德蘭的特別指導，學習她革新修會的精神和生活。
13. 安赫神父對赤足隱修女的會院大力支持，對男會士的建院則不然。革新修會的記載指出，事實上，是瑪利亞夫人要求薩拉察神父批准，讓赤足男會士建立杜魯耶洛會院，來回報她曾給神父的幫助。

第十四章

續談赤足男會士的首座會院。說些在那裡奉行的生活，及我們的上主開始善用那些地方，為榮耀和光榮天主。

❶有了這兩位的准許①，我認為已不缺什麼了。我們安排十字若望會士神父去那會院，整修房子，盡可能地使他們能住進去②；我十分緊急，因為我擔心，在他們開始之前，我們會遇到一些阻礙；他們這麼做了。安道會士神父收集了一些必需用品；我們盡所能地幫助他，雖然是棉薄之力。他來瓦亞多利和我談話，懷著很大的欣喜，對我說，他所收集到的東西，是相當少的；只有時鐘準備得最好，共有五個，使我覺得相當好笑。他對我說，為了守好時間，他不願沒有準備；我相信，他連躺下睡覺的東西都沒有。

❷整修房子拖了一點時間，因為沒有錢，即使他們想做許多事也辦不到。完成後，安道神父甘心情願放棄他的院長職，並許諾遵守原初會規；雖然人家對他說，要先試試看，他卻不願意。他懷著世上最大的欣喜前去他們的小會院。若望會士已經在那裡了。

❸安道神父對我說，一到那裡，看見那小小的地方，給他一種非常大的內在喜樂，他自覺已斷絕世俗，捨棄一切，深入那孤寂中；在那裡，無論是他或若望會士，都不覺得那房子有什麼不好，其實，他們感到置身於極大的愉悅中③。

❹我的天主啊！這些外在的建築物和舒適，對內在而言，是多麼不算什麼！我的修女

1. 就是說，得到兩位省會長神父的批准，參閱 13．6。
2. 十字若望會士於一五六八年九月底出發，前往杜魯耶洛。
3. 安道神父於一五六八年十一月廿七日來到杜魯耶洛。

和神父們，為了祂的愛，我請求你們，對於堂皇又豪華的會院，你們一定要非常節制。必須把我們的真正創會者擺在面前，我們傳承的是那些聖善的會父，我們知道，他們之歡享天主，是經由貧窮和謙虛的道路。

❺ 我真的看到，在肉身方面，看似不寬裕時，比起後來有了大房子又住得好時，更有靈修，甚至有更大的內在喜樂。無論會院多麼堂皇，對我們何益之有呢？我們經常擁有的，就只是一間斗室。非常堂皇，十分精巧的會院，那又怎樣？對我們又有什麼用呢？是的，我們不必老是在觀看牆壁。想想看，我們不會永遠住在那房子裡，無論多麼長壽，也只有短短的一生，這會使我們容易接受一切，看到在今世我們擁有的愈少，在永恆中，我們享福愈多，永恆的住所相稱於愛，我們懷著這愛，師法我們好耶穌的一生。如果我們說，這些開始，是為了革新榮福童貞、主的母親、我們的夫人和主保的《會規》，我們不要這麼的侮辱她，及我們聖善的會父先祖，因我們的生活和他們不相稱。由於我們的軟弱，在各方面都已經做不到了，在那些與維持生命無關的事上，我們必須非常警覺；因為這一些全是愉悅的小小辛勞，就像這兩位神父所面對的；一旦我們決心接受，困難會過去，從一開始，痛苦全都微不足道。

❻ 一五六八年，將臨期的第一或第二主日（我記不得是哪一個主日），舉行第一台感恩祭，在那個白冷的小馬槽，我不認為那裡會比小馬槽更好[4]。接下來的四旬期，我在前往托利多創院的途中，經過那裡[5]。我到達時是早晨。安道．耶穌神父正打掃聖堂的門口，臉上帶著他常有的喜樂。我對他說：「我的神父，這是什麼啊！你的榮譽變成了什麼呢？」

4. 大德蘭比喻貧窮的修院如同白冷的小馬槽，甚至還比不上。時為一五六八年十一月廿八日，將臨期第一主日。
5. 一五六九年，四旬期的第一主日是二月廿七日。大德蘭本來寫「四旬期第一週」，後來刪掉「第一週」。無論如何，她的探訪的確是在第一週。她在二月廿二日離開瓦亞多利前往托利多，途中經過梅地納、杜魯耶洛和亞味拉。

他告訴我以下的這句話，說出他的極大欣喜：「我詛咒那曾有榮譽的時光。」

當我走進聖堂，震驚地發現上主賦予那裡的精神。不只我這樣，兩位和我一起從梅地納來的商人，他們是我的朋友，都不禁淚水滿面。有這麼多的十字架，這麼多的骷髏頭！我永遠忘不掉一個好小的木頭十字架，放在聖水上[6]，十字架上貼著一張基督的聖像，看起來，激發起人的虔敬之情，遠超過非常精巧的十字苦像。

❼經堂在閣樓上，中央處高起，能在那裡唸日課；不過，要進去望彌撒時，必須俯首欠身才進得去。面向聖堂的兩個角落，有兩間獨修室，只能讓人坐或躺著，滿是乾草（因為那地方很冷，屋頂差不多頂在頭上），各有面向祭台的一個小窗，及一個當枕頭用的石頭，那裡有他們的十字架和骷髏頭[7]。我知道，他們唸完誦讀，直到晨經[8]，沒有離開經堂，留在那裡祈禱，他們這麼深入祈禱，竟至唸晨經時，會衣上滿是飄雪而不覺察。他們和另一位「穿鞋的」神父一起唸小時經[9]，他來和他們一起，雖然沒有換會衣，因為他患有重病，還有另一位年輕的會士，是尚未祝聖的（輔理修士），也同在那裡[10]。

❽他們去附近的許多地方講道理，因為那裡完全沒有傳授教會的道理，也是為此理由，我很高興在那裡建立了會院；他們對我說，那裡既沒有修道院，也沒有地方可以聽到教會的道理，這是令人深感遺憾的事。在這麼短的時間內，他們得到這麼大的好名聲，使我備受安慰。如我說的，他們出去宣道，要走一個半或兩里格的路程，光著腳（那時他們不穿麻鞋[11]，後來規定要穿）走在冰天雪地上；講道理和聽告解之後，很晚才回來會院吃飯。歡欣喜樂，覺得他們所做的一切都微不足道。

6. 就是說，放在盛裝聖水的器皿上。
7. 譯按，在放枕頭的地方，也有十字架和骷髏頭。
8. 晨經（prima）：是一天中最早的日課經，教會現已取消此經。
9. 天主教官方公開的祈禱，英文稱為 Breviary，或 Divine Office，中文譯為《日課經》或《每日禮讚》。包括：誦讀日課（Matins）、晨禱（Lauds）、日間祈禱（Terce、Sext、None）、晚禱（Vespers）及夜禱（Compline）等。各部分內容包含新、舊約讀經，聖詠，教會歷史中的教父、聖師、聖人的勸諭，讚美詩及「信友禱詞」等。表示天主子民、基督奧妙的身體、聖神的宮殿與天主同在，為人類代禱。其中日間祈禱，分別是午前經（Hora tertia 第三時辰經）、午時經（Hora sexta 第六時辰經）和午後經（Hora nona 第九時辰經），這裡的小時經（Horas /Hours）指的就是日間祈禱。
10. 這兩位是路加．賽利斯神父（Lucas de Celis）和若瑟．基督修士（José de Cristo）。他們都沒有久留。
11. 麻鞋（alpargatas）：是用麻繩編製的涼鞋。

❾至於食物，他們相當豐足，因為附近地方的人，供給他們多於所需的食物；住在那些地方的一些紳士，到那裡辦告解，並捐獻更好的房子和地點。其中一位是陸易斯先生，他是五個城鎮的主人⑫。這位紳士蓋了一座聖堂，供奉聖母的聖像，確實是非常值得恭敬的聖像。是有位商人的父親從法蘭德斯（Flandes）送來給他的祖母或母親（我記不得是哪一位）。這位商人這麼愛此聖像，保留許多年，後來，在他臨終前，下令送給陸易斯先生。是一幅巨大的祭台背後的聖像畫，我一生從未見過更好的作品（其他許多人也說同樣的話）。安道神父，因這位紳士的請求，到那地方去，看見這個聖像，喜愛得很，因而理所當然，他同意遷移修院到那裡去⑬。這個地方叫曼色納。雖然那地方沒有井水，也看不出來能在那裡找到水。這位紳士為他們蓋了一座修道院，合適他們度聖願生活，小小的，且加以裝潢。他做得非常好。

❿我不願略而不談，上主如何給他們水，係因奇蹟而獲得的。有一天，晚飯後，在修道院內，院長安道神父和會士們一起，談著他們需要有水時，院長站了起來，拿起常帶在手邊的棍杖，在某處用手杖劃了一個十字聖號，我想是這樣的，雖然我不太記得是否劃了十字聖號；不過，總之，他用棍杖指著，說：「現在，挖掘這裡。」他們挖掘一下子，就湧出好多的水，甚至連要清除這水井，都很難使水乾枯；這是非常好的飲用水，所有工作都從那裡取水，如我說的，從未耗竭。後來他們圍了一個園子，努力在那裡找水，又做了水車，花費相當的多。直到現在，一事無成，還是不能找到水。

⓫所以，當我看見那個小房子——不久前還是不能住進的——瀰漫著一種靈氣，觸目

12. 陸易斯先生（don Luis）的五個城鎮是撒摩拉爾（Salmoral）、納阿羅斯（Naharros）、聖彌格（San Miguel）、莫塔爾博（Montalvo）和嘉耶哥斯（Gallegos）。他有兩個子女進入加爾默羅會：恩瑞克（Enrique）和依撒伯爾（Isabel）。
13. 一五七〇年六月一日，從杜魯耶洛遷院至曼色納。

所及的每一處，我覺得都能教誨我，我獲知他們的生活方式、克苦修行、祈禱和所樹立的善表，因為住在那附近地方，有我認識的一位紳士和他的太太，來那裡看我，向我說他們的聖德，及對那裡的居民所行的大善，說也說不完，使我對上主感恩不盡，內心充滿極大的喜樂，因為我彷彿看到，要開始建立一個基礎，將大有益於我們的修會，及服事我們的上主。願至尊陛下保祐，順利前進，如同現在的發展，我預期會完全成真。

與我同來的商人告訴我，就算得到全世界，他們也不願失去到那裡（的機會[14]）。德行是多麼美好的事啊！那裡的貧窮使他們感到愉悅，超過他們擁有的全部財富，使他們的靈魂飽足又有安慰。

⓬我們和那些神父談過話後，我說了一些事，尤其是，因為我的軟弱和卑劣，我極力懇求他們，不要這麼厲行補贖，由於他們做的補贖非常嚴厲；正如我這麼費力地渴望和祈禱，上主賜給我開始革新修會的人，也看到了這麼好的基礎，我很擔心，在我的期望實現之前，魔鬼會使之不得完成。不成全又小信德如我者，沒有看出來，這是天主的工作，至尊陛下會帶領，使之向前邁進。他們擁有我所缺乏的這些德行，對我所說的，不要他們厲行補贖的話，他們並不在意；所以，我滿懷極大的安慰離開，雖然我對天主的讚頌，配不上這麼大的恩惠。

願至尊陛下保祐，因祂的良善，使我堪當服事祂，稍稍回報我對祂非常多的虧欠，阿們；我清楚知道，這是更大的恩惠，超過我之創立隱修女的會院。

14. 譯者加上括號內的字，為幫助讀者了解，這是一句很誇張的話，表示兩位商人深受感動，認為此行的價值超過整個世界。

第十五章

談論在托利多城創立榮福聖若瑟隱修院，時為一五六九年。

❶在托利多城，有位顯貴的人士，是天主的忠僕，他是個商人，從未想要結婚，反而度著非常天主教徒的生活，是極真誠又正直的人。他以正當的貿易積財，他的意向是，要把財富用在非常悅樂天主的事工上。他病重垂危。他名叫瑪定·拉密雷斯①。一位耶穌會的神父，名叫保祿·艾南德斯②，獲悉此事。當我在托利多安排馬拉崗的建院時，曾向神父辦告解，神父非常渴望在這裡（托利多）建立一座我們的修院③，於是去向瑪定·拉密雷斯說，告訴他這會獻給我們的上主很大的服事，及他多麼希望在這隱修院能設有駐院神父，及隱院聖堂④，他們能在那裡慶祝某些慶節，及他所決定的，留給該城某堂區照顧的其他一切，由隱修院的駐院神父看顧。

❷這位商人病勢沉重，眼看自己為時不多，無法安排此事，於是全權交託給他的一位兄弟，名為亞龍索·阿爾巴雷斯·拉密雷斯（Alonso Alvarez Ramírez），交代好這事，天主就帶他走了。這是個很好的決定；因為這位亞龍索·阿爾巴雷斯，為人相當謹慎，又敬畏天主，非常真誠，慷慨施捨，明理而開放，關於他，我多次和他交往過，我有如目擊證人，能萬分真實地說這話。

❸當瑪定·拉密雷斯死時，我還在瓦亞多利建院，耶穌會的保祿·艾南德斯神父，及

1. 瑪定·拉密雷斯（Martín Ramírez，死於一五六八年十月卅一日）：托利多的商人，資助托利多的建院。
2. 保祿·艾南德斯（Pablo Hernández，生於一五二八年）：是加利西亞人（Galician），來自聖地亞哥·孔波斯特拉（Santiago de Compostela），他是幫助大德蘭實現其使命的耶穌會士之一，從大德蘭所寫的信中，顯示出對他的信任，這一次，她授權給神父，以她的名義進行此事。
3. 聖女大德蘭常常以「這些修院（monasterio de éstos）」，表示她創立的革新修院，為使讀者易於閱讀，故譯為「我們的修院」，本書以下皆如此。

亞龍索・阿爾巴雷斯寫信給我，告訴我事情的經過，如果我願意接受這個建院基金，他們說要我快快來；為此，安置好瓦亞多利會院後，不久我就離開那裡。到達托利多，時為降生聖母節⑤，我去露薏莎夫人的家，那是我曾多次住過的地方，她是馬拉崗隱修院的建院恩人。我受到非常喜樂的接待，因為她非常愛我。我帶來兩位亞味拉聖若瑟隱院的同伴，她們是天主的大好忠僕⑥。夫人立刻給我們一個房間，如往常一般，在那裡，我們度收心的生活，如同在一座隱修院中一樣。

❹我立刻開始和亞龍索・阿爾巴雷斯及他的女婿商談這事。他的女婿，名叫狄耶各・歐地思（Diego Ortiz），雖然人很好，是個神學家，他對自己的看法比亞龍索・阿爾巴雷斯更堅持；他不是這麼的通情達理。他們開始向我提出許多條件，我卻不以為理當同意。進行協調的同時，我也在尋找一間租屋，為能取得房屋，雖然多處尋找，總找不到合適的租屋；我也無法得到教會主管當局頒賜許可證（這時沒有總主教⑦）；雖然我居住之處的這位夫人極力爭取，還有一位紳士，是主教座堂的參議，名叫伯鐸・曼利克（Pedro Manrique）先生，是卡斯提行政長官的兒子；他是天主的好忠僕，是這樣的，雖然健康很差，他還是相當活躍，這個修院創立之後幾年，他進入耶穌會，到現在仍在那裡⑧；他是地方上的重要人物，因為他非常聰明又勇敢；儘管如此，還是不能使他們發給我建院許可證，因為當權者稍微和緩時，諮議會的人則不然⑨。另一方面，亞龍索・阿爾巴雷斯和我無法達成協議，係因他授予女婿許多權力。結果，我們什麼事都談不好。

❺我不知道要怎麼辦，因為我來的目的不為別的，如果沒有建立修院而離去，必會招

4. 駐院神父（*capellanes*）、隱院聖堂（*capellanías*）：在隱院外界，特別為隱修院服務的神父，稱為駐院神父，駐院神父天天在隱院的聖堂主持感恩聖祭。隱院的聖堂，因此也稱為"*capellanías*"，英文是"Chaplaincies"。同一英文字，如果是為學校服務的神父，稱為「校牧」，為軍隊服務的，稱為「隨軍司鐸」。
5. 降生聖母節（nuestra Señora de la Encarnación），就是今日的聖母領報節（Anunciación）。聖女大德蘭於一五六八年十二月，在瓦亞多利收到來信，一五六九年二月廿一日離開瓦亞多利。途中，在亞味拉停留約兩個星期，一五六九年三月廿四日抵達托利多。

惹更多的議論。諸事中，最讓我難過的，是不發給我許可證；因為我知道，一旦取得房子，我們的上主會供給所需，如祂在別處所做的。因此，我決定去找當權者談談，我去他家隔壁的一座聖堂，請人去問他是否可以接見我。已兩個多月之久，盡力獲取許可證，情況卻一天不如一天。當我見到他時，我對他說，這是很過分的事，有一些女子，想要度非常嚴格、成全和退隱的禁地生活，而那些從不做這樣的事，並且生活舒適的人，竟然要阻擋這麼服事我們上主的事工。我對他說了這些，還有其他許多的事，懷著上主賜給我的很大決心。他的心深受感動，在我離開他之前，他給了我許可證書。

❻ 我滿心喜樂地離去，雖然仍是一無所有，卻覺得無所不有。不過，我應該還有三或四個達卡⑩，我用這幾個錢買了兩幅油畫⑪（因為沒有什麼可以擺在祭台後的聖像），及兩床草墊和一個毯子。關於房子，因為和亞龍索·阿爾巴雷斯談不好，就不用提了。這地方有一位商人，是我的朋友，他從來都不想結婚，只想要為監獄的囚犯行善事，也做了其他許多好事，他對我說，不要擔憂，他會幫我找到房子。他名叫亞龍索·亞味拉⑫，可是他生病了。之前幾天，一位很聖善的方濟會會士，名叫瑪定·十字（Martín de la Cruz）會士，來到那個地方。他停留了幾天，離開之前，他派來一位年輕人，名叫安德拉達⑬，一點也不富有，而是相當貧窮。瑪定會士吩咐他，做我對他說的一切事。有一天，安德拉達在聖堂裡望彌撒，他來和我談話，對我說這位聖會士告訴他的話，及他確實要盡所能為我做一切事，雖然他只能以個人的服務來幫助我們。我向他道謝，感到很好笑，我的同伴們更是覺得有趣，看這位聖會士送來給我們的協助，因他的衣著，不是和赤足會修女談話時會穿著的⑭。

6. 這兩位是依撒伯爾·聖保祿（Isabel de San Pablo）和依撒伯爾·聖道明（Isabel de Santo Domingo）。後者留在托利多擔任院長，不久即擔任巴斯特日納隱院的院長（一五六九），她必須面對可怕的愛伯琳公主（princesa de Eboli），帶著修女和家當逃往塞谷維亞隱修院（一五七四）。
7. 托利多的總主教是著名的道明會士巴爾多祿茂·卡蘭沙（Bartolomé Carranza，一五〇三至一五七六），那時被宗教法庭拘禁。所以大德蘭說，當時沒有總主教。
8. 伯鐸·曼利克是嘉思塔·帕迪亞的叔叔，相關的故事，請參閱10—11章。他一五七三年入會，四年後逝世。
9. 這位當權者是政府聖教諮議會的主席，管理托利多教區的財務。他名叫龔梅斯·德祐·紀容先生（Don Gómez Tello Girón）。

❼然而，眼看著有了許可證，卻又無人能幫我，我不知要怎麼辦，也不知要委託誰幫我找個租屋。我想起了瑪定・十字會士派來幫我的這位年輕人，也告訴我的同伴們。她們對我哈哈大笑，並且說不要這麼做，因為其結果無非是暴露建院的隱祕計畫。我不想聽她們。因他是天主的僕人派來的，我相信他必會做些什麼，而其中是個奧祕。所以，我派人請他過來，要他嚴守祕密，告訴他所發生的事，請他為此目的幫忙找個房子，我有租金的擔保人。這位擔保人就是良善的亞龍索・亞味拉，我已說過⑮，他生了重病。安德拉達認為這事容易得很，對我說他會去找。隨即，次日早晨，當我在耶穌會的會院望彌撒，他來告訴我，說房子已經找到，同時帶來鑰匙，房子在這附近，我們可以去看看，我們就去看了；真是個好房子，我們在那裡住了將近一年⑯。

❽許多次，當我細想這座修院的創立，我驚嘆天主的安排。將近三個月，或至少兩個多月，我記得不是很清楚，非常富有的人，走遍托利多全城各地，好像城內沒有房子似的，總是找不到一棟房子。然後，這個年輕人來了，既不富有，又相當貧窮，上主願意他立刻就找到房子。再者，如果和亞龍索・阿爾巴雷斯達成協議，或許我們能沒有磨難地建院，但事非如此，且是大不一樣，因為天主願意我們以貧窮和勞苦來建立新院。

❾由於我們滿意這房子，我立刻付定金，因為先要有房子，然後才能在那裡辦事，方不致遭到任何阻礙。真的好快，那位安德拉達來告訴我，當天房子會清空，要我們把家當帶過去。我對他說，沒有什麼要帶去的，我們所有的只不過是兩個草墊和一床毯子。他必定感到驚訝。為了我對他說的話，我的同伴深覺懊惱，對我說怎能做這樣的事，讓他知道

10. 達卡（ducados）：中世紀時歐洲大陸所使用的達卡金（銀）幣。
11. 這兩幅畫至今仍供奉在托利多隱修院中，一是耶穌跌倒在十字架下，另一是主耶穌坐著，在深思默想。
12. 亞龍索・亞味拉（Alonso de Avila）：逝世於一五八六年，是托利多的商人，從猶太教歸依的天主教徒。托利多隱修院的的檔案室有他的略傳，由葉南多・達維拉（Hernando Dávila）神父執筆。
13. 安德拉達（Alonso de Andrada）是一位年約二十二歲的學生。
14. 這話說得很含蓄，表示他的服裝很不合宜。
15. 見第 6 節。
16. 從一五六九年五月十四日到一五七〇年五月底。

我們這麼窮，他就不會願意幫助我們了。我沒有留意這事，他也沒什麼在意；因為賜給他善意的那位，必會持續，直到完成祂的工作。於是，他進行改建房子和召來工人，我不認為，我們會做得比他好。我們借來做彌撒必備的用品，趁著黃昏，我們和一位工人去取得這房子；我們也帶著一個小鐘，這是彌撒中舉揚聖體時要用的，因為我們沒有別的。我覺得非常擔心，我們徹夜安置屋舍，那裡只有一個房間可以做聖堂，但卻必須從隔壁的小房子進入，那小房子仍是幾位婦女所擁有，而那屋主也要租給我們。

❿天快亮時，我們已全部安置妥當，我們不敢對那些婦女說什麼，以免她們洩露祕密，我們打開一扇門，那是在隔間的薄牆上，從那裡進入一個很小的庭院。當這些婦女聽到碰撞聲，她們還在床上，驚恐萬分地起來。我們極力安撫她們，然而，時間已到，彌撒立刻就要開始，雖然她們強烈反對，卻沒有傷害我們；當她們看到事情的原委，上主平息了她們⑰。

⓫後來，我才曉得，我們所做的是多麼糟糕；在那時，由於專注於天主的安排，沒有發現會有的障礙。所以，當屋主知道是要做為聖堂時，麻煩來了，她是繼承長子家產者的太太，非常反對這事。不過，當她知道，如果我們滿意這房子，會以好價錢買下，好似上主保祐，她就平息下來了。然而，當諮議會的人獲悉，他們絕不予以准許的修道院已建立，他們好生氣，就去找那位主教座堂的參議⑱（我曾私下知會過他），向他揚言，他們會極力予以摧毀。由於當權者給我許可之後已出門在外，不在該城。於是他們去向我說的這位參議報告，一位小女子，竟然膽大包天，違背他們的意願，建立了一座隱修院，他們感到震驚。他的反應是對此一無所知，盡力安撫，說在別處也有建院，這麼做，不會沒有充分的

17. 首台彌撒是由托利多非赤足加爾默羅男會院的院長神父主祭，參禮者有露薏莎夫人及其家屬。非赤足男修會的團體非常支持和善待此新隱院，每天來為修女主祭彌撒。
18. 就是伯鐸．曼利克先生。

授權。

12 幾天後，他們送來一道禁令，不許在此舉行彌撒，除非出示得以這麼做的授權證明。我很溫順地回答他們，我會順服他們的命令，雖然在這事上，我並沒有服從的義務。我請求伯鐸・曼利克先生，就是我說的那位紳士[19]，去和他們談話，並出示授權證書。他擺平了他們，因為木已成舟，修院已建立了；要不是如此，我們會有很多麻煩。

13 有幾天，我們只有草墊和毯子，沒有多的衣物，甚至在那一天，連烤一條沙丁魚的柴火都沒有。我也不知道，天主感動了誰，有人在聖堂前放了一捆木柴，幫助我們。夜間頗為寒冷，也覺得冷；雖然，有毯子和穿在會衣上的毛斗篷，我們得以保暖；這些毛斗篷對我們常常很有用。好像是不可能的事，住在那位夫人的家裡時，她這麼愛我，現又進入這麼貧窮的新院[20]。我不知理由何在，只知天主願意我們經驗這個德行（**譯按，神貧之德**）的美好。我沒有向她求助，因為我不喜歡給人麻煩；或許，她也未加留意；再者，對於她所給我們的一切，我是個負債者。

14 這個經驗對我們非常好，因為帶給我們極大的內在安慰和喜樂，而我常會想起，在這些德行中，上主所蘊含的美善。我認為，我們的這個缺乏所需，造成一種溫柔的默觀。不過，這個貧乏持續沒多久，亞龍索・阿爾巴雷斯和其他的人，很快就供應我們，且超過所需求的。的確，我是這麼難受，彷彿我擁有的許多金銀寶物，被拿走了，因而留在貧窮中；由於結束我們的貧窮，我覺得難過，我的同伴亦然；當我看見她們消沉的模樣，問她們怎麼了，她們對我說：「姆姆，事情會變成怎樣呢？看來我們已不再是窮人了。」

19. 參見 4 和 11 節。
20. 就是說，從露薏莎夫人的豪宅，一夕之間，轉換到貧窮的新院，好像是不可能接受的事，但是她們卻深深體驗其中的美好。

⓯從那時起，我愈發渴望更貧窮，也使我持有自主權，去輕視那些暫時的世物；因為缺乏世物，導致內在的美善，的確，其他的滿足和寧靜也隨之而來。

在這些日子裡，我和亞龍索·阿爾巴雷斯商談建院的事，有許多人以為我不對，也對我這麼說，由於他們認為他並非出自名門望族，雖然他的生活狀況非常富足，如我所說的㉑。而在像托利多這麼重要的地方，他們認為，我不該失去利益。我不太在意這事，願天主受光榮，我常看重的是德行，而非名門聲望。他們去向許可我像在別處那樣建立新院的當權者說了好多話。

⓰我不知道要怎麼辦，因為隱修院建立後，他們又再談論這事。不過，由於修院已經建立，我藉此時機把大聖堂給他們，但不許他們干涉隱修院，如同現在這樣。已經有人想要這大聖堂，是個重要人物；眾人議論紛紛，我不知要如何做決定。我們的上主願意在這事上啟迪我，有一次，祂這麼對我說，在天主的審判前，這些名門望族和社會地位，是多麼不重要；祂嚴厲責備我，因為我聆聽那些人對我這麼說，這些不是已經輕視世俗者掛念的事。

⓱由於這些和其他的事，我深感羞愧，我決定簽妥已開始的事，把聖堂給他們，我從未感到後悔；因為我們清楚明白，為了買房子，我們沒有什麼好的解決辦法，由於他（**譯按，亞龍索·阿爾巴雷斯**）的幫助，我們買了現在住的房子，這是托利多最好的房子，價值一萬二千達卡，舉行這麼多的彌撒和節慶，修女們和當地的居民都深感安慰。如果我看重世俗的虛榮意見，不可能會有這麼好的適宜住處，我也可能會開罪深懷善意對我們行愛德的人。

21. 見1—2節。

第十六章

為天主的榮耀和光榮，本章敘述在此托利多聖若瑟隱修院發生的一些事。

❶我想要說些事情，即在事奉我們的上主方面，有些修女的修行，為的是，後來的修女會努力效法這些好的開始。

買下這個房子之前，有位名叫安納・天主之母的修女在此入會，是四十歲的人，她畢生服事至尊陛下。雖然她的生活方式和家庭，不缺乏舒適，因為她單獨居住又富裕，卻更嚮往選擇貧窮的生活，歸屬我們的修會，於是她來找我談話。她的健康很差；然而，看到這麼良好又堅決的靈魂，我認為對新院是很好的開始，就收納了她。在嚴格和順服的修行中，上主樂於賜給她更好的健康，勝過她度自由與舒適的生活。

❷我之題獻本文，及為什麼寫在這裡，係因為她在發願之前，獻出她的一切所有——她是非常富有的——做為購置房子的捐款。我對此感到憂慮，也不願同意，對她說，也許將來她會後悔，不然，也可能我們不許她發願，這麼做很不明智，萬一我所說的發生了，我們必須退還她的捐獻，不過，我願言過其實地說明：其一，為了不要有任何的誘惑機會；其二，為考驗她的精神。她回答我說，要是發生這事，她要為天主的愛去行乞，我絕不能使她改變心意。和我們生活在一起，她非常滿足愉悅，並且享有極好的健康[1]。

❸在此隱修院中，奉行的克苦和服從是很認真的。因此，當我在那裡時，有時候，院

1. 安納・天主之母（Ana de la Madre de Dios，一五二九至一六一〇），俗名安納・巴爾瑪（Ana de Palma），已婚，二十一歲即為寡婦。她在露薏莎夫人的皇宮遇見大德蘭，她慷慨地奉獻所有，資助建立托利多隱修院。她於一五七〇年十一月十五日發願。方濟各・聖瑪利亞（Francisco de Santa Maria）在《革新修會史》（*Historia de la Reforma*）1・2・25 中說及她的慷慨，贈送給修院厚禮，使得聖女大德蘭慨嘆說：「不要再帶給我任何東西，不然，我會把禮物和妳送出修院。」安納修女曾數次擔任院長，後來協助古耶爾巴（Cuerva）建院，逝世於該院。

長要留意她所說的話②。因為，即使是不經心說出的話，她們會立刻付之實行。有一次，她們都看著花園中的一個池塘，院長對站在旁邊的一位修女說：「要是我說：『跳進去！』，那會怎樣？」話還沒說完，那修女已在池塘裡了，全身溼透，必須去換衣服。另一次，我就在那裡，修女們正在辦告解，有位修女等著另一位，因為那位還在裡面辦告解，她就去和院長說話③。院長對她說，為什麼做這事？這難道是告解前收心的好方法嗎？她應該把頭放進近邊的那個井裡，細察她的罪過。這位修女以為是要她跳入水井，於是很快速地要去執行，要不是修女們趕緊拉住她，她會跳到井裡去，認為是獻給天主世上最大的服事。其他許多類似的事，及要求很大的克苦，做得很多。以致必須有博學者約束修女們，向她們解釋什麼是必須服從的事；因為有的修女做得太不明智，如果她們的善意沒有使之得救，那是不值得，而非值得的事。而這樣的事，不只在這座修院（但因為事情發生在我面前，我在這裡述說這事），而是在所有的修院裡都有許多這樣的事。但願我不在其中④，可以自由地述說幾位修女，為在她們的服事上，讚美我們的上主。

❹當我在那裡時，有位修女患了致死的重病。當她領了聖體後，接受臨終傅油，她是這麼喜樂和幸福，我們覺得能請她在天堂上，把我們交託給天主，及我們熱愛的聖人們，就像她要去另一個地方似的。在她逝世前一會兒，我進到那裡，進去之前，我先在至聖聖體前祈求上主，賜給她善終；當我一進去，看見至尊陛下在她的床頭，在床頭處的中間。祂稍微伸展雙臂，好像在保護著她，並且對我說：我要確定，在這些隱修院逝世的所有修女，祂會同樣保護她們，她們不必害怕臨終時的誘惑。我充滿安慰並收心斂神。過了一下

2. 此處本寫「我要留意……」，後來大德蘭修改成「院長要留意……」
3. 大德蘭本來寫「她就來和我說話，我問她……」，顯然，她希望隱沒自己，如同前一個註解。
4. 「但願我不在其中」：就是說，希望她不是故事中的人物，可以很自由地暢述。

子，我走近和她說話，她對我說：「姆姆啊！我要去看的是多麼崇偉的事！」她這樣過世，如同天使一般⑤。

❺此後我注意到，有幾位修女過世時，帶著安寧和平靜，好像蒙受神魂超拔，或處於祈禱的寧靜中，沒有任何受誘惑的樣子。所以，我寄望於天主的慈善，在臨終時，必會賜給我們這個恩惠，這是因其聖子，及聖子榮福母親的功勞，我們身穿她的聖衣。為此，我的女兒們，讓我們努力做真正的加爾默羅會士．一生的旅程很快會結束。如果我們知道在臨終時的折磨，魔鬼誘惑人的狡詐和欺騙，我們會很看重這個恩惠。

❻現在我遇見一件事，我想告訴妳們：我認識一個人，其實，他幾乎算是我的一個遠親。他是個大賭徒，也有點學問，魔鬼開始欺騙他，使他相信，臨終時，悔過自新一點用處也沒有。這個想法根深蒂固，誰也無法說服他去辦告解，說什麼都沒用，這可憐的人處在極大的折磨中，後悔他糟糕的一生；不過，他問說，他何必去辦告解，既然他自知是該下地獄的。有位道明會士，是他的告解神師，也是博學者，除了和他辯論，不做別的；然而，魔鬼教給他這麼多的詭辯，怎麼都辯不過他。這樣過了幾天，這位神師不知怎麼辦，他和其他的人，必定熱切地把他交託給上主，因為上主憐憫了他。

❼他的重病，即側邊的疼痛，又劇烈地折磨他時，這位神父再來看他，也想好了更多和他辯論的事；然而，如果不是上主憐憫這個人，軟化他的心，是改善不了什麼的。當神父開始說話，告訴他種種理由時，這人坐在床上，彷彿一點病也沒有，他對神父說：「所以，長話短說，你說我的告解是對我有用的嗎？那麼，我想要辦告解。」他請來一位書記

5. 這位修女是貝德尼納・聖安德（Petronila de S. Andrés），逝世於一五七六年。（關於她，請參閱 B.M.C., t. 5, pp. 444—446）。

員，或是公證人——我記不得這事——，做了非常隆重的宣誓：不再賭博，並且生活要改過遷善，要他們為此做見證，辦了非常好的告解，同時很虔誠地領受聖事，根據我們的信仰，按我們能理解的，他得救了。修女們，願上主保祐我們，使我們的生活如同聖童貞的真正女兒，守護我們的聖願，使我們的上主賜下已許諾要給我們的恩惠。阿們。

第十七章

談論在巴斯特日納建立的新院，就是男會院和女隱修院。於同一年一五七〇年，我是說一五六九年①。

❶托利多會院建立後，在聖神降臨節之前十五天的期間②，我必須整修聖堂，布置鐵格窗和其他的事物，還有好多事要做（因為，如我說的，將近一年，我們住那個房子），那些日子，我疲於和工人們交涉，到了聖神降臨節前夕，所有的工作都結束。那天早上，我們坐在餐廳吃飯，我感到這麼大的欣慰，看到我已沒有什麼要做的事，我能和我們的上主稍稍享受那個慶節，我的靈魂喜樂到幾乎吃不下③。

❷我不堪多享這個安慰，還在當下，有人來告訴我，路易・孔梅斯・席爾巴④的妻子，愛伯琳公主派了一名僕人，已經來到。我去會見他，獲悉是派來找我的，因為已有一段時間，我和公主商談在巴斯特日納建立新院。沒有想到會這麼快。我覺得很苦惱，因為才剛剛建立的修院，又處在受反對之中，離開修院是非常危險的，所以，我立刻決定不去，也這麼說。這僕人對我說，這不行，因為公主已經在巴斯特日納，她去那裡不為別的事，拒絕就等於是羞辱她。雖然如此，我一點也不想去，於是，我說，請他先去吃飯，我去寫封信給公主，他才離去。他是非常正直的人，雖然開始時，他認為我的拒絕很不好，聽了我向他說明的理由後，他也認同我的理由。

1. 本來寫的是：「在一五七〇年後一年」，聖女大德蘭發覺有誤，於是加以修飾和改正。一五六九年的聖神降臨節是五月廿八日。
2. 就是說，托利多隱修院建立後十五天。
3. 一五六九年的五、六和七月這三個月，聖女大德蘭馬不停蹄地奔波，其行程如下：五月十四日，托利多隱修院建院日；五月卅日，離開托利多，前往巴斯特日納，同一天抵達馬德里；六月八日到達巴斯特日納；六月廿三日，巴斯特日納隱修院建院日；七月十三日，巴斯特日納男會院建院日；七月廿一日回到托利多。
4. 路易・孔梅斯・席爾巴（Ruy Gómez de Silva）：葡萄牙人，和國王斐理伯二世一起長大，國王喜愛他，也恩待他。他的妻子安納・梅多撒（Ana de Mendoza），就是愛伯琳公主，是個急燥不安、反覆無常、強勢霸道的女人，後來帶給大德蘭和修女們很大的麻煩。

❸要加入這隱院的修女才來到，我一點看不出來，怎能這麼快離開⑤。我來到至聖聖體前，祈求上主幫助我寫信，不致激怒公主，因為我們的處境非常惡劣，由於那時才剛剛開始建立男會院，無論如何，有路易．孔梅斯的支持是很好的，他對國王和眾人都有很大的影響力；然而，我已不記得那時有否想到這事，但我很清楚，我不願使公主不悅。在那當下，我們的上主告訴我，不可不去，去那裡，有比創立新院還多的事，也要隨身帶著《會規》和《會憲》。

❹當我明白這事，雖然在我看來，仍有不去的嚴重理由，我不敢自主，而是按照在類似事情上的慣例，順從告解神師的勸告⑥。所以，我找人請他來，我沒有告訴他祈禱時所聽到的話。這樣常會使我覺得更滿意，因為我懇求上主給神師們光明，合乎他們的本性所能獲知的。當至尊陛下願意成就某事時，會將之放在他們的心中。我有許多次這樣的經驗。這一次亦然，細察一切之後，他認為我應該去，因此我決定離去。

❺聖神降臨節次日，我離開托利多，路經馬德里，我和同伴們到方濟會隱修院投宿，偕同一位夫人，她是創院者，也住在隱修院中，她名叫萊奧納．瑪斯嘉蕾娜思女士，她曾經是國王的家庭教師，是我們上主的大忠僕，曾有幾次我住在那裡，每次遇有機會路過那裡時，她總是非常恩待我⑦。

❻這位夫人對我說，她很高興我這樣的時候來到，因為那裡有位隱修士，他非常渴望認識我⑧，她認為，他和他的同伴所度的生活，和我們的《會規》非常一致。由於我只有兩位男會士，我立刻想到，如果能這樣，會是很棒的事；所以，我請求她安排讓我們談話。

5. 這些修女共有六位，四位來自亞味拉降生隱修院，兩位來自馬拉崗加爾默羅隱修院。這六位修女才抵達托利多，為了要加入新建立的隱修院，為幫助這些修女融入團體，確實需要一些時間，大德蘭自覺這麼快離開是很不理想的事。
6. 她那時的神師是文森德．巴隆神父（P. Vicente Barrón）（參閱《自傳》7．16—17）。
7. 萊奧納．瑪斯嘉蕾娜思女士（doña Leonor Mascareñas，一五〇三至一五八四），葡萄牙人，曾經擔任國王斐理伯二世的家庭教師，因國王的勸阻而沒有入會修道。一五六四年，她在馬德里創立一座方濟會女隱修院，稱之為「赤足皇家修院」（Descalzas Reales）（參閱《自傳》32．10），非常靠近她的豪宅，大德蘭有時在那裡作客。

他住在這位夫人給他的一個房間，同在一起的是另一位年輕修士，他名叫若望・慈悲會士，是天主的大忠僕，對於世物非常單純⑨。當我們一起談話時，他告訴我，他要去羅馬。

❼繼續記述之前，我想先交代一下我所認識的這位神父，他名叫瑪利安諾・聖貝尼多。他是義大利人，是位博士，非常聰明，極具才能。他曾服事波蘭的皇后，總管她的家務，從未想要結婚，他是耶路撒冷聖若望修會的一名騎士，我們的上主召叫他捨棄一切，為能得到救恩。他曾遭遇一些磨難，被人誣告涉及一個人的死亡，兩年之久被關進牢房，在監獄裡，他不願請律師或任何人為他翻案，只信靠天主和祂的斷案。有證人說，是他命令他們殺掉那個人；然而，所發生的事，幾乎就像聖蘇撒納故事中的那兩個老人⑩，每個人被詢問，事發時被告在哪裡，一個人說坐在床上，另一個說在窗邊；最後，他們承認是在毀謗他。他確實地告訴我，他花了好多錢來解救他們，以免他們受懲罰，而引起爭端的這個人，某個敵對這人的報告落入他的手中，他同樣盡所能地，不使這人受害。

❽這些和其他的德行（他是個純潔又貞潔的人，不喜歡和婦女交往），必定使他獲得我們上主的恩寵，看清世俗的真相，盡力遠避世俗。因此，他開始想要加入哪一個修會；而探查一個又一個的修會後，按照他對我說的，他發現，所有的修會對他的性情都不合適。後來獲悉，在塞維亞附近，有一些隱修士聚集在一個沙漠⑪，稱之為達東（Tardón），有位非常聖善的人做長上，他名叫瑪德歐神父⑫。每個人有他的斗室，分開居住，不誦念日課，但有一間大家共聚望彌撒的祈禱室。他們沒有固定收入，不希望接受施捨，也得不到施捨；而是靠雙手的勞力維生，每個人自食其力，極其貧窮。當我聽到這事時，我覺得，彷彿是

8. 他就是瑪利安諾・阿撒羅（Mariano Azaro，一五一〇至一五九四），就是後來的安布羅西歐・瑪利安諾・聖貝尼多（Ambrosio Mariano de San Benito）。義大利人，他研讀神學和法律，甚至參加特利騰大公會議。他也精於數學和工程，是國王斐理伯二世的工程師，他蒙召成為隱修士，後來加入大德蘭的加爾默羅修會，是革新修會初期的重要人物之一。他是個性急、衝動的人，從他和大德蘭的通信中，可以看出來他遇有不少困難。

我們聖會父們的畫像。瑪利安諾神父這樣度過了八年。由於神聖的特利騰大公會議要來臨，將取消獨居隱修士的授權許可，他想前往羅馬請求許可，讓他們繼續度同樣的生活，當我和他談話時，這是他的意向[13]。

9 那麼，當他對我說他的生活方式時，我給他看我們的《原初會規》，告訴他，不必這麼辛苦也能遵守這一切，因為和我們的《會規》是一樣的，尤其是靠雙手的勞力維生。他非常偏愛勞力維生這一點，對我說，世界因貪婪而喪亡，為此之故，使得修道生活失去價值。由於我的看法也相同，在這事上我們很快達到共識，甚至在所有的事上亦然；於是，我提出種種理由，說明穿上我們的會衣，他更能服事天主，他對我說，那一夜，他會深思這件事。我已看出來，他幾乎做好決定了，我也明白了在祈禱時獲悉的：「去那裡，有比創立新院還多的事[14]」，指的就是這件事。這令我欣喜無比，因為我認為，如果他進入修會，上主會得到許多的服事。那一夜至尊陛下這麼地感動他，是祂願意的，以致次日他來找我，說已經非常確定，甚至很驚奇看到自己這麼快改變，尤其是藉著一位女子，甚至到現在，有時還會對我說起這事，好像我是起因，而不是能改變人心的上主。

10 天主的智慧[15]是偉大的，瑪利安諾經過這麼多年，不知如何決定他的身分（因為那時他所度不是修會生活，他們沒有誓發聖願，沒有應盡的義務，只有在那裡隱居），天主這麼快感動他，讓他明白，在這個修會，他會獻給天主很多的服事，至尊陛下需要他來推展那已經開始的。他已經幫忙很多，直到現在，付出很多的辛勞，在一切都建立好之前，他還要付出更多的辛勞（按照能看得出來的，現在對《原初會規》的反對）[16]；因為他的才能

9. 若望・慈悲（Juan de la Miseria，一五二六至一六一六），義大利人，是個畫家，拜師 Sánchez Coello。一五七六年，由於古嵐清神父的命令，他在塞維亞為會母畫了一張肖像。他加入大德蘭的革新修會，後來又轉入老加爾默羅會，又再轉方濟會，最後重回大德蘭的革新修會，並前往義大利的熱那亞創立會院。年老時，癱瘓又失明，逝世於馬德里，他的遺體沒有腐爛。
10. 《達尼爾先知書》十三章。
11. 沙漠（*desierto*）：這是一個度獨居生活的修會團體，其成員居住在禁地內的斗室裡，或是外界的獨居室。

和聰明及良好的生活，對許多恩待和保護我們的人很有影響力。

⓫那麼，他告訴我，在巴斯特日納，就是我要去的地方，路易・孔梅斯怎樣給了他一間很好的獨居室，及一個好地方，可用來安置獨居的隱修士，他願將之轉給我們的修會，且領受會衣。我感謝他，並極力讚美我們的上主；因為，我們至可敬的總會長神父，寄給我許可創立兩座男會院，我只創立了一個[17]。從那裡，我傳信息給所說的那兩位神父，就是當任和前任的省會長[18]，懇請他們給予許可，因為沒有他們的許可，不能建立男會院。我也寫信給亞味拉的主教，他就是阿爾巴羅・曼多撒，向來非常恩待我們，請他幫忙得到他們的許可。

⓬天主保祐，他們認為這是好事。他們以為在這麼遍遠的地方建院，對他們的損害很小。瑪利安諾向我許諾，恩准證書一到，他就會去那裡。這話使我極為欣喜。到那裡，我會見公主和親王路易・孔梅斯，他們非常親切地接待我，給我們一個退隱的房間，我們在那裡停留的時間，比我預想的還要久。因為我們要去住的會院這麼小，公主必須命令拆除許多地方，重做新的，雖然圍牆沒有拆建，還是有好多的事。

⓭我在那裡三個月[19]，其間遭受相當多的磨難，因為公主要求我一些事，對我們的修會生活不合適，所以我決定離開那裡，寧可不要建院。親王路易・孔梅斯是非常明理的人，他看出其中的理由，使他的妻子順服；我忍受一些事，因為我更渴望建立男會士的修院，勝於女隱修院，因為我知道這有多麼重要，如後來清楚看到的。

⓮這時，瑪利安諾和他的同伴（就是所提及的那兩位獨居隱修士[20]）來到，帶著恩准證

12. 瑪德歐神父（P. Mateo de la Fuente，一五二四至一五七五），生於靠近托利多的阿米魯耶德（Alminuete）。後來因特利騰大公會議的要求，歸屬聖巴西略會規（*los Basilios*）。
13. 大德蘭說：「特利騰大公會議要來臨」，意思是把大公會議的法令譯成西班牙文即將公布實施。
14. 見第 3 節。
15. 智慧：原文是“*juicios*”，英譯是“ judgements ”（判斷），原文的含意較廣，除了判斷之外，還有智慧、意見、見解、理智、明智等含意。此為讚頌天主，故譯為智慧。

書，親王和公主都樂於同意，把給他為獨修隱士用的獨修室，給予赤足男會士。我派人去請安道．耶穌神父，他是第一位男會士，正在曼色納，要他來開始建立這個男會院。我為他們準備會衣和斗篷，及所有我能做的，使他們能很快領會衣。

⓯這時候，我派人去梅地納隱修院，要求更多的修女，因為同我來的只有兩位修女。有一位神父在梅地納，已有一些日子，雖然不老，但也不年輕，很會講道，這位會士名叫巴達沙．耶穌㉑。由於他知道要建立這座男會院，他和修女們一起來，打算轉入赤足修會；他一來到就這麼做了，當他告訴我時，我讚美天主。他授予會衣給瑪利安諾神父和他的同伴，兩位都做輔理修士，因為瑪利安諾神父不願當神父，寧願入會做眾人當中最微小的，連我也不能打消他的意願。後來，因為我們至可敬總會長神父的命令，他被祝聖為神父㉒。那麼，兩座男修院已建立，安道．耶穌神父也來了，初學生開始入會，關於這些入會者，後來我會談及。他們這麼真誠地服事我們的上主，如果祂樂意，會有比我更善於講述的人來寫，對於這事，我確實不足。

⓰至於修女們，在那隱修院裡，她們備受親王和公主的寵愛。公主極細心地照顧她們，善待她們，直到親王路易．孔梅斯逝世㉓。由於魔鬼，或者，也可能因為上主允許，至尊陛下知道為什麼，公主傷痛親王的過世，要進入那隱修院當修女。由於她的傷痛，她不習慣遵守的隱院紀律，無法博得她的歡心，也因為神聖大公會議，院長不能准許公主隨心所欲。

⓱結果，公主對院長和全院修女大感不悅，甚至脫下會衣返家居住之後，還是很氣她們，可憐的修女們飽受干擾，我盡力尋找可行的對策，懇求長上們，讓她們離開那座隱修

16. 聖女大德蘭寫這一章時（一五七四—七六），這些反對開始出現。
17. 已創立的這一座是在杜魯耶洛，大德蘭寫這文章時，已經遷到曼色納，參閱第 14 節。
18. 當任的省會長是亞龍索．孔察雷斯神父，前任是安赫．薩拉察。
19. 事實上，她在那裡約兩個月。她五月卅日離開托利多，七月廿一日返回。
20. 參見第 6 節。

院，到塞谷維亞去建院。如我後來會說的[24]，她們投靠到那裡（塞谷維亞），留下公主曾給她們的一切[25]，同時帶走幾位修女，那是公主曾下令無需入會金而收納的修女。一些床和小東西，是修女們帶到巴斯特日納的，也隨身帶走。她們的離去，使當地的人深感遺憾。看到修女們處於平安中，使我懷有世上最大的欣喜，因為我得到很好的報告，獲悉對於公主的不悅，她們毫無過失；相反的，她穿上會衣時，她們之對待她一如從前。她不悅的唯一理由我已說過[26]，再加上公主自己的傷痛；而與她同來的一個女僕，按所獲知的，她有全部的過失[27]。總之，上主允許這事。祂必定看那個隱修院不宜在那裡，祂的決斷是偉大的，相反[28]我們所有的領悟。至於我，單靠我自己，我不敢做什麼，除非得到博學者和聖善之人的意見[29]。

21. 巴達沙・耶穌（Baltasar de Jesús，一五二四至一五八九），成為巴斯特日納第一任院長，在加爾默羅會的歷史上，是個好動不安、默默無聞的人。很有意思的是，大德蘭習慣稱讚人時說：「天主的大忠僕」，在此卻略過這個讚美，只說他不老也不年輕，善於講道。大德蘭一直等到安道神父來，七月十三日，才建立男會院。
22. 時為一五七四年四旬期。
23. 路易・孔梅斯逝世於一五七三年七月廿九日。愛伯琳公主那時是三十三歲 ，痛失丈夫，堅持立刻成為赤足加爾默羅會的修女。
24. 見第 21 章。
25. 大德蘭離開前往托利多之前，深謀遠慮地吩咐修女們，要製作完整的清單，登錄公主給的每件物品，註明年、月、日，也要有院長的簽名。院長要看著這事，忠實執行。還好有此清單，因為當她們尚未逃到塞谷維亞時，公主已準備起訴，控告她們拿走她的東西。
26. 見第 16 節。
27. 譯者按，原文在此顯得有些含糊，大德蘭在此寫得很含蓄，把公主的過失歸之於喪夫之痛及女僕。
28. 相反：原文是 *contra*，就是相反的意思，表示和人所懂得的很不一樣，而且正好相反。K.K. 和 A.P. 兩個英譯本，都譯為「超越」：“transcend”（A.P.），“beyond”（K.K.）。
29. 公主於一五七四年一月離開修院；修女們在四月六—七日逃離，即那一年的聖週期間。

第十八章

談論一五七〇年，在撒拉曼加創立聖若瑟隱修院。論及給院長的一些勸告，很重要①。

❶這兩座新院建立後，我回到托利多城，我在那裡住了幾個月，直到買好我說的房子，並使一切就緒②。當我正在處理這些事時，撒拉曼加耶穌會的院長③寫信給我，告訴我，若在那裡有座我們的隱修院，是非常好的，向我提出這樣做的理由；雖然那是很窮的地方，但去那裡建立守貧的修院④，我感到猶豫不決。然而，念及亞味拉也是這樣，而且從未有所缺乏，我不相信天主會辜負事奉祂的人，如果事情安排合宜恰當，修女這麼少，又能以雙手的勞力維生，我決定去建院。我從托利多到亞味拉，想要從那裡的主教得到許可，那時的主教是……⑤，他已經熟知此事，因為院長神父已告知他這個修會，將效忠於服事天主，他立刻給予許可。

❷我認為，一旦得到主教的恩准，就等於建了修院，我覺得接下來就容易了。於是我馬上著手租個房子，透過我認識的一位女士⑥，我租到了。這是一件難事，因為不是租房子的季節，又有一些學生占用房子，他們要等新租戶來到，才要交屋。他們不曉得新來的人是要做什麼的，因為我對這事極其小心，直到取得房屋，什麼都不給人知道；因為我已有經驗，什麼是魔鬼所施展的伎倆，阻礙我們中的一座隱修院。雖然這座隱院在開始時，天主不許魔鬼阻礙，因為天主願意建立這隱院，可是，後來的磨難和反對極其嚴重，甚至在

1. 最後的「很重要」，係加寫上去的。
2. 這兩座新院，指的是巴斯特日納的男會院和女隱修院。一五六九年七月廿二日，大德蘭回到托利多，她在那裡買了第 15 章 17 節說的房子。
3. 這位院長神父是瑪定．古地耶雷斯（P. Martín Gutiérrez， 一五〇四至一五七三）。在一次前往羅馬，選舉繼承聖方濟．柏芝雅（St. Francis Borgia）總會長的途中，被胡格諾教徒（Huguenot）抓去關起來，死於囚禁中。
4. 此時，大德蘭建立的修院有兩種：一是守貧的，依靠一般的捐獻；另一是有定期收入的捐助。

我寫這事時⑦，建院已有數年，一直都沒有完全克服。因此，我相信天主在其中得到很大的事奉，致使魔鬼忍無可忍。

❸那麼，有了許可證書，也確實租到房子，因為在那裡沒有人能幫我的忙，我信賴天主的仁慈，會完成必須安頓房子的許多事。我就出發了，帶著唯一的同伴⑧，為了更隱密地去到那裡，我覺得這是較好的，除非得到房子，不要多帶修女。過去在梅地納發生的事，使我有所警覺，我看到自己在那裡陷入許多的麻煩⑨；因為，如果有阻礙，我可以獨自解決困難，只需要那真正的同伴。我們在諸聖節前夕到達⑩，前一夜，我們走了很多路，又非常寒冷，然後在一個地方睡覺，而我極不舒服。

❹在敘述這些建院時，我沒有提路途上極大的艱辛：寒冷、酷熱和下雪，有一次，我們遇到整天不停地下雪；有時迷路、有時生重病又發燒，總之，光榮歸於天主，一般說來，我的健康很差，而我清楚看見，上主賜給我力量。因為有幾次發生這樣的事，當我要計劃建院時，就會生重病，又有許多疼痛，使我很痛苦，因為我覺得，甚至連留在斗室內，不躺下來是不行的。於是我轉向我們的上主，向至尊陛下抱怨，對祂說，為何要我做那辦不到的事，隨後，雖然艱辛依舊，至尊陛下賜給我力量，靠著祂給我的熱心和關心，好似我忘掉了自己。

❺直到現在我所記得的，我從未由於害怕辛勞，而不去建院。雖然我對旅行感到極大的抗拒，尤其是長途跋涉的旅途；不過，一旦開始上路，我就覺得不算什麼了，看到所要服事的是誰，及深思在那會院中，上主會受到讚美，而且供奉至聖聖體。當我想起許多的

5. 可能是記不得主教的名字，大德蘭留下空白處，卻忘了回來補上。主教名叫伯鐸·孔撒雷斯·梅多撒（D. Pedro González de Mendoza）。
6. 可能是碧雅翠絲·雅內芝·奧巴耶（Doña Beatriz Yáñez de Ovalle），大德蘭的妹夫若望·奧巴耶（Juan de Ovalle）的親戚。
7. 這一章寫於一五七四一七六年間。
8. 就是瑪利亞·至聖聖體姆姆（M. María del Sacramento），來自降生隱院，也就是華納·蘇亞雷斯（Juana Suárez），是大德蘭的摯友（參閱《自傳》3·2）。她是馬拉崗的院長，來到撒拉曼加幾年後，轉到奧爾巴擔任院長，一五八九 年逝世於奧爾巴。

聖堂被路德教派的人除去，看見又多了一座聖堂，這對我是特別的安慰。我不知道有什麼磨難，無論是多麼大，是應該害怕的，如果能為所有的基督徒⑪換來這麼大的美善；雖然我們往往未加留意，是耶穌基督，真天主又是真人，真的在許多地方的至聖聖體內，這對我們應該是很大的安慰。確實是令我深感安慰，許多次在經堂中，當我看見這些這麼純潔的靈魂在讚美天主，不能不在許多事上認出她們的聖德，如她們的服從；看到在這麼隱退和獨居中，她們的滿足；及遇有一些克苦的事時，她們的喜樂。在有些地方，上主給院長較多的恩寵，為在克苦方面訓練她們，我看到的是更大的愉悅；結果，院長訓練修女們，比她們的服從更疲累⑫，因為在這事上，她們的渴望是沒有休止的。

❻雖然這個話題，不在已開始敘述的建院記之內，在此時，我想起一些有關克苦的事，女兒們，或許，這對院長們是重要的；為了不要忘記，我現在要來談談。由於院長們具有不同的才能與德行，她們會以自己的方式來帶領修女們：對於非常克苦的院長，她會以為，為了屈服修女們的意志，所命令的任何事都是容易的，就像對她自己那樣，然而，可能對於受命的修女非常不好。對這事，我們要非常留意，對我們是嚴厲的事，我們不可命令人做這事。在管理上，審慎明辨極為重要，而在這些事上非常必要；我甚至會說，「比其他的事重要得多」，因為院長對其屬下負有較大的責任，無論是內在或外在的事。

其他的院長，她們非常有靈修，喜歡把一切化為唸經祈禱。總之，上主帶領人走不同的道路。然而，院長必須注意，她們不可因此而選擇自己喜歡的道路，卻要以《會規》和《會憲》來帶領屬下，雖然她們得要勉力為之，也喜歡別的做法。

9. 參閱 3．11—14。
10. 一五七〇年十月卅一日。
11. 所有的基督徒（cristiandad）：大德蘭使用這個字，她指的不只是天主教，而是所有的基督信徒，包括東正教、天主教和基督新教。
12. 大德蘭很幽默地說出修女們的順服和克苦，使院長覺得自己更累。

(7)我曾經在我們的一座會院，那裡有位熱愛補贖的院長，也這樣帶領眾修女。有一次，她讓全院修女打苦鞭時，唸七遍悔罪聖詠[13]，連同附加的經文，還有其他像這類的事。事情就這樣發生，如果院長專注於祈禱，雖然不是祈禱的時間，而是唸完誦讀日課之後，她讓全院修女留在經堂；那時候，更好是讓修女們去睡覺。如我說的，如果是喜愛克苦，所有的人都跟著沸騰起來[14]，而這些聖童貞的小羊群靜默不語，如同小羔羊；對我來說，的確，這會使我虔誠有加，也讓我羞愧，有時候，也有相當多的誘惑。修女們不明白這事，因為她們全神專注於天主；然而，我擔心的是她們的健康，也希望她們奉行《會規》，其中已有許多要做的，其餘的要以溫和行之。尤其在克苦這方面，非常非常的重要，而且，為了我們上主的愛，院長們要留意這事，在這些事上，明智是非常重要的，識別修女們的才能亦然。如果院長們對此沒非常留意，不但對修女們沒有助益，反而造成很大的損害，使她們陷於不安。

(8)她們必須深思，這一類的克苦不是義務；這是她們必須注意的第一件事。雖然，為使靈魂得到自由和卓越的全德，非常需要克苦，但是，卻不能在短時間內修成，而要逐步漸進地，按照天主所賜的理智才能，及其心靈，幫助每一位修女。院長們以為修行克苦不需要聰明，她們錯了；有些修女，先得經過相當長的時間，才會明白全德，甚至懂得我們會規的精神，後來，她們可能成為最聖善的修女；因為她們不知道寬免自己，什麼時候好或不好，對於其他的小事亦然，如果她們明白，也許會容易實行，她們也不完全了解，甚至連她們看似成全的，卻是更糟的事。

13. 「悔罪聖詠」，就是聖詠第五十篇。加爾默羅會隱修女，每週打苦鞭一次，特別為教會祈禱，尤其是為神學家、傳教士及罪人悔改……。每次打苦鞭時間，只唸一遍聖詠五十。

14. 「沸騰」，這個字的原文是“*bullir*”，大德蘭形容得既貼切又幽默，一位很克苦的院長，如果要求大家如她一樣，整個修院就會像熱水沸騰一般，忙著行克苦。然而，這不是大德蘭要的，修會的宗旨不是克苦，而是愛與默觀。

❾在這些會院中有位修女，她是當中最好的天主之僕，就我所能獲知的，極有靈修，至尊陛下賜給她許多恩惠，熱愛補贖又謙虛，但卻不完全了解《會憲》中的一些事。她認為，會議中的規過是缺乏愛德的，她說，怎麼應該說修女們的不是，及像這一類的事，怎麼能對一些修女，她們是天主的極好忠僕，說什麼規過的話；而在其他的事上，我看見，她卻優於其他懂得這些事的修女。院長不該自認為馬上就認識這些靈魂。把這事交託給天主，唯有祂能了解；院長要努力指導每位修女，走上至尊陛下帶領她的道路，設若在服從，及《會規》和《會憲》較本質性的事項上沒有過失。一萬一千名殉道貞女中，那位躲起來的貞女，還是成為殉道聖女；因為，她後來單獨出現，接受殉道，很可能，反而比其餘的貞女受苦更多⑮。

❿那麼，現在重返克苦的話題，院長為克苦某修女，向她要求某事，雖然是很小的事，對她卻是很沉重的；即使她做了，卻這麼的不安和受誘惑，所以，不要命令她做這事會比較好。院長一旦了解這個勸告，她不可用猛力使修女達到成全，而要寬容、逐步地帶領，直到上主在她內工作；因為那為了有益於她而做的（即使沒有那個成全，她還是一個很好的修女），不要使得她擾亂不安，心靈憂苦，這是很可怕的事。看著其他的修女，她會慢慢效法她們，如我所看見的；如果不是這樣，沒有這個德行，她也會得救。我認識她們中的一位修女，她畢生修持大德行，已有好多年，且以許多方式事奉我們的上主，她有一些不成全和感情，往往使她不能自持；她向我訴苦，也清楚明白。我想天主允許她陷於這些無罪的過失⑯中，這些過失並沒有罪，而是為使她自我謙卑，由此看出，自己未臻完美的成全。

15. 《羅馬殉道錄》（*The Roman Martyrology*，十月廿一日）記載，公元第四世紀，有一萬一千名貞女，在現今德國的科隆，為了保持童貞而殉道，死於匈奴人手中。其中有位名叫柯杜拉（Cordula）的少女，因為害怕而躲起來，後來卻勇敢地出來殉道，和其餘的貞女同為殉道聖女。其中最出名的殉道貞女是聖吳甦樂（St. Ursula）。在大德蘭時代，西班牙盛行對這一萬一千貞女的敬禮。
16. 「無罪的過失」：指的是本性上比較軟弱的一面，比如說，一個人特別喜愛某姊妹，或長上、神師，諸如此類的事，有時會很困擾一位聖善的靈魂。

因此，有的修女會忍受極大的克苦，命令她們做的克苦愈大，愈在其中自得其樂，因為上主已經賜給靈魂力量，交出她們的意志。然而，有的修女連最小的克苦也受不了，就像一個小孩子背著兩袋麥子，不只帶不動，反而會壓垮她，使她跌倒在地。因此，我的女兒們（我是對院長們說話），請寬恕我，由於我在某些修女身上看見這些事，使我在這方面談得這麼多。

⓫我要勸告妳們另一件事，且是非常的重要，即使是為了考驗服從，不可命令能使人犯罪的事，連小罪也不可；我獲知有些被命令的事，如果她們做了，會犯大罪。至少，她們或許會因純真而無過，院長卻不可這樣，因為凡對她們說的話，她們無不立刻實行；因為她們聽過也讀過曠野聖人們的行實，凡命令去做的事，她們認為全都是好事，至少她們會這麼做。我也要勸告做屬下的修女，對於沒有長上的命令，去做是犯大罪的事，如果長上出了命令，她們還是不可以去做，除非是寬免參加彌撒和守教會的齋戒，或像這類的事，院長有理由能給予寬免。然而，像跳入井裡，或這一類的事，是很錯誤的行為；因為不該有人想天主必會行奇蹟，如同祂之對待聖人們；在修行完善的服從上，還有相當多的事可以做⑰。

⓬上述的一切事沒有這些危險，才是我所讚美的。在馬拉崗，曾經有位修女請求許可打一次苦鞭，院長（她必是被多人求許可）說：「不要煩我！」由於她求個不停，院長說：「妳去走走吧⑱；別煩我了！」這位修女極其單純，走了好幾個小時，有位修女問她，為什麼走這麼多路，或像這樣的一句話；她回答是院長的命令。當誦讀日課的鐘聲敲響時，院

17. 意思是說，還有很多合宜的事，能幫助修女行克苦及考驗服從，不要做這些危險無益的事。
18. 「妳去走走吧！」原文是 *“Váyase a pasear”* ，照字面的意思是：妳去散步，或說，妳去走走。

長問她在哪裡，那位修女告訴她所發生的事。

⑬因此，這是必須的，如我曾在其他的時候說過，對於已看出來非常服從的修女，院長們要警覺，注意她們所做的事。有另一位修女給某修女⑲看一隻非常大的毛毛蟲，對她說，看多麼漂亮。院長開玩笑地說，那就讓她吃掉。她遂離去，要好好地煎炸這條毛毛蟲。廚房修女問她，為什麼要煎炸毛毛蟲。她回答說，為了要吃掉牠，所以她想要這麼做。由於院長非常粗心，能夠對修女造成許多傷害。

雖然她們在服從上做得過分，倒使我更加欣喜，因為我特別熱愛這個德行，所以，我盡所能地安置一切，使修女能擁有此美德；然而，我這麼做是不會有什麼成效的，如果不是因著上主的至極仁慈賜予恩惠，使修女們大致上樂於修行這個美德。願至尊陛下保祐，使之更加精進。阿們。

19. 按照上下文，這位某修女可能就是院長。

第十九章

續談撒拉曼加城聖若瑟隱修院的創立。

1 我已經扯得太遠了。當有什麼事情浮現，而我由經驗得知，是上主願意我明白的，若是我不提醒這些事，會使我覺得不安。也可能是，我認為這些事是很好的。女兒們，要常常請教有學問的人，從中，妳們會尋獲以明辨和真理行走成全之路。在這事上，院長們更為需要，如果她們想要善盡院長職，要向博學者辦告解，否則在聖德的事上，會犯下相當多明顯的錯誤；甚至，院長也要盡力使修女們向博學者辦告解。

2 那麼，在諸聖節的前夕，就是我說過的那一年①，中午時，我們抵達撒拉曼加城。從所住的旅館，我設法透過一位這裡的好人，獲知房子是否空出來，我已委託他清空房子，他名叫尼古拉·古提業雷斯②，是天主的大忠僕。由於他的良好生活，使他在極大的煎熬中，從至尊陛下獲得一種平安和滿足，他有過很多的磨難，曾經一度極其富足，又淪為赤貧，然而，無論貧富，他都懷有同樣的喜樂。他為那個新修院盡心賣力工作，滿懷熱心和樂意。當他來時，對我說，房子還沒有清空，他沒有辦法請走房子裡的那些學生。我回答他，立刻交屋給我們，這是非常重要的，要在人們獲知我已在那裡之前；因為我總害怕會出來什麼阻礙，如我說過的③。他就去找屋主，極力交涉，要他們當天下午清空房屋。快到晚上時，我住進房內。

1. 見 18・3。一五七〇年十月卅一日。
2. 尼古拉・古提業雷斯（Nicolás Gutiérrez）：是撒拉曼加的一位商人，他有六個女兒在亞味拉的降生隱修院，後來都轉入大德蘭改革的修會。
3. 見 18・2。

❸這是第一座新院，在建院時沒有供奉至聖聖體，因為我以為沒有供奉聖體，就不是正式建院，現在我已知道，那不是絕對必要的，這對我好有安慰，因為那些學生沒有備妥而急促交屋。由於他們缺乏應有的整潔，整個房子就是這個模樣，那一夜我們做了不少工作。次日早晨舉行首祭彌撒，我則安排從梅地納派來更多的修女④。我和我的同伴，只兩人度過諸聖節的夜晚。女兒們，我告訴妳們，每當我想起我同伴的害怕，她是瑪利亞．至聖聖體，一位比我年長的修女，是天主的大忠僕，我就感到好笑。

❹這房子非常大又寬敞，有許多閣樓，我同伴的腦袋裡除不掉那些學生，她認為，由於他們這麼生氣地交屋離去，屋子裡說不定還藏著某個人；他們很容易能做得到，因為這裡多的是機會。我們關閉在一個房間裡，屋內有些稻草。我創立會院時，首先要準備的就是稻草，因為有了稻草，我們就不會沒有床。那一夜，我們睡在稻草上，蓋著兩條借來的毯子。第二天，有些住在鄰近的修女——我覺得打擾她們許多——為了快要來的同伴，借給我們布料，也送來施捨的物品。那修院名為聖依撒伯爾，我們住在那裡的期間，她們為我們行了許多善事，也給我們很多施捨⑤。

❺當我的同伴看見自己關在那房間內，對那些學生的事，她似乎平靜些，雖然還一直東張西望，仍然害怕。應該是魔鬼幫的忙，把危險的思想呈現給她，為了要擾亂我，因為我的心臟虛弱，一點點就夠我受的了。我對她說，在看些什麼，因為沒有人能進到那裡。她告訴我：「姆姆，我正在想，如果現在我死在這裡，妳孤獨一人要怎麼辦？」如果那事發生了，我覺得是很受不了的事；我開始想一下這事，甚至也害怕起來；因為往往對於屍

4. 事實是，兩位來自梅地納，一位來自瓦亞多利，後來另有三位來自亞味拉。
5. 她們是聖方濟的佳蘭隱修院。

體，雖然我並不害怕，但我心臟會虛弱起來，即使我不是單獨一人。緩慢的喪鐘助長局勢，我已說過，那是追思已亡日的前夕[6]，這給魔鬼大好機會，使我們浪費心思在幼稚的事上；當牠知道不能使人害怕時，就會尋找其他的花招。於是我對同伴說：「修女，當事情發生時，我會想要怎麼辦，現在，讓我睡覺吧！」因為我們已有兩個難熬的夜晚，睡眠很快趕走了害怕。第二天來了更多位修女，害怕也煙消雲散了。

❻ 隱修院在這個房子住了約三年，我記不得是不是四年，我的記性不好，因為那時我被指派到亞味拉的降生隱修院[7]。會院尚未擁有自己的房子、隱修的環境及合我心意的布置之前，我不會，也真的不曾離開任何一座新院。在這方面，天主極其恩待我，在工作上，我喜愛爭先恐後，所有能給修女們安心和舒適的，即使是非常微小的事，我都盡力取得，就好像我畢生要住在那座會院，這樣，當安置得非常妥善時，給我極大的喜樂。看到修女們在這裡受苦，我覺得好難過，並不是缺少生活必需品（我從所在之地照顧到這些需要，因為這會院的地點不易得到捐獻），而是不健康，因為那地方既潮溼又寒冷，由於房子這麼大，無法修理；還有更糟的是，沒有供奉至聖聖體，對於這麼隱密的修院，是萬分難過的事。修女們倒沒有這樣，她們欣喜地接受一切，這個喜樂令人讚美上主。有的修女對我說，她們認為渴望別的房子是不成全的，她們在那裡很快樂，就像已供奉了至聖聖體一般。

❼ 由於長上[8]看見她們的成全，及所忍受的磨難，受到感動而滿懷同情，命令我從降生隱院返回。她們已和一位當地的紳士達成協議，他要賣給她們房子：不過，事情是這樣的，在住進房子之前，她們必須先付一千多達卡。這房子是限定繼承的財產，然而，他願意讓

6. 她們到達的當天是諸聖節，次日就是追思已亡日，按教會的習俗，追思已亡的前夕和當天，聖堂敲緩慢規律的喪鐘。見第 2 節。
7. 一五七一年七月，宗座視察員伯鐸・斐南德斯命令大德蘭擔任亞味拉降生隱修院的院長。她於同年十月六日就職。
8. 這位長上就是宗座視察員伯鐸・斐南德斯。

我們住進去，不必先獲得國王的許可證，我們也能好好蓋起圍牆。我得到胡利安．亞味拉神父與我同行——他就是我所說的，陪著我一同創建這些修院——我們去看那房子，為了決定要做些什麼，由於經驗，我熟識這些事。

8 我們是八月去的，並且盡可能地趕快，修女們在原地只能住到聖彌格慶節，因為是房子的租期屆滿時，而新房子的完工差得遠；我們住的地方，沒有再續租一年，已經有了新租戶；所以，必須趕快。聖堂的粉刷幾近完成。賣給我們房子的那位紳士不在那裡。有些人為我們的好處設想說，我們這麼快來是錯誤的；然而，面臨當務之急，如果於事無補，那些勸告也很難接納。

9 我們在聖彌格慶節前夕搬進⑨，是在快黎明之前。消息已經傳開，要在聖彌格慶節那天，供奉至聖聖體，也有講道⑩。應是我們上主願意的，搬家的那一天，午後，下起傾盆大雨，好難搬進必需的用品。聖堂剛剛才蓋好，屋頂這麼糟糕，大多半都在漏水。女兒們，我告訴妳們，那一天我非常不成全。因為消息已經公布，我不知道要怎麼辦，心煩意亂，對我們的上主說，我幾乎是在抱怨祂，或者不要命令我深入這些工作，不然，請祂補救那些困境。尼古拉．古提業雷斯是個好人，泰然自若，彷彿什麼事都沒有發生，非常溫和地對我說，不要憂苦，天主會助祐這事。果然如此，聖彌格慶日那天，人們進堂的時間一到，太陽也開始照耀，這使得我滿懷虔敬之情，也看到那位有福的人，他之信賴我們的上主，比起我的憂心忡忡，是多麼的好。

10 參禮的人很多，也有音樂，極其隆重地供奉了至聖聖體。由於這會院處於很好

9. 一五七三年九月廿八日。
10. 講道者是非常著名的克修作家狄耶各．葉培斯（Diego de Yepes）。

的地點，人們開始認識並喜愛它；尤其恩待我們的是蒙德雷伯爵夫人（la condesa de Monterrey），瑪利亞・比綿德（doña María Pimentel），還有一位夫人，名叫瑪麗安納（Mariana），她的先生是該地的地方長官。接著第二天，好像是為了緩和我們供奉至聖聖體的喜樂，屋主紳士來了，大發雷霆，我不知要如何和他交涉，魔鬼使得他不可理喻，因為與他簽定合約的所有項目，我們都遵守了。設法向他說明，卻沒有什麼用處。經過一些人向他解說後，他稍微平息下來；可是隨之又改變想法。我決定把房子還給他。他也不願意，因為他要我們立刻付清款目。他的妻子——這房子是她的——希望賣掉房子，為救助兩個女兒，也是為此理由，而申請賣地的許可，這錢已委託他的先生選定的人照管。

11 事實上，這事發生在三年多以前，房子至今尚未買下，我也不知道，這修院是否會留在那裡，為此，我述說這事，我說在那座會院，或在將要留守的什麼地方[11]。

12 我知道的是，到目前為止，上主創立的遵守《原初會規》的修院中，沒有一座隱修院，像這些修女遭受這麼多的艱苦。由於天主的慈悲，她們在那裡這麼好，她們懷著喜樂接受一切。願至尊陛下保祐，帶領她們前進，有或沒有好房子，算不了什麼；反而是極大的快樂，當我們看見，住在隨時會被趕出去的房子，我們會想起，就像上主在世上時，連房子都沒有。有時會遇有這樣的事，我們住的不是修院自己的房子，就像在某些新院看見的；事實是，我不曾見過有一位修女為此而憂苦。願至尊天主陛下保祐，因祂的無限良善和慈悲，不使我們缺乏永恆的住所。阿們，阿們。

11. 一五七三年十月六日簽定的合約上規定，德蘭姆姆應在兩年內付清二五八〇達卡，其間，每年的租金是一萬五千一十馬拉威迪（*maravedis*）。然而，由於這土地是限定繼承的不動產，沒有皇家頒發的賣地許可，這個合同被宣告無效。一五八〇年九月十九日，接到撤離房子的通知，根據修院的文件，一五八二年七月廿二日，修女們搬離該處。無疑地，這樣的拖延是因為很難找到合適的房子，因為早在一五七九年九月十二日，聖女大德蘭已經向主教請求許可搬遷。

第二十章

本章述說創立聖母領報隱修院，位於奧爾巴．多爾美斯。時為一五七一年。

❶自從諸聖節，在撒拉曼加取得房子之後，不到兩個月，奧爾巴公爵及其夫人的財務主管傳來訊息，急切請求要在那個城鎮創立一座隱修院。我不太願意這麼做，因為這是很小的地方，我們必須有定期收入①，而我偏愛的是不要有定期收入。道明．巴臬斯會士，大師神父②，他是我的告解神師，在開始創立我們的隱修院時，我向他請教過，那時正巧在撒拉曼加，他責備我，並對我說，由於大公會議已經許可有定期收入，而為此理由放棄建立一座新院，是不好的；又說我不了解這事，修女們貧窮與非常成全，和有無定期收入毫無關係。

敘述之前，我要述說誰是創院恩人，及上主如何促使她建院。

❷奧爾巴．多爾美斯聖母領報隱修院的創院恩人，是德蘭．雷氏（Teresa de Layz），雙親是貴族，是純正血統的貴族③。由於不是那麼富有，一如其父母的貴族身分應有的那樣，他們定居在一個名叫托狄優斯（Tordillos）的地方，距離所說的奧爾巴城鎮約兩里格。相當令人遺憾的是，世界上有這麼多的虛榮，人們寧可孤單留守在這些小地方，在那裡，沒有基督的道理，沒有藉以光照靈魂的許多事物，也不願失掉一點點他們稱之為獲得的榮譽。因為他們已有四個女兒，當德蘭．雷氏出生時，看到又是個女兒，使得她的雙親難過

1. 定期收入（*renta*）：意思是定期供應的收入。如果修院所在地無法得到足夠的捐獻，賴以維生，則必須有恩人提供足夠的定期收入。
2. 道明．巴臬斯是非常著名的道明會神學家，曾經在一五六一至一五六七年間，擔任聖女大德蘭的神師。他的其他勸告，請參閱9．3；《自傳》36．15。
3. 特別說明純正血統，意指沒有猶太人及摩爾人的背景。

極了。

❸確實是非常令人痛哭的事，世人不明白，為他們最好的是什麼，也完全不知道天主的審判，不曉得極大的福祐，能經由女兒而來，而極大的惡，能來自兒子。顯然，他們不願把事情交託給天主，祂知曉一切，養育萬有；卻為了那會給予歡樂的事而自毀。由於人們的信德在睡覺，他們不會深入細想，也不會想起是天主這樣安排，而把一切交託在祂的手中。他們已經非常瞎眼，不會做這事④，這是很無知的，不明白這些痛苦，給他們的幫助很少⑤。啊！我的天主哪！到了那一天，萬事萬物的真相全都揭曉時，我們對這些愚昧的了解會多麼不一樣啊！有多少的父母會看見自己，因為有兒子而下到地獄，又有多少的母親，會因為她們的女兒，看見自己在天堂上！

❹那麼，言歸正傳，事情演變的結果是，他們很不在乎這小女嬰的生命，出生後的第三天，留她獨自一人，從早上到晚上，沒有人想起她。不過，他們做了一件好事，就是在她出生後，立刻請了神父為她授洗。到了晚上，照顧小女嬰的婦女來了，獲知所發生的事，立刻跑去看是否已經死了。去拜訪母親的一些人也同她一起，他們都目睹了我現在要說的事。這位婦女淚流滿面，把女娃娃抱在雙臂裡，對她說：「怎麼了！我的女兒！妳不是基督徒嗎？」彷彿在抱怨他們的殘酷。那女娃娃抬起頭來，說：「我是。」從此不再說話，直到孩子開始說話的正常年齡。聽見她說話的人們，非常驚奇，從那時起，她的母親開始喜歡和疼愛她，為此，她常會說，希望活到看見天主怎樣對待這個女娃娃。她非常忠誠地養育女兒，教導女兒所有的美德。

4. 就是說，不會把一切交託主手。
5. 意思是，這些痛苦本來會帶給人很多的幫助和進步，人們卻不了解。

❺適婚期到了，她的父母要她結婚，她卻不願意，也毫不渴望。然而，正巧獲知追求她的人是方濟各．貝拉斯克斯（Francisco Velázquez），他也是這座修院的建院恩人，即她的丈夫；一聽到他的名字，就決定要嫁給他——如果能嫁他的話——，她一生從未見過他⑥。不過，上主看這是合宜的，為的是他們將會行的善工，即雙方為了事奉至尊陛下所做的。因為，除了為人有德又富裕外，方濟各．貝拉斯克斯很愛他的太太，在一切事上取悅她，這是理所當然的，因為凡一個人能向妻子要求的一切，上主無不非常充足地賜給她。再加上她照管家庭，無微不至，她十分良善，當她的先生帶她到奧爾巴，即先生的出生地時，公爵的管家安排一位年輕的紳士，住在她家中的一個房間，使得她非常煩亂，也開始憎惡這村鎮；因為她既年輕又非常貌美，那時魔鬼開始以惡念慫恿那年輕人，如果她不是那麼好，可能會發生一些惡事。

❻深明此事的她，沒有對丈夫說什麼，只懇求帶她離開那裡；先生就這麼做了，帶她來到撒拉曼加，他們在那裡極為稱心愉悅，享有許多世上的美物，由於他擁有的職位，人人都想討好他，巴結他⑦。他們只有一個痛苦，就是我們的上主沒有賜給他們子女。為使上主賜予，她奉獻大量的敬禮和祈禱。除了祈求子嗣，她從未懇求上主別的事物，為的是，在她死後，她的孩子會繼續頌揚至尊陛下；她覺得這是很不幸的事，在她死後，身後無人繼續讚美至尊陛下。她對我說，除了渴望子嗣，她從來不想望別的什麼。她也是個很忠實的女子，好基督徒且富有美德，如我已說過，看見她的善工，她的靈魂這麼渴望經常取悅祂，總是好好地善用時間，使我常常讚美我們的上主。

6.　「一生」：就是強調她從未見過他，只獲知他的名字，就做出決定。
7.　他是撒拉曼加大學的會計與出納的主管，任職期從一五四四年五月十七日至一五六六年二月一日（譯按，K.K. 和 A.P. 兩譯本寫一五四一至一五六六，此處按西班牙文本的註解）。然後，他在奧爾巴公爵的家中接受相似的職位，直到一五七四年逝世。他的妻子逝世於一五八三年。

❼那麼，懷著這個渴望，度過了許多年，且把這事交託給聖安德，因為人家對她說，聖安德是祈求這事的主保。奉獻了許多的敬禮之後，有一個夜裡，當她躺著時，有話對她說：「不要渴望子女，這為妳是判定的。」她非常驚慌和害怕，但卻沒有因此而消除渴望，她覺得自己的目的這麼好，為什麼她應有這個判定。為此，她繼續向我們的上主祈求，尤其向聖安德特別祈禱。有一次，懷著相同的渴望，她不知道是清醒或睡著（無論是哪一個情況，從後來所發生的事，可以看出這神見是真的），她覺得，自己身在一個房子，在中庭裡，走廊下面有一口井[8]，她看見那地方有塊翠綠的草地，白花相襯，美不勝言，她無法描述所見的美景。靠近井邊，聖安德以人的形像顯現，非常可敬又英俊，看見聖安德使她極其愉悅，聖安德對她說：「這些是不同於妳渴求的子女。」在那地方所感受的大安慰，她不願就此結束；然而卻沒有持久。她清楚明白，那一位是聖安德，不必任何人告訴她；也知道，這是我們上主的旨意，要她建立隱修院。由此可見，這是個理智兼具想像的神見，不能是突起的念頭，也不能是魔鬼的欺騙。

❽首先，這不是突起的念頭，因為所生出的效果，從那時起，她不再渴望子女，而是在她的心中這麼確信，那是天主的旨意，她不再多做祈求，也不渴望。於是她開始想，要以怎樣的方式，來實行天主的旨意。這也不是來自魔鬼的欺騙，同樣，從所生出的效果能知道，因為魔鬼不能做好事，如已建立的隱修院，我們的上主在那裡得到很多的事奉；也因為，這事發生在建立修院前六年，魔鬼不能知道未來要發生的事。

❾她十分驚奇這個神見，告訴她的丈夫說，由於天主不願給他們子女，他們要建立一

8. 這口井至今仍然存在，而且很靠近聖女大德蘭逝世的斗室。

座修女的隱修院。她的丈夫，非常善良又深愛她，欣然同意她的看法，他們開始商量要在哪裡建立修院。妻子願意在她出生的地方；先生則提出合理的困難，使她了解在那裡並不理想。

10 當他們正討論這事時，奧爾巴公爵夫人請人來召叫他。當他來到時，夫人命令他回到奧爾巴，在她的家中任職⑨。他接受這職位，雖然比起在撒拉曼加的工作，獲利少掉很多。他的妻子獲知這事時，相當苦惱，如我說過的，她憎惡那個地方。經丈夫向她保證，不在家中接待賓客後，她稍感釋懷；雖然如此，她還是覺得非常厭煩，因為她更喜愛在撒拉曼加。先生買了一棟房子，並且送給她。她極感疲累地到來，當她看見那房子，更是疲累不堪；因為，雖然是在非常好的地點，又寬敞，卻沒有足夠的房間，為此，她那一夜非常疲憊。次日早晨，當她走進中庭，看見同樣的井邊，就是在那裡，她看見聖安德，所有一切，和她見的一模一樣，即所顯現給她的；我說的是那個地方，不是聖人、草地、花朵，雖然有看見那些，現在仍清晰地存在她的想像裡。

11 當她看見這些，內心翻騰，並決定在那裡建立一座隱修院，同時，懷有很大的安慰和平靜，也不再渴望到其他的地方。他們開始購買鄰近更多的房子，直到有非常充足的地方。她細心地留意要邀請哪個修會，因為她盼望的是人數少又非常隱退的，她請教兩位不同修會的會士，他們是很好又博學的人，這兩位都告訴她，最好從事別的善工；因為隱修女是最難滿意的人，還說了其他許多事情。這是由於魔鬼對此感到難過，企圖加以阻礙，因此使他們覺得，他們對她說的理由是很有道理的。由於他們提出這麼多理由，指出這是不好

9. 亦即財務主管，見本章第 1 節。

的，而魔鬼的唆使更多，為加以阻撓，使得她害怕又擾亂，於是決定不要做這事。她就這樣告訴她的丈夫，他們倆都認為，由於這些人告訴他們，那是不好的，而她的意向是服事我們的上主，他們應該放棄。所以他們著手安排一門婚事，她有個外甥，即她姊姊的兒子，是她非常喜愛的，娶她先生的一個侄女，並且要把大部分的財產給他們，其餘的部分用來為他們靈魂的益處；因為那個外甥非常有德，也很年輕。對於這個決定，他們倆都很堅決，也非常確定。

⓬ 然而，我們的上主卻另有安排，他們的決定沒有什麼用處，不到十五天，她的外甥得了非常嚴重的病，沒有幾天，我們的上主帶他回到祂那裡。她是這麼確定不疑，他死的理由，是因為他們放棄天主所願意的，而把財產留給他，這使她害怕極了。她想起約納先知的故事[10]，由於不願服從天主所發生的事件；她甚至認為，天主已經懲罰她，奪走她十分疼愛的外甥。從那一天起，她下定決心，不讓任何事阻礙她建立隱修院，她的丈夫亦然，雖然他們不知道要如何進行這事。因為她認為，在她的心中，天主已放進現今已建立的隱修院。她對人述說這事，向他們描述她想要的隱修院，大家都嘲笑這事，認為她想要的這些，是找不到的，尤其是她的一位告解神師，他是聖方濟會的會士，是博學又卓越的人。她感到非常難過。

⓭ 這時，這位會士正巧到某地去，在那裡，人們告訴他我們加爾默羅山聖母隱修院的消息，現在正在興建。他得到非常好的資訊，回來對她說，他已找到了，她能如所願的建立隱修院；他告訴她所發生的事，並要她來和我商談。她就這麼做了。我們非常困難地達

10.　《約納先知書》一、二章。

到協議，因為在建立有定期收入的隱修院時，我總是希望能有相當充足的年金，務必使修女不依靠親戚，或任何人，修院要能供應吃和穿的，及所有的必需用品，而且病人能得到很好的照顧；因為，當必需用品缺乏之時，會導致許多的弊端。至於建立許多沒有年金的守貧修院，我從不缺少勇氣和信心，我確信，天主必不會辜負她們。至於建立有年金的修院，年金卻很少，一切都使我受挫[11]。我認為，最好還是不要建立這樣的修院。

14 最後，他們終於順服道理，願意按修女的人數，給予足夠的年金。令我非常珍視的是，為了讓給我們房子，他們離開自己的房子，搬到幾近廢墟的另一處。一五七一年，聖保祿歸化日[12]，建立了新修院，並供奉至聖聖體，為了天主的光榮和榮耀，我認為，至尊陛下在那裡備受事奉。願祂護祐，經常領導向前邁進。

15 我開始時述說，這些修院中，某些修女的特別事跡，我想，當可以讀這本書時，目前尚在的修女，那時已不在了，為使那些後來者得到鼓勵，追隨這麼美好的開始。後來，我則認為，會有人說得更好，也更詳盡，又不用擔心，我會被看成事件中的當事者[13]；所以，我略過相當多的事，那些事是親眼看見與知道的人，不能不視之為奇蹟的，因為是超性的事。關於這些事，我不想要說什麼，還有那些顯然可見，我們的上主應允修女們的祈禱所行的事亦然。

在記述建院的年代時，我有些懷疑是否犯了些錯誤，雖然我盡所能地努力記住[14]。不過，這並非很重要，因為後來能加以修正，我所說的，是按照記憶所及；如果有什麼錯誤，也無傷大雅。

11. 《約納先知書》一、二章。
12. 一月廿五日。
13. 參閱 16・3。
14. 接下來的三章，會明顯看到大德蘭很難記住正確的日期。

第二十一章

本章談論在塞谷維亞建立加爾默羅榮福聖若瑟隱修院。建院於一五七四年①聖若瑟節日當天。

❶我已經述說了，如何在創立撒拉曼加、奧爾巴隱修院之後，及撒拉曼加修院尚未擁有自己的房子之前，伯鐸・斐南德斯會士，大師神父，他是那時的宗座代表，命令我回去亞味拉降生隱修院三年②，及如何因為看見撒拉曼加會院需要房子，而命令我去那裡，為使她們能搬進屬於自己的房子③。在那裡，有一天，在祈禱中，我們的上主對我說，去塞谷維亞建院。對我來說，似乎是不可能的事，因為沒人命令我這事，我是不能去的，我也知道，宗座代表神父，即伯鐸・斐南德斯大師會士，不願我再創立任何修院；我也明白，在降生隱修院三年的任期，尚未屆滿，他很有理由不要我建立修院。當我想著這事時，上主對我說，去告訴他這事，祂會使之成就。

❷那時期，我在撒拉曼加，我寫信給他說，由於他已知道，我有我們最可敬總會長神父的命令，當我看見宜於建院之處，不要錯失。在塞谷維亞，該城及其主教，接受一座我們的修院；如果他④出命令，我願建立這修院；向他表明這事，是為了順服我的良心；無論得到什麼命令，我都會感到安全和欣悅。我相信就是這些話，多少有一些增減，還有我也說，我認為會是獻給天主的服事。顯而易見，這是至尊陛下願意的，因為宗座代表立刻對我說，

1. 原來寫一五七三年，後來修正為一五七四年。
2. 參閱 19・6。伯鐸・斐南德斯（逝世於一五八〇年），極力幫助大德蘭和她的建院，尤其是在一五七一至一五七四年間。
3. 她在一五七三年七月卅一日來到撒拉曼加。
4. 原文的「他」，使用敬辭“*Su Paternidad*”，英譯為“His Paternity”，中文無法翻譯，此處的「他」，指的是宗座代表伯鐸・斐南德斯神父。

可以去建院，並給我許可證；在這事上，根據我對他的了解，使我感到驚奇得很。從撒拉曼加，我請人為我租個房子，因為，托利多和瓦亞多利建院之後，我已了解，最好是先租到房子後，再尋找購置修院的房子，這麼做有許多的理由：最主要，因為我一文不名，買不起房子，修院一旦建立起來，上主立即會供給；還有，那時也能選擇較合適的地點。

❸那地方有位夫人，她是擁有繼承財產⑤的婦女，名叫安納．吉梅納女士（doña Ana de Jimena）。有一次，她曾來亞味拉看我，她是天主的大忠僕，一直有做隱修女的召喚。所以，修院一建立，她和度著非常良好生活的一個女兒，同時入會。她歷經身為妻子和寡婦的不幸福，在修道的生活中，上主賜給雙倍的幸福。母親和女兒都非常收心斂神，也都是天主的忠僕⑥。

❹這位蒙福的夫人租到房子，凡她看見無論是聖堂或我們需要什麼，無不供應我們，為此，我的辛勞很少。然而，建立修院而沒什麼辛勞，是從未有過的。事實上，我抵達那裡時，正發著高燒，也吃不下東西，內在的重病則是，靈魂極度的乾枯和黑暗，加上來自身體的多種重病，猛烈地折磨了我三個月。我在那裡半年的期間，經常在生病。

❺聖若瑟節日當天，我們供奉至聖聖體，雖然已有主教和該城的許可證書，我還是等到節日的前夕，在夜間，才隱祕地進城……。給予許可已有多時，由於我仍在降生隱修院，我的長上不是我們的總會長神父，而是另一位⑦，我不能建立新院。我得到那地方主教的許可，當他同意時，是口頭上的，主教告訴一位為我們找房子的紳士，他名叫安德．吉梅納（Andrés de Jimena）。安德不認為有必要寫下主教的許可，我也不以為這事重要。可是，

5. 她繼承先生的財產。
6. 兩人都是聖女大德蘭接納入會的。母親取會名為安納．耶穌（Ana de Jesús），女兒為瑪利亞．降生（María de la Encarnación）。一五七五年七月二日，母女同一天發願。兩人後來都擔任院長職。
7. 就是宗座代表和視察員，伯鐸．斐南德斯神父。

我錯了，當教區法官⑧獲悉隱修院已經建立，他馬上出現，大發雷霆，再不許舉行彌撒，也想要把主祭的神父關起來，那位神父是赤足的男會士，他是和胡利安・亞味拉神父一起來的，另一位與我同來的天主忠僕，名叫安東尼奧・凱堂⑨。

❻這位原是奧爾巴的紳士，幾年前，他深深沉溺在世俗中時，我們的上主召喚他；他把世俗徹底踩在腳底下，只想怎樣更事奉上主。從現在起，後來的建院都必須提到他，他幫助我很多，也為我做了許多工作，我已經說了他是誰；如果我要述說他的德行，無法這麼快說完。其中我們最珍視的是，他非常克苦，和我們同來的僕人中，沒有一個像他這樣，隨時待命，做所有需要做的事。他是個深奧的祈禱者，天主賜給他很多恩惠，所有別人會抗拒的事，他卻感到欣悅，也覺得容易做。在這些建院中，他就是這樣地做所有的工作。顯然，天主召叫他和胡利安・亞味拉，正是為此目的；胡利安・亞味拉神父，從建立第一座隱修院就開始協助我。有這樣的同伴，應該是我們的上主希望我一切順利進行。他們一路上的態度是談論天主，教導和我們同行的人，及路上相遇的人，這樣，他們以種種方式服事至尊陛下。

❼我的女兒們，這是很好的，妳們中閱讀這些建院記的人，要知道對他們的虧欠，為的是——由於他們毫不自私地辛勞工作，使妳們享有這個福祐，住在這些修院內——，把他們交託給我們的上主，使之從妳們的祈禱獲得一些益處。如果妳們知道，他們所忍受的惡劣夜晚與白天的氣候，還有路途中的辛勞，妳們會非常甘心情願這麼做。

❽教區法官不願離開我們的聖堂，除非留下一位法警把門，我也不懂為什麼。那是用

8. 教區法官（*el Provisor*）：即教區主教任命代行其職權的教區法官。
9. 這位赤足男會士是聖十字若望。安東尼奧・凱堂（Antonio Gaytán）來自奧爾巴，他因聖女大德蘭的影響，歸化而深入靈修生活。他協助聖女創建塞谷維亞、貝雅斯（Beas）、卡拉瓦卡（Caravaca）和塞維亞修院，深得大德蘭的信任，尤其創立卡拉瓦卡修院時，聖女授權給他，以她的名義辦事。他的女兒瑪麗安納・耶穌（Mariana de Jesús，一五七〇至一六一五），大德蘭接受她進入奧爾巴隱修院，經特別寬免，七歲即入會。

來使在那裡的人有一點驚恐。至於我，對於取得房子之後發生的事，我向來都不太在意；我所有的害怕是在那之前。我派遣一些人，是我帶來的一位修女同伴[10]的親戚，他們是地方的重要人物，去和教區法官談判，他們對他說，我們如何得到了主教的許可。他對這事知道得很清楚，按照他後來說的，然而，他以為我們應該先告訴他；我則相信，如果先告訴他，事情會更糟糕。最後，他們和他達成協議，我們可以留在修院，他則遷走至聖聖體。這事對我們無傷大雅。就這樣，我們在那裡度過幾個月，直到買了新房子[11]，繼之而來的是許多的官司。我們和方濟會男會士有相當大的困難，因為我們買的另一個房子很靠近他們。除此之外，我們也和聖母贖虜會和教區會議打官司，因為那房子含有租金的問題。

9 耶穌啊！要和這麼多的意見爭鬥，是多麼艱難的事啊！當訴訟看似要結束時，新的又開始；因為不夠付給他們所要求的，另一個困難立刻出現。說起來好像沒什麼，身歷其境則是困難重重。

10 主教的一個侄兒鼎力相助，他是那聖堂的議長和參議[12]，也是一位艾瑞拉碩士（*licenciado Herrera*），是天主的極大忠僕。最後，我們付出很多錢，了結這個訴訟。我們必須很隱密地搬進新房子，因為和聖母贖虜會的訴訟還沒結束，當他們發現我們已在那裡，就是在聖彌格慶日前一、兩天，他們認為最好是以付錢和我們達成協議。處理這些障礙最使我感到為難的是，再不到七、八天，我在亞味拉的院長職屆滿，我必須在那裡。

11 這是我們上主的助祐，一切了結得這麼好，不留下絲毫的爭論，兩、三天後，我回到降生隱修院[13]。願祂的聖名永受讚美，因為祂經常賜給我這麼多恩惠，願受造的萬有都頌揚祂。阿們。

10. 是安德・吉梅納的姊妹，依撒伯爾・耶穌。
11. 就是從一五七四年三月十九日到九月廿四日，搬進新修院，那時就可以正式供奉至聖聖體了。
12. 他是若望神父（D. Juan de Orozco y Covarrubias de Leiva），教區會議的議長，也是主教座堂的參議。後來成為 Guadix y Baza 的主教。
13. 一五七四年九月卅日離開塞谷維亞。十月六日，她的任期屆滿。這裡值得記述一件重大事件：三月十九日在塞谷維亞建院後，不久，大德蘭派胡利安神父和凱堂前去巴斯特日納，趁著夜晚，護送十四位修女逃到塞谷維亞，從愛伯琳公主的掌控中，解救她們。她們於一五七四年四月七日到達塞谷維亞。參閱 17・17。

第二十二章

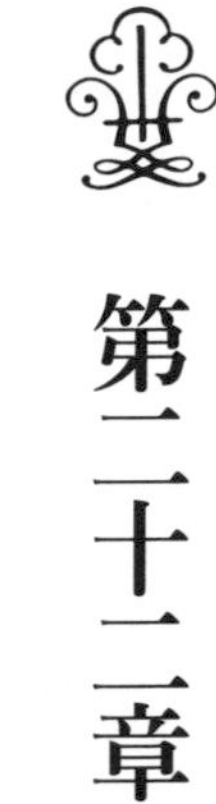

本章述說建立救主的榮福大聖若瑟隱修院，地點在貝雅斯，時為一五七五年，聖瑪弟亞日①。

❶如我說過的，當我從降生隱修院被派回撒拉曼加②，在那裡時，來了一位貝雅斯城鎮的使者，帶一些信來給我，那是當地的一位女士、教區神父和一些人寫來的，他們請求我去建立一座隱修院，因為房子已經有了，所缺少的只是前來建立隱修院。

❷我詢問這個人，他告訴我那地方的許多好事，他說得對，那裡非常怡人，氣候又好。不過，看到相距這裡許多里格的路程，我覺得是蠢事；尤其，我必須有宗座代表的命令，我已說過③，他是反對的，或至少，並不支持建院。所以，我想回答說我不能，就不必向宗座代表說什麼。後來我想，這時他在撒拉曼加，沒有請求他的意見就拒絕是不好的，因為我有來自我們至可敬總會長神父的命令，不要放棄建院。

❸由於看見那些信，他傳話來說，他不認為使他們失望是好的，他們的熱心是他的好表樣；所以，要我寫信給他們，若他們有當地騎士修會④的許可，就可以準備建院。他確知他們不會給許可，因為他從別處獲知，許多年來，沒有人能得到他們的許可；而且，他也不願我做拒絕的答覆。有時我深思這事，想我們的上主是怎樣願意成就的，雖然我們不願意，結果，不知不覺，我們是工具，像在這裡，會士伯鐸·斐南德斯大師神父是工具，他

1. 即二月廿四日。大德蘭本來寫一五七四年。在第 4 和 19 節，她犯同樣的錯誤，這三個錯誤都已修正為一五七五年。
2. 參閱 21 · 1。
3. 參閱 21 · 1。

是宗座代表；所以，當他們得到了許可，他不能加以拒絕，這修院就這樣建立起來。

❹一五七五年，聖瑪弟亞日，在貝雅斯城鎮，建立了榮福大聖若瑟隱修院。為了光榮和榮耀天主，修院的起始是這樣的：

在這個城鎮，有位紳士名叫山卓・羅瑞格・桑托巴（Sancho Rodríguez de Sandoval），出自貴族世家，極為富有。與一位女士名加大利納・柯蒂內斯（Doña Catalina Godínez）結婚。我們的上主給他們的孩子當中，有兩個女兒，是她們創立這座修院，大女兒名叫加大利納・桑托巴・柯蒂內斯（Doña Catalina Sandoval y Godínez），小女兒名叫瑪利亞・桑托巴（Doña María de Sandoval）。大女兒十四歲時⑤，我們的上主召叫她屬於主。直到這個年齡，她完全沒有要離棄世俗；相反的，她自視頗高，父親為她找的適婚對象，她全都看不上眼。

❺有一天，她在房間裡，就在父親房間的隔壁，她的父親還沒有起身，她偶然讀到耶穌苦像上的題辭，那些字放置在十字架上面，突然間，讀它時，上主完全改變了她；因為她一直在想，人家要為她安排的一門婚事，那是超好的對象，但她對自己說：「我父親的愉悅會多麼少啊！如果我嫁給一位有繼承權的人，我想的是，必須是從我開始的家系⑥！」她不傾向結婚，因為她覺得，順服無名小卒，是卑賤的事，她也不知道，這個高傲從何而來。上主知道如何下手挽救。願祂的仁慈受讚美。

❻這樣，當她讀這題辭時，她覺得一道光進入她的靈魂，使她了悟真理，彷彿陽光進入一個黑暗的房間；連同這道光，她的雙眼注視著上主，祂在十字架上，滿身流血，她想

4. 她說的是一種騎士的武士團，當時稱為聖狄耶各修會（*La Orden de Santiago*）。在武士團中，兼具修道和騎士的精神，誓守苦修，誦念全部日課經，並保衛基督徒，對抗異教徒。有些地區直屬這修會管轄，而非教會神職。參閱 13 節。

5. 其實是十五歲。大德蘭從這裡開始述說她的歸化和聖召，及創立貝雅斯修院。一五八二年，她繼安納・耶穌之後，擔任院長，聖十字若望一直是她的神師。

6. 「必須是從我開始的家系」：就是說，結婚後，子女必須從她的姓氏，以她為傳承。類似華人的招女婿，隨從妻子的姓氏。如果她嫁給有繼承權的人，那就不能以她為傳承。

祂是多麼地被惡待，還有祂的極度謙虛，及多麼不同於自己所走的驕傲之路。上主使她處在這個休止中，應該是有些時間。在其中，至尊陛下賜給她深深認識自我的可憐，她渴望眾人都知道她的可憐。並賜給她渴望為天主受苦，熱切無比，竟至渴望受盡一切殉道者之苦。並懷有一種自我貶抑，非常深奧的謙虛和憎惡自我，而且，如果不冒犯天主，她希望是個非常墮落的女人，使人人都憎惡她。這樣，她開始憎惡自己，極切望行補贖，後來她付諸實行。當下，她立刻誓許貞潔和貧窮，並且希望看見自己是這麼順服，那時，要是被帶到摩爾人的地方住⑦，她會很高興。這一切德行在她內一直持續，可以清楚看出，這些是我們上主的超性恩惠，如後來要說的，為使眾人讚美祂。

❼ 願祢永遠、永遠受讚美！我的天主，在片刻間，祢毀滅一個靈魂，重新再造她。上主啊！這是什麼！在這裡，我想要問祢，當祢治好瞎子時，宗徒所問祢的，是否他的父母犯了罪⑧。我是說，誰堪當蒙受這麼崇高的恩惠呢？她確實不堪當，因為我已說過，當祢賜她恩惠時，祢從她除去的是什麼思想。啊！祢的智慧是多麼偉大！祢知道祢在做什麼，我卻不知道我在說什麼，因為祢的工作和智慧是不可理解的。願祢永遠受光榮，祢深具威能，能行更多的事。如果事情不是如此，我的情況又會怎樣呢？然而……是否有些來自她母親的功勞呢⑨？她是這麼好的基督徒，這是有可能的，由於祢的良善及仁慈，祢願意她在世時看見女兒們的大德行。有時我想，祢賜予相似的恩惠給愛祢的人，祢賜給他們這麼多的福分，祢之賜給他們，使他們能以之來服事祢。

❽ 此情此景，從屋頂傳來一個極大的喧鬧聲，好像整個都要塌下來。彷彿是從她所在

7. 意思是，被抓去當依斯蘭教徒的奴隸。
8. 《若望福音》九章 2 節。
9. 本段中的詢問是逐步漸進的問與答：－誰堪當蒙受這恩惠呢？－她不堪當。－是否來自她母親的功勞呢？－這是有可能的，她是這麼好的基督徒……

的角落，降下來那些喧鬧聲，她還聽到一些吼叫聲，持續好一會兒。結果，她的父親，如我已說過[10]，還沒有起身，驚嚇萬分，開始渾身顫抖，慌亂地穿上衣服，拿起他的劍，衝進女兒的房間，臉色大變，問那聲音是什麼。女兒對他說，什麼都沒看見。父親去察看更裡面的其他房間，也看不到什麼，於是對女兒說，去和母親在一起；又對她的母親說，不要留女兒單獨一人，並且告訴她所聽到的聲音。

9 這裡清楚說明了，當魔鬼看見志在必得的一個靈魂，失去掌控時，牠必會有的感受。牠這麼敵視我們得到的福分，我不驚奇，當牠看見仁慈的上主，一下子賜予這麼多恩惠，使牠驚慌失措，並大大地展示牠的感受；尤其是，魔鬼明白，留給那靈魂的富裕，會使其他可能屬於牠的靈魂喪失殆盡。因為我認為，我們的上主從未賜予這麼大的恩惠，而不惠益其他人的。加大利納對這事絕口不提；但卻懷有強烈的願望，要入會修道，並多次向父母請求。他們總是不答應。

10 經過三年多次請求之後，她看出來，父母不會允准，於是在聖若瑟節日[11]，她穿上簡樸的衣服。她只告訴母親這事，母親會容易同意她當修女。至於她的父親，她不敢說。她就這樣去了聖堂，因為一旦鎮民看見她穿上那衣服，她的父母就不會把它拿掉。事情就這樣順其自然地發生了。接下來的三年，按上主教導她的，她遵守祈禱的時間，盡所能地處處克苦自己。她經常進入庭院，弄溼她的臉，晒太陽，為使自己變得難看，讓他們放棄為她安排婚事，因為他們仍勉強她結婚。

11 她不願命令任何人，可是必須她管理父親的家，不得不命令那些婦女；她會等到她

10. 見第5節。
11. 一五五八年三月十九日

們睡著了，去親她們的腳，她自覺難過，因為她們都比她好，卻要服事她。由於白天和父母一起忙碌，到了該睡覺時，她徹夜祈禱。她常常這樣，睡得這麼少，如果不是超性，是不可能的。她的補贖和打苦鞭非常多，因為沒有人指導她，也沒有人可以商談。其他的補贖中，有一次，整個四旬期，她貼身穿上父親的鎖子鎧甲[12]。她會去一個偏僻的地方祈禱，在那裡，魔鬼大大地嘲弄她。她往往在晚上十點開始祈禱，不自覺地祈禱到天亮。

12 她如此修行，度過了將近四年，上主願意她以其他更大的方式事奉祂，開始賜給她最嚴重的病，而且非常痛苦，於是，她持續發燒、水腫，又有心臟病；還有乳癌，已被切除。總之，這些病症延續幾近七年，沒有幾個日子是好過的。天主賜她這個恩惠[13]之後五年，她的父親過世[14]。她的妹妹十四歲時（亦即，她的姊姊做此轉變後一年），她原是非常喜愛華麗衣服的人，也穿上簡樸的衣服，開始修行祈禱。她們的美好修行和善願，她的母親全面予以幫助，她認為是很好的，她們能從事一個富有德行的工作，雖然很不相稱她們的身分：就是教導小女孩做女紅和讀書，完全免費，只是為了有機會教給她們祈禱和教理。她們做得非常有收獲，因為許多女孩子得到幫助，直到現在，還可以看見她們的那些好習慣，是在她們小時候學來的。但是沒有持續太久，因為魔鬼受不了那美好的工作，唆使她們的父母，以為讓女兒接受免費教學，是很沒有骨氣的事。除此之外，再加上開始折磨她的病，於是就此停止。

13 這兩位女士的父親逝世後五年，母親也走了，加大利納女士的召喚，一直都是要去做隱修女，但是總得不到父母的應允，現在，她希望立刻就去當修女，然而，在貝雅斯那

12. 由連鎖的金屬環或板製作的鎧甲，是穿在身體最外面的。
13. 亦即，前面說的徹底歸化的恩惠。
14. 一五六〇年，父親過世。一五六五年，她的母親過世，參閱第 13 節。

裡沒有隱修院。她們的親戚勸說，既然她們做得到，要努力在本城鎮建立一座隱修院，會是對我們上主的更大事奉。由於那個地方是聖狄耶各修會的管轄區，必須得到該修會參議會許可，所以，她開始勤快地請求許可。

⓮許可很難得到，過了四年，她們遭受了許多困難，付出很多費用；直到向國王呈遞請求，做什麼都徒勞。事情就這樣發生，由於困難很多，她們的親戚說，這是蠢事，她們要放棄。還有，她幾乎是一直臥床，身患這麼嚴重的病，如所說的，他們說，不會有隱修院接納她當修女。她回答說，如果在一個月之內，我們的上主給她健康，他們會知道，這是祂的助祐，她也會親自到宮廷去求得許可。當她說這話時，已有半年多臥床不起，幾近八年，她幾乎都不能離開床。這八年期間，她持續地發燒，患有肺結核、水腫和肝炎，肝發炎得非常熾熱，甚至連衣服上都熱到可以覺察，襯衣也烤焦了，彷彿是不可置信的事，我親自向她患這些病時的醫生打聽，我真是驚奇無比。她還患有痛風和坐骨神經痛。

⓯有個聖思天（San Sebastián）慶日前夕[15]，那天是星期六，我們的上主賜給她這麼完全的健康，連她都不知道要如何隱瞞，以免這個奇蹟揭曉。她說，當我們的上主要治好她時，給她一個內在的顫動，她的妹妹以為她快要死了。她看見自己內有極大的改變，至於靈魂，她說，感受到另一種變化，同時得到改善。她更高興的是，由於得到健康，她能謀求處理建院的事，而非不再承受病苦。從天主一開始召叫她，就賜給她憎惡自我，輕看一切。她說，她懷有的受苦渴望，強烈至極，她熱切懇求天主，以所有的方式讓她受苦。

⓰至尊陛下沒有疏於使她得償所願，在這八年中，他們為她放血，超過五百次，還不

15. 一五七四年一月十九日。

算有多少的拔火罐，從她的身體就可看得清楚。有時候，他們在她的傷口上撒鹽，因為有位醫生說，這有助於抽出側邊疼痛的毒，他們這麼做，超過二十次。還有更令人驚奇的，當她聽說，醫生開這些處方中的一種時，她極其渴望治她的時候來到，毫不害怕，她也鼓勵醫生們施行燒灼療法，許多次用來醫治乳癌，及其他有需要的情況。她說，她之渴望這些，是為了證明她的殉道渴望是確實的。

17 當她看見自己突然痊癒，就和她的告解神師與醫師商量，帶她去別的城鎮，為使人家能說，是環境的改變讓她痊癒。他們都不願意；相反的，醫生們公布這事，因為他們已經認定她沒有救，理由是，她口中吐出的血，這麼的腐爛，他們說那已經是肺塊了。她三天躺在床上，不敢起來，不要讓人知道她的康復；然而，就像生病隱藏不了，痊癒亦然，這麼做沒有什麼用。

18 她對我說，在以前的八月中，有一天，她懇求我們的主，拿掉那個極強烈的渴望——想當隱修女及建立隱修院，要不然，就賜給她完成的辦法，她非常確信，肯定她必會及時痊癒，能在四旬期時，前去獲得許可。這樣，她說在那期間，雖然病勢更加嚴重，她從未失去希望，確信上主必會賜給她這個恩惠。雖然接受了兩次臨終傅油，其中的一次，她好像快要死了，醫生說，不必去請人來傅油，因為在人來到之前，她已死了。她從未失去對上主的信靠，確信她死時必是一位隱修女。我不是說，為她傅油兩次的這期間，在八月至聖思天慶日，而是以前。

她的兄弟姊妹和親戚們，看見上主賜下的恩惠和奇蹟，使她這麼突然康復，都不敢阻

16. 參閱第 14 節。
17. 即二月廿四日。陪大德蘭同來的有胡利安・亞味拉神父、安東尼奧・凱堂和國瑞・瑪定神父（Fr. Gregorio Martínez，一五四八至一五九九），這位神父在貝雅斯，從古嵐清神父（P. Jerónimo Gracián）領受赤足加爾默羅會的會衣，取會名為國瑞・納祥（Gregorio Nacianceno）。貝雅斯隱修院的首任院長是安納・耶穌，聖十字若望題贈《靈歌》給她。

止她的計畫，雖然他們認為那是蠢事。她到宮廷三個月，最後還是得不到許可。於是，她向國王呈上這個請求，國王獲悉那是赤足加爾默羅修會，立刻下令批准[16]。

19 建立隱修院的時候到了，清楚可見，是她和天主商議得到的，使長上們樂於允准，即使是那麼遠，年金又非常少。至尊陛下願意的事，是不能棄置的。於是，在一五七五年四旬期開始時，修女們來了。鎮上的居民隆重地歡迎她們，興高采烈，列隊遊行。歡欣鼓舞之情，遍及全鎮；孩童們歡樂顯露出，這是上主受服事的工作。新院建立了，名為「救主的聖若瑟」，在同一個四旬期內，聖瑪弟亞的日子[17]。

20 同一天，這兩位姊妹[18]穿上修會的會衣，欣喜至極。加大利納女士的健康持續地改善。她的謙虛、服從和渴望受輕視，清楚表明她的渴望真是為服事我們的上主。願祂永遠、永遠受光榮！阿們[19]！

21 這位修女告訴我，其他的事情當中有一件是，將近二十年前，有一個晚上，在躺下來時，她渴望找到一個世上最成全的修會，為進入其中當修女。她開始做夢，按她的看法，她走在一條非常直又狹窄的路上，非常危險，會掉進一些看來很大的深坑，她看見一位赤足會士，在見到若望·慈悲會士時（他是本會的一位小輔理修士，當我在那裡時，他也在貝雅斯）[20]，她說，夢中看見的人，和他一模一樣；夢中的會士對她說：「跟我一起來，姊妹！」他帶她到一個有很多隱修女的房子，屋子裡沒有別的光，只有她們拿在手上燃燒的燭光。她問，這是什麼修會？大家靜默無聲，修女們拉開面紗，露出喜樂的面容，個個笑容滿面。她證實說，她那時看見的修女們的面孔，和現在看見的完全一樣，而且，那位院

18. 她們取會名為加大利納·耶穌（三十三歲）、瑪利亞·耶穌（二十九歲）。妹妹瑪利亞·耶穌（一五四九至一六〇四），也奉聖十字若望為神師，聖人寫給她的三封信流傳至今。一五八九年，她到哥多華（Córdoba）擔任院長。
19. 接下來的 21—24 節，可視為本章的附錄。
20. 參閱 17·6 的註解。

長親手帶著她，對她說：「女兒，我願意妳在這裡」，並給她看《會憲》和《會規》。當她從這個夢中醒來時，感到有種幸福，彷彿已置身天堂，而且她還把所記得的《會規》寫下來，許多時間過去了，她沒有對告解神師或任何人說這事，也沒有人知道有關這修會的事。

22 有位耶穌會的神父[21]來到那裡，神父知道她的渴望，而她給神父看她所寫的紙，對神父說，如果她找得到那修會，她會很高興，因為她要馬上入會。神父知道我們的隱修院，對她說，那紙上寫的是我們加爾默羅聖母修會的《會規》；為了向她說明，雖然神父沒有清楚解釋這事，只說我創立的那些隱修院；於是她就派使者來找我，如前所述[22]。

23 回信帶去給她時，她的病勢這麼沉重，她的告解神師對她說，要保持平靜，因為像她這樣，即使在修院內也會被開除，更何況現在，更不會接納她。她沮喪萬分，轉向我們的上主，懷著強烈的切望對祂說：「我的上主，我的天主，我知道因著信德，祢是那能行萬事者；那麼，我靈魂的生命，請從我拿走這些渴望，不然，請賜我實現渴望的辦法。」她懷著非常大的信賴說這些話，向我們的聖母懇求，藉著眼見聖子死在她雙臂所受的痛苦，為她轉求。她聽見內裡有個聲音，對她說：「相信和希望，我就是那位全能者；妳會康復；因為祂有能力制止這麼多致死的重病，使之不留其後果，比除掉這些病，為祂更容易。」她說，這些話伴隨著好大的力量和確信，她確信不疑，她的渴望必會實現，雖然她的病每況愈下，直到我們所說的，上主賜給她健康。的確，她的經歷似乎不可置信。如果不是醫生、住在她家裡的人及其他的人告訴我，按照我的卑劣，八九不離十，我會想這事有些誇

21 祿茂·布斯塔曼德（Bartolomé Bustamante）。他是個著名的神學家和人文學家，入耶穌會之前，曾任巴鐸·達貝拉樞機（Cardenal Pardo de Tavera）的祕書，熟識樞機的侄兒，即露薏莎夫人的丈夫。

22. 見第 1 節。

大其辭。

24 雖然身虛體弱，她已健康得足以遵守《會規》，也是好屬下，是一位欣喜至極的修女，諸事中，如我所說[23]，她懷有一種謙虛，使大家都讚美我們的上主。她們兩人將所得的財產，無條件地給予修會；如果沒有被收錄為修女，她們也不索回。她們對自己的親戚和土地，懷有極大的超脫之情。她常常極渴望到遠方去，向長上們[24]一再熱烈地請求，雖然如此，她極其服從，仍是歡喜地留在那裡。懷著同樣的精神，她披上了白紗，想要她當唱經修女[25]，卻一點辦法也沒有，反而使她很難受。直到我寫信給她，告訴她許多事情，並且責斥她，因為她想要的事，與省會長的意願相違，又說，這麼做並非更有功勞，及其他一些事情，很嚴厲地對待她。被人這麼嚴厲地對待，卻是她的大歡喜。這麼一來，她完全順服，徹底地相反她的意願。我不知道，這個靈魂為了取悅天主，還有什麼沒有做的事，所有的修女也都有同感。願至尊陛下保祐，以祂的手守護她，使賜給她的德行與恩寵日增，為能更服事祂，光榮祂，阿們。

23. 見第 6 節。
24. 長上們（*los prelados*）原文是男性多數，指的不是院長，而是省會長或教會神長。
25. 那時的修會有兩種修女，一種是輔理修女，又稱為白紗修女，另一是唱經修女，就是有責任天天在經堂內唱經的修女。
26. 她那時的省會長是古嵐清神父。

第二十三章

本章談論於塞維亞建立加爾默羅的榮福大聖若瑟隱修院。首台彌撒舉行於一五七五年①，至聖聖三節。

❶當我在這個貝雅斯城鎮，等待騎士修會的諮議會給予在卡拉瓦卡的建院許可時②，一位我們赤足會的神父來看我，名叫熱羅尼莫・古嵐清・天主之母③。幾年前，他在亞爾加拉領受我們的會衣④，他為人學識豐富、聰明有才又謙虛穩重，他的整個生活還有其他的大德行。好似為了這個《原初會規》的修會，我們的聖母揀選了他，因為，當他在亞爾加拉時，完全沒有想要領我們的會衣，即使他有意入會修道。因為，雖然他的父母有其他的打算，由於深蒙國王的寵愛，再加上他才能洋溢，但他卻非常不在意這事。自從開始求學，他的父親執意安排他唸法律，年紀還很小的他，感受這麼強烈，他靠著眼淚的威力，終於得到父親的同意，讓他去讀神學。

❷當他得到碩士學位畢業後，申請進入耶穌會，已經被接受，但為了某個理由，他們告訴他再等幾天。他對我說，所有的享受帶給他的是折磨，他不認為享受是上達天堂的良好道路。他長時間祈禱，極其收心和真誠。

❸就在這個時候，他的一個摯友進入我們巴斯特日納的男修院，名叫若望・耶穌⑤，也是碩士。我不知道是否為了這個機緣，若望・耶穌在他的一封信中，談及我們修會的崇高

1. 這裡本來寫的一五七四年，後來被修正。
2. 第 27 章會詳述卡拉瓦卡的建院。

和古老，或有其他的起因，使古嵐清萬分喜愛讀所有相關的事，並經由大作家們的證實，他說，放開其他的研讀，使他常常覺得有所顧忌，因為他不能不讀這些⑥；以致把散心的時間都用在這上面。啊！天主的上智與大能！我們怎能逃避祂的旨意！我們的上主清楚看見，在至尊陛下已開始的這個工作上，極需要像這樣的人。為了在這事上賜給我們的恩惠，我常常讚美祂；我一直熱切地請求至尊陛下，賜給我們一個人，在修會初創之時，能組織修會的所有事務；在這事上，至尊陛下賜給我們的，遠超過我的懇求。願祂永遠受讚美。

4 那麼，古嵐清神父毫無領會衣的念頭，只因受人之託，前去巴斯特日納找我們隱修院的院長——那時她尚未離棄這座隱修院⑦——，商談收納一位修女的事⑧。神聖的至尊陛下使用的是何等的方法啊！如果他決定去那裡領會衣，可能會有好多人反對這事，他永遠不得成行。再者，他極其敬愛的榮福童貞，我們的聖母，願意以賜給他聖衣賞報他；因此，我認為，天主賜給他這個恩惠，是聖母的轉禱；甚至是他領受會衣的理由，致使他這麼愛這位榮福童貞的修會；凡這麼切望服事她的人，她不願他們沒有機會付諸實行，因為那是她的慣例，恩待凡期望她保護的人。

5 在馬德里，當他還是小男孩時，經常在他極虔敬的聖母像前祈禱，我記不得是在哪裡；他稱呼聖母為「他的愛人」⑨，而且非常頻繁地去拜見她。聖母必定從她的聖子，為他獲得純淨之恩，使他經常度著純潔的生活。他說，有的時候，他覺得，由於冒犯她聖子的許多過失，他哭得眼睛都腫起來了。因此，在他內產生一個強烈的衝勁，渴望拯救眾靈，

3. 熱羅尼莫・古嵐清・天主之母（el maestro fray Jerónimo de la Madre de Dios, Gracián），原文尊稱他為 *maestro fray*，就是大師會士，大師是當代的學位尊稱，至少是現代人碩士以上的學位。古嵐清神父（一五四五至一六一四），是德蘭修會歷史上的重要人物，出生於瓦亞多利，就學於亞爾加拉大學，一五七〇年祝聖為神父，一五七二年進入巴斯特日納加爾默羅會的初學院，一五七三年發願，一五七五年四月，首次會晤大德蘭，此後，與大德蘭密切合作，直到會母逝世。後來，因為修會內部的分裂，被總會長多利亞神父逐出修會。但他畢生忠於大德蘭，逐出修會後，非赤足的男修會接納他，他繼續幫助大德蘭的女兒們創立修院，並出版會母的所有著作。二〇〇〇年，赤足加爾默羅男修會總會，效法聖教宗若望保祿二世的悔罪精神，鄭重為古嵐清神父平反，接納他為本會會士。

還有，當他看見對天主的冒犯時，感受非常猛烈。至於渴望靈魂的益處，成為他的極大傾向，無論什麼工作，他都視之微不足道，只要他認為能從中得到一些果實。透過經驗，我親眼看見他遭受相當多的磨難。

❻所以，聖童貞帶領他到巴斯特日納，彷彿誘騙似的，他想是為了促成某修女領會衣而去，天主帶他去，卻是為了給他穿上會衣。啊！天主的祕密啊！我們沒有想要這事，祂卻這麼地安排，為賜給我們恩惠，也為了賞報這個靈魂——他所做的美好工作、常常樹立的善表，還有他多麼渴望服事上主的榮福母親；至尊陛下必定經常以很大的獎賞，報答這樣的靈魂。

❼那麼，話說他到了巴斯特日納，去找院長修女談話，希望她接納那位修女；卻好像是他向院長說，為他向我們的上主祈禱，使他自己能入會。如同院長所看見的那樣，和他交往是愉快的，大多數的人，凡和他交往的人都會喜愛他（**這是我們的上主賜予的恩寵**），同樣，他的所有屬下（**譯按，包括男、女會士**）都極其愛他；因為，雖然他不放過任何的過失（**在這事上，他極為認真，關照修會的成長**），然而他懷著這麼令人愉悅的溫和，好似沒有人能抱怨他什麼。

❽為此，當這位院長會見他時，對他的印象和其他的人相同，使她極其渴望他能入會，於是告訴修女們，想想看，這事為她們是多麼重要，因為那時的男會士很少，或說，幾乎沒有像他這樣的人[10]，要大家向我們的上主懇求，不要讓他離去，而沒有穿上會衣。

這位院長是極好的天主忠僕，即使只有她的祈禱，我認為，至尊陛下也會俯聽，更何

4. 領會衣就是進入修會。
5. 會士若望．耶穌（fray Juan de Jesús，一五四〇至一六一四）又叫羅卡（Roca），生於加泰羅尼亞（Catalonia）。是古嵐清在亞爾加拉大學的同學，他比古嵐清早幾個月進入巴斯特日納初學院。聖女大德蘭很珍視他的德行、學問及對《原初會規》的熱心，他在革新修會中，屢次擔任重要的職務。
6. 意思是：他那麼愛加爾默羅會，不能不讀相關的資料。
7. 一五七四年四月，修女們從巴斯特日納隱修院逃離，遷至新建立的塞谷維亞隱修院。請參閱 21．10—11。

況，在那裡的所有修女都這麼好！每位修女都認真地視之為己任，守齋、打苦鞭和祈禱，繼續不斷地向至尊陛下祈求，就這樣，祂樂於賜給我們這個恩惠。當古嵐清神父來到男會士的修院，看見這麼好的修道紀律和準備，為事奉我們的上主，最主要的，這是榮福聖母的修會，是他非常渴望服事的聖母，他的心開始受感動，不要返回世俗。雖然魔鬼呈現給他很多的困難，尤其是會帶給他雙親的痛苦，父母非常愛他，也極信賴他會幫忙補助家中其他的孩子，因為他們有許多兒女[11]。他把這個掛慮交託給天主，為天主而捨棄一切，決心做聖童貞的屬下，穿上她的會衣。因此，在眾人歡欣喜悅中，他們給他穿上會衣，修女們和院長尤其欣喜，極力讚美我們的上主，認為由於她們的祈禱，至尊陛下賜予這個恩惠。

9 他謙虛地度過陶成年，是小初學生當中的一位。當院長不在的期間，他的德行尤其受到考驗。有位很年輕的會士代理院長，他沒有學識又極少才幹，對於管理也不明智；毫無經驗，因為他才入會不久[12]。他的帶領方式很過分，要他們做的克苦亦然；每一想起，總是讓我驚奇，古嵐清神父怎麼受得了，尤其是，他怎能忍受類似這樣的人，為受這個苦，必須有天主賜給他的靈修。後來，清楚地看出這位會士患有嚴重的憂鬱症，也無法消除這個病，即使做屬下，他還是有困難，更何況去管理人！因為他常屈服於體液[13]的影響，他是位好會士，天主有時許可這個錯誤，安排像這樣的人，為使祂所愛的人，在服從的德行上達到成全。

10 這裡必定是這樣的，為了給予賞報，天主賜給熱羅尼莫．天主之母[14]會士神父，在服從的事上極大的光明，為教導他的屬下，就像開始時有很好根基的人，親自修行服從之德。

8. 當時的院長姆姆是依撒伯爾．聖道明（一五三七至一六二三），她是聖女大德蘭的傑出女兒，與聖女一同從亞味拉聖若瑟隱修院到托利多，擔任院長幾個月後，前往巴斯特日納擔任院長，她面對愛伯琳公主，在極艱難的情況下處理修院的事務。古嵐清神父向院長提及接納的修女是芭芭拉．聖神（Bárbara del Espíritu Santo）。
9. 「至愛者」（*Su enamorada*）：直譯是「他的愛人」，然而，在此這個 *Su*，「他」是個敬稱，例如至尊陛下「*Su Majestad*」。K.K. 譯為「his love」，A.P. 譯為「his Beloved」。此處譯之為「至愛者」，表示他對聖母的至極崇敬和摯愛。
10. 「或說，幾乎沒有像他這樣的人」，是聖女後來在字行間補寫的，強調她對古嵐清的高度賞識。

為了使他在我們需要的一切事上，不致缺乏經驗，在發願前的三個月，他遭受極嚴厲的誘惑。然而，彷彿他將會是聖童貞子女們的好領導，他善於保護自己，並退去誘惑；當魔鬼愈發折磨他，欲迫使他放棄會衣[15]時，他以誓許不離棄，及誓發修會聖願，保護自己。他給我看面臨那些大誘惑時寫的著作，這個作品引發我充滿虔敬之情，清楚看出上主賜給他的剛毅。

11 告知我這麼多他靈魂的特質，好像是題外的事；也許，這是上主願意的，為使我能寫在這裡，使上主在其受造物中受讚美；我知道，他沒有對告解神師，或任何人說過這麼多。往往這是有理由的，他認為，我比他年長許多，也因為他聽到關於我的事，想我會有些經驗。這是當我們談說其他的事時，他告訴我這些，及其他不宜寫下的事，不然，我會寫得沒完沒了。

12 確實，我極力抑制自己，如果來日，這書到了他的手中，免得使他難受。我不能不這麼做（因為，如果看得到這書，該不會是很久以後），我也不認為，對於為《原初會規》的革新做這麼多好事的人，應該被人遺忘。因為，雖然他不是創始者，但是他來得正是時候。如果不是對天主的慈悲有這麼大的信賴，對那已經開始的工作，有時我會感到懊悔。我說的是男會士的修院，至於隱修女們，由於天主的慈善，直到現在總是發展得很好；男會士的會院也不錯，不過，基礎不穩，易於快速傾倒；因為，沒有自己的省會長，他們受非赤足修會管轄。能管理的赤足會士，像安道．耶穌神父，他是開始修會的人，卻沒有得到授權，也沒有得到我們至可敬總會長神父頒賜他們的《會憲》[16]。每個會院各行其道。直

11. 他們共有二十個兒女，長大成人的有十三位。
12. 大德蘭說的這位會士是安赫．聖佳播（Angel de San Gabriel），他在嚴格和克苦的考驗上走得太極端，經道明．巴泉斯神父（O.P.）的糾正，並請聖十字若望來代替他的職務。這位不在的院長是巴達沙．耶穌神父，參閱17．15。
13. 體液（*humor*）：那時的人認為，四種體液（血液、黏液、膽汁、憂鬱液）之一種，可對人的性情和健康起決定性作用。.
14. 就是古嵐清神父。他的會名是熱羅尼莫．古嵐清．天主之母。
15. 放棄會衣，就是離開修會的意思。

到來日，當他們能自行管理時，會有相當多的麻煩，因為有些人這麼想，另有些人又那麼想。有時候，我發現他們非常的累。

⓭藉著熱羅尼莫．天主之母會士，這位碩士神父，我們的上主對此加以改善，因為他受命擔任宗座視察員，賦予他權柄管理赤足加爾默羅男、女會士⑰。他起草男會士的《會憲》，我們隱修女，已有得自至可敬總會長神父的《會憲》，所以沒有為我們寫什麼。然而，因著他擁有的宗座權柄，及我所說的，上主賜給他的卓越才能，他為男會士寫下《會憲》。首次視察男會士時，他處理諸事這麼成熟與和諧，真的好似得到神聖至尊陛下的助祐，也是我們的聖母揀選他來挽救她的修會，我向聖母做了許多懇求，願她的聖子常常恩祐古嵐清神父，賜給他恩寵，使他日益精進，事奉上主。阿們。

16. 大德蘭似乎否認得自總會長魯柏神父的《會憲》，第 13 節時亦然。事實上，大約在一五六八年，總會長神父批准《男會士的會憲》，這是按大德蘭寫給隱修女的《會憲》改編的，顯然，這並沒有使用太久。我們保留的這個文件，只是草稿，我們不知道是否有正式公布。
17. 一五七三年九月，宗座視察員方濟各．巴加斯（Francisco Vargas）任命古嵐清神父，擔任代理宗座視察員。一五七四年，古嵐清神父兼任安大路西亞省赤足加爾默羅會的省會長，一五七五年，他的職權達及管理整個赤足加爾默羅會男、女會士。

第二十四章

續談在塞維亞城創立加爾默羅的聖若瑟隱修院。

❶那時，我說①，這位碩士神父，熱羅尼莫・古嵐清會士，來貝雅斯看我，我們從未謀面，雖然我極渴望會見他；是的，我們有時信件往返。當我獲悉他在這裡，令我感到欣喜至極，因為一些對他很好的傳聞，使我非常渴望會見他。然而，當我開始與他交談，我的喜樂非常非常的大，因為，按照他之令我滿意，我覺得那些對我稱讚他的人，其實是不認識他的。

❷由於那時我是這麼勞累，在會見他時，彷彿是上主顯示給我，經由他，必會臨於我們的福分；因此，在那幾天裡，我受到無比的安慰和滿足，真的連我也對自己感到驚奇。那時，他的代理職權尚未超出安大路西亞的範圍，不過，當他在貝雅斯時，教廷大使召見他，要他照管卡斯提會省的赤足加爾默羅男、女會士②。我的心靈萬分喜樂，在那些日子裡，無論如何感謝我們的上主，我的感恩總是不夠，除了謝恩，我也不願做其他的事。

❸在此期間，送來了卡拉瓦卡的建院許可證書，但卻與我要求的宗旨不符；因此，必須再呈送到宮廷，因為我已寫信給那些建院恩人③，如果缺少某項特殊的申請，絕不可建院，所以，必須再呈請宮廷④。要在那裡等這麼久，使我覺得相當難受，我想要返回卡斯提⑤，然而，由於熱羅尼莫會士神父在那裡，那修院屬他管理，他是整個卡斯提會省的代理

1. 參閱 23・1。
2. 大德蘭和古嵐清神父會面於一五七五年四月。到了八月三日，教廷大使奧曼尼多（Ormaneto）擴大古嵐清神父的職權達及所有的赤足加爾默羅會士。
3. 這些建院恩人是在卡拉瓦卡的幾位熱心婦女，她們渴望度隱修的生活，極力邀請大德蘭前去建院。
4. 參閱 27・6。
5. 這裡應該說是「安大路西亞」，而不是「卡斯提」。第 2 節，她說，古嵐清神父是安大路西亞的宗座視察員。貝雅斯在教會劃分的區域上，是屬於安大路西亞省，但在修會方面，卻歸屬卡斯提省。

（省會長）[6]，沒有他的許可，什麼都不能做；所以我和他談這事。

4 他認為，一旦我離開，卡拉瓦卡的建院也會不了了之，同時，去塞維亞建院，則是獻給天主的很大服事，他認為這是非常容易的事，因為已經有些人向他這麼請求，他們非常能幹又很富有，馬上就會有房子；還有，塞維亞的總主教[7]這麼恩待本修會，他相信，在那裡建院，會獻給天主很大的服事；於是，他安排去卡拉瓦卡的院長和修女，轉往塞維亞。我，雖然極力推辭，不要在安大路西亞建立我們的隱修院（當我去貝雅斯時，如果我知道是在安大路西亞省，我是絕不會去的，錯在這地方還不到安大路西亞，我相信大約相差四、五里格，不過，修會的會省卻是屬於安大路西亞[8]），由於我看到那是長上的決定，我立刻順從（這個恩惠是我們的上主賜給我的，認為長上在一切事上是對的），雖然我已經決定要建立另一座新院，甚至也有一些非常重大的理由，不要去塞維亞。

5 立刻著手準備上路，因為天氣開始酷熱起來，宗座代理古嵐清神父，那時正蒙教廷大使召見[9]，我們動身前往塞維亞，我的好友伴是：胡利安．亞味拉神父、安東尼奧．凱堂及一位赤足會士[10]，陪伴我們上路。我們乘坐在遮蔽得很好的馬車上，這是我們旅行的模式，當我們住進旅店時，我們修女住在一個房間，無論那房間好或不好，只要有就住進，有位修女在門口處，接收我們需要的物品，甚至和我們同來的友伴，也不許進入房間內。

6 雖然我們快速趕路，抵達塞維亞時，已是聖三主日前的星期四[11]，一路上受盡猛烈的酷暑；因為，雖然沒有在午休時間行路，修女們，我對妳們說，由於陽光直射馬車，進到馬車內，彷彿進入煉獄一般。有時我想的是在地獄裡，有時則認為是做了些什麼[12]，為天主

6. 原文只有代理（*comisario*），譯者加上括號內的字。為什麼稱古嵐清神父為代理省會長呢？因為當時的赤足修會仍屬非赤足管理，即使他是赤足修會的最高領導，仍然要冠上「代理」。
7. 塞維亞的總主教克里斯多華．羅哈斯，桑多巴（Don Cristóbal de Rojas y Sandoval，一五〇二至一五八〇），是 Denia 侯爵的兒子，曾任 Oviedo、Badajoz 和哥多華的主教，是特利騰大公會議的活躍份子。
8. 簡單地說，貝雅斯地處卡斯提和安大路西亞之間，教會將之歸屬安大路西亞省管理，就地理位置來說，卻是屬於卡斯提。大德蘭只想在卡斯提建院，如果她知道貝雅斯是屬於安大路西亞省，她是絕不會去建院的。

而忍受，路途中，那些修女滿懷高興和喜樂。因為和我同行的六位修女是這樣的修女，我覺得，我敢和她們一起去土耳其人的地方，而且，她們是剛毅的，或者，更好說，我們的上主賦予她們剛毅，願意為祂受苦，因為這是她們的渴望，也是談話的主題，她們是祈禱和克苦的精修者，由於她們必須留守在這麼遠的地方，我盡力安排的修女，是我認為最適當的人選⑬。按照將遭遇的艱難，這一切是必須的；是有一些困難，也有最艱難的困境，但我不加以述說，因為可能涉及某人。

❼聖神降臨前，有一天⑭，天主給她們一個相當大的磨難，就是我發了高燒。我相信她們對天主的呼喊，足以使我的病況不再惡化；發這樣的高燒，不繼續惡化，是我一輩子從未有過的事。事情是這樣的，我好像在昏睡，不省人事。她們把水灑在我的臉上，可是太陽這麼熾熱，所以也得不到什麼清涼。

❽我不想對妳們略而不談，在此困境中，我們居住的壞旅店：給我們的是一間空無片瓦的小房間，沒有窗子，如果把門打開，房間內滿是陽光。要知道，那裡的陽光可不像在卡斯提，是極累人的。她們讓我躺在一張床上，我覺得，更好是把我放在地面上；因為這個床到處凹凸不平，我不知怎能躺在上面，因為彷彿在尖銳的石頭上，生病真是不得了的事啊！健康時，樣樣都容易忍受。最後，我決定，更好是我起身，我們離開那裡，我覺得在田野忍受太陽，比在那個小房間裡更好。

❾處在地獄中的可憐人，會是何等光景呢？他們的處境必是永遠不變！雖然接踵而至的磨難，看來好像有些減輕。臨於我的遭遇是，在某處有個非常強烈的痛苦，然而在別處，

9. 參閱第 2 節。就是說，古嵐清神父不在那裡，沒有和他們同行。
10. 就是國瑞・納祥神父，參閱 22・19 的註解。
11. 一五七五年五月廿六日。
12. 做了些什麼：意即，在為天主忍受炎熱酷暑。
13. 她們的名字是：瑪利亞・聖若瑟、依撒伯爾・聖方濟各（Isabel de San Francisco）、萊奧納・聖佳播（Leonor de San Gabriel）、安納・聖雅爾伯（Ana de San Alberto）、瑪利亞・聖神（María del Espíritu Santo）及依撒伯爾・聖熱羅尼莫（Isabel de San Jerónimo）。前四位修女都曾在革新修院擔任過院長。
14. 就是一五七五年五月廿一日。

又遭逢另一個這麼大的痛苦，我覺得好像因改變而減輕[15]；這裡就是像這樣。按我所記得的，看到自己生病，我並不覺得痛苦；修女們忍受的痛苦遠超過我。應是上主的保祐，我發的高燒沒有持續到次日。

❿之前不久，我不知道是不是兩天前，我們碰到另一件事，使我們陷於窘境，那時我們正乘船渡過瓜達爾幾微河[16]，到了馬車要過河時，不可能用繩索直接過河，必須在河中轉彎，雖然用繩索轉彎，多少也有些幫助；然而，不巧的是繩索鬆脫，或是說，我不知道發生什麼事，帶馬車的小船，既沒有繩索，也沒有槳。看到渡船夫如此焦急，我對他深感同情，遠超過對危險的掛慮。我們[17]在祈禱。其他的人則是高聲喊叫。

⓫正好有個紳士，他在附近的城堡上望見我們，深表同情，派人來幫助，因為在那時，繩索還不是完全鬆脫，我們的兄弟[18]正用盡全力，拉住繩索；但是，水的衝力這麼猛烈，有的人竟然撲倒在地上。渡船夫的一個兒子，實在引起我深切的虔敬之情，使我永遠難忘；我看他大約是十或十一歲，由於看見爸爸在困苦中，他那樣辛勞地工作，這使我讚美我們的上主。然而，至尊陛下總是以憐憫給予磨難，這裡就是這樣；這隻小船恰好擱淺在沙地上，那是一處水不多的地方，因此能予以補救。因為夜晚已到，如果不是有城堡來的人帶領，我們真不知要如何繼續上路。

我並沒有想要敘述這些事，因為這是一些不甚重要的事，我已說了相當多路上不好的遭遇。我之詳述這事，是受人的堅持請求。

⓬對我而言，比所說的這些還要大的磨難是，聖神降臨節後的第二天發生的。我們趕

15. 其實並沒有，痛苦還是一樣強烈。
16. 就是渡過瓜達爾幾微河（Guadalquivir），到埃斯佩盧伊（Espeluy）。
17. 「我們」，用的是陰性代名詞，意思是「修女們」在祈禱。
18. 指的是陪同的人，參閱第 5 節。

在早晨抵達哥多華，去望彌撒而不會被人看見。為了更獨修，於是帶我們到過橋那邊的一座聖堂。當我們要過橋時，馬車需要有地方官發給的通行證才能通過。在這裡等了兩個多小時，因為地方官還沒有起床，也吸引了許多人過來，想要知道誰來到這裡。我們對這事並不在意，因為馬車遮掩得很好，他們不能看見什麼。通行證終於到了，我們的馬車卻通不過橋門；必須鋸掉它們，或說，我不知道是什麼[19]，這樣，又用了一段時間。最後，我們抵達聖堂，胡利安．亞味拉神父主持彌撒，聖堂內充滿了人：因為，這聖堂是奉獻給聖神的，我們卻不知道這事，所以，舉行的是極隆重的慶節，也有證道。

13 當我看見這樣，覺得非常難過，我認為，還是我們離開，不要望彌撒，比進去當中，引來這麼多的騷動要好得多了。胡利安．亞味拉神父卻不以為然，由於他是神學家，我們都得順從他的意見；其他的同伴或許會順從我的主意，那可能是個不好的意見，雖然我不知道，是否我只信賴自己的看法[20]。我們在聖堂的附近下馬車，雖然如此，沒有人能看得見我們的面容，因為我們的臉上經常戴著大紗，看見我們戴著大紗，穿著白色粗羊毛斗篷，還有腳上穿著麻繩編織的涼鞋，這些已足夠引起騷動，真的就是這樣一團騷亂。必是這驚嚇使得我的高燒完全退去；的確，這對我和所有的人，都是好大的驚嚇。

14 開始進入聖堂時，一位友善的好人走近我，幫助我們隔開人群。我懇求他帶我們到一間祈禱室。他這麼做了，且把祈禱室的門關上，陪伴我們，直到我們離開聖堂。不多幾天後，他來塞維亞，對我們修會的一位神父說，為了所做的那件好事，他覺得天主賞報了他，使他得到，或說給他，一大筆資產，這是他早已忘記的。

19. 根據胡利安神父的記述，他們鋸掉的是車軸突出的地方。
20. 聖女很委婉地表達她其實不贊同胡利安神父的意見。
21. 時為五月廿六日。
22. 參閱第 4 節。

女兒們，我對妳們說，雖然妳們可能認為這算不了什麼，對我來說，卻是曾經歷的糟糕時刻之一，因為人群的喧鬧，彷彿是一群鬥牛進入聖堂。所以，我等不及要離開那地方；由於附近沒有可午休的地方，我們在一座橋下休息。

15 我們到達塞維亞[21]，來到瑪利安諾神父為我們租好的房子，這是他已經告知的事，我想一切都已辦妥：因為，如我說的，總主教多麼恩待赤足會士，他有時寫信給我，表示對我疼愛有加[22]。但這都不足以使我避免相當大的磨難，因為是天主願意如此的。總主教非常反對建立守貧的女隱修院[23]，他是有道理的。這是難處，或更好說，為完成建院的工作，是益處；因為，如果在上路之前，對總主教說了這事[24]，我肯定他不會同意。因為代理神父[25]和瑪利安諾神父（我的來到也帶給他極大欣喜）確定至極，由於我的來到，他們為總主教做了極大的服務，所以，之前並沒有對他說這事；如我說的，想到要是他們這麼做，可能會犯下許多的錯誤。因為在建立其他的隱修院時，我首先謀求的是當地主教的許可，如神聖大公會議所命令的[26]；這裡，我們不只認為總主教一定給許可，如我說的，還認定是給他的一個大服事，也真是這樣，不過，這是後來才應驗的；沒有一次的建院，上主願意我沒有許多的艱難：有時是這樣，有時是那樣[27]。

16 那麼，來到房子那裡，如我所說，是他們為我們租來的，我想立刻取得那房子，如我慣常所做的，為使我們能誦念神聖的日課。瑪利安諾神父開始拖拖拉拉，因為他在那裡，由於不要我難過，不想全盤告訴我。可是，他又沒有足夠的理由，於是我明白困難的所在，就是還沒有給許可；他這麼對我說，建立有基金的隱修院，他認為是很好的，或其他像這

23.「守貧的」女隱修院：意指純靠施捨的隱修院。
24.「這事」：就是大德蘭要建立的是守貧的隱修院。
25. 即古嵐清神父。
26. 即特利騰大公會議。
27. 根據瑪利亞．聖若瑟記載的，總主教的反對，係來自他盼望大德蘭和她的女兒們，改革在塞維亞已有的女隱修院，而非建立一座新隱修院。參閱 *Libro de Recreaciones*, Recr. 9。

樣的事，我已記不得了。最後，他告訴我，總主教不喜歡給予女隱修院許可，自從他當主教以來，不曾給過一個許可，他在這裡及哥多華已有許多年，他是天主的大好忠僕；尤其是守貧的隱修院，他不會給許可的。

⑰這就是說不得建立隱修院：其一，在塞維亞城市建立有基金的修院，我會覺得很不好，即使我能這麼做；因為，建立有定期收入的修院，都是在小地方，在那些地方，或是不建院，不然就是要有年金，因為不這麼做，無法維持生計。其二，因為旅途的花費已使我們身無分文，也沒有多帶什麼，只身上穿的衣服，及一些長內衣和頭紗，還有一路上，遮蓋馬車，及在車內的舒適用物。為使那些陪我們同來的人回去，還得向人借錢；在那裡，安東尼奧・凱堂有個朋友借錢給他。為了安置房子，瑪利安諾神父到處張羅；而房子並不是我們的。所以，這是不可能的事。

⑱由於我所說的這位神父堅持不懈的請求，我們得到許可，在榮福聖三節舉行彌撒[28]，這是首祭彌撒，但有話傳來說，不許敲鐘，也不許設置鐘，雖然我們已把鐘安裝好了。我們就這樣過了十五天多，如果不是為了代理神父[29]和瑪利安諾神父，我知道，我一定會和修女們返回，不會有絲毫的難過，回去貝雅斯準備建立卡拉瓦卡修院。在那些日子還遭遇好多事情，由於我的記性不好，已記不得了，但我相信這有一個多月的時間。現在離去，比剛來時就離去，情況更加為難，因為隱修院的事已廣為人知。瑪利安諾神父絕不許我寫信給總主教，他自己逐步地軟化總主教，也使用代理神父的馬德里來信勸服他。

⑲至於我，倒是有一件事，使我心平氣和，也不會有很多的後悔，那就是：有總主教

28. 一五七五年五月廿九日。「所說的這位神父」，即瑪利安諾神父。
29. 即古嵐清神父。

的許可，可以舉行彌撒，及我們常能在經堂內誦念神聖的日課。總主教也派來使者探望，並對我說，他希望很快看見我，舉行首祭彌撒時，也派一位他的助理來主祭；因此，我清楚看出來，除了使我難過，是不會怎樣的。雖然如此，我覺得難過的理由，不是為我自己，也不是為我的修女們，而是為了代理神父；由於是他命令我來的，如果有什麼不幸發生，他會非常痛苦，而且痛苦至極，他有好多的理由為此難過。

20 在這時，非赤足的神父也來詢問，建院的准許從何而來。我給他們看許可的證書，是我們至可敬總會長神父給的[30]。這使他們平靜下來，然而，如果他們獲知總主教所做的，我相信這仍不足夠；不過，無人知道這事，大家反而相信，總主教非常喜愛又滿意。天主保祐，總主教終於來看我們。我告訴他，他對我們所造成的傷害。最後，他對我說，按照我所願意的方式，繼續發展已有的隱修院。從那時起，經常恩待我們，在一切事上供應和優惠我們。

30. 大德蘭有兩封許可的書信，是總會長魯柏神父寫給她的，分別寫於一五六七年四月廿七日，及一五七一年四月六日。

第二十五章

續談塞維亞榮福聖若瑟隱修院的建院，及為獲取修院房舍的經過。

❶沒有人會料想到，像塞維亞這麼富裕的城市，又有這麼多富有的人，卻比所有曾去過的任何地方，更不容易準備建院。所得的幫助這麼少，有時我會想，在那地方建立隱修院，對我們並不好。我不知道，是不是那地方氣候的緣故，我常聽人說過，那裡的魔鬼有更大的魔力誘惑人，必是天主給牠們的，在那裡，我深受折磨，一輩子，不曾見過自己，有比在那裡時更怯懦和膽小的。確實，我不認識自己。所幸我對我們上主常懷有的信賴並未失去；然而，我的本性是這麼不一樣，不同於向來進行這些事之後的情況，我懂得的是，上主局部地撤去祂的手，使我的原形畢露，看清自己，如果我有勇氣，那不是我的。

❷所以，從我說的這時起，我留在那裡直到四旬期之前不久①，既沒有機會，也沒有錢買房子，沒有人會給我們貸款，如同在其他的地方那樣（那些婦女常告訴宗座視察神父②，說要入我們的會，請求他帶修女們來這裡建院，後來認為我們太嚴格，她們無法度這樣的生活；只有一位入會，後來我會述說③），正在此時，來了一道命令，要我離開安大路西亞，因為在卡斯提有了其他的事情。我感到難過至極，要離開尚未備置院舍的修女們，雖然我看得很清楚，我在那裡什麼也沒有做；因為，直到目前為止，天主賜予恩惠，一直會有人來幫助這些建院工作，但在那裡卻沒有。

1. 就是從一五七五年五月廿六日，直到次年二月，約九個月的期間。
2. 即古嵐清神父。
3. 碧雅翠絲．天主之母（Beatriz de la Madre de Dios），參閱 26．2—16。

❸必是天主保祐，在那時，我的一個弟弟，名叫勞倫・賽佩達④，從印第安人的地方回來，他在那裡住了三十四年多，看到修女們處在沒有自己院舍的情況，他甚至比我還難過。他幫助我們許多，尤其是努力獲取現在修女們住的房子。那時，我深深向我們的上主祈求，懇求祂，不要讓我離開，而留下她們沒有房子，我要修女們向上主祈求，也向榮福聖若瑟懇求，也向我們的聖母做了許多的遊行和祈禱。如此一來，再加上看見我的弟弟決心幫助我們，我開始和他商談購買一些房子。看來好像就要簽約的事，卻又完全沒有了。

❹有一天在祈禱中，我懇求天主賜給她們房子，因為她們是祂的淨配，又這麼渴望取悅祂，祂對我說：「我已聽了妳；把事情交給我。」我感到非常愉悅，好似我已有了房子。也真是這樣。至尊陛下幫助我們，沒有買下那大家滿意於其地點好的房子，因為房子本身老舊又破爛，所買的只是好地點，而付價比我們現在住的院舍要高得多。雖然大家都同意，只差簽訂合同，我一點也不滿意。我認為，這和在祈禱中我聽到的最後一句話不符；因為，我覺得，那些話是個記號，要給我們好房子；因此，上主保祐，那位賣主即使獲取大利，仍在要簽約時提出刁難；所以，我們無誤地避開簽約，此乃我們上主的大恩惠。因為，如果修女們住進那裡，一輩子也做不完修補房子的工作，她們會非常辛苦，又沒什麼好辦法。

❺有位天主的忠僕給我們許多的幫助，幾乎就在我們剛到那裡時，他一知道我們沒有彌撒，就天天來做彌撒，即使他的家相當遠，陽光酷熱無比。他名叫加西亞巴雷斯⑤，是一個非常好的人，因他的善工，在城裡頗受敬重，他常專務行善，不做他事；若是他很富有，我們必會一無所缺。對那房子，他知之甚詳，要付這麼多錢買那房子，他認為極愚蠢，他

4. 勞倫・賽佩達（1519—1580）：於一五四〇年前往美洲，現在回到西班牙，是鰥夫，有三個孩子（方濟各、勞倫、小德蘭）陪同，和他的弟弟貝德羅（Pedro）。一五七五年八月，在 Sanlúcar de Barrameda 下船，並開始幫助大德蘭建立塞維亞隱修院。他很快請求大德蘭指導他的靈修，至今仍留有許多聖女寫給他的靈修書信。參閱 *Relación* 46（或 *Spiritual Tesimonies*, 41）。
5. 加西亞巴雷斯（Garciálvarez）。

天天這樣對我們說，而且盡力不要我們再提那事。他和我的弟弟去看我們現在住的房子。他們這麼喜愛，這是理所當然的，也是我們的上主所願意的，於是在兩三天內，就簽定了合約⑥。

❻我們搬進去前，碰到的麻煩不小，因為原住戶不願搬出；還有方濟會士，由於住在附近，立刻就來要求我們，絕不要我們搬進那裡。如果合約不是這麼明確地簽定，我會讚美天主，那就能夠解除；因為我們看見面臨一個危險，就是付了六千達卡買了房子，又不能住進。這和院長的看法不同⑦，她因合約不能解除而讚美天主；關於那房子的事，至尊陛下賜給她比我更大的信德和勇氣，在其他各方面亦然，她比我好得多。

❼這個困難持續一個多月。天主保祐，在一個晚上，我們終於搬進去，院長和我及其他兩位修女，因為在取得房子之前，不要讓那些方濟會士察覺，所以我們害怕得很。和我們同來的人說，他們看每一個影子都像是會士⑧。天亮時，和我們同來的好加西亞巴雷斯，在房子裡舉行首台彌撒，這樣，我們就不再害怕了。

❽啊！耶穌！在取得這些隱修院的房子之前，我經歷多少的害怕！我深思細想，如果不做惡事，而是服事天主，一個人感受到這麼多害怕，那些存心做惡，反抗天主和近人的人，會是怎樣的呢？我不知道，他們能有什麼收獲，或能找到什麼愉快，來平衡那樣的害怕。

❾我的弟弟那時不在那裡，由於簽合約時，非常匆促而犯下的一個錯誤，使他留在庇護所，這個錯誤對隱修院的損害很大，由於他是擔保人，他們要逮捕他⑨。但因他是外國人（譯按，參閱註4.），這會給我們好多的麻煩，事實也是如此，直到他提供押金做為擔保，

6. 合約簽定於一五七六年四月五日。這房子付價六千達卡，不過，在寫給瑪利安諾的一封信中（一五七六年五月九日），大德蘭提到這房子的超便宜價錢，她說，現在連兩萬達卡也買不到。
7. 這位院長是瑪利亞・聖若瑟（一五四八至一六〇三），在貝雅斯時，大德蘭特別選她來擔任塞維亞的院長。她是聖女寵愛的女兒之一，聖女寫給她的六十多封信，至今仍保存。一五七一年在馬拉崗發願。在塞維亞多次擔任院長，一五八五年，前往里斯本創立新院。
8. 會士：指住在附近的方濟會士。

不然還是有麻煩。之後的談判好轉，雖免不了也有訴訟的時候，我們還會有更多的磨難。我們關閉在底層的一些房間內，他整天在那裡和工人們一起，並供給我們食物，是他先前早已準備的。由於那是私家住宅，不是人人知道這是隱修院，所以得到的施捨很少，除了那古耶巴斯聖善的老院長，他是加杜仙會士，天主的極好忠僕[10]。他是亞味拉人，出自潘多哈家族。天主賜給他這麼愛我們，我們一到這裡，他以所有的方式善待我們，我相信，他會持續這麼做，直到他逝世為止。修女們，如果妳們讀到了，無論他們是活著或已過世，將凡幫助我們，這麼多的好人交託給天主，是理所當然的，所以我將之寫在這裡。對這位聖人，我們虧欠他很多。

❿ 我的弟弟和我們在一起，我相信有一個多月（關於這些日子的事，我的記性不好，所以可能會記錯；常常是意指「差不多」，不過，那是無關緊要的）。在這個月中，他勤奮地工作，把幾個房間建造成聖堂，安置好一切，使我們不必做什麼。

⓫ 完成之後，我希望不聲不響地供奉至聖聖體，因為我非常反對在能避免之處添加麻煩，所以，我這麼告訴加西亞巴雷斯神父，他和古耶巴斯的院長神父商談這事，他們把我們的事拿著當自己的，一點也不嫌麻煩。他們認為，為在塞維亞使人認識隱修院，必須隆重地供奉至聖聖體，所以，他們就去找總主教。大家一致同意，要非常隆重地從一個堂區遷供至聖聖體，總主教發出命令，神職人員及一些教友團體都要來參加，且要裝飾街道。

⓬ 好加西亞巴雷斯裝飾我們的修院，如我說的，那時是朝向著街道。他還極力裝飾聖堂，擺設許多很美好的祭台及巧妙的設計。其中有個橘花水的水泉，是我們既不曾請求，

9. 簽約時顯然沒有注意到有一項不合常規，導致買主應付營業稅。但修女們無力付這筆稅金，擔保人必須負責。為了不被逮捕，勞倫留在庇護所內。
10. 費南多．潘多哈（Fernando Pantoja，死於一五八二年）：他是塞維亞古耶巴斯（Cuevas）聖瑪利亞加杜仙修院的院長，其任期為一五六七至一五八〇。他也是亞味拉人。

甚至也沒有想要有的，雖然如此，後來引發我們許多的虔敬之情。我們深感安慰的是，我們的慶節舉行得這麼隆重，華麗裝飾的街道，又有許多的音樂和歌手⑪。聖善的古耶巴斯院長告訴我，這是塞維亞不曾見過的盛況，顯然，是天主的工作。他也在遊行的行列中，這可不是他的習慣作風。總主教親自供奉至聖聖體⑫。

女兒們，妳們看這裡，貧窮的赤足會隱修女受到眾人的讚揚；不久前，還看不出來會有給她們的水，即使在河流中有滿滿的水。參禮者之多可謂盛況空前。

⓭這裡發生一件值得注意的事，根據目睹者說的，放了這麼多的炮彈和煙火，遊行結束後，已差不多是夜晚了，眾人率性地放更多的煙火，不知道有些火藥為什麼燃燒起來，而拿著火藥的人卻安然無恙，這是一件奇事。好大的火焰向上飛躍，有隱修院那麼高。在那裡有些旗幟遮蓋著拱門，人們想必會化為灰燼，然而卻絲毫無損，雖然那些旗幟是黃色和洋紅色的。而我所說的，令人驚訝的是，旗幟下，拱門的石頭都被煙燻黑了，旗幟仍在上面，完全無恙，好像火沒有達到那裡。

⓮看見的人都感到驚訝。修女們讚美上主，因為不必花錢再買其他的旗幟。對所舉行的隆重慶祝，及看見另一座天主的家，魔鬼必定大發雷霆，想要下手報復，但至尊陛下不許牠得逞。願天主永遠受讚美，阿們。

11. 原文用的這個字 *ministriles*，字典查不到。K.K. 譯為樂器（musical instruments）；A.P. 譯為歌手（minstrels）.

12. 時為一五七六年六月三日。遊行結束，大德蘭跪在總主教面前，接受他的降福，隨後，總主教跪在大德蘭面前，請她降福，在廣大的民眾前，大德蘭感到非常難為情。大德蘭在寫給安納・耶穌姆姆的信中，敘述了這個事件，參閱 BMC18・469。一五八六年，修女們搬出這個修院，遷移到一個比較安靜的處所，現在街名為聖德蘭。

第二十六章

續談塞維亞聖若瑟隱修院的建院。敘述進入該隱院的第一位修女，一些很值得注意的事。

❶我的女兒們，妳們能深思細想那一天我們的安慰。我能告訴妳們，我的安慰是極大的。尤其是，我看得到，把修女們留在這麼好的房子裡，這麼好的地點，而且隱修院已被人熟識，院中的修女可以支付大部分的開支；致使補充不足的人數時①，若入會者沒有足夠的資款，也能不必帶入會金②。最主要的，讓我欣喜的是，分擔了艱難困苦，而當我可以稍事休息時，我離開那裡。這個慶祝是在一五七六年，聖神降臨節前的主日，接下來的星期一我離開③，因為天氣愈來愈炎熱，為了是，能不在路途上，而在馬拉崗過聖神降臨節，我也希望能多留一天，但為了這個理由，我匆忙地告別。

❷由於不是上主的意願，我甚至連在那聖堂望一天的彌撒也不成。因著我的離去，修女們的歡樂完全落空④，她們的感受好強烈，那年我們同在一起，經歷這麼多的磨難，如我說過的⑤，那最嚴厲的，我沒有寫在這裡。我認為，除了亞味拉首座隱修院的創立之外——那是無可比擬的——，再沒有像這座隱修院，讓我付出這麼多的辛勞，其中大部分是內在的磨難。願神聖的至尊陛下保祐，常在這隱修院中受事奉，如我所期望的，祂會受到服事，其他的一切，則無關緊要。至尊陛下開始吸引好靈魂來那會院，我帶來的修女中，留下來的有五位，如我已對你們說過⑥，她們有多麼好；就是說，還有許多能說的，所說的其實微

1. 大德蘭革新的隱修院有人數限定，超出名額時，不能接收新人入會。這裡說的不足的人數，表示仍可以收納聖召。
2. 通常入會者必須備有入會金，大德蘭在此表示，這個修院足以負擔所有支出，即使有貧窮的小姐入會，也可以接受。
3. 就是說，一五七六年六月三日舉行慶祝，六月四日凌晨兩點就動身上路。

不足道。至於我想說的，第一位進入那裡的修女，會是使妳們感到愉悅的事。

❸她是良好基督徒雙親的女兒，她的父親來自高山地區。當她還很小的時候，大約七歲，一位阿姨因為沒有孩子，請求她的母親把孩子給她。帶她回到家裡，理所當然地對她表示疼愛有加。阿姨的女僕人，在孩子還沒有來之前，必是期望繼承她的家產；現在很明顯，阿姨疼愛這個小孩，必會把財產留給她。為了除掉那個危險，她們協議採用惡魔的手段，造謠控告小孩，說她要殺死她的阿姨，又把錢給她們當中的一位，我不知給了多少錢，去買一些升汞。然後，告訴她的阿姨，由於三個人說同樣的事，她馬上相信她們。女孩的母親亦然，她是極為有德的女子。

❹母親去把小孩帶回家中，認為她會長成一個非常壞的女人。碧雅翠絲・天主之母⑦，這是她的名字，對我說，經歷了一年多，天天遭受鞭打、拷問及睡地板，因為要她招供做了這麼大的惡事。由於女孩子說她沒有做，也不知道升汞是什麼，她的母親以為她真是壞透了，故意要隱瞞這事。可憐的母親憂心忡忡，看到她這麼頑強，隱瞞所做的事情，以為她永遠不會改過自新。夠驚人的是，那女孩寧可受這麼多的折磨，不要招供；然而，她是無辜的，天主支持她，使她總是說真話。再者，至尊陛下保護沒有罪過的人，祂使那些女僕中的兩位感染重病，好像患了狂犬病，她們祕密地送信給那女孩和她的阿姨，請求她們的寬恕，眼看著處在死亡的邊緣，她們改口翻供；另一位女僕，死於臨盆前，也做了同樣的翻供。總之，這三位受折磨而死，償還她們的作為，就是使那無辜的女孩受苦。

❺我不只從她獲知這事，也從她的母親，當她看到自己的女兒成了隱修女時，非常難

4. 為舒解塞維亞修女們的悲傷心情，古嵐清神父命令若望會士（fray Juan de la Misaria）為大德蘭畫一張肖像畫。這幅珍貴的畫像仍保存在塞維亞隱修院，這是大德蘭唯一最純真的畫像。當大德蘭看到完成的畫作時，她幽默地說：「願天主寬恕你，若望會士，你為我作畫，把我畫得既醜又雙眼無神。」參閱 P. GRACIAN, *Peregrinación de Anastasio*, Diál. 13（B.M.C., t. 17, pp. 201—202）。

5. 見 18・4—5；24・6。

6. 參閱 24・6，

過曾經這麼惡待她，還告訴我其他的事，她遭受的苦難非常多。這是天主允許的，她的母親並無過錯，她是很好的基督徒，非常疼愛她的女兒，是非常真誠，富有基督徒美德的婦女。

❻小女孩大約十二歲多時，讀了一本談及聖安納的書，使她極其熱愛加爾默羅山的諸聖，書裡說，聖安納的母親（我相信，她名叫梅雷西安納⑧）常常和他們交往，因此，使她這麼熱愛我們聖母的這個修會，她隨即許願要做隱修女，發願守貞。當她能夠時，她用許多時間獨修與祈禱。在其中，天主和我們的聖母賜給她極大的恩惠。她渴望馬上就成為隱修女。由於她的雙親，她不敢，也不知去哪裡找這個修會；令人驚奇的是，在塞維亞已有一座緩規的隱修院，她卻從未聽說過，直到獲知我們隱修院之後，過了許多年，她才知道。

❼她到了適婚年齡時，父母為她安排了一門婚事，雖然她是個小女孩；然而，除她之外，沒有別的孩子，其他的兄弟姊妹，全都過世了，這位最不受寵的女孩，卻存留下來（當我所說的事發生時⑨，她還有一位兄弟，為她辯護說，不該相信人家的謠言），這門婚事已經非常確定，父母認為她不會反對，可是在告訴她時，她回答說，她已許願不要結婚，無論用什麼巧妙手腕，即使殺了她，她也不結婚。

❽要不是魔鬼使他們瞎了眼，就是天主容許的，為使她成為殉道者（他們以為她做了什麼惡事，所以不要結婚），由於婚事已經說定，退婚必會羞辱對方，他們鞭打她無數次，加給她極多的處罰，甚至想要吊死她，他們扼住她，幸虧沒有殺死她。天主希望她做更大的事，保存她的生命。她親自告訴我，到最後，她幾乎無所感覺，因為回想起聖女雅妮⑩所

7. 碧雅翠絲·天主之母（一五三八至一五六四），是 Alfonos Gómez Ibero 和 Juana Gómez Chaves 的女兒，她在一五七六年九月廿九日發願。次年，她的母親發願，取會名為華納·十字（Juana de la Cruz）。她不幸童年的影響，致使她後來對瑪利亞·聖若瑟院長姆姆表現敵意，使瑪利亞姆姆遭到被罷免院長職。碧雅翠絲被非赤足省會長卡德南斯（Cárdenas）任命為院長。不到一年，因國王的介入，新的長上們剝奪她的院長職，因為她的不明智領導及隱修院累積的債務，瑪利亞·聖若瑟重新被選為院長。碧雅翠絲後來悔改，並且在修院內度過很長也很有用的歲月。

忍受的痛苦，上主把它放在她的記憶裡，使她樂於為祂受些苦，她所做的無非是把自己給祂。他們想她必死無疑，因為她躺在床上，三個月動彈不得。

9 這是很不尋常的事，一位從不離開母親身邊的女孩，她的父親，據我所知，是十分慎重的人，他們怎能想她會這麼壞呢？碧雅翠絲常是聖善又誠實，這麼愛施捨，凡能得到的一切，都用來施捨。我們的上主願意賜給人受苦的恩惠時，祂有許多的辦法；雖然如此，幾年來，上主揭示給她的雙親其女兒的德行，致使女兒要布施時，他們全都給她，他們對她的迫害，變成對她的寵愛；然而，懷著想要當隱修女的渴望，一切都使她感到艱難，按照她對我說的，她因此而萬分惆悵和痛苦。

10 古嵐清神父來塞維亞之前的十三或十四年，發生了一件事，那時還沒有人知道有赤足加爾默羅會士，當她和父母及兩位鄰居婦女在一起時，進來了我們會的會士，穿著粗毛會衣，如我們赤足修會現在穿的。他們說，這位會士容光煥發，令人尊敬，雖然這麼老，他的鬍子看來好似銀絲，是長長的鬍子。他靠近碧雅翠絲，開始對她說一些話，碧雅翠絲不懂他的語言，其他的人也都不懂；說完話之後，降福她三次，說：「碧雅翠絲，願天主使妳堅強」，然後，就走了。當他在那裡時，所有的人都不敢動，好像都驚呆了。她的爸爸問她，那是誰。她心中想，那是她爸爸認識的。他們快速地起身，要去找他，但他再沒有出現。碧雅翠絲深感安慰，眾人都驚奇，認為這是天主的事，因此開始對她非常重視，如我已說過的。這件事過後，這些年過去了，我相信有十三或十四年，她一直服事我們的上主，懇求祂實現她的渴望。

8. 梅雷西安納（Merenciana），聖安納的母親，也是耶穌的外曾祖母。
9. 見 3-5 節。
10. 聖女雅妮（Inés）：羅馬的殉道聖女，十三歲時為主殉道。

11 當碩士神父，熱羅尼莫・古嵐清會士來到那裡時，碧雅翠絲難過極了。事情是這樣的，有一天，在特里亞納（Triana），那是她父親住的地方，當她在那裡的聖堂望彌撒時，不知道誰在宣道——即古嵐清碩士神父——她看見神父，前去領受降福。當她看見那會衣，是赤足會士的會衣，立刻想起她曾見過的那位，因為是相同的會衣，雖然面孔和年齡不同，因為古嵐清神父那時還不到三十歲[11]。碧雅翠絲對我說，她欣喜萬分，好像要昏倒一般；雖然她已聽說，在特里亞納那裡建了修院，卻不知是什麼修會。從那一天起，她立即設法去向古嵐清神父辦告解，然而，天主卻願意這樣，她甚至付出很大的代價，因為她多次去，或說，至少去了十二次，神父都不願聽她的告解。由於她年輕又貌美，那時必不超過二十七歲[12]，神父則避開，不和這類的人交談，他非常謹慎。

12 到了有一天，她在聖堂內哭泣，同時也非常內斂，有位女士問她怎麼回事。她回答說，自己竭盡心力要和那位神父談話，卻辦不到，神父這時正在聽告解。這女士帶她到告解處，請求神父聽她的告解，於是，她能向神父辦總告解。神父看見這麼豐盈的靈魂[13]，他深感安慰，並且安慰她說，赤足隱修女可能會來這裡，他會安排讓她們立刻收納她入會。果然如此，神父給我的第一道命令，就是，她是第一位被接納的，因為神父滿意她的靈魂，所以當我們來時，神父這麼通知她。神父堅持，不要讓她的雙親知道這事，因為可能會使她入不了會。因此，在至聖聖三節當天[14]，她離開那些陪她到聖堂的婦女。（她去辦告解時，她的母親不會陪她，因為赤足會的修道院很遠，她常去那裡辦告解，她，還有她的雙親藉著她，給修院很多施捨）。碧雅翠絲安排一位陪伴的婦女，是天主的極好忠僕，告訴

11. 古嵐清神父那時是二十九歲，他生於一五四五年；一五七四年，在塞維亞建立男會院。
12. 古嵐清神父二十九歲，但碧雅翠絲不是二十七歲，而是三十六歲。
13. 「豐盈的靈魂」（*alma tan rica*）：意指在各方面都很有恩寵。

那些婦女說，她會陪伴她，很快就會回來。那位陪她的婦女，在塞維亞人人皆知是天主的忠僕，行過大善事。所以，她們就讓她走了。碧雅翠絲穿上會衣和粗毛斗篷，我不知道她怎能走得動，應該是滿懷的欣喜，使她覺得事事都容易。她唯一的害怕是，有人認出穿著笨重會衣的她，非常不同於往常的模樣，因而阻擋她。天主之愛施行的奇工妙化！她既不要榮譽，也毫不顧念，只願不要有人阻礙她的渴望！我們立即為她開門。我請人告知她的母親這事。她的母親來了，彷彿失魂落魄；然而她說，她已看見天主賜給她女兒的恩惠；還有，雖然悲傷難過，還是接受事實，沒有極端地不和女兒說話，如同其他的人所做的，相反的，她給我們大量的施捨。

⓭這位基督的淨配開始歡享她長久渴望的幸福，她十分謙虛，非常喜愛做一切事，我們好難取走她的掃帚。她在自己的家中，極度受寵，在此，她的休息就是工作。由於她的極大欣喜，她很快就胖了起來。這使她的雙親很高興看見她在這裡。

⓮在發願之前的兩、三個月⑮，因為不使她歡享這麼多幸福，而沒有受苦，她遭受極大的誘惑；不是因為她決定不要發願，而是她覺得這是非常艱難的事。她完全忘記，這些年來，為了擁有的這幸福所遭受的，魔鬼這麼折磨她，使得她無能為力。總之，竭盡最大的努力，她克勝了魔鬼，竟致在這些折磨中，她決定誓發聖願。我們的上主，無須等待更加驗證她的剛毅，在她發願前三天，以非常特別的方式，親自來探望她，安慰她，使魔鬼逃之夭夭。她這麼充滿安慰，在那三天裡，欣喜地彷彿置身己外，這是理所當然的，因為所得的是很大的恩惠。

14. 一五七五年五月廿九日，同一天也舉行首台彌撒，參閱 24．18。
15. 她於一五七六年九月廿九日發願。參閱一五七六年六月十八日，聖女大德蘭寫給瑪利亞．聖若瑟的信。

15 她入會後，不多幾天，她的父親過世，她的母親也在同一隱修院穿上會衣[16]，並把一切所有全捐獻給修院，母親和女兒都體驗到極大的喜樂，也是眾修女的好表樣，事奉賜給她們大恩惠的上主。

16 甚至一年還沒有過去，進來另一位小姐，相當違反雙親的意願；上主繼續增加這麼渴望事奉祂的靈魂，住滿祂這個家，嚴格和隱院禁地，都不會妨礙她們入會。願祂永遠、永遠受讚美和稱揚，阿們。

16. 一五七七年十一月十日發願，她是白紗的輔理修女，取會名為華納・十字。

第二十七章

本章敘述在卡拉瓦卡城鎮的建院。於一五七六年，新年那天供奉榮福聖體。奉榮福大聖若瑟為修院主保。

❶ 當我在亞味拉，正要離開去建院，就是建立我所說的貝雅斯隱修院，唯一有待準備的是上路的交通工具，那時，來了一位私人的特使，是卡拉瓦卡的一位夫人派遣來的，夫人名加大利納①。因為有三位小姐，自從聽了某耶穌會神父的一篇講道後，來到她家，決定絕不離開，除非在該城內建立一座隱修院②。事情是這樣的，她們已和這位夫人討論過，她是能幫助她們建立隱修院的人。她們是該城最重要紳士家族的成員。其中一位的父親，名羅瑞格．瑪雅，是天主的大忠僕，並富於明智審慎③。她們全都熱切追求完成相同的計畫。她們獲知這事，即我們的上主建立這些隱修院，是從耶穌會神父那裡聽來的，他們④總是恩待和幫助建院。

❷ 由於看見那些靈魂的渴望和熱情，為了尋找我們聖母的修會，走了這麼遠的路，使得我虔敬滿懷，並渴望幫助達成她們的好意向。獲知卡拉瓦卡就在貝雅斯附近，我帶了多位修女與我同行，如我向來所做的——因為，根據夫人的來信，我認為很快會達成協議——，我的用意是，貝雅斯的建院完成後，就去卡拉瓦卡。然而，上主另有安排，我的計畫用處不大，如塞維亞的建院所說的。又因為她們從騎士修會所得的許可，即使我已決定要上路，

1. 在加大利納之後留有一個空白，有意要寫上夫人的姓，即奧塔蘿拉（Otálora）。加大利納是亞龍索．牧諾斯（Alonso Muños）的遺孀。亞龍索．牧諾斯是卡拉瓦卡富有和深具影響力的紳士，也是卡斯提和印度地區參議會的議員。
2. 這位耶穌會士是雷依凡神父（P. Leiva）。三位年輕的小姐是，方濟加．撒諾沙（Francisca de Saojosa）、方濟加．古耶亞（ Francisca de Cuéllar ）和方濟加．奧斯德（Francisca de Yauste）。
3. 羅瑞格．瑪雅（Rodrigo de Moya）是方濟加．古耶亞的父親。
4. 指耶穌會的神父們。

仍然必須放棄⑤。

❸事情的真相是，當我在貝雅斯時，獲知卡拉瓦卡所在的地點，看到地處相當偏遠，到那裡的路很難走，要去探望修女們很是艱難，長上們⑥會很不高興，這些理由使我建院的熱願大減。然而，因為我給了她們很好的希望，我請求胡利安．亞味拉神父和安東尼奧．凱堂，到那裡去看個究竟，如果認為妥當，他們可將之取消。他們對於這件事很不看好，不是因為想當隱修女的三位小姐，而是因為加大利納夫人，她是整個事情的主要負責人，她安排她們各自住在單獨的房間，彷彿已經在度退隱的生活。

❹這些隱修女堅決無比，我說的是想做隱修女的那些小姐，尤其是當中的兩位，她們非常懂得博取胡利安．亞味拉神父和安東尼奧．凱堂的歡心，促使他們返回之前簽下了合同⑦，讓那些女孩子開心得很。他們回來了，很欣賞她們和那個地方，說個不停，對難行的道路也同樣抱怨連連。由於看到已簽下協議，許可證又遲遲未發下，我就派好安東尼奧．凱堂再到那裡，他出於對我的愛，甘心樂意承受所有的艱辛。他們⑧都熱愛建立那座隱修院。因為，說真的，建立這座隱修院，應該要感謝他們，如果他們不到那裡簽下合約，我可能不會進行這事。

❺我請安東尼奧．凱堂前去，為這些隱修女尚未找到合適住處前，將要居住的房子，裝上轉箱和鐵格窗⑨。這是羅瑞格．瑪雅的房子，如我說的，是其中一位小姐的父親，他非常樂意把房子給她們。為完成這事，安東尼奧．凱堂留在那裡許多天。

❻當他們帶來許可證書時，我正準備好出發要去卡拉瓦卡，從許可證上獲知，這房子

5. 在建立貝雅斯隱修院時，聖女大德蘭帶了足夠創立兩座新院的修女（參閱 24．4）。但是，卡拉瓦卡是屬於聖狄耶各騎士修會管理，建院的許可中，包含一個條件，就是要服從騎士修會的參議會，大德蘭無法接受（參閱 23．1；24．3）。為了這個和其他的理由，原本要前往卡拉瓦卡的修女，轉而先到塞維亞建院。
6. 長上們，指的是男修會的長上們。
7. 一五七五年三月十日。
8. 就是胡利安．亞味拉神父和安東尼奧．凱堂，他們兩人。

必須隸屬騎士修會的參議會，隱修女要服從他們，這是我不能接受的，因為我們屬於加爾默羅聖母的修會。於是，她們要再重新請求許可，這情況和貝雅斯一樣，她們一籌莫展⑩。不過，國王相當恩待我，當我寫信給他，他就下令給予許可，他即是現在的國王，斐理伯先生⑪，對於知道忠於修會聖願的會士，他這麼喜愛恩待他們，就是說，一旦他獲知這些修道院的生活方式，是遵守《原初會規》，他會事事加以恩待。因此，女兒們，我熱切地懇求妳們，要經常向至尊陛下獻上特別的祈禱，如同現在我們所做的。

❼由於必須再求得許可，我們離開貝雅斯前去塞維亞，係奉省會長神父的命令，他是當時也是現任的省會長，如我說的，是熱羅尼莫．古嵐清．天主之母神父⑫。這些可憐的年輕女士留守在那裡，直到再來的新年那天。當她們派使者來亞味拉時，是二月的時候。許可證在短期間內立即獲得。然而，我在這麼遠的地方，又有這麼多的困難，無法幫助她們，我十分同情她們，因為她們常常寫信給我，非常難過，所以不忍心讓她們一再拖延。

❽由於我去是不可能的，因為離得那麼遠，而且在塞維亞的建院尚未完成，大師會士熱羅尼莫．古嵐清神父——如所說的，是宗座視察員——同意預備去建院，而還在馬拉崗聖若瑟隱院等候的修女，前去卡拉瓦卡，雖然我不能同去。我安排擔任院長的修女，我相信她是非常好的人選，因為她比我好得多⑬。帶著所有必須的裝備，和兩位我們赤足會的神父一起上路⑭。胡利安．亞味拉神父和安東尼奧．凱堂，不久前已從那地方返回，我不願他們同行，因為路途遠，而且天氣又這麼不好，那時已是十二月末。

❾抵達那裡時，她們受到居民欣喜的歡迎，尤其是已度著退隱生活的那些隱修女。她

9. 轉箱和鐵格窗是隱修院與外界隔離的必要裝置，不使隱修女與外界直接接觸，設有轉箱為接受或傳送物品，在會客室設的鐵格窗，做為固定的隔離。
10. 因為貝雅斯和卡拉瓦卡都隸屬於聖狄耶各騎士修會，如果該修會的參議會不同意大德蘭的條件，就會一籌莫展，也就是說，無法建院。
11. 大德蘭寫給國王的信已經遺失，不過皇家的公文仍保存，日期是一五七五年六月九日（參閱 B.M.C., t. 6, p. 257—262）。聖女大德蘭一封給國王的謝函仍留存，日期是一五七五年七月十九日。

們建立了修道院，一五七六年，耶穌聖名日，供奉至聖聖體[15]。其中的兩位女士立即領受會衣。另外那位深受憂鬱病之苦，度隱居的生活為她不好，更何況這麼嚴格和行補贖。她同意回家和自己的一位姊妹同住[16]。

⑩我的女兒們，請細想，天主的決斷，及我們必須服事祂的義務，祂使我們堅忍不拔，直到誓發聖願，常常住在天主的家裡，成為聖童貞的女兒。至尊陛下善用這位女士的意願及她的資產，建造了這座隱修院，時候到了，是歡享她這麼渴盼的隱修生活時，卻因缺乏剛毅又受縛於憂鬱症的體質，女兒們，對於這人，往往我們會怪罪於我們的不成全和善變。

⑪但願至尊陛下樂於賜給我們豐富的恩寵，有了祂的恩寵，什麼也不能阻擋我們的腳步，經常前進於對祂的服事。願祂保護和恩待我們，使這麼卓越的起始，不會因我們的軟弱而喪失，這是祂樂於從幾位如我們一樣可憐的女士開始的。以祂的聖名，我懇求妳們，我的姊妹和女兒們，要經常向我們的上主祈求這事，每一位將來入會者要牢記，她要一再重新開始，遵守我們童貞聖母修會的原初會規，絕不許在任何事上稍有鬆懈。想想看，為了非常小的事，卻開門迎進來很大的事，在妳們不知不覺中，世俗也進來了。要記得，妳們安心所享有的，係來自所經歷的貧窮和辛勞。如果用心細察，妳們會看出來，這些修院，絕大多數，不是人所創建，而是天主強有力的手，至尊陛下非常喜愛促進祂所做的這些工作，如果我們不加以阻礙。一個像我這樣無用的小女子，為完成這麼偉大的工作，唯命是從，連一個馬拉威迪也沒有[17]，也沒有人施惠幫助，妳們要怎麼想呢？我的這個弟弟，幫助我建立塞維亞隱修院[18]，他有些財富，又有勇氣和善良的靈魂，供給一些幫助，而他是住在

12. 見 24．3—4。大德蘭於五月十八日離開。
13. 這位就是安納．聖雅爾伯（死於一六二四年），是馬拉崗人，也是首批在馬拉崗隱修院發願者。她陪同大德蘭從馬拉崗到貝雅斯、塞維亞，再從塞維亞到卡拉瓦卡。在卡拉瓦卡時，遇見聖十字若望，成為他的傑出門徒（參閱《聖十字若望的書信集》）。

西印度地區的⑲。

⑫ 請看，我的女兒們，請細看天主的手。然而，這並非因為擁有尊貴的血統而賜給我榮耀。無論妳們願意怎樣觀看這事，妳們會看出這是天主的工作。我們不該加以絲毫的毀損，即使我們要犧牲性命、榮譽和休息；何況，在這裏，這些我們都有。因為如此生活的生命，既不怕死亡，也不怕生活中的任何變故，且常有不變的喜樂，如同妳們現在所擁有的，當人不怕貧窮，反而渴望貧窮時，修會的興盛是無與倫比的。那麼，有什麼能與妳們常享有的內、外平安相比呢？懷有如此平安的生活和死亡，完全在妳們的掌握中，正如妳們所看見的，在這些修院中過世的修女。因為，如果妳們常祈求天主拓展祂的事業，又完全不信靠自己，祂會賜予祂的仁慈，不拒絕妳們。如果妳們信賴祂，且又勇氣十足——至尊陛下是非常喜歡這樣的——那麼，不要怕祂會辜負妳們什麼。不要因為沒有資產，而拒絕接受渴望來當修女的人，如果她們是有德之人，而妳們滿意她們的渴望和才能，她們不是只為尋求救助，而是要更成全地事奉天主；若妳們這麼做而有所缺乏，天主會以其他的方式，給予雙倍的補足。

⑬ 我對此有極好的經驗。至尊陛下清楚知道，就我記憶所及，我從未因缺少錢財而拒收任何人，如果其餘的一切都令我滿意。這事的見證人有許多，她們之被收納，只是為了天主，如妳們知道的。我能向妳們確定，當我接受帶來豐富資產的人時，並不會給我這麼大的喜樂，如同接收只為天主而來的人；相反的，我很害怕那些富有的人，而那些能舒展我心靈的窮人，給予一種好大的愉悅，會使我流下喜樂的眼淚。這是真的。

14. 這兩位是安布羅西歐·聖伯鐸（Ambrosio de San Pedro，死於一五九三年）和米蓋爾·哥倫那（Miguel de la Columna）。安布羅西歐神父是巴斯特日納人，那時是奧默多瓦的副院長，而米蓋爾不是神父，是一位輔理修士，後來涉及麻煩的案件，因為他簽署一份誣告古嵐清神父的文件。後來，他聲明自己並未閱讀該文件，而是被巴達沙·耶穌、熱羅尼莫·督斯達多（Jerónimo Tostado）及其他人逼迫而簽下的。
15. 她們在一五七五年十二月十八日抵達卡拉瓦卡。一五七六年元月一日，供奉至聖聖體。
16. 這位是方濟加·撒諾沙，雖然如此，後來因古嵐清神父的調解，仍是被接納，於一五七八年六月一日發願。

14 那麼，如果買和蓋房子時，因祂的助祐，我們進行得這麼好，有了居住的地方之後，為什麼祂不繼續呢？女兒們，請相信我，妳們認為增多的，卻是使妳們損失的。當入會者是富有的人，沒有其他的義務時，她把財產給妳們做為施捨，而沒有給或許沒有需要的其他人，這是很好的；我承認，如果她沒有這麼做，我會認為她有失愛德。不過，要常記得，入會者處理她的財產時，要順服博學者給她的勸告，就是做更能服事天主的處理。因為，除了服事天主的這個目的外，我們若想望從入會者得到任何的利益，這是極壞的事。當她善盡天主要她做的，我是說，完美地善盡，我們的獲得更是多得多，遠超過她所能帶來的，因為我們完全沒有別的企求，願天主不要讓這事發生，惟願至尊陛下在諸事中，透過萬事萬物受服事。

15 雖然我可憐又卑劣，我說這話是為了祂的榮耀和光榮，為使妳們歡欣於祂的這些會院是如何建立的。對於這些會院的任何事務，或我所碰到任何與之相關的事，我不做，也不曾做，我明知稍有違反天主旨意的事——我是說，在這些建院的事上——，遵照我的神師給我的勸告，（自從建立這些隱修院，我常是這麼做，如妳們知道的，我的神師都是非常博學的人，也是天主的忠僕），就我所能記得的，我的思想也不想別的事。

16 也許我錯了，因無知做了許多錯事，也有無以數計的不成全。我們的上主知道這事，祂是真正的法官——我是說，凡我能自我辨識的事——我也看得很清楚，這不是從我而來，而是天主願意完成這工作，因為是祂的工程，祂恩待我，並賜予這個恩惠。女兒們，我說這話的用意，是要妳們知道，妳們負有更大的義務，並知道，直到現在，所有的建院沒有

17. 馬拉威迪是古西班牙銅幣，意即一文不名。
18. 就是勞倫・賽佩達。
19.「西印度地區」（*las Indias*）：此處泛指西班牙在中南美洲的殖民地。

做冒犯任何人的事。願祂受讚美，因為是祂完成一切的事，並在曾經幫助我們的人心中，喚醒愛德。願至尊陛下樂於常常保護我們，賜給我們恩寵，使我們對這麼多的恩惠，不致忘恩負義。阿們[20]。

* * * * * * * * * * *

17 女兒們，妳們已看出來，我們已經歷一些磨難，雖然如此，我相信，我已寫下其中最少的部分；因為如果要詳細述說，是極累人的，如建院的旅途上，下雨、下雪、迷路，最主要的，我的健康往往很不好，有一次，我不知道曾否說過[21]，就是在我們首次離開馬拉崗到貝雅斯，我正發燒，加上這麼多的病，想到還有很遠的路要走，眼看著自己這模樣，我記起了我們的會父厄里亞，當他逃避依則貝耳時，說：「上主啊，我怎麼忍受得了這事？請祢看顧這事吧[22]！」事實是，當至尊陛下看我這麼虛弱，立刻治好我的發燒和疾病；事情就這樣發生，後來當我想起時，我認為，這是因為有位神職人員，他是天主的忠僕[23]，要在那裡入會；至少是，內在和外在的病突然間都痊癒。當我健康時，我喜樂地接受身體的辛勞。

18 那麼，關於處理許多人事的情況，這是每個村鎮都需要的，是不小的勞累。當我從一處到另一處，留下我的女兒和姊妹們，我告訴妳們，由於我極愛她們，這對我不是個最小的十字架，尤其當我想到，我再不會看到她們，又看見她們強烈的感傷和眼淚。雖然她

20. 大德蘭以為這裡是本書的結束，所以留下一些空白處，彷彿接下來要寫的是這本書的跋。
21. 大德蘭並沒有記述這件事，參閱 22 章。
22. 《列王紀上》十九章 4 節。思高本：「上主啊！現在已經夠了！收去我的性命罷！」
23. 就是國瑞・瑪定，入會後取名為國瑞・納祥神父。

們超脫其他的事物，天主卻沒有賜她們恩惠，不留戀我，或許為此之故，我倍感折磨，也同樣捨不下她們，雖然我使盡全力，勉強自己不要流露出來，也責備她們；然而，對我卻沒什麼用，因為她們極其愛我，在許多事上，可以清楚看出來，這愛是真的。

19 妳們已經聽說過，事實是，建立這些隱修院，不只有我們至可敬總會長神父的許可，後來也是在他的命令之下建院的[24]；不只這樣，建立了每一座會院，他都會來信表示極欣喜於那些隱修院已經建立；的確，建院的辛勞磨難中，最寬慰我的，是看見這個工作給他的欣喜，這使我認為，帶給他的喜樂就是服事我們的上主，因為他是我的長上，除此之外，我也非常愛他。

或許是至尊陛下樂於給我一些休息，不然就是，魔鬼很難受，因為建立了這麼多隱修院，我們的上主在其中受事奉。（顯然可知，這不是我們總會長神父的意願，因為我曾寫信請求他，不要命令我建立更多的隱修院，他卻不允，因為他希望我的建院之多，如同我頭上的頭髮，而這是不多幾年前的事。）然而，當我從塞維亞回來，那時舉行了一個總會會議，人們以為，召開總會會議必是關心修會的擴展，但並非如此，總參議會給我一道命令，不只再不得建立更多的隱修院，而且要我選擇一座隱修院，居住在那裡，不許離開該院，這就像是某種的拘禁[25]；因為沒有修女，為了修會必要的益處，省會長不能命令她從一處到另一處，就是說，從一修院到另一修院。更糟的是，我們總會長神父對我的惱怒，這使我很難過，根本沒有理由，只因為得到一些有偏見者的傳聞。此外，我同時也被告知，兩件告發我的嚴重毀謗。

24. 參閱 21．2；22．2；24．20。她說的可能是一五七一年四月六日的許可證書。
25. 她所說的是，一五七五年五至六月，在義大利碧山城（Plasencia）舉行的總會會議，由總會長魯柏神父主持。會議的參議給大德蘭一道命令，要她退隱至卡斯提的一座隱修院，不許離開該院出去建立新院。大德蘭希望立刻順服這個命令，但古嵐清神父則加以阻止。因為他是宗座視察員，具有不受總會長約束的管轄權。這次會議的議案中，沒有記錄加給聖女大德蘭的這道命令。

20 修女們，我對妳們說，為使妳們看見我們上主的仁慈，及至尊陛下如何不捨棄渴望服事祂的人，這些事不只沒有帶給我愁苦，反而賦予我歡享一種附帶的喜樂[26]，使得我無法自抑，因此，我一點也不驚奇，達味王在上主的結約櫃前所做的[27]，因為那時我不想做別的什麼，這麼喜樂的我，不知如何加以掩飾。我不知理由何在，因為遭逢其他很大的詆毀和反對時，從未有過像這樣的喜樂。再者，他們對我說的這些事中，至少有一件是極嚴重的。就是不許再建院——除了至可敬總會長的惱怒外——這對我是個很大的休息，也是我時常渴望的：在靜息中結束我的生命；雖然做出這些事的人，想不到會這樣，而是以為他們加給我世上最大的痛苦，也可能，他們有其他的好意向。

21 還有，有時候，在建立這些隱修院時，那些強烈的反對和批評，也會給我很大的喜樂，有時是出於善意，有時卻是別有用意。不過，無論我曾遭遇過多麼大的艱苦，所感受的喜樂，我所記得的，都比不上像這次的喜樂那麼大。我承認，在其他任何時候，這三件事一起臨於我，對我而言，會是煎熬備至。我相信，我的喜樂主要來自，我認為，既然受造物這樣回報我，我則欣喜於造物主。因為我確信，凡在世物和人的稱讚中尋樂的人，是非常錯誤的；更不用說其中所得的益處之少，今天他們認為是這事，明天則是另一事；有時他們說某個事物好，很快又說不好。我的上主天主，願祢受讚美，因為祢永恆不變，阿們。凡服事祢忠心到底的人，會生活在祢的永恆中，永無終窮[28]。

* * * * * * * * * * *

26. 附帶的（*accidental*）喜樂：大德蘭使用的是當時的神學用語，她非常有創意地使用這個語詞。直譯是「附質性的喜樂」，這是天堂上榮福者享有的喜樂，但並非直接來自面見天主。
27. 參閱《撒慕爾紀下》六章。
28. 大德蘭在此留了一、二行空白，用以下的記述做為全書的結束。

❷❷我開始寫這些建院記，係因耶穌會李帕達大師神父的命令，如我在剛開始時說的[29]，他那時是撒拉曼加耶穌會學院的院長，也是我的告解神師。一五七三年，當我在該誠的聖若瑟隱修院時，我寫了些有關建院的事，由於身負許多的職務而擱置，我也不想再繼續寫，因為李帕達神父不再是我的告解神師，我們住在不同的地方，而寫這書使我備嘗艱辛和勞累，雖然由於服從，我總是聽命而寫，認為這是美好的付出。我堅決不要再寫，但宗座視察員（現在是天主之母．熱羅尼莫．古嵐清大師會士）命令我寫完所有的建院記。我告訴他，我的時間很少，又其他的事纏身——由於我的卑劣服從，我對他說，因為這使我疲累不堪，遠超過其他的事——總之，他命令我，慢慢寫，盡所能地完成這書。

❷❸我就這樣做了，對刪除寫得不好之處的人，我完全順服：所刪除的，也許我自覺很好，但他們認為並不好。

今天我完成此書，時為聖尤震（San Eugenio）前夕，一五七六年十一月十四日，於托利多聖若瑟隱修院。現在我居住的地方，是宗座視察神父，天主之母．熱羅尼莫．古嵐清大師會士的命令，他現在是我們《原初會規》赤足男會士和隱修女的長上，也是安大路西亞緩規會士們的視察員。願光榮與榮耀歸於我們的主耶穌基督，祂現在和將來永遠為王，阿們。

❷❹為了我們上主的愛，我請求閱讀此書的兄弟姊妹們，把我交託給我們的上主，為使祂憐憫我，擺脫煉獄的痛苦，如果我堪當在那裡，使我能享見祂。既然當我還活著時，你們不會見到這書，而寫此書的勞累，及懷著熱切的渴望所寫下的，恰巧說了些安慰你們的事，如果合宜，但願在我死後，你們讀到這書時，能對我稍有裨益[30]。

29. 序言・2。
30. 大德蘭以為她的建院工作就此告終。

第二十八章

在哈拉新鎮建院①。

❶塞維亞建院完成後，四年多停止建院的工作②。理由是，極大的迫害開始強烈地打擊赤足男會士和隱修女，雖然之前已有好多的迫害，但都沒有這麼極端，幾乎完全將之毀滅。這清楚地顯示出，魔鬼對此神聖開始的感受，此乃我們的上主所開始，是祂的工程，所以會有所進展。赤足男會士受盡百般的痛苦，尤其是長上們③，幾乎④全來自非赤足神父們的嚴重假見證和反對。

❷這些神父這樣地傳報給我們至可敬總會長神父，致使非常聖善的他，曾經許可建立所有的隱修院（亞味拉的聖若瑟隱院除外，那是第一座，其建院得到教宗的恩准），被迫強烈地反對赤足男會院的拓展，至於修女的隱修院，他總是非常恩待。雖然我沒有幫助建立男會院，他卻對我深感不悅，這是我建立這些隱修院中，所經歷的最大磨難，即使我曾遭受的磨難很多。因為放棄幫助進展中的建院工作，從中我清楚看出，建院是服事上主，也是擴展我們的修會，那些極博學者，即我向之告解與討教的神師們，不同意我放棄，然而，與我長上的明顯意願相左，對我彷彿是個死亡。因為，除了對他應有的服從之外，我溫情萬分地愛他，而且有許多的理由服從他。事實是，雖然我願意在服從上取悅他，我卻不能，因為有宗座視察員⑤，我必須服從他們。

1. 本章及接下來的幾章，大德蘭都沒有標示章數，而是直接寫上小標題。前章的結尾和本章開始之前，大德蘭插入得自上主的四個勸言，是寫給加爾默羅會神父們的。編輯者通常省略，因為不屬於這部著作。參見 *Spiritual Testimonies*，64 或 *Relaciones*，67。哈拉新鎮（Villanueva de la Jara），是意譯而非音譯，其音譯為「維亞努艾瓦・哈拉」。
2. 塞維亞建院於一五七五至一五七六；現在的建院則是一五八〇。
3. 尤其是聖十字若望和古嵐清神父。
4. 「幾乎」是後來大德蘭補上的語詞。

❸一位聖善的教廷大使逝世，他是非常鼓勵德行的人，也因此珍視赤足修會。另外來了一位大使，彷彿是天主派他來的，為了在痛苦中鍛鍊我們⑥。他是教宗的一位遠親，必是天主的僕人，但是他卻開始非常偏愛非赤足的會士；贊同他們所提供有關我們的資訊，不許這些創始的修院繼續進展，堅決確信，這麼做是件好事，因此，他開始採取行動，嚴厲至極，譴責他認為可能抗拒他的那些人，加以監禁、驅逐。

❹最受苦的人有：安道·耶穌會士神父，他是開始首座赤足男會院的人；熱羅尼莫·古嵐清會士神父，前教廷大使任命他擔任宗座視察員，視察非赤足的會士⑦，新大使對他極其不悅；對瑪利安諾·聖貝尼多神父亦然。關於這些神父，在前述的建院記中，我已述說過；對待其他的會士，較重要的人科以補贖，雖然不是那麼嚴厲。新大使對這些人發出許多譴責，嚴禁他們進行任何事。

❺顯然可知，這一切全來自天主，也是至尊陛下許可的，是為了更大的益處，同時更加彰顯這些神父的德行，如事實所發生的。新大使指派一位非赤足的神父，視察我們隱修女和男會士的修院⑧；這樣，要是他抓住什麼他想要的，我們將陷入極大的困境。因此，我們遭受極大的艱苦，需要更會述說的人來寫這些事；我只不過輕描淡寫而已，為使後來的隱修女知道，她們有多大的責任在全德上不斷精進，她們之享有平安順利，係因現在這些人付出的浩大代價；隱修女中有幾位，在這些嚴重的假見證期間，受苦良多，使我心疼不已，遠超過親受其苦，但我受這苦反而極其欣悅。我認為，我是這場暴風雨的全部起因，如果把我丟入海中，如同對待約納那樣，暴風雨就會平息。

5. 大德蘭指的是方濟會士伯鐸·斐南德斯和方濟各·巴加斯，一五六九年，教宗比約五世（Pius V）任命他們擔任加爾默羅會的視察員；也是指古嵐清神父，於一五七三年，他代理方濟各·巴加斯的職務，一五七四年由教廷大使奧曼尼多批准。

6. 所說聖善的大使是尼古拉·奧曼尼多，他逝世於一五七七年六月十八日。他的繼承人，斐理伯·謝加（Felipe Sega，大約一五三七至一五九六），於一五七七年八月卅日來到西班牙，對大德蘭的革新修會懷有成見，因為在離開羅馬之前，早已接到錯誤的消息。事實上，謝加大使是斐理伯樞機（Cardenal Felipe Buoncompagni）的親戚，樞機是加爾默羅會的保護人，也是教宗國瑞十三世（Gregorius XIII）的侄兒。所以，大德蘭說，這位新大使是教宗的遠親。

❻願愛真理的天主受讚美！這事的進展是這樣的，我們的天主教國王，斐理伯先生，知道事情的來龍去脈，獲悉赤足修會的生活和修道方式，主動伸手恩待我們，他不願教廷大使單獨審判我們的案子，而給他四位同伴⑨，都是重要人物，其中三位是修會會士，目的在於詳察我們所受的判決⑩。他們中有位大師神父是伯鐸・斐南德斯會士，是位生活聖善的人，博學精深。他曾擔任宗座代表，又是卡斯提省非赤足神父們的視察員，我們赤足會也曾經隸屬於他，他清楚知道兩者如何生活的真相；我們全部的渴望，無非是明察事實真相。就這樣，當我看見國王任命了他，致使事情得以完結，由於天主的慈悲，事實如此。但願中悅至尊陛下，這一切全是為了祂的榮耀和光榮。

雖然有許多尊貴人士及主教，很快向教廷大使報告事實，如果不是國王的介入，這一切的幫助並不多。

❼修女們，我們全都身負重任，要常常在我們的祈禱中，把國王和幫助這事件的人們交託給我們的上主；此乃祂的事件，也是我們童貞聖母的事件，我熱切地請求妳們這麼做。

修女們，妳們能想像得到，建立修院的機會是多麼難得！我們全都專注於不斷的祈禱和補贖，為使天主助長已建立的修院，如果這麼做是為了服事祂。

❽這些大磨難開始時（這麼簡略地述說這些磨難，妳們會覺得沒什麼，然而，這麼長久的遭難，所受的苦是很大的），我在托利多，一五七六年，我從塞維亞新隱院來到那裡。有位哈拉新鎮的神職帶了些信來給我，是該鎮的議會寫來的。他來和我交涉，請求接納已有九位女子的修道院，在鎮上，有個奉獻給榮福聖安納的小堂，接連小堂有間隱所

7. 原文寫的是「穿衣的」（*Paño*）：這是大德蘭對「穿鞋的」的非赤足修會的一種稱呼，指出他們穿的是優質的會衣，不同於革新的赤足修會。但為幫助讀者易於閱讀，譯之為「非赤足」，以下都是如此。參閱 13・1。
8. 一五七八年十月十八日的詔書中，謝加命令赤足會的男會士和隱修女，隸屬加爾默羅會卡斯提和安大路西亞的省會長管理。

（*ermita*），她們住進裡面，共度隱修生活。已有幾年，她們度著非常收心和聖善的生活，所有的鎮民都自願盡力實現她們的渴望，就是成為隱修女。寫信給我的還有一位博士，是該地的神父，名叫奧斯定．艾維亞斯，是博學又有聖德的人⑪。由於他的聖德，促使他盡所能地幫助這個神聖的工作。

❾我認為，為了以下的理由，不宜接納：第一，因為有這麼多女子，我覺得事情會很困難，她們已有自己習慣的生活方式，適應我們的生活會很困難。第二，她們沒有什麼能維持生活，當地居民僅一千多，不足以靠他們的捐助生活；雖然鎮議會要捐助供養她們，我不認為可以持久。第三，她們沒有房子。第四，距離我們其他的隱修院很遠。第五，雖然我聽說她們非常好，由於沒見過面，我不能確知，她們是否具有我們隱修院所要的資質；於是，我決定完全予以辭退。

❿這麼做之前，我願先和我的告解神師談談，他就是貝拉斯克斯博士，是托利多的座堂參議和教授，非常博學又有德行的人，他現在是奧斯瑪的主教⑫；這是我一向的習慣，做事不一意孤行，除非先請教類似這樣的人。他看了這些信，也明白此事，對我說，不要予以辭退，要好好地答覆；因為在同一件事上，天主把這麼多顆心連結在一起，可見天主必會從中得到事奉。於是我就這麼做，既不完全接受，也沒有辭退。他們的請求繼續不斷，找人來向我求情，持續直到一五八〇年，我則始終認為接受是件蠢事。當我回答時，從未給予完全拒絕的回覆。

⓫正在此時，安道．耶穌神父在索柯諾（Socorro）聖母修道院的流放期屆滿⑬，那裡

9. 同伴（*acompañados*），就是說給他四位顧問，或參謀。
10. 這四位是：路易斯．曼利克（D. Luis Manrique），他是國王的宮廷司鐸，也是國王的施賑大臣；勞倫．比亞彼先西歐（Lorenzo de Villavicencio）會士，是奧斯定會士；還有兩位道明會士：葉南多．卡斯提佑（Hernando del Castillo）和伯鐸．斐南德斯。一五七九年四月一日，他們廢止非赤足省會長管理革新修會的職權，任命安赫．薩拉察神父代替其任。
11. 奧斯定．艾維亞斯（Agustín de Ervías）：是桂納的座堂參議（*canónigo de Cuena*），由於渴望照顧人靈，放棄尊貴的職位，成為哈拉新鎮的本堂神父。

距離新鎮三里格，他去那地宣道。這座修道院的現任院長佳播．聖母升天會士神父[14]，是見識極為廣博的人，也是天主的忠僕，常常到那地方，他和安道神父都是艾維亞斯博士的朋友，他們開始和這些聖善的修女交往。他們不但熱愛修女們的德行，也被鎮民和這位博士說服，把這事當作自己的，於是開始非常努力地寫信來說服我。我那時在馬拉崗的聖若瑟隱修院，因為距離新鎮有二十六多里格，這位院長神父來和我談關於建院的事，對我講述如何著手進行，及建院之後，艾維亞斯博士會如何定期給予三百達卡，這是從他的收入中撥出的；這樣就可以獲得羅馬頒賜的批准。

12 我覺得這事很不確定，因為我認為，一旦建院之後就會失效；由於修女的人數很少，就會以為她們是綽綽有餘的。因此，我對院長神父述說許多理由，為使他看出不宜這麼做，我想已足夠說服他了，我又說，他和安道會士神父都要細察這事，我將之留給他們的良心，我認為，憑著我對他們說的話，足以打消建院之事。

13 他走了之後，我深思他多麼熱愛建立這修院，必會說服我們現在的長上，即安赫．薩拉察大師會士，接受這修院；我急忙寫信，請求他不要給這個許可，告訴他理由；後來他給我的來信表示，如果我不認為好，他就不願給予許可。

14 一個半月過去了，或許更久。當我想已經阻止了這事，一位使者送來鎮議會的信，表示要負責供應隱修院，不使缺乏所需，還有艾維亞斯博士也承諾實行對我所說過的[15]，以及這兩位可敬神父非常熱切的來信。我非常害怕接納這麼多的修女，我認為她們必會結成黨派，反對新加入的修女，如通常發生的；再者，我也看不出修女們維生的穩妥方法，因

12. 亞龍索・貝拉斯克斯（Alonso Velázquez，死於一五八七）：先在亞爾加拉大學任教數年，而後擔任托利多的座堂參議，一五七七年時，是聖女的告解神師和勸告者。之後，於一五七八年被任命為奧斯瑪（Osma）主教，一五八三年為孔波斯特拉的總主教。參閱（西文版）*Relación*，6，或（英譯本）*Spiritual Testimonies*，65。
13. 她指的是加給他的懲罰；參閱第4節。這座修院靠近拉羅達，建立於一五七二年。
14. 佳播・聖母升天（Gabriel de la Assunción，一五四四至一五八四）：巴斯特日納人，深受愛伯琳親王與公主的敬重。一五七六至一五八〇擔任拉羅達修院的院長，並指導加大利納・卡多納（Catalina de Cardona）的靈修。

為他們的奉獻並不夠⑯，我覺得自己十分徨惑。後來我明白了，我的不安是來自魔鬼，雖然上主賜給我勇氣，那時我還是這麼怯懦，竟至好像我一點也不信賴天主。不過到最後，這些蒙福靈魂的祈禱遠勝過我。

⑮有一天，領完聖體後，我把這事交託給天主，如我常常做的，先前我給他們好意的回答，是因為害怕可能阻礙某些靈魂的益處（我的渴望總是成為某種中介，使上主受讚美，讓更多的人服事祂），至尊陛下嚴厲地責備我，對我說，妳用什麼金銀財寶來建院，直到現在建立了已有的隱修院？又說，我不該遲疑接納這個會院，因為這會給祂很大的服事，也有益於靈魂。

⑯由於這些話這麼強有力，不只理智了解，也光照理智，使之明白事實，且備妥意志，渴望付諸實行，發生於我的就是如此；我不只樂於接納這修院，也自認有過，拖延這麼久，又十分執著於人的理由，雖然我已看見，至尊陛下為這個聖修會所做的，是這麼超越這些理由。

⑰一旦決定接納這個建院，我認為，去和留在那裡的修女們一起，是必須的，因為有許多呈現於我的事，雖然本性上深覺不願，由於來到馬拉崗時⑰，身患重病，我常是這樣。不過，念及此乃服事我們的上主，我寫信給長上，請他命令我做他認為最好的事，他送來建院的恩准證書，命令我親自前往，帶領我所中意的修女同去，這使我十分掛心，因為她們必須和已住在那裡的修女們同處。我熱切地向我們的上主祈求這事，從托利多的聖若瑟隱修院，我找出兩位，一位為當院長；馬拉崗兩位，一位為當副院長⑱。由於我們向至尊陛

15. 見第 11 節。
16. 指鎮議會和艾維亞斯博士的定期捐助。
17. 聖女於一五七九年十一月廿五日抵達馬拉崗。

下發出這麼多的懇求，事情進展得很好，對我而言，並非小事；因為在只有我們自己開始的隱修院，一切都適應得很好。

❽安道・耶穌會士神父和佳播・聖母升天會士院長神父來接我們，擔保鎮議會供應一切，我們離開馬拉崗，時為一五八〇年二月十四日，四旬期前的星期六。天主保祐，氣候好得很，使我這麼健康，好像從來沒有生過病；我感到驚奇，也深思細想，當我們明白是在事奉上主時，不理會我們虛弱的體質，這是多麼重要，無論擺在面前的反對是什麼，天主是強有力的，祂能使弱者變強，病者健康。當祂不這麼做時，忍受痛苦，對我們的靈魂是最好的，要把雙目專注在祂的榮耀和光榮上，忘掉我們自己。生命與健康是為了什麼？難道不是要為這麼偉大的國王和上主耗盡嗎？修女們，請相信我，妳們如果這麼做，絕不會走錯路。

❾我承認自己的卑劣和軟弱，常常使我害怕和懷疑；然而，我卻一點都不記得，自從上主給了我赤足修會的會衣，及之前的幾年，由於祂的仁慈，祂總未曾不賜給我恩惠，克勝這些誘惑，並縱身於我所知道對祂更大的事奉，無論是多麼困難。我清楚明白，我一方面所做的很少，不過，天主所要的不外乎這個決心，好使祂能親自完成一切。願祂永遠受讚美和頌揚，阿們。

⓴我們必須到索柯諾聖母修道院，我已說過⑲，那裡離新鎮有三里格，我們停留在那裡，以告知鎮上我們快到了，這是他們的安排，事事服從同來的這些神父，我認為是理所當然的。這會院位於荒無人跡又偏遠的地方，十分令人怡悅；當我們靠近時，眾會士出來，

18. 從托利多選出瑪利亞・殉道諸聖（María de los Mártires）為當院長，及康思坦撒・十字（Constanza de la Cruz）；馬拉崗的兩位是艾微拉・聖天使（Elvira de San Angelo）為當副院長，還有安納・聖奧斯定（Ana de San Agustín）。

列隊迎接他們的院長。由於他們是赤足的，身穿貧窮又粗糙的毛斗篷，引發我們極度的熱心，也使我深受感動，我覺得，彷彿置身於修會聖父們興盛的那個時期[20]。在那荒野之地，他們宛如一叢白花，芬芳四溢。我確實相信，在天主前，他們正是這樣，因為按我的看法，天主在此真實地備受事奉。他們進入聖堂，詠唱〈讚主詩〉，聲音非常節制（*mortificadas*）。其進口處是在地面下，好似進入一個洞穴，這代表我們會父厄里亞的山洞[21]。確實，我滿懷著內在的喜樂進入，也覺得在路途上費更多的時間，非常值得；雖然我深感遺憾，因為這位聖女已經逝世，我們的上主經由她建立了這座男會院，我不堪當看見她，雖然我非常渴望見到她[22]。

21 在此說點有關她的生活，及我們的上主透過種種方法，願意在此建立這個修院，我不認為是無益的閒事；她的事跡對附近地區的許多靈魂很有好處，如我聽說的。看到這位聖女力行的補贖，我的修女們，願妳們看出來，我們是多麼落後，也願妳們更努力事奉我們的上主；我們沒有理由做得少，因為我們不是來自這麼養尊處優和高貴的人家；雖然這並不重要，我說這事，是因為她擁有享福的生活，相稱於她的地位，她出自卡多納公爵的家室，所以被稱為加大利納・卡多納女士[23]。自從和我通信幾次後，她的簽名常是「罪人」兩個字。

22 關於她的一生，在上主賜給她這麼崇高的恩寵上，寫她傳記的人會加以述說，尤其會詳述許多應該說的。不過，如果妳們什麼也沒有聽說，我就在這裡說說，這是我從認識她，且值得信任的人聽來的。

19. 見第 11 節。
20. 意指早期在加爾默羅山上，隱修生活盛行的時代。
21. 參閱《列王紀上》十九章 9—13 節。
22. 加大利納・卡多納（一五一九至一五七七），她於一五七二年建立拉羅達男會院，逝世於一五七七年五月一日。
23. 加大利納・卡多納女士：歷任查理五世的兒子若望・奧斯迪亞（D. Juan de Austria），及斐理伯二世的兒子卡爾洛斯（D. Carlos）的家庭教師。一五六三年隱退到拉羅達度獨居生活，一五七一年在巴斯特日納穿上加爾默羅會的會衣，不過，頭戴的是男會士的兜帽。

㉓當這位聖女生活在非常尊貴的人士當中時，常常十分關心自己的靈魂，也常行補贖。她的渴望強烈地增加，切望去能單獨享有天主，力行補贖，完全不受阻擾的地方。她向告解神師表明這事，但他們都不同意。因為現今的世界萬分講究謹慎，幾乎忘掉天主賜予大恩的聖人和聖女們，他們在曠野裡事奉祂；我一點也不驚奇，他們會視之為愚蠢。然而，至尊陛下總是恩待懷有純真渴望的人，使之能付諸實行，因天主的安排，她去向一位方濟會的神父辦告解，神父名為方濟各·多雷斯會士（fray Francisco de Torres），我非常熟識他，視他為聖人，許多年來，他在生活中懷著強烈的熱心行補贖和祈禱，也遭受相當多的迫害。他必定清楚明白，對那努力領受主恩的人，天主所賜的恩寵是什麼，於是神父告訴她，不要止步不前，要追隨至尊陛下賜給她的聖召。我不知道是否所說的是這些話，不過，意思是這樣的，她立即付諸實行。

㉔她向在亞爾加拉的一位隱修士㉔坦誠直言，請求他帶她走，不要把這事告訴任何人。他們來到了至今仍在的修道院，在那裡，她找到了一個很小的洞穴，幾乎容不下她。她就留在這裡。她懷有的是何等的愛！她不擔心有什麼可吃的，或會遇到什麼危險，或當她消失時，可能會有的壞名聲。這聖善的靈魂是多麼的陶醉！如此地沉醉其中，不使任何人阻礙她歡享她的淨配。她又是多麼的堅心定志！不再愛這個世界，因為她這樣地逃避世上所有的滿足！

㉕修女們，讓我們仔細思量這事，我們會看出來，她是怎樣的一舉而獲全勝。因為，雖然妳們所做的並不亞於她，妳們進入這個聖修會，獻給天主妳們的意志，又奉行這麼持

24. 這位隱修士就是比納神父（P. Piña），隱居在亞爾加拉的「真十字架」山（*el monte de la Vera Cruz*）。

續不斷的幽居退隱；但我不知道，我們中有些人，是不是沒有失去這些開始時的熱心，因我們的自愛，再度受縛於一些事物。願至尊陛下保祐，不會是這樣，而是，我們都仿效這位聖女，渴望逃避世界，我們能在內心深處，對世上萬有都置諸度外。

26 關於她極嚴酷的生活，我曾聽聞很多，所知道的一定只是最微小的部分。因為有這麼多年，她處在那種獨居中，懷著做補贖的極大渴望，又沒有人加以約束，必是極猛烈地對待她的肉身。我要述說的是，有些人及托利多聖若瑟隱院的修女聽到她親自說的，她曾進入該修院探望她們，她平易近人，如同和自己的姊妹談話一般，她和其他人談話時亦然，因為她的單純和謙虛必是卓越至極。就像確知自己是一無所有的人，沒有絲毫的虛榮，欣喜地述說天主賜給她的恩惠，為使祂的聖名受讚美和頌揚。尚未達到這個境界的人，這麼做是危險的事，因為至少，會顯得是在自我稱讚。然而，她的平易和聖善的單純，必然已使她獲釋於此，因為從未聽說有人指責她這個缺失。

27 她說，她在那洞穴住了八年，許多日子，她吃的是野地的草和根；因為，帶她來的隱修士留給她三條麵包，吃完之後，什麼都沒有了，直到遇見一位路過的小牧童。此後，這位牧童供應她麵包和麵粉，這就是她所吃的：用火烤些餅㉕，再沒有別的了；這餅，每三天做一次。這事非常確實，甚至連在那裡的男會士都是證人，也因此，她變得非常衰弱。有時，當她和男會士談建院的事時，他們給她吃沙丁魚，或其他的東西㉖，對她不但沒有好處，反而受害。就我所知，她從不喝酒。她的補贖是戴上很重的苦鏈，時常持續兩小時，或一個半小時。她穿的苦衣粗糙至極，有個人——她是位女士㉗——告訴我，到那裡朝聖，

25. 餅，原文是“*tortillas*”，意思是「蛋糕餅」或「玉米餅」，此處應是麵粉烤成的餅。
26. 聖女加上了「其他的東西」。

留下來和她度過一夜，假裝睡著了，看到她脫下血跡斑斑的苦衣，加以清洗。根據這位女士告訴我，所說的這些修女們說㉘，魔鬼使她遭受的苦更多，牠們彷彿一群龐大的惡犬顯現給她，跳在她的肩膀上，有時則顯形如同蛇。但她一點都不怕牠們。

28 建好修院之後，她還是常常回去她的山洞，睡在那裡，除了望彌撒，都留在山洞裡。修院建好之前，她會去一座聖母贖虜會㉙的修道院望彌撒，有四分之一里格的路程，有時，她跪行而去。她的衣服是粗布做的，內裡的長白衣是粗羊毛布做的㉚，她的衣著方式，讓人以為她是男人。

經過這些年在那裡深藏獨居後，上主願意曉諭於人，人們開始非常崇敬她，竟致擺脫不了他們。她對每個人說話，都滿懷慈善和愛。隨著時間的推移，大批的人前來；那能和她說話的人，都感到珍貴。她為此疲憊不堪，說他們會致死她。那日子來臨，整個田野幾乎滿是馬車。當男會士住在那裡之後，唯一的辦法是，把她高高舉起，降福群眾，這樣才能遣散他們。

在那洞穴住了八年後（現在的洞穴比較大，是因為去那裡的人所做的），導致她極為病弱，她自認為快死了，而她在那洞穴中忍受一切病苦。

29 她開始盼望在那裡建立一座男修院，這個渴望持續了一些時日，她卻不知道可能來的是哪個修會；有一次，當她在基督苦像前祈禱時，這苦像是她隨身帶著的，我們的上主顯示給她一件白斗篷，她明白了，那就是赤足加爾默羅修會，她從未聽說，世界上有這樣的修會。那時，只在兩處建立了男會士的修院，即在曼色納和巴斯特日納。這事之後，她

27. 聖女在旁補上，「是位女士」。
28. 就是托利多的修女，見26節。
29. 聖女寫聖母贖虜會（*Mercedarios*），其實是「富恩桑塔」的聖三會（*los Trinitarios de la Fuensanta*）。
30. 「內裡的長白衣是粗羊毛布做的」是後來補述的。

多方打聽，獲悉在巴斯特日納有個男修院，在過去，她是愛伯琳公主的親密好友，愛伯琳公主是路易·孔梅斯親王的妻子，巴斯特日納是屬於親王的領地，於是，她前往該地，設法獲知如何建立這樣的修院，此乃她熱烈切望的。

30 到那裡，在巴斯特日納的修院中，在人們稱為聖保祿的聖堂，領受我們聖母的會衣[31]。雖然如此，她卻沒有當修女或誓發聖願的意願，因為上主帶領她行走別的道路；她認為，如果發了服從願，他們會除掉她的嚴酷修行和獨居意願。她接受我們加爾默羅聖母的會衣時，所有的男會士都在場。

31 瑪利安諾神父也在場，在我們的《建院記》中，我曾提及他[32]，他親自告訴我，當下，他得到一個神魂超拔，或說出神，使他完全不在己內；處在像這樣的情況，他看見許多死去的男會士和隱修女；有的被砍頭，有的是手和腳被砍掉，如同殉道者，這就是這個神見中所指示的。他不是那種人，會說沒有看見的事，他的心靈也不習慣有這些神魂超拔，因為天主並沒有帶領他走這條路。修女們，要向天主祈求，但願這神見成真，在我們的時代，堪當看見這麼大的好事，使我們成為殉道者。

32 從巴斯特日納那裡，這位卡多納聖女開始謀求建立她的修院，為此，她返回宮廷，那原是她熱切渴望離開的地方，對她而言，不是個小折磨，那地方，少不了對她的許多流言和磨難；因為，當她離開她的家，就無法保護自己免於人群。這發生在凡她所到之處。有的人剪她的會衣，有的則剪斗篷。她那時來到托利多，留在那裡和修女們一起[33]。所有的修女都對我肯定地說，她發出如聖髑般的味道，這麼濃烈，連她留下來的會衣和腰帶都有

31. 時為1571年5月6日。在愛伯琳公主面前，院長巴達沙·耶穌神父授予會衣。
32. 見17章6—15節
33. 她從首都回拉羅達的途中，她停留在托利多隱修院。

香味，因為她們給她別的，而拿走她的，這香味令人讚美我們的上主。她們愈靠近她時，芳香愈濃郁，這些衣服是這樣的，由於天熱，本該發出汗臭味，不但沒有，反而芳香四溢。我知道，除非完全真實，她們是不會說的，也因此，留給她們深深的崇敬。

33 在宮廷和其他的地方，他們給予幫助，能夠建立她的修院，一旦得到恩准證書，修院就建立了。聖堂建在她的洞穴處，偏旁則為她另造一個洞穴，其實是個墓穴，大部分的時間，她日夜留守在那裡。但她並沒有存留太久，在那裡建院之後，她只活了大約五年半，由於她過著這麼嚴酷修行的生活，還能活這麼久，看來是超性的事。就我現在所記得的，她逝世於一五七七年。葬禮的舉行隆重至極；因為，有位紳士名若望·雷翁會士[34]（Juan de León），極崇敬她，安排葬禮無微不至。她現在暫時安葬在我們聖母的聖堂（聖母是她極其崇敬的），等到蓋好比這更大的聖堂時，將會合宜地安置她的榮福遺體。

34 由於她的緣故，在這修院中，有著熱烈的虔誠，彷佛她仍留在那裡，也在那整個地方，尤其是看見那個獨居處和洞穴，即她所居住的地方。有人對我作證說，在她決定建院之前，有那麼多人來看她，使她疲憊不堪，深受折磨，於是她希望到別處，去那不會有人知道她的地方；她請人去找那位帶她來此的隱修士，要他來帶她去別的地方，然而，他已經死了。我們的上主不給她機會離開，因為祂已決定，要在那裡建立我們聖母的這座會院；因為如我已說的[35]，在那裡，祂會得到很多的事奉。男會士有一切的生活所需，顯然可見，他們很喜愛遠離人群；尤其是院長[36]，因為，天主也帶他離開非常奢華的生活，穿上修會的會衣，並且以靈性的安慰，豐厚地賞報他。

34. 古嵐清神父在此刪掉「會士」，改成「先生」。
35. 見 20 節。
36. 就是佳播·聖母升天院長神父，見 11 節。

㉟院長很有愛德地對待我們。為了我們的建院，他們把聖堂內所有的東西都給了我們，因為這位聖女深受很多顯貴的愛戴，聖堂內的聖物應有盡有。當我在那裡時，非常有安慰，雖然也深覺羞愧，我仍持續覺得如此；因為我看到，在那裡修行這麼嚴酷補贖的這位，是像我一樣的女子，而且由於她的出身，更是養尊處優，不像我是這麼一個大罪人；在這方面，兩者無法相比，從我們的上主，我得到許多各種方式的恩惠，由於我的大罪，我沒有在地獄裡，這已是極大的恩惠。單是渴望效法她，如果我能的話，我就感到有安慰，然而並不多；因為我的一生都在渴望中度過，做不出什麼成果。願天主的仁慈幫助我，經由祂的至聖聖子和我們的童貞聖母，我永遠信賴祂，因著上主的良善，我身穿童貞聖母的會衣。

㊱有一天，在那神聖的教堂，我剛剛領完聖體，有個很深的收心臨於我，連同使我失去理智的一個休止。其中，這位聖女以理智的神見顯現給我，那是充滿榮福的身體，周圍有天使。她對我說，不要感到疲累，反要努力向前邁進，建立這些新修院。我了解，雖然她沒有表明這事，她正在天主面前幫助我。她還對我說了其他的事，但沒有必要在此寫出來。我非常有安慰，也滿懷著工作的渴望。我仰望上主的良善，有像她這麼好的祈禱幫助，我能稍稍事奉祂。

我的修女們，在此，妳們看看，這些磨難已經結束，她享有的榮福則是無窮無盡。現在，為愛我們的上主，讓我們努力奮鬥，追隨我們的這位姊妹。要如同她一樣，憎惡我們自己，我們將結束一生的旅程，因為很快就過去，一切都將告終。

㊲四旬期第一主日，我們抵達哈拉的新鎮，就是聖伯鐸宗座慶日的前夕，聖芭芭西安

尼（San Barbaciani）的日子，時為一五八〇年。同一天，在舉行大彌撒時，供奉至聖聖體於榮福聖安納的聖堂[37]。鎮議會和其他的人，以及艾維亞斯博士，全都出來迎接我們，我們在鎮上的聖堂下馬車，那裡離聖安納堂相當遠。全鎮興高采烈，使我非常有安慰，看見他們充滿愉悅，接納我們至聖榮福聖母的修會。我們聽見遠處傳來的鐘聲。進入聖堂，他們開始唱〈讚主詩〉，有風琴伴奏的聖詠團唱一段，風琴獨奏另一段。結束後，他們把至聖聖體供奉在可移動的平台上，聖母的態像放在另一平台，還有一些十字架和旗幟。遊行隊伍的進行非常壯觀。我們身穿白斗篷，面戴頭紗，走在隊伍當中，靠近至聖聖體處，緊接著是我們赤足的男會士，他們從修院來了很多位，還有方濟會士（當地有方濟會的修院）也來這裡，及一位道明會士，他正好也在場，雖然只有一位，在此看到道明會的會衣，使我感到愉悅。由於路途遠，還有許多擺設的祭台。遊行走走停停，停下來時，就唸些有關我們修會的文句，使得我們滿懷虔敬之情，看見眾人都讚美偉大的天主臨在於我們當中，也是由於祂，他們非常珍視來到此地的我們——七位貧窮的小赤足會修女。當我細細思量這一切，深感羞愧，想到我是她們當中的一位，想到，如果對待我一如我應得的，眾人全都會轉身背向我[38]。

38 我做了很長的敘述，記述賦予聖童貞的會衣這樣的榮耀，為使妳們讚美我們的上主，並懇求祂，使祂在這隱修院內受事奉；因為，遇有的迫害和磨難很多時，我更覺得高興，也更渴望對妳們述說。事實是，已在這裡的這些修女，忍受將近六年的苦；至少是五年半，她們住在榮福聖安納的這座房子裡，此外，在食物方面，也忍受非常的貧窮和艱辛，因為

37. 參閱第 8 節。
38. 意思是，沒有人會理睬我，最後這句話是聖女的自謙之詞。

她們一直都不願去求施捨（理由是，因為她們不認為，住在那裡是為了有人會給她們吃的），她們還修行大補贖，像這樣常常守齋，又吃得很少，床很不舒適，且房子非常狹小，由於她們經常遵守嚴格的禁地，這是相當艱辛的。

㊴她們告訴我，最大的磨難在於，極渴望見到自己身穿會衣，卻不能如願以償，這事日夜不斷地折磨她們，以為永遠看不到願望的實現，這樣，她們的全部祈禱，而且常常含淚祈求，願天主賜給她們這個恩惠。每次獲悉有所拖延，她們就難過極了，就又加增補贖。她們省下吃的錢，用來支付派來我這裡的使者，並以她們的貧窮方式，來對那能幫助她們的人表示謝意。和她們談話後，目睹其聖德，我清楚明白，祈禱和眼淚為她們獲得了被修會接納的恩寵。因此，有像這樣的靈魂，我認為，比起她們有許多的定期收入，更是寶貴得多，我也期望這修院會非常興盛。

㊵當我們進入會院時，她們都在門裡面，每一位身穿不同的衣服，就如進來時所穿的，絕不願穿居家修行者㊴的會衣，所期待的是修會的會衣。雖然如此，她們的穿著相當樸素；由於毫無打扮，顯然可見，她們很不在意自己，還有，幾乎每一位都消瘦得很，顯出她們度著厲行的補贖生活。

㊶她們滿懷欣喜，淚水盈眶地迎接我們，看得出來，沒有絲毫的假裝，她們喜樂中的許多德行、謙虛及對院長的服從亦然；她們不知要如何討好來建院的修女們。唯一的害怕是，看見她們的貧窮和狹小的房子，我們可能會再返回。她們中沒有人發號施令，而是，懷有極大的姊妹情誼，每個人都極盡所能地工作。當中有兩位最年長的，處理遇有需要時的事

39. 居家修行者（*beatas*）：是在家修行的婦女，身穿會衣，度熱心的基督徒生活，卻不屬於任何修會。

務；其餘的都不和任何人說話，也不想望。她們從來不鎖門，只有一個門閂；沒有人敢到門口處，只有最老的一位去應答。她們睡得很少，為的是要賺取食物，不浪費祈禱的時間，她們用很多的時間祈禱；在慶節的日子，整天都在祈禱。她們採用路易斯・革拉納達（Luis de Granada）會士和伯鐸・亞爾剛大拉會士的書，來指導自己。

42她們用大部分的時間誦念日課，很少人會誦念，只有一位念得好，使用的日課經本也各不相同。有的是用舊的羅馬本，有些神父不再使用而給她們的；其他的人，使用能得到的經本。由於不會朗讀，她們耗費許多小時在念經上。她們不在外人可以聽見的地方誦經。天主必定接納她們的善意和努力，因為她們念得正確的地方一定很少。當安道・耶穌神父開始指導她們，他只要她們念聖母日課。她們有自己的爐灶，用來烤麵包，做一切事都和諧一致，彷彿服從一位長上所出的命令。

43這一切都使我讚美我們的上主，和她們的交往愈多，我愈欣喜於來此建院。我認為，無論受了多少的艱難，我都不願不安慰這些靈魂。在那裡留下的同伴，對我說，隨後開始的那幾天，她們碰到有些反對，不過，當她們更認識和了解這些新修女的德行時，會感到極其喜樂地留下來和她們在一起，也非常愛她們。聖善和德行能行偉大的事。事實是這樣的，雖然她們碰到許多的困難和磨難，藉著上主的恩惠，她們接受得很好，因為她們渴望為服事祂而受苦。在自己內沒有覺察這個渴望的修女，不要自視為真正的赤足會修女，因為我們的渴望不該是休息，而是受苦，為稍微效法我們的真淨配。願至尊陛下賜給我們受苦的恩惠，阿們。

44 聖安納的這個隱所，其開始是這樣的：在這哈拉的新鎮，有位神父，他是薩莫拉[40]人，曾經是我們加爾默羅聖母修會的會士。他非常崇敬榮福聖安納。他名叫狄耶各・瓜達拉哈拉（Diego de Guadalajara），在靠近他的家附近，蓋了這個隱所，為能在那裡望彌撒；他熱心無比，前去羅馬，帶回一道詔書，附有許多的大赦給這個聖堂或隱所[41]。他是個有德行又收心的人。他在遺囑上指明，當他死後，這個房子和一切所有，歸屬我們加爾默羅聖母隱修女的修院；如果不能履行這事，則要指定一個駐堂神父，每個星期做幾台彌撒，若建立了隱修院，則沒有做彌撒的責任。

45 就這樣，一位駐堂神父在那裡約二十餘年，這地方也漸漸式微，因為，雖然這些女士住進這房子，也只有房子是她們的。駐堂神父住在另一座房子，那是屬於駐堂神父的地方，現已連同其餘的給出去了，那些是相當小的地方；然而，天主的仁慈是這麼大，祂必不會不恩祐其榮福祖母的房子。至尊陛下保祐，願祂在其中經常受事奉，願所有受造物永遠讚美祂，阿們。

40. 薩莫拉（Zamora），位於撒拉曼加北邊大約一百公里處。
41. 意即，到這聖堂或隱所祈禱，可以得到大赦。

第二十九章

述說在帕倫西亞建立街道聖母的聖若瑟隱修院，時為一五八〇年，聖王達味的日子①。

❶ 從哈拉的新鎮建院回來，修會的長上②命令我去瓦亞多利，這是因為帕倫西亞（Palencia）主教的請求，他就是阿爾巴羅・曼多撒先生，他曾接納並恩待首座隱修院，就是亞味拉的聖若瑟院③，也經常幫助一切有關本修會的事。由於他從亞味拉教區轉到帕倫西亞，我們的上主推動，他樂意在那裡建立此聖修會的另一座隱修院。

抵達帕倫西亞時，我的病這麼沉重，人家以為我快要死了。我無精打采，深覺無能為力，雖然我們瓦亞多利隱修院的院長④，非常渴望建院，堅決不休地請求我，我仍不能說服自己，也找不到開始建院的依據；因為這修院是守貧的⑤，我聽說，那地方非常貧窮，無法供養修院。

❷ 將近一年的時間，大家都在談論這個建院，也論及在布格斯的建院，之前，我並沒有這麼反對這事。不過，現在我發現有許多的障礙，雖然我來瓦亞多利並非為別的事。我不知道，是否因為重病而使我虛弱，或者是魔鬼，有意阻礙後來要完成的好事⑥。的確，我既感到驚奇，也覺得難過，我往往向我們的上主抱怨，可憐的靈魂要分擔好多身體的疾病；彷彿靈魂必須受制於身體的定律，分受身體的需求和事物。

❸ 我認為，生命的大煎熬和可憐之一，就像這樣，沒有強壯的心靈來使身體順服；因

1. 本章標題之前寫著「JHS」。沒有寫「第二十九章」。達味聖王的慶日是十二月廿九日。
2. 當時的長上（代理會長）是安赫・薩拉察神父。見28・6的註解。
3. 參閱《自傳》36・1—2。阿爾巴羅・曼多撒主教於一五七七年六月廿八日，被任命為帕倫西亞主教。
4. 這位院長就是瑪利亞・包迪思塔，她是亞味拉人，也是聖女大德蘭的親戚。十八歲時，大德蘭帶她住在降生隱修院，她是第一位建議創立革新隱修院的人（參閱自傳32・10註329）。她加入亞味拉聖若瑟赤足隱修院，也是陪伴聖女建立梅地納隱修院的兩位修女之一。一五六八年，她轉入瓦亞多利，一五七一年擔任院長。她是與聖女大德蘭通信最多的一位。

為生病和忍受劇苦，雖然艱辛，如果靈魂醒寤，我則毫不在意，因為是在讚美天主，也覺得是來自祂的手。然而，如果一方面忍受痛苦，另一方面又無所事事，這是可怕的事，尤其是，如果靈魂自知懷有很大的渴望，不要有內在和外在的休息，要完全致力於服事她的偉大天主。在此別無良方，除了忍耐，認清靈魂的可憐，將之捨棄於天主的旨意，按天主所願意的，及怎樣願意來使用靈魂。這就是我當時的情況，雖然我已痊癒；不過，還是虛弱不堪，竟至連開創這些隱修院時，我對天主常常懷有的信賴也喪失了。我覺得事事都不可能，如果當時碰見某個人鼓勵我，對我會很有幫助；然而，有些人助長我的害怕，另有一些人，雖然給我一點希望，卻不足以克服我的怯懦。

❹正巧有個耶穌會的神父來到那裡，他名叫李帕達大師⑦，有段時間，我向他辦告解，他是天主的大忠僕。我對他說我的處境，並願視他為天主的代表，請他告訴我對這事的看法。他開始極力鼓勵我，說我是年歲大了，所以會有這個膽怯。可是我清楚看出，並非如此，雖然現在的我更老⑧，卻不是這樣。儘管他也了解這事，其實是為了責備我，不使我視之為從天主來的。那時同時進行的是帕倫西亞和布格斯的建院，無論為建立哪一座，我什麼都沒有；可是，這不是理由，因為往往我開始建院時，也是什麼都沒有。他對我說，絕不可放棄建院。不久前，在托利多時，有位耶穌會的省會長，名叫巴達沙·奧瓦雷思⑨，他也告訴我同樣的話，不過那時我的健康良好。

❺那番話仍不足以使我下定決心，雖然對我相當有幫助；我還是舉棋不定，下不了決心，因為，或是魔鬼，或是，如我說過的⑩，仍受縛於疾病；然而，我覺得好多了。瓦亞多

5. 聖女比較喜歡建立守貧的修院，就是說，修院沒有定期的基金，只靠教友的施捨和捐贈。如建院的地方很貧窮，則必須有定期的基金。

6. 一五八〇年三月廿日，聖女大德蘭離開哈拉的新鎮。廿六日抵達托利多，幾天後，感染了當時所謂的「普世的流感」，那一年，這個病毒摧毀西班牙全境。六月七日離開托利多，前往馬德里和塞谷維亞，再路經亞味拉、梅地納，八月八日抵達瓦亞多利。三月時在托利多得到的流感，再度復發。在嚴寒的冬天，一五八〇年十二月廿八日，啟程前去帕倫西亞建院。

7 李帕達神父，就是這位神父要求聖女大德蘭開始寫這《建院記》，參閱序·2。

利的院長盡所能地幫助我，因為她極渴望建立帕倫西亞隱修院；可是，由於看見我這麼冷淡，她也害怕起來。現在真正的勇氣來了，因為這不是人或天主的僕人足以辦到的；由此往往可以看出來，在這些建院中，不是我做了什麼，而是大能的祂做了一切。

6 有一天，剛領完聖體，我正處在這些疑惑中，下不了決心建立哪座修院時，我懇求上主賜給我光明，使我能在一切事上承行祂的旨意；我的冷淡並不會使我絲毫失去這個渴望。我們的上主以能理解的方式，對我說：「妳害怕什麼？我什麼時候辜負過妳？現在的我，一如過去；不要放棄建立這兩座隱修院。」

啊！偉大的天主！祢的話多麼不同於人說的話！就這樣，我滿是決心和勇氣，全世界都不足以反對我，我立刻開始處理建院的事，我們的上主開始賜給我種種辦法。

7 我帶著兩位修女去買房子[11]。雖然我聽說，在帕倫西亞靠施捨維生是不可能的，我則彷彿什麼也沒聽說似的；因為修院若要靠定期收入，我已看出來，那時是不可能的；不過，既然天主說了要建院，至尊陛下就會供應。所以，雖然我尚未全然康復，天氣又惡劣，我還是決定前去；在我所說那年的諸聖嬰孩慶日，我離開瓦亞多利[12]。帕倫西亞有位紳士，把他租來的房子給我們住，從新年開始，直到聖若翰慶日[13]，他自己必須住在別處。

8 我寫信給該城的一位座堂參議，雖然我並不認識他[14]；不過，他的一個朋友告訴我，他是天主的忠僕，我也確信，他對我們會有許多助益，因為，正如在其他建院時所看見的，上主親自在各處找人來幫助祂，至尊陛下已知道，我能做的是多麼微小。我派一位使者去請求這位紳士，盡可能隱密地為我把房子清空，因為還有一人住在那裡，但不可對他說誰

8. 現在的我，指的是寫書時的「現在」。
9. 巴達沙·奧瓦雷思神父逝世於一五八〇年七月廿五日。消息傳來時，聖女大德蘭在梅地納，即在前往瓦亞多利去見主教的途中。
10. 見第 1 節。
11. 參閱第 10 節。
12. 就是一五八〇年十二月廿八日。

要住進來；因為，即使有些貴人對我們表示善意，主教又十分切望建院，我看出來，不要讓人知道才是最安全的。

❾座堂參議雷依諾索（就是我寫信給他的人，這是他的名字）做得非常好，不僅清空房子，還提供床和相當充足的舒適用品；我們很需要，因為非常寒冷，前一天的氣候很惡劣，大霧瀰漫，我們幾乎彼此看不見。事實上，直到備妥第二天望彌撒的地方，我們沒有什麼休息；因為在沒有人知道之前，我們住進那裡；在建立我們的隱修院時，我發現這是最適宜的，因為，如果開始求問意見，魔鬼就擾亂一切，雖然無法得逞，卻導致騷擾不安。我們就這麼做了，早晨一到，幾乎天才剛亮，和我們同來的一位神父主祭彌撒，神父名叫波納斯，是天主的大忠僕。還有一位瓦亞多利修女們的朋友，名叫奧斯定．維克多利亞[15]，他借錢給我們安置房子，一路上，對我們照顧備至。

❿我們一行，連我在內，有五位修女，還有一直與我同行的同伴，她是輔理修女[16]，卻是天主的大忠僕，極其謹慎，她幫助我，遠勝過其他經席的修女[17]。那一夜，我們睡得很少，雖然如我說的，因為下雨，路途艱辛難行。

⓫我非常高興在那一天建院，因為是紀念達味王的日子[18]，他是我偏愛的一位。那天早上我立即派人送話給主教閣下，他還不知道我們已經來到了。他馬上很有愛德地過來，如他經常之對待我們。他告訴我們，他會給我們所有需要的食糧，命令管家供應我們許多的物品。本修會虧欠他這麼多，凡閱讀《建院記》中這件事的人，都有責任把他交託給我們的上主[19]，無論或生或死，我請求這事是出於愛德。該地的居民人人興高采烈，是很特別的

13. 就是從新年到六月廿四日。
14. 熱羅尼莫．雷依諾索（Jerónimo Reinoso，一五四六至一六〇〇），後來成為聖女大德蘭的好朋友。
15. 波納斯神父（P. Porras）是瓦亞多利加爾默羅會修女的聽告解神師。奧斯定．維克多利亞（Agustín de Victoria）是瓦亞多利修女的恩人，有一位女兒是該院的修女，即瑪利亞．聖奧斯定（María de San Agustín）。陪伴大德蘭從瓦亞多利到帕倫西亞的，是古嵐清神父。

事，因為完全沒有人表示不滿。知道這是主教所喜愛的修院，非常有幫助，因為他在那裡很受愛戴。所有這些人，是我所見過的人中，最好和最高貴的，所以，每天我都更加欣喜於到那裡去建院。

⓬ 由於房子不是我們的，我們立刻開始著手購置另一房子，雖然目前的房子在待購中，地點卻相當不好，因我所帶來的那些修女的幫助，我們好像可以買點什麼，雖然不算多，但為那地方已是很多；雖然如此，如果天主沒有給我們那些好朋友，一切都算不了什麼；座堂的好參議雷依諾索帶來他的一個朋友，名叫沙里納斯[20]，他是座堂參議，極有愛德又明智，他們彼此間關心這事，彷彿是自己的事，甚至有點過分，他們常常關懷這購屋的事。

⓭ 在鎮上，有個非常敬禮聖母的小堂，如同隱所，名為「街道聖母堂」（*nuestra Señora de la Calle*）。整個地區和城市，對聖母的敬禮非常濃厚，人們都到那裡去。主教閣下和所有的人都認為，若我們靠近那聖堂，為我們很好。聖堂沒有附帶房子，不過，在近旁倒有兩棟，如果買下來，連聖堂一起，為我們是相當夠用的。將聖堂給我們，必須有座堂會議和相關聯會的一些人授權，於是我們開始設法獲取。座堂會議立即授予我們，當作禮物，雖然和聯會的交涉困難多了，他們也同意；如我說的[21]，如果我一生中曾見過有德行的人，就是那地方的人了。

⓮ 由於屋主看見我們有意購屋，理所當然地，開始提高屋價。我願意去看看房子，我發覺那麼不好，使得我一點也不想要，和我同去的人亦然。後來清楚地看出來，魔鬼在其中大做文章，因為我們來到那裡，使牠非常難受。交涉購屋的兩位座堂參議認為，雖然房

16. 這位輔理修女是真福安納・聖祿茂（一五四九至一六二六），一五七七年的聖誕夜，聖女大德蘭跌傷她的左臂，從此安納隨侍在聖女身旁，是她的護士，有時則是祕書。另四位修女是：依內思・耶穌，她是大德蘭的堂妹；加大利納・聖神（Catalina del Espíritu Santo）；瑪利亞・聖伯納德（María de San Bernardo）；華納・聖方濟各（Juana de San Francisco）。
17. 在大德蘭的時代，教育不普及，有些入會修道的人不會讀書寫字。因此，在修會的團體中，有所謂的「經席修女」，就是能在經堂唱經的修女，輔理修女，是不能唱經，但仍一起度修道生活，她們往往分擔許多辛勞的工作。
18. 一五八〇年十二月廿九日。

子位於城中人多之處，但距離主教座堂很遠。最後，我們一致決定，那些房子對我們不合適，應該再找其他的房子。這兩位座堂參議先生就開始著手進行這事，這麼的認真和勤快，毫不忽略任何他們認為合適的房子，這使我讚美我們的上主。有棟他們中意的房子，屋主名叫達瑪約（Tamayo）。這房子的某些部分非常合適我們，又靠近一位顯貴紳士的家，他名叫蘇葉羅．貝卡[22]，他非常恩待我們，也和那地區的人一樣，切望我們在那裡建院。

⓯那房子不夠大，不過，他們願附加其他的房子，雖然不能加以改建，使我們可以合用兩座房子。最後，按照他們給我的相關訊息，我渴望繼續著手進行，可是那兩位先生都不肯，除非我先去看過。我多麼不願到鎮上去，又這麼信賴他們，他們勸不動我。但最後，我還是去看那房子，也看街道聖母的房子，雖然不是要去買，只是為了不讓另一屋主想我們別無選擇，如我說的[23]，我和與我同去的人，都覺得他們這麼不好，現在我們都感到驚奇，我們竟能認為他們這麼不好。之後，我們去看另一棟房子，已決定不找他處，雖然我們碰到很多困難，仍然全盤接受，即使修改起來相當困難；為了建造一間聖堂，也沒有夠大的房間，致使適於居住的房間都必須占用。

⓰這樣確定一件事是令人驚奇的：真的，生活給我的經驗是少信靠自己，雖然那時犯錯的不只我單獨一人。總之，當我離開時，已經決定不要別的房子，也付了他們索取的款項，是相當多的索價，並且寫信給屋主，當時他不在城內，不過住得很近。

⓱我在買這房子上耽擱這麼久，看來像是件不得要領的事，直到最後才看出來，魔鬼有意阻撓我們買下街道聖母的房子，每次想及這事，都會使我感到害怕。

19. 就是為他祈禱的意思。
20. 沙里納斯：亦即瑪定．亞龍索．沙里納斯（Martín Alonso Salinas），是聖女大德蘭的好朋友。
21. 見第 11 節。
22. 蘇葉羅．貝卡（Suero de Vega）是若望．貝卡（Juan de Vega）的兒子，他的父親曾經擔任納瓦拉（Navarra）和西西里的總督，也是皇家議會的主席。他的一個兒子進入赤足加爾默羅會，取會名為若望．天主之母（Juan de la Madre de Dios）。
23. 見第 14 節。

18 如我說過的㉔，我們全都決定不買其他的房子。次日，在彌撒中，我開始深深憂慮，不知是否做對事情，覺得忐忑不安，整個彌撒中，我幾乎都不得安寧。當我前去領至聖聖體，一領了聖體，我立刻聽見這些話：「這房子合適妳。」就這樣的，我完全決定不買所想的那房子，而要那街道聖母的房子。

我開始認為，經過這麼多的接洽，他們又那麼喜愛，那麼認真照顧那房子，這會是很困難的事。

上主回答我說：「他們不知道我在那裡受到多少的冒犯，這會是很大的補救。」

有個想法浮現於我，這個神諭可能是個騙局，雖然我並不相信是這樣，因為我清楚明白它們給我的影響，此乃出自天主之神。上主立刻對我說：「是我！」

19 這事使得我非常寧靜，先前的擾亂一掃而空，雖然我不知道如何補救先前所做的，更糟的是，關於這房子所說過的壞話，還有對我的修女們說的，強調那地方多麼不好，我絕不願她們因不了解而去那裡；雖然為我沒有多大的關係，因為我知道，無論我做什麼，她們都會認為好。我在乎的是其他的人，及他們的渴望：他們會以為我輕率又善變，因為我改變得這麼快，這是我很厭惡的事㉕。然而，這一切的想法絲毫也動搖不了我，讓我放棄街道聖母的房子，現在我已記不得那裡的不好；因為，去那裡，如果修女們能阻止人犯一個小罪，其餘的事就沒什麼要緊了，而且我認為，任何一位修女，要是獲悉我所知道的，她們也會和我一樣。

20 我採取以下的求助方法：去向座堂參議雷依諾索辦告解，他是兩位幫助我的人之一，

24. 見15—16節。
25. 就是說，聖女也很不喜歡別人變來變去。

雖然我從未對他說過這一類靈性的事，因為未曾遇有必須這麼做的時機；在這些事上，我常習慣這麼做，好能奉行告解神師給我的勸告，行走更安全的道路，我決定在嚴守祕密的保證下，告訴他這事，即使決定放棄，不做所聽的話語，也不會使我感到痛苦。然而，到最後，我告訴他，我信賴我們的上主，如我在別的時候看見的，至尊陛下會改變有不同想法的告解神師，好使神師承行祂的旨意。

21 首先我告訴他，往往我們的上主習慣這樣教導我，直到那時，已發生過好多的事，從中我明白是來自祂的神，然後我對他講述事情的經過；不過，我會照他的意見行事，雖然我可能會感到痛苦。他非常謹慎、聖善，而且對任何事都有良好的勸告，即使是年輕人[26]；雖然他看出來，這樣的改變必會引起批評，他卻決定對所聽到的神諭不要棄之不顧。我對他說，我們要等候使者[27]，他也是這麼認為；我則信賴天主，祂會予以救助。事情就這麼發生，即使我們已答應屋主所希望和要求的一切，他又索求再加上三百達卡，這看來是蠢事，因為我們已經付給他太多了。從中，我們看見天主的作為，因為這個出售對賣主非常有益，既然合約已簽訂，更多的要求則是不合情理。

22 這麼一來，對事情的幫助相當大，我們說，和屋主的洽商會沒完沒了，但是並非一切都解決了；因為顯然的是，如果房子適宜改建成修道院，三百達卡不是放棄那房子的充足理由。我告訴我的告解神師，完全不要顧念我的信譽，如果他認為要這麼做[28]；只要對他的同伴說，無論昂貴或便宜，破舊或美好，我已決定要買街道聖母的房子。他同伴的腦袋極其靈活，雖然什麼也沒有對他說，由於事情的改變這麼快，我相信他已猜出來是怎麼一

26. 他那時只有三十五歲，比大德蘭小三十歲。
27. 即屋主派來接洽合約的使者。
28. 就是放棄那房子，而買街道聖母的房子。

回事，所以，他沒有更進一步地催促我。

㉓後來，我們都清楚地看到，如果買了另一個房子，我們會犯下多麼大的錯誤，因為現在我們驚奇地看見，這房子擁有的大益處，超過另一個房子，更不用提那最主要的益處，也就是，非常明顯地見到，我們的上主和祂的榮福母親，在那裡受到事奉，消除相當多的罪行。因為在那裡舉行很多的守夜禮，由於那裡是個隱所，可以做許多的事，使得魔鬼因被驅逐而感到難過，我們則欣喜於能稍稍服事我們的母親、夫人和主保[29]。先前沒有買這房子，是非常錯誤的，因為我們沒有更深入地察看。顯然可見的是，魔鬼在許多事上導致盲目，因為那裡有許多別處找不到的便利條件，而且所有的鎮民欣喜至極，這正是他們的切盼，甚至那些希望我們到另一處的人們，後來也都認為非常好。

㉔願在此事光照我的祂，永遠永遠受讚美；祂這樣的啟迪我，使我做好任何的事情，因為每一天我都愈發驚奇，覺察自己在一切事上的缺乏才能。我之明白這事，並非出於謙虛，而是每一天我愈發看得清楚：彷彿是，我們的上主願意我和眾人了解，惟獨至尊陛下，是祂完成這些工作，就像祂用泥巴使瞎子看得見[30]，祂也願意像我這麼瞎眼的人，做事不會盲目。的確，如我說的，其中我有非常盲目的事，每次我一想起，都為此重新讚美我們的上主；甚至連這事我做得也不好，我不知道祂怎麼容忍得了我。願祂的仁慈受讚美，阿們。

㉕那麼，這些聖童貞的聖善朋友們，立即去洽商房子的合同事宜，按我的看法，他們便宜地買下房子。他們努力奔走，因為在這些建院中，天主願意那些幫助我們建院的人，堪當受讚揚，我則是什麼都沒做的人，如我在別處說的，我絕不願不說這事，因為是事實。

29. 從一開始，加爾默羅修會就奉聖母為修會的母親、夫人和主保。
30. 參閱《若望福音》九章 6—7 節。

於是他們奔波忙碌，安置房子，也為此支付金錢，因為我沒有什麼錢，非常珍貴的是，還做我們的擔保人；在別的地方，尚未找到擔保人之前，我都會覺得憂愁；這是理所當然的，除非信賴我們的上主，因為我身無分文。然而，至尊陛下總是賜給我這麼多的恩惠，從未使信賴我的人有所損失，或沒有全額付清，我認為這是賜給我的至極大恩。

㉖屋主不滿意這兩位擔保人，於是他們去找主教的管家，他名叫普魯登西歐，我甚至不知道名字記得對不對[31]；現在人家這麼對我說，因為不知道他的名字，我們都叫他管家。他對待我們這麼有愛德，我們虧欠他很多，至今猶然。他問他們要去哪裡，他們答說，正要找他簽保證書。他笑了，說：「所以，就這樣，你們要我為這麼多錢做擔保嗎？」騎在騾背上的他，立即簽下保證書，這是現今值得令人深思的事。

㉗在帕倫西亞，我所遇到的愛德，無論是個別或群體的，我都不願略而不大加讚揚。真的，我覺得就像在初期教會一般，至少在今日世界不是常有的事，看到我們沒有定期收入，又得供應我們食物，不僅未加阻礙建院，反而說是天主賜給他們的至大恩惠。如果以信德之光[32]來看，他們所說倒是真的；因為，單就多了一座聖堂供奉至聖聖體而言，已是很大的恩惠。

㉘願祂永遠受讚美，阿們！事情看來愈是清楚，祂樂於在此受服事，以往必是有些不當的行為，現已不再發生；因為，許多人來此參加守夜禮，這隱所又處在孤立的地點，所有來的人並非只為參加敬禮而來。情況因而得以改善。聖母的態像原來供奉在非常不適當的地方。阿爾巴羅．曼多撒主教在隱所內建造一間祈禱室，漸漸地，所完成的事都是在榮

31 普魯登西歐（D. Prudencio Armentia），他是主教的管家，也是帕倫西亞的座堂參議，參閱第 11 節。
32. 原文只有「光」，K.K. 英譯本譯為「信德之光」，有助於讀者了解。

耀和光榮這位榮福童貞和她的聖子。願祂永遠受讚美！阿們！阿們！

㉙房子裝潢好了，修女們住進的時候也到了，主教願意極隆重地舉行。事就這麼照辦，至聖聖體慶期的一天[33]，主教從瓦亞多利來，還有座堂的議會和各修會，幾乎該地的人都來了。音樂聲四起。我們身穿白斗篷，臉上蒙著頭紗，排成遊行的隊伍，從我們居住的處所，前往街道聖母我們會院近邊的小聖堂，聖母的態像也為我們而還來，我們在這裡領受至聖聖體，並且供奉聖體於聖堂內，籌備得十分完善，極其隆重，喚起人們的熱心虔誠。有較多的修女來此，是為了從這裡到索里亞（Soria）去建院，全都手持蠟燭。我相信，那一天，上主在該地備受讚揚。願祂保祐，受造的萬有永遠讚美祂，阿們，阿們。

㉚當我在帕倫西亞時，天主樂意使赤足和非赤足的加爾默羅會分開，各有自己的會省，為了我們的平安和寧靜，這是我們的全部渴望。由於我們天主教國王斐理伯先生的請求，為此，從羅馬送來一份很長的詔書[34]，在此結束的時候[35]，國王陛下非常恩待我們，一如修會開始時。在亞爾加拉召開會議，擔任主席的是一位可敬的神父，名若望・古耶巴斯（Juan de las Cuevas），是當時塔拉韋拉（Talavera）的院長。他是聖道明會的會士，經國王提名，由羅馬指定，他是非常聖善和明智的人，正是為擔任類似的任務所必須具備的。國王支付會議的所有費用，因他的命令，亞爾加拉大學全校都幫助他們。會議舉行於我們赤足男修會的聖西略學院，非常的平安與和睦。獲選的省會長是熱羅尼莫・古嵐清・天主之母大師會士神父。

㉛這些神父會在別處記述事情的經過，我不必在此贅述。我已說過，當我在創建這隱

33. 即一五八一年五月廿六日。
34. 這詔書是 *Pia consideratione*，教宗國瑞十三世於一五八〇年六月廿二日頒布。
35. 意指結束赤足和非赤足之間的爭執。

修院時，我們的上主完成這麼重要的事，以榮耀和光榮祂的榮福母親，因為事關她的修會，她是我們的夫人[36]和主保；對我而言，是我畢生最大的喜樂與滿意之一，過去二十五年多以來，歷經辛勞、迫害、折磨，說來恐怕要花很長的時間，能了解的，惟有我們的上主。當我看見事情完結，只有曉得我們所受磨難的人，才能了解臨於我心的喜樂，我也渴望全世界都讚美我們的上主，我們也要為我們這位聖善的國王，斐理伯先生祈禱，藉著他，天主使事情有這麼美好的結局。魔鬼使出無比奸詐的伎倆，要不是國王的介入，我們的工作全都會化為烏有。

32 現在我們都得到平安，無論是赤足或非赤足。不再有人阻礙我們服事我們的上主。為此，我的兄弟姊妹們，由於至尊陛下這麼好，俯聽你們的祈禱，讓我們趕緊去服事祂。現在目睹的證人，請深思，祂賜給我們的恩惠，及祂如何從磨難和擾亂不安中解救了我們；那些後來的人，若覺察事事平順，為了我們上主的愛，不要忽略任何有關全德之事。但願對其他修會所說的，「除了稱讚修會的開始，什麼都不做」的這話，不會對他們說。現在我們開始，他們要努力繼續開始，時常好上加好。要留意，魔鬼經由很小的事鑽孔穿洞，藉此導入非常大的事。絕不要說：「這些事無所謂，我們不要走極端。」啊！我的女兒們！凡事都很要緊，如果是無助於我們的進步！

33 為了我們上主的愛，我請求妳們要記住，萬般事物行將終窮，何其之快，我們的上主帶領我們進入這個修會，施予的又是何等的恩惠，凡開始任何鬆懈的人，必會受到很大的懲罰。反之，妳們的雙目要常常注視著，我們是聖先知的家族後裔。在天堂上，我們有

36. 夫人的原文是 *Señora*，意思是女主人，或稱主母。

身穿本會會衣的聖人！我們要懷有聖善的厚顏，賴天主的助祐，得以相似他們。我的修女們！戰鬥是短暫的，結局則是永遠。我們要放開這些什麼都不是的事物，除非是帶領我們達到此永無終結的終結，為更愛祂和服事祂，因祂必會永世長存，阿們，阿們。感謝天主！

第三十章

開始述說在索里亞城創建聖三隱修院。建立於一五八一年。舉行首台彌撒於我們的會父聖厄里叟的日子[1]。

❶當我在帕倫西亞，建立所說的那裡的隱修院時，有人送來一封奧斯瑪主教的信，他名叫貝拉斯克斯博士[2]，最初認識他時，他是托利多主教座堂的參議和教授，那時我仍心存一些怕懼[3]，我設法請教他，因為我知道他是很博學的人，又是天主的忠僕，我極力懇求他，指導我的靈魂，聽我的告解。雖然他非常忙，我求他，為了我們上主的愛，指導我，他了解我的需要，非常樂意地答應我，使我感到驚奇。當我在托利多的整個時期，我都向他辦告解，請教他，那是很長的一段時間。我完全坦誠地向他訴說我的靈魂，如我習慣做的。這給我極大的幫助，從那時開始，我的害怕開始減少。真的，另有一個向他討教的理由，但不宜在此述說。不過，他確實給我極大的幫助，因為他引用聖經向我擔保，這是最幫助我的方式，我確信一個熟識聖經的人，而他真是如此，再加上他度著良好的生活。

❷這封信寫自索里亞，此時他住在那裡。他告訴我，有向他辦告解的女士，如何對他提及要建立一座我們修女的隱修院，而他認為很好；他已經告訴她，他會努力說服我去那裡建院；又說，我不要讓他失望，如果我認為這是適宜的事，要讓他知道，他會派人來找我。我感到非常高興，因為，除了那是個理想的建院地方，我也渴望看他，和他談談我靈

1. 時為一五八一年六月十四日。在大德蘭的時代，加爾默羅會士普遍相信，先知厄里亞和厄里叟常居住在加爾默羅山上，繼先知之後，聖善者繼續留守山上獨修。這些隱修士充滿先知的精神，後來接受宗徒的宣講，歸化成為基督徒。在山的一旁，他們開始興建一座聖堂，或稱為經堂，特別恭敬聖母。所以，根據這個傳統，他們是最早被稱為屬於聖母的修會——加爾默羅山榮福瑪利亞的兄弟會。根據此一傳統說法，大德蘭視厄里叟如厄里亞一般，是修會的會父。參閱 27・17；28・20。
2. 參閱 28・10。
3. 時為一五七七年，大德蘭正面臨很大的困境。

魂的一些事；由於他曾在靈修上幫助我很多，使我深感非常愛他。

❸這位要建院的女士名為碧雅翠絲·貝亞蒙第·納瓦拉夫人，因為她出身於納瓦拉王室，是法蘭瑟斯·貝亞蒙第先生（Don Francés de Beamonte）的女兒，父親是純血統的貴族。她已結婚數年，沒有孩子，非常富有，長久以來，一直盼望能建立一座女隱修院④。她向主教說及這事，主教則告以這個聖母的赤足隱修會，她十分認同，也極力催促主教盡快實現這事。

❹她是個性情溫和的人，慷慨，常行補贖；總之，她是天主的大忠僕。她在索里亞有棟好房子，既堅固又在很好的地點；她告訴我們，她要給我們這房子，連同建院的一切所需，她給我們千分之二十五利息擔保，每年五百達卡⑤。主教應允給出一座很好的聖堂，全是拱形的屋頂，是一座堂區的聖堂⑥，很靠近我們，可以建造一條連接的通道走廊，就能善加使用。主教做此奉獻，輕而易舉，因為那是個窮聖堂，那裡有很多的聖堂，所以主教遷移這聖堂到別處。他在信中詳述一切。我和省會長神父討論這事，那時他在帕倫西亞；他和所有的朋友都認為，我該寫信給他，要請個特使送去；帕倫西亞的建院已經結束，因為上述的理由，到索里亞建院之事令我非常欣喜。

❺我開始召集和我同去那裡的修女，共有七位，因為那位夫人盼望寧可修女多，不要少，再加上一位輔理修女、我的同伴和我⑦。有使者駕驛馬車⑧來接我們，這為我們很好，因為我已告訴主教，必須兩位赤足會的神父同行；所以，我帶了尼古拉·耶穌·瑪利亞神父（padre Nicolás de Jesús María），他非常成全又謹慎，是熱那亞人。當他領會衣時，已有

4. 碧雅翠絲·貝亞蒙第·納瓦拉夫人（Doña Beatriz de Beamonte y Navarra）慷慨地建立索里亞隱修院之外，一五八三年，她也幫助在潘普洛納（Pamplona）的建院，並於同年進入該隱修院，取會名為碧雅翠絲·基督（Beatriz de Cristo），逝世於一六〇〇年。
5. 這筆捐助是很慷慨的。
6. 此聖堂原名維亞斯聖母堂（*Señora de las Villas*），碧雅翠絲夫人將之改為榮福聖三堂。

四十多歲[9]，我認為（至少他現在已年逾四十，因為他不久前才穿會衣），不過，短短的時間內，卻有長足的進步，很明顯是我們的上主揀選了他，為在這麼艱苦的受迫害時期幫助修會，他做了許多事；因為其他能幫助修會的人，有的被放逐，有的被關起來。至於他，由於沒有職務，如我說的，他入會的時間很短，不致太引人注意，或者是天主的安排，使他能給我這個幫助[10]。

❻他相當謹慎，在馬德里非赤足的男修會時，像是為別的事務而去，非常善於掩飾，他們都不知道他在處理這些事，所以讓他留在那裡。我們時常互通信息，那時我在亞味拉聖若瑟隱修院，我們討論什麼是最適宜的，這使他感到滿足。由此可看出修會的需要，我之這麼受人注意，如俗話說，係因缺少好人[11]。在這整個期間，我體驗到他的成全和謹慎；所以，他算是修會中，我在上主內非常愛和敬重的那些人之一。那時，他和一位輔理修士同伴和我們一起上路。

❼一路上，他沒事可做；因為主教派來的人很關心我們的舒適，並幫助我們尋找好的住處，一進入奧斯瑪主教的管區，人們這麼愛主教，聽說這是他的事，就指給我們好的住處。氣候好得很。白天的行程不遠。一路上沒有什麼辛勞，反而是愉悅；因為聽到人們的稱頌，述說主教的聖德時，帶給我極大的喜樂。我們抵達布爾格（Burgo），時為至聖聖體八日慶前的星期三[12]。星期四，我們在那裡領聖體，就是慶節的當天。那一天內我們無法抵達索里亞，所以在途中停下來用餐，由於沒有別的住處，我們在那裡的一座聖堂裡過夜，覺得還不錯。次日望了彌撒，約在下午五點鐘時，抵達索里亞。聖善的主教就在他家的窗口，我

7. 這七位修女是：佳琳・基督（Catalina de Cristo，六月十五日被選為院長）、貝亞翠絲・耶穌（Beatriz de Jesús）、瑪利亞・基督（María de Cristo）、華納・寶蒂斯大（Juana Bautista）、瑪利亞・耶穌、瑪利亞・聖若瑟和佳琳・聖神（Catalina del Espíritu Santo）。輔理修女是瑪利亞・寶蒂斯大（María Bautista），她的同伴護士是真福安納・聖祿茂。
陪伴她們同行的還有：尼古拉・多利亞神父（P. Nicolás Doria）、厄里叟・天主之母修士（Hermano Eliseo de la Madre de Dios）；阿爾巴羅・曼多撒主教派來的伯鐸・李貝納（Pedro de Ribera，第 12—13 節會述說他）；奧斯瑪主教派來一位隨行的神父，名夏孔（Chacón），及保護旅途平安的法警一名；最後是，碧雅翠絲夫人派來的，他的駐堂司鐸方濟・謝弟納（Francisco de Cetina）。

們經過時，舉手降福我們，對我而言，這是個不小的安慰，因為來自主教和聖人的降福，是極受敬重的⑬。

❽這位夫人，我們的建院者，已在她家的門前等候我們，那裡就是建立隱修院的地方。我們急著進入屋內，因為有一大堆人。這已不是什麼新鮮事，無論我們到哪裡，總有這麼多人，世人這麼喜愛新奇，要不是我們的臉上蒙著頭紗，必會是很大的磨難；有了頭紗，就能容忍他們。這位夫人已經裝飾好一個很大也很好的廳堂，可在那裡望彌撒，因為主教給我們的通道走廊尚未建造⑭，次日，就是會父聖厄里叟的慶日，舉行彌撒⑮。

❾夫人非常齊全地打點我們的所需，讓我們使用那個房間，我們可在那裡收心斂神，直到走廊完工，即耶穌顯聖容的慶日⑯。那天在聖堂舉行首台彌撒，非常隆重，參禮的人很多。有位耶穌會的神父證道⑰，主教去了布爾格，因為他總是在工作，從不浪費一天或一個小時，雖然他的健康欠佳，一隻眼睛已失明；這是我在那裡感到很痛心的事，他所失去的，是服事我們上主這麼有用的視力，使我覺得心疼不已。此乃天主的智慧。應是祂容許的，為使祂的僕人獲得功勞，主教沒有放棄工作，仍如先前一般，也為證實他之翕合天主的旨意。主教告訴我，這並沒有給他痛苦，彷彿是發生在旁人身上，有時他會想，如果完全失明，也不會使他傷心難過，因為，他就可留守在一間獨修室內服事天主，不會再有職責。他當主教之前，總以為自己有隱修的聖召，過去有時他這麼對我說，幾乎是已經決定放棄一切而離去。

❿我受不了他的這個想法，因為我認為，他極有益於天主的教會，所以我渴望的是他現

8. 驛馬車，又稱公共馬車，是大型的馬車，由多匹的馬拖拉。
9. 事實上，他領會衣時是三十八歲。
10. 尼古拉．多利亞神父（一五三九至一五九四），生於義大利熱那亞，早年是個銀行家。一五七〇年，來到西班牙，定居在塞維亞，後來他放棄可能擁有的世上榮華，於一五七七年入會。一五八八年在里斯本獲選為省會長。因介入管理赤足加爾默羅會隱修女，與古嵐清神父和聖十字若望意見相左。一五九二年，他把古嵐清神父逐出修會。
11. 聖女大德蘭引用一句西班牙的俗話：“*a falta de hombres buenos, a mi marido hicieron alcalde.*” 就是說：「因為缺少好人，使我的丈夫成為市長。」這話是聖女的幽默自嘲。

在這樣，雖然在被任命為主教的那一天，他立即傳話給我，使我深感心亂，彷彿我看見他背負一個極大的重擔，我感到無法自抑，平靜不下來，於是，我到經堂去，把他交託給我們的上主。至尊陛下立刻使我平靜，對我說，祂會受到他很大的服事，看來這真的應驗了。除了眼睛的疾病，其他非常痛苦的病症，及日常的繁務，他還每周守齋四天，並修行其他的補贖。他的用餐非常清淡。當他去視察時，總是步行，連他的僕人們都難於忍受，向我抱怨。他的僕人若非很有德行，不然無法在他的家裡留任。他不放心把重大的事交給主管處理，我認為，甚至是所有的事，他都親自經手。在那裡，開始的兩年，他遭受假見證的最猛烈迫害，我感到很驚訝，因為在審判事情上，他是公正又正直的。現在這些迫害已漸漸停止；雖然那些人到宮廷，也到他們以為可以加害他的任何地方。然而，在整個教區內，大家都曉得他的善行，以致這些迫害難以得逞，主教這麼完善地容忍一切，善待那些他明知為害他的人，而使他們感到羞愧。無論他如何繁務纏身，總會找出時間祈禱。

11 好似我沉醉於稱讚這位聖人，可是我說的還少得很。不過，為了使人明白，誰是創立索里亞至聖聖三隱修院的起始者，並使將住進其中的修女感到欣慰，我什麼都沒有漏掉；現在的修女清楚知道這些都是事實。雖然他沒有給我們定期收入，但他給出聖堂，如我已說過的[18]，是他引導這位夫人建院；至於這位夫人，如所說的，不乏深度的基督精神、德行和勤行補贖[19]。

12 那麼，一旦我們有了聖堂，也裝備好隱院禁地內的一切所需，我則必須返回亞味拉聖若瑟隱修院，所以我隨即離去，在炎熱的氣候中上路[20]。這是一條馬車很難行走的路線。與

12. 一五八一年五月卅一日。
13. 主教不只降福她，而且仿效塞維亞主教，接著要聖女降福他。
14. 亦即通往聖堂的走道。聖女大德蘭親自監督這個工程。
15. 一五八一年六月十四日。
16. 八月六日。
17. 耶穌會神父名方濟・卡雷拉（Francisco de la Carrera）

我同行的有位帕倫西亞的座堂參議，名叫李貝拉[21]，他極有助於我興建通道走廊和各方面，因為尼古拉·耶穌·瑪利亞神父在擬定建院的合約書後，立刻就走了，因為別的地方非常需要他。這位李貝拉，因為當我們來時，他在索里亞有些事，所以和我們同來。從那時起，天主賜給他熱切的心願，處處幫助我們，我們能向至尊陛下推舉他，如同修會的恩人之一。

13 除了我的同伴[22]和我，我不要任何人隨行，因為這位李貝拉非常細心，有他為我就夠了，我也覺得，一路上聲音愈少愈好。這一趟旅途，補償了我來時的愉快之旅[23]。因為，雖然同行的嚮導知道去塞谷維亞的路，但卻不是馬車走的路線。所以，這個年輕人帶我們所到之處，我們常要下馬車，他們總得帶著馬車通過極陡峭的懸崖。如果我們雇用一些嚮導，他們會帶我們走所知的好路，然後，等我們快遇到不好走的路之前，就會離開我們，說他們還有別的事要辦。在抵達一間旅館之前，由於地方不確定，我們常要忍受許多的日晒，及多次冒著翻車的危險。我對陪我們同行的神父感到疼惜，因為人家說我們走的路是對的，但往往都必須重新再找路。可是他具備的德行這麼根深蒂固，我看他從未生氣，這使我十分驚奇，並讚美我們的上主；凡德行根深蒂固之處，很少有犯過的機會。我讚美上主，祂樂於帶我們通過這旅途。

14 聖祿茂的前夕[24]，我們抵達塞谷維亞聖若瑟隱院，那裡的修女擔憂著我們的遲遲不到，由於像這樣的路途，拖延了很久才來到。修女們非常禮遇我們，因為天主給我磨難後，總會很快給予酬報，我在那裡休息了八天或更多天。不過，建立這個隱修院的辛勞這麼少，回程的辛苦也不必拿當一回事，因為真的算不了什麼。我喜悅地回來，因為我覺得，也寄

18. 見第 2 節。
19. 在聖女的手抄本上，「補贖」的後面留有很大的空白，大德蘭好像還要說什麼似的。
20. 聖女於八月十六日離開索里亞，同行的有真福安納·聖祿茂和李貝納神父。九月十日，聖女被選為亞味拉聖若瑟隱院的院長。
21. 即伯鐸·李貝納。

望於天主的仁慈，天主在那地方必會受到事奉，如目前已顯然如此。願祂時時受讚美，永世無窮，阿們。感謝天主。

22. 即真福安納．聖祿茂修女。
23. 意即，來索里亞時，旅途順利愉悅，離開時的旅程正好相反，碰到不少艱難。
24. 八月廿三日。

第三十一章①

本章開始敘述在布格斯城建立聖安納的榮福大聖若瑟隱修院。於四月十九日舉行首祭彌撒，時為一五八二年，復活慶期第八天。

❶六年多以前，有些非常虔誠的耶穌會士，他們資深、博學又有靈修，對我說，如果在布格斯建立我們聖修會的一座會院，我們的上主會受到很大的事奉，針對這事，他們告訴我一些理由，引發我也渴望這事。由於修會內的許多磨難及其他的建院，以致沒有機會達成這個渴望。

❷一五八〇年，當我在瓦亞多利時，布格斯總主教正好路過那裡，那時他被任命為主教，所以來到那裡，先前他是加那利群島（Canaria）的主教②。我懇求帕倫西亞主教，阿爾巴羅・曼多撒（我已說過，他是多麼恩待我們的修會，因為是他首先接受亞味拉聖若瑟隱修院，那時他是那裡的主教，此後，他總是非常善待我們，把我們修會的事當成自己的，尤其是我有求於他的事③），向他請求建院許可，他說非常樂意去向他求得許可；因為他認為，在我們的隱修院中，我們的上主受到事奉，能多建立一座隱修院，他覺得非常高興。

❸總主教不願進入瓦亞多利，而是留宿在聖熱羅尼莫修道院，帕倫西亞主教為他舉辦一個大慶典，且與他用餐，授予他一個環帶，或我不知是什麼禮節，那會使他成為總主教④。在那裡，阿爾巴羅主教請求他許可我創立這座隱修院。總主教對他說，他極樂意給許

1. 在原手抄本上，這一章沒有寫章數。本章是在布格斯寫於六月底，那時聖女大德蘭的康健極為不好。文中出現許多的錯誤拼字、重複及語意不清，顯示出大德蘭的虛弱和耗損，然而記述的內容依然活潑生動。
2. 克利斯多巴・維拉（Don Cristóbal Vela）是亞味拉人。他的父親布拉斯科・魯內思・維拉（Blasco Núñez de Vela）是祕魯的總督，由於他的命令，大德蘭的兩個兄弟參戰對抗皮薩羅（Pizarro），總督和大德蘭的弟弟安東尼（Antonio）死於一五四六年的尹納基多（Iñaquito）戰役。總督的兄弟方濟各・魯內思・維拉（Francisco Núñez Vela）是聖女大德蘭的代父。
克利斯多巴・維拉於一五七五年至一五八〇年任加那利主教，一五八〇年至一五九九年逝世，擔任布格斯總主教。

可；因為，甚至當他還在加那利群島時，他就有此渴望，盼望在那裡有這樣的一座隱修院，因為他知道，我們的上主在其中多麼受到事奉，也因為他的家鄉有一座如此的隱修院，他非常認識我。所以，阿爾巴羅主教告訴我，不要因許可證而耽擱建院，因為總主教對這事非常欣喜；由於大公會議沒有說，主教給的許可是書面的，只說要有他的同意，這就可以視為得到許可⑤。

❹談到先前在帕倫西亞建院時，我已說過，我感到極反對在那時建院，因為我身患重病——他們原以為我活不下去——甚至也都還沒有完全痊癒⑥；雖然如此，在我看到是事奉上主的事上，患病通常不會給我這麼大的影響，所以我不知道，那時我深感不願的理由何在。因為，如果是為了可能性很少，其他的建院可能性更少。後來當我看見事情發生的結果，我則認為，那是魔鬼的作為。通常是這樣的，每次在建院遇有磨難時，由於上主知道我是這麼貧乏，總是以話語或工作來幫助我。有時我曾想為什麼，在建立某些隱院，若我不會有磨難時，至尊陛下什麼也不提醒我。這個建院就是這樣；由於祂知道我所要遭受的，祂從一開始就鼓勵我。願祂在一切事上受讚美。這裡所發生的事，就像我在帕倫西亞的建院時說過的，因為是一起討論這兩個建院⑦，祂以責備的口氣對我說：「妳害怕什麼？我什麼時候辜負過妳？現在的我，一如過去；不要放棄建立這兩座隱修院。」因為之前已經說過，這些話語留給我的勇氣，就不必在此多說，為此，我的懶惰馬上一掃而空。由此可見，理由不在於生病或年老。這樣，我開始商談建立這兩座隱修院，如已說過的。

❺看來，先在帕倫西亞建院更好，因為地點比較靠近，那時的氣候這麼惡劣，布格斯

3. 參閱 29・1、11 、28；10・6；13・6；17・11。
4. 授予的是白羊毛披肩（*palio*），是總主教在有些時候應披戴的。
5. 即特利騰大公會議的 "*De reformatione regularium*" 25・3。
6. 參閱 29・1。她說的是在托利多感染的流感，到了瓦亞多利再度復發。
7. 參閱 29・6

又這麼寒冷，也為了取悅帕倫西亞的好主教。事就這麼做了，如所說的。當我在帕倫西亞時，提出索里亞的建院，我認為，由於在帕倫西亞的建院已完成，所以更好是先去索里亞，再從那裡到布格斯。

帕倫西亞主教認為，理當向總主教呈報事情的經過，我則請求他代勞，所以，當我去了索里亞之後，他派遣一位座堂參議，名叫若望・亞龍索（Juan Alonso），從帕倫西亞前去會見總主教，不為他事。總主教充滿摯愛地寫信給我，表示他多麼渴望我的到來，又和這位座堂參議商談，且寫信給帕倫西亞主教，呈遞此事給他，說他之這麼做，係因他認識布格斯人，也明白建院需要有他們的同意。

❻總之，結論是我應該到布格斯去，首先和市民交涉，如果他們不給許可證，總主教會給我的，因為他不會受限於他們，以致不能給我許可。在亞味拉的首座隱修院，他所遇見的事，他還記得，當時引起很大的騷亂和衝突⑧；所以，他不希望在布格斯重蹈覆轍，如果沒有定期收入和市民的同意，就不宜建立隱修院，這對我不利，所以他才這樣說。

❼主教認為這是該做的事，也有理說，我應到那裡去，並派人來說，我應該去。不過，我覺得，按我的了解，總主教有點膽怯，我寫信給他，謝謝他施於我的恩惠；然而，如果市民不願意，就不渴望建院，我則認為更不好，這會使他陷入更多的爭論（看來，按我的猜測是，如果引起什麼衝突，我從他得到的幫助會很少），我會盡力獲得市民的同意；即使很難獲得，因為在類似的事情上，通常會有反對的意見；我也寫信給帕倫西亞主教，懇求他，由於夏季已過去，而我的病不容許我住在這麼冷的地方，就讓事情暫緩一下。對於

8. 參閱《自傳》36・15—17。
9. 聖女大德蘭必須回亞味拉，因為團體發生的一些困難，在守神貧、守齋方面出了些狀況，也為了經濟上的問題。院長瑪利亞・基督放棄院長職，大德蘭被選為院長。一五八一年十一月八日，聖女寫給瑪利亞・聖若瑟修女的信中說：純是為了飢餓，現在她們使得我當院長。

總主教的事，我沒有質疑，因為主教已經覺得不悅，總主教在表示這麼樂意之後，卻又設下一些障礙，我不願導致他們失和，因為他們是朋友；所以，我從索里亞回到亞味拉，很不在意這麼快去布格斯，由於一些理由，我們回去亞味拉聖若瑟院是必要的⑨。

❽在布格斯這座城裡，有位聖善的寡婦，名叫加大利納．托蘿莎，是比斯開亞人（Vizcaya），說到她的德行，我能寫得沒完沒了，還有她的補贖和祈禱，她的大量施捨和愛德，她的非凡聰明和勇氣⑩。她已有兩個女兒入會，在瓦亞多利我們的無原罪聖母隱修院當修女，我相信已有四年了。在帕倫西亞，另外兩個女兒也入了會；她等候隱修院建立好，在我離開帕倫西亞新院之前，帶著兩個女兒來入會。

❾這四個女兒都相似母親，非常有教養，看來無異天使。她給她們十分豐厚的入會金，及齊全完備的所有東西，因為她很慷慨。她所做的一切，非常完善，她能這麼做，因為她是富有的。當她到帕倫西亞時，我們這麼確定總主教必會給許可，看來是沒有拖延的理由。所以，我請求她幫我找個租用的房子，為了有可住的房屋，並設置鐵格窗和轉箱，且由我來付帳，我想也沒想到，她不花我的一毛錢，而是自願奉獻。她這麼渴望建院，那時的耽擱使她極感難過。這樣，我回到亞味拉之後，如我說的⑪，那時毫不在乎處理建院的事，她卻不許這事擱置，細想這事，所需要的無非是得到市民許可，她就開始設法謀取，什麼也沒有對我說。

❿她有兩位鄰居，是一對母女，可說是重要人物，又是天主的大忠僕，她們也非常渴望建院。母親名叫瑪利亞．曼利克夫人（doña María Manrique），有個兒子是市議員，名叫

10. 加大利納．托蘿莎（Catalinade Tolosa）是塞巴斯蒂安．穆查雷斯（Sebastián Muncharaz）的寡婦，她有七個兒女都進入大德蘭的加爾默羅會，兩個女兒進入瓦亞多利隱修院：加大利納．聖母升天（Catalina de la Asunción）、嘉思塔．聖天使（Casilda de San Angelo）；兩個在帕倫西亞：瑪利亞．聖若瑟（María de San José）、依撒伯爾．至聖聖三（Isabel de la Santísima Trinidad）；最小的女兒進入布格斯：愛蓮娜．耶穌（Elena de Jesús）。她的兩個兒子都成為赤足加爾默羅會神父：塞巴斯蒂安．耶穌（Sebastián de Jesús），於一六〇三至一六〇六擔任卡斯提省會長；若望．克里斯多默（Juan Crisóstomo）後來成為撒拉曼加大學的教授。加大利納夫人於一五八七年進入帕倫西亞加爾默羅隱修院，於一六〇八年逝世於該院。

亞龍索・聖道明・曼利克先生（don Alonso de Santo Domingo Manrique）。女兒名加大利納女士（doña Catalina）。她們倆和亞龍索先生談論這事，建議他在市政府提出申請。他問加大利納・托蘿莎說，我們有什麼經濟的支援，因為如果什麼都沒有，他們是不會給許可的。她說，而且也這麼做了，如果我們沒有房子，她會負責給我們房子，也供給我們食物；有此承諾，他遂簽署他的名字，呈上申請。亞龍索先生這麼靈巧地提呈，得到全體市議員的同意，總主教亦然，從他獲得書面的許可證⑫。當她開始處理後，立刻寫信給我，她已在進行談判。我當她在開玩笑，因為我知道獲准建立守貧的隱修院是多麼難，由於我不知道，想也想不到她會這麼做，我以為所需要的還要多得多。

⓫總之，在聖瑪定八日慶期中的一天⑬，我把這事交託給我們的上主，心想如果許可證頒下，就能夠建院。因為多病纏身的我去布格斯，氣候這麼寒冷，會使我的病勢加劇，我覺得自己會受不了。幾乎才剛剛從索里亞返回，如我說的⑭，經過艱辛無比的旅途，又要走上漫長的路途，是輕率之舉，再說，省會長神父也不會許可我去。我則認為，帕倫西亞的院長⑮去會很好，事情已經安排妥當，現已沒有什麼要做的。

我正想著這事，也非常堅決不去，上主對我說以下的話，從中我了解許可證已經頒下：「不要在意寒冷的氣候，因為我是真正的溫暖。魔鬼傾盡全力，要破壞這個建院。妳要靠我的幫助全力以赴，因為事會成就，妳個人不要不去，這會有很大的助益⑯。」

⓬聽了這些話，我再次改變想法，雖然在艱苦的事上，本性有時感到反感，不過，在決心為這位偉大的天主受苦上，則非如此。所以我告訴祂，不要在意我的這些虛弱感受，

11. 見第 7 節。
12. 一五八一年十一月四日，亞龍索先生提出申請案，他是非常有影響力的人。議會中，有位議員名葉南・路易斯・卡斯達（Hernán Ruiz de Castra）和他爭辯，又請示總主教。當葉南提出有關經濟基礎的異議時，加大利納夫人立刻於十一月七日呈上一份協議書給議會，奉獻給修會房子和食物。
13. 十一月中旬。
14. 見 30・13。

而要命令我做悅樂祂的事，因為，有祂的幫助，沒有辦不到的。

當時正下著雪，天寒地凍。最讓我氣餒的，是我的健康很差，因為若有健康，在我看來，事事都沒有問題。在這個建院期間，我常常是疲累的。天氣不怎麼冷，至少是我的感受，我真的覺得，就像是在托利多那樣。上主確實應驗了祂對此所說的話。

⓭不多幾天，他們送來許可證，連同加大利納．托蘿莎及她的朋友加大利納女士⑰的來信，她們催促我趕快去，害怕會發生什麼事端，因為那時維克多修會（la Orden de los Victorinos）來到那裡建院；非赤足的加爾默羅男修會，在那裡已有一陣子，也想要建院；隨後，巴西略修會也來了；這會有相當多阻礙，在同一時間，我們這麼多修會一起來到，是要深思熟慮的事，不過，也要讚美我們的上主，因為這個地方的大愛德；這城市非常樂意給許可，雖然已不像先前那麼繁榮。我常聽見這城市的愛德受稱讚，卻沒想到有這麼大的愛德。有的人幫助這些修會，有的則幫助那些修會。然而，總主教注意到所有可能引起的弊端，反對別的這些修會，認為他們會傷害守貧的修會⑱，使之無法存活；或是這些修會去向他求助，或是魔鬼捏造這事，為在有許多修道院之處，奪去天主施予的極大美善，因為天主的大能足以維持許多修道院，如同維持少數修道院一樣容易。

⓮為此之故，這些聖善的婦女催促我趕快，如果不是有應盡的責任，按我的心意，我會立即動身離開。因為看到她們這麼勤快，我深思自己有多大的義務，不要因我而失去這個機會。

從我所聽到的神諭，我獲知有許多的反對。但我無法知道會是誰，或從何而來：因為

15. 依內思．耶穌是大德蘭的堂姊妹，在亞味拉的降生隱修院發願，後來成為梅地納的第一任院長。一五八〇年，她和大德蘭到帕倫西亞建院，在那裡擔任院長。
16. 上主說的這些話，在手稿中用好幾個鉛筆的線條框起來，用以突顯其重要性。
17. 就是第 10 節說的，加大利納．曼利克，大德蘭在亞味拉於十一月廿九日收到來信。
18. 「守貧的修會」，就是沒有定期收入，只靠捐獻維持生活的修會。

加大利納．托蘿莎已寫信給我，擔保她所住的房子給我們做修院；市民已同意。總主教亦然。我不能了解，魔鬼將要招惹的這個反對，會從誰而來；因為從天主而來的話語，我從不懷疑。

⓯總之，至尊陛下賜給長上更大的光明；當我寫給省會長神父，說及我所理解的神諭時，他沒有阻止我；但是問我說，是否得到總主教的書面許可[19]。我就寫信給布格斯。他們對我說，已經對總主教談及如何求得市民的許可，他也認為很好；有了這話及所有關於這事所說的話，看來是無庸置疑的。

⓰省會長神父[20]希望和我們一起去建立這個隱修院。部分的理由是，那時正巧有空檔，因為將臨期的布道已經結束，又必須去視察索里亞，自從索里亞建院後，他不曾探視她們，且又順路；還有部分的理由是，為了一路上照顧我的健康，因為氣候十分惡劣，我又這麼的年老多病，而他們認為我的生命有些重要。這確實是天主的安排，因為一路上常是這個樣子，淹滿了水，他和他的同伴們都必須去察看前行的道路，並幫忙拖出陷入泥沼的馬車。尤其是從帕倫西亞到布格斯的路上，我們出現在那裡，是萬分的大膽。真的，我們的上主對我說，我們會平安通過，不用害怕，祂會和我們在一起；雖然那時我沒有對省會長神父說這話，不過，在我們碰到很大的困難和危險時，這些話卻安慰了我，尤其是靠近布格斯有個通道，名叫浮橋，水多得不得了，持續了好久，這些浮橋全都滅頂，橋身不見，也看不到要從何處通過，全都是水，到處都非常深。總之，穿越過去是極大膽的，尤其還乘坐馬車，因為只要稍一翻動，必會全車流失，像這樣，我們目睹一輛馬車陷入危險中[21]。

19. 一五八一年四月九日於亞爾加拉，古嵐清神父已經給予建院的許可。
20. 亦即古嵐清神父。
21. 這輛馬車正是聖女所乘坐的。
22.. 她們是多瑪西娜．包迪思塔院長（Tomasina Bautista）、依內思．十字（Inés de la Cruz）、加大利納．耶穌、加大利納．聖母升天，即加大利納．托蘿莎的女兒，還有一位輔理修女：瑪利亞．包迪思塔。和聖女返回亞味拉的是：真福安納．聖祿茂，及聖女的侄女小德蘭（Teresita）。

17 過橋前，我們在旅店雇了一位嚮導，他知道那通道；不過，那真的好危險。至於投宿的那些旅店，因為難行的道路，無法行走整天的路程，馬車老是因淹水而陷入泥巴中，拖其他馬車的牲口必須解下，用來拖出受困的馬車。同行的神父們得忍受很多麻煩事，因為碰巧我們雇來的馬車夫，既年輕又不太認真。省會長神父的同行是個很大的舒解，因為他照顧一切，他的性情十分溫和，好似沒有什麼麻煩會使他煩亂；這樣，他把大事化為容易的事，看來就像是小事，雖然過浮橋的事不算在內，因為我們全都好害怕。眼看著進入全是水的世界，既無路又無橋，甚至連得到我們上主鼓舞的我，都不免感到害怕，何況我的同伴們呢？我們共有八位修女：兩位和我一起返回，五位留在布格斯，四位是經席修女，一位是輔理修女[22]。我想，我還沒有說省會長叫什麼名字[23]。他是熱羅尼莫．古嵐清．天主之母會士，關於他，我已在別處說過。我帶著嚴重的喉嚨痛上路，那病是我在往瓦亞多利的路途中感染的，而且一直都在發燒[24]。吃東西時非常疼痛。這病使我無法好好享受沿途的賞心樂事。至今[25]，到了六月底，我的病仍然持續，雖然不那麼嚴重，還是非常痛。一路上，修女們歡欣喜樂，一旦越過了危險，談論它們是散心的樂事。因服從而受苦是大事，尤其是恆常修行服從的人，如這些修女。

18 走過這趟難行的道路，我們到達布格斯，進城之前，我們穿越了深水。我們的神父希望我們先去拜見耶穌被釘的聖像[26]，為了把建院的事交託給祂，及等候天黑，因為我們到達時，時候還早。那是一個星期五，聖保祿宗徒歸化日後一天，元月二十六日。我們已決定要立刻建院，也帶來沙里納斯座堂參議的許多封信（在談帕倫西亞建院時，已說過他，

23. 其實已經在 29．30 說過。
24. 見 29．1。
25. 聖女寫到這裡時，她仍在布格斯。
26. 這耶穌被釘的聖像在那時供奉於奧斯定的修院內，現今在布格斯的主教座堂內。

他是那裡的人，也是顯貴之人，他費力幫助布格斯建院，不亞於對帕倫西亞），是寫給他的親戚和朋友們，極力催促他們幫助這個建院。

⑲他們就這樣做，立刻，第二天，市議會全體來看我，他們毫不後悔所給的許可，而是好高興我的來到，又說，要我告訴他們能幫什麼忙。若說我們有什麼害怕的，那就是市議會，現在我們感到事事平順。甚至沒有人知道這事，來時正逢大雨，而沒有到好加大利納．托蘿莎的家，我們想讓總主教知道這事，為立刻舉行首祭彌撒，幾乎大部分的建院，都是這麼做的；可是，為此之故，我們沒有做[27]。

⑳那天晚上，我們休息得非常舒適，是這位聖女的接待，雖然如此，我反而有了麻煩；因為她為了把水烘乾，點燃很大的火，雖是壁爐的火，對我卻很不好，次日，我的頭抬不起來，所以，透過蓋住紗布的鐵格窗，我和來訪者交談；在那一天，有著重要的事必須交涉，這使我感到非常難為情。

㉑一大早，省會長神父就去請求總主教的降福，因為我們以為沒有更多要做的事了。他發現，總主教十分的驚擾和生氣，因為我沒有他的許可而來到，就像他不曾命令過我，我也沒有和他談過建院的事，所以，他告訴省會長神父，對我極為忿怒。最後，他承認他有命令我來，他說是要我單獨來商談事情；我卻和這麼多修女來……。天主啊！解救我們脫免他被惹起的不快！省會長神父告訴他，如他所要求的，已經得到市議會的許可，對於建院已沒什麼更多要做的事了，而且帕倫西亞主教對我說過，（因為我曾問他，如果我來，沒有讓總主教知道，可以嗎？）沒有理由再向總主教請求許可，因為他已說了，他多麼渴

27. 就是說，由於碰到下大雨，沒有到加大利納的家，所以沒有立刻舉行首祭，完成建院。因為只要舉行首祭，就表示修院正式建立。

望這個建院，然而，無論怎麼說都少有助益。事就這樣發生了，應是天主願意建立這個會院，如後來總主教自己說的；因為，如果我們清楚地告知，他會斷然拒絕，不要我們來。辭退省會長神父時，他說，如果我們沒有定期收入和自己的房子，他絕不給許可，我們也可以好好地打道回府。當然是道路美好，氣候也舒爽！

㉒啊！我的天主啊！多麼的確實，誰若獻給祢一些服事，立刻就來了一個大磨難的回報！為那真愛祢的人，又是何等珍貴的代價，如果我們了解其價值！不過，那時我們不願有此獲利，因為看來事事都不可能。總主教還說：定期收入和買房子，必須不是修女們帶來的錢。然而，在那當下，這是想也沒想到的事，清楚地顯示出，我們毫無改善的良方；雖然我不以為然，因為我總是確定不疑，凡是更好的事，魔鬼會使之亂成一團，導致做不成事，但天主必會親自來完成。省會長神父回來了，雖然如此，他非常愉快，那時並不覺得擾亂。天主眷顧了這事，為使他不生我的氣，因為沒有得到總主教的書面許可，如他所說的㉘。

㉓如我說的㉙，收到沙里納斯座堂參議寫信的這些朋友，他們立刻就來這裡看我，還帶來他們的親戚。他們認為要向總主教求得許可，讓我們在家裡望彌撒，不必到街上。因為街道非常泥濘，對赤足的我們似乎不合宜，在家中有個體面的房間，是耶穌會剛到布格斯時的聖堂，用了十多年㉚；因此，我們認為據有那房間毫無不妥，直到我們有了房子。不過，我們一直都未能獲得他的准許，在那房間望彌撒，即使有兩位座堂參議去向他請求。向他請求的結果是，一旦有了定期收入，我們可以在那裡建院，直到買到房子；為此目的，

28. 見 15 節。
29. 見 18—19 節。
30. 耶穌會於一五五〇年來到布格斯，一五六五年遷移，加大利納夫人遷入其會院，就是在這裡，她接待大德蘭和她的同伴。

我們要有買房子的擔保人，我們才能離開那裡。這些人我們立刻就找到，沙里納斯座堂參議的朋友們答應做擔保人，加大利納・托蘿莎提供建院的定期收入。

㉔談論著要有多少錢，及如何和從何處得到錢，大約三個多星期過去了，我們不得望彌撒，除非是遇有節慶的清早，我既發燒又病重。然而，加大利納・托蘿莎做得這麼好，這麼愛慷慨施捨，又這麼欣喜樂意，在我們住的一個房間裡，送給我們一整個月的食物，彷彿她是每位修女的母親。省會長神父和他的同伴，住在他的朋友家裡，朋友名叫曼索博士，是他的大學同學，現在是主教座堂參議兼教師㉛，省會長看到要在那裡耽擱這麼久，非常心亂不安，也不知該如何留下我們。

㉕當擔保人和定期收入都協調好了，總主教說，要將之交給他的管家，且要立刻辦理。魔鬼必定不會不造訪這管家。經過仔細審查之後，我們以為沒有理由再拖延，用了將近一個月的時間，來滿全總主教的要求，認為所做的會蒙悅納，豈料管家送給我一份報告說：尚未有我們自己的房子之前，不會給予建院的許可證書，及主教不願我們在現住的房子建院，因為地方潮溼，在那街上又很吵鬧；至於資產的擔保人，我不知道為什麼又亂成一團，其他的事亦然，好像那時才開始整個的事情，他又說，關於這事，他已無話可說，那房子必須是總主教滿意的。

㉖當省會長看到如此這般，感到非常煩亂，所有的修女亦然。因為要買到蓋修道院的地點，顯然需要時間，他憂心掛慮的是，看見我得外出望彌撒；雖然聖堂在不遠處㉜，我們也是在沒人看得見的一間祈禱室望彌撒，然而，這樣的處境，對可敬的他和我們，都是極

大的折磨。在那時，我相信，他已決定我們應該返回。我無法忍受這事，因為，當我記起上主對我說的，要我為祂而努力建院，而我這麼確定，建院必會完成，幾乎沒有什麼事讓我苦惱的。我唯一的苦惱是省會長神父，也極懊悔他和我們同來；因為我還不知道，他的朋友會給我們多大的幫助，如我後來會說的。我正處在此愁苦中，我的同伴們也非常苦惱（然而，對於這建院的事，我不覺怎樣，令我愁苦的是省會長），當我不在祈禱的時候，我們的上主對我說這些話：「現在，德蘭，要堅持。」有了這話，我更用勁地請省會長神父離去，留下我們，至尊陛下必定也同樣催促他。因為四旬期已靠近，他必須去宣道㉝。

㉗他和他的朋友們在無原罪聖母醫院，給我們訂了幾個房間，因為醫院中供奉著聖體，天天有彌撒。做此安排，方使他稍感滿意。不過，在交屋時，他碰到的麻煩不少，因為其中的一個好房間，已經租給城中的一位寡婦，她不只不願租給我們（雖然，在半年內，她不會來這裡住），還有讓她苦惱的是，給我們的房間是在頂樓，屋頂上沒有瓦，有個到她房間的通道；她不高興從外面鎖門，於是把通道從裡面釘起來。再者，管理的兄弟們以為我們是要來接收醫院，真是異想天開的事，可說是天主願意我們多立功勞。他們要省會長神父和我在人面前許諾，如果命令我們離開時，我們必須立刻搬走。

㉘這是我感到最難做到的事，因為我很怕這位寡婦，她既有錢又有親戚，若來一個突起的念頭，我們就得走。然而，省會長神父更靈敏，他希望我們按要求行事，使我們快快遷入。給我們的不外乎兩個房間和一個廚房；不過，醫院的主管是一位天主的大忠僕，名叫葉南多·曼坦察㉞，給我們另外兩個房間做會客室，對待我們很有愛心，他一向泛愛眾

31. 曼索博士（doctor Manso）主教座堂的教師，在亞爾加拉大學時，是古嵐清神父的同學。當古嵐清神父離開布格斯後是聖女的聽告神父。後來，一五九四年，他被任命為卡拉奧拉（Calahorra）主教，在那裡，於一五九八年引進赤足加爾默羅會隱修女，一六〇三年，男會士也到該地。
32. 聖吉爾聖堂（*Parroquia de San Gil*）
33. 就是去瓦亞多利，參閱 31 節。

人，尤其善待窮人。方濟各・古耶巴斯[35]也同樣恩待我們，他在這醫院中負有許多責任，他是本地的郵政大臣。他常找種種機會來幫助我們。

㉙我記述開始時這些恩人的名字，為使現在和後來的修女，在祈禱時紀念他們，這是應當的。建院的恩人更應該被紀念；雖然起初我無意把加大利納・托蘿莎算在內，也不曾想過她是建院恩人，然而，她的良善生活，及我們的上主如此地安排，我不能不把她列入建院恩人的名單內。除了付房子的費用，因為我們付不起，而總主教所有的冷落，使她付出的代價是不可言喻的；因為，每一念及可能建院不成時，是她感到最憂心的，她從未停止善待我們。

㉚這間醫院離她的家很遠。她幾乎天天來探望我們，滿心樂意地，送來我們所需要的一切，也因此，人們不停地對她說長道短；要是她沒有勇氣，早就足以使她放棄一切。眼看她遭受的痛苦，使我極為痛心。因為，雖然她通常都刻意隱藏，有時卻隱藏不了，尤其當事情觸及良心時，因為她的良心非常靈敏，無論有些人給她招來什麼嚴重的傷害，我從未聽她說過冒犯天主的話。人們對她說，她在走向地獄，說她怎能這麼做，因為她還有孩子。她所做的一切，都有博學者的意見；因為，雖然她願意別的事，我絕不會為了世上的任何事物，同意她做不能做的事，即使是放棄建立一千座隱修院，何況是一座！然而，由於談論中的建院是個祕密，我不見怪人們的想法；她的答覆是明智的，因為她具有靈敏的理智，接受人們的流言，看來真的是天主在教導她，使她有應對的技巧，能取悅某些人，忍受另一些人，並賜給她勇氣容忍一切。天主的僕人為了做大事，需要多麼大的勇氣，超過那些

34. 葉南多・曼坦察（Hernando de Matanza）是該城的行政長官，他的兄弟是市長。
35. 方濟各・古耶巴斯（Francisco de Cuevas）曾經是查理五世宮廷的要員，娶托利多女作家露依莎（Luisa Sigea de Velasco）為妻，一五六〇年喪偶。此時擔任布格斯的郵政大臣，且在醫院負責一些要職。在十七世紀，所謂的郵政大臣是相當重要的職務，不同於現今。

血統尊貴的人，如果他們不服事祂！雖然如此，她並不缺少很純的血統，她的出身非常尊貴[36]。

31 那麼，重拾前題[37]，由於省會長神父已把我們安頓好，住在能望彌撒和守院規的地方，他一心要去瓦亞多利，必須到那裡去宣道，雖然深覺遺憾，看不到總主教會頒賜許可證的希望，然而，我總確信必會賜下，他卻無法置信。確實，他這麼想是大有理由的，無須在此加以述說。再者，如果他不懷有什麼希望，他的朋友們更不行，他們使他更加灰心。

看見他離去，我頗感釋懷，因為，如我說過的[38]，最大的痛苦來自看見他的愁苦。他留給我們的命令是，努力找我們的房子，這是十分困難的事，因為直到那時，都還沒找到要出售的房子，那些朋友，尤其是省會長神父的兩位朋友[39]，倍受委託關照我們，大家一致同意，沒有找到我們的房子之前，什麼也不對總主教說。總主教常說，他渴望這個建院，遠甚於一切，我相信這話，因為他是很好的基督徒，他說的都是真話。事實看來則非如此，他所要求的事，好像是我們不可能辦到的。此乃魔鬼耍出的手段，為了阻礙建院。然而，上主啊！顯然可見，祢是大能的！魔鬼用來阻礙建院的詭計，祢用來完成更美好的事。願祢永遠受讚美！

32 從聖瑪弟亞前夕，我們搬進醫院，直到聖若瑟前夕，我們談論著這些和那些房子[40]。障礙這麼多，我們買不到任何一棟出售的房子。人家告訴我一位紳士有個房子，已經告示出售多日，又有好多修會要買房子，天主保祐，他們都不認為好，現在全都感到驚奇，有的人甚至覺得非常遺憾。有兩個人對我說到這房子；但又有這麼多人說不好，就像是不合

36. 參閱 20・2。
37. 見 26—27。
38. 見 27 節。
39. 就是曼索博士，參閱 24 節；亞基阿碩士（licenciado Aguiar），參閱 33 節及其後。
40. 從二月廿三日到三月十八日。

宜的事，我卻不在乎他們所說的。

㉝有一天，我和亞基阿碩士談話，我說過，他是我們神父的朋友[41]，他為我們尋找房子，認真極了，他對我說怎樣看了一些房子，在整個地方找都找不到，他也不以為有可能找得到，就如同人家告訴我的。那時，我想起這個我所說的房子，我們已放棄，我想：雖然如人們說的這麼不好，卻能救助我們的急需，後來能再賣出；我將之告訴亞基阿碩士，問他是否願意幫我的忙，去看看這房子。

㉞他覺得是不錯的辦法。這房子他還沒見過，他想立刻去那裡，即使這天是風暴大作的日子。那房子住有一人，他售屋的意願不大，也不想出示房子；然而房子的地點，及能看得見的部分，讓他非常滿意，所以，我們決定去洽商買這房子。擁有這房子的紳士不在那裡，但把售屋權授給一位神父，他是天主的僕人，至尊陛下激發他渴望賣屋給我們，非常老實地與我們洽商[42]。

㉟他們安排好，讓我去看看那房子。我滿意至極，如果要求他們所出價格的兩倍，我仍會覺得便宜；我一點也不誇張，因為兩年前，有人出示屋主同樣的價錢，他卻不願售出。次日，神父[43]和亞基阿碩士去那裡，獲悉令人滿意的價格時，亞基阿碩士希望馬上簽約。我請教了一些朋友，他們告訴我，如果我付出這筆款項，就是多給出五百達卡。我把這事告訴亞基阿碩士，他則認為，即使付給所要求的價錢，仍是便宜的，我也是一樣的看法，毫不遲疑，因為我視之為白白得來的；不過，因為錢屬於修會，我有些猶豫。榮福聖父大聖若瑟節前夕，彌撒之前，我們聚在一起。我對他們說，彌撒後我們再相聚，並做決定。

41. 亞基阿碩士是醫生，曾經是古嵐清神父亞爾加拉大學的同學。見 31 節。
42. 屋主名叫瑪努艾爾．法朗哥（D. Manuel Franco）。代理賣屋的兩位神父是：狄耶各．路易斯．阿雅拉（Diego Ruiz de Ayala）和瑪定．貝雷斯．羅察斯（Martín Pérez de Rozas）。
43. 就是代理售屋的兩位神父之一。

㊱亞基阿碩士是聰明絕頂的人，他清楚看見，如果開始公布這事，我們要不是得花更多的錢，就是買不到這房子；所以他非常敏捷，讓神父答應彌撒後回到那裡。我們修女把這事交託給天主，祂對我說：「妳為了錢而耽擱嗎？」使我明白，這房子適合我們。修女們熱切地祈求大聖若瑟，盼望在他的節日得到房子，但卻沒有想到會這麼快得到，她們的祈禱應驗了。每個人都催促我做出定案。所以事就這麼成了，亞基阿碩士在門口遇見一公證人[44]，彷彿是上主的安排，和他一起來，對我說定案是妥當的，他也帶來了見證人；關上大廳的門，因為不要外人知道（這是亞基阿碩士害怕的），我們完全確定地買了這房子，就是在榮福大聖若瑟的前夕[45]，如我說的，係由於這位好朋友靈巧的勤快和聰明。

㊲沒有人想到這房子會賣得這麼便宜[46]，這樣，消息一經傳開，購買者開始出現，說賣屋的神父其實是贈送，又說這買賣無效，因為是個大騙局。這位好神父非常受罪。他們立刻知會屋主，如我說的[47]，他是一位紳士，還有他的太太，都是出身顯貴的人，他們十分欣喜，因為自己的房子將成為隱修院，為此，他們同意此一售屋，其實他們也別無選擇。隨即，在次日，合同簽定，並付了三分之一的屋款，一切按照神父的要求，合約書上有些事項對我們是繁重的，但為了他，我們全盤接受。

㊳我耽擱這麼久講述購屋的經過，好像不適宜，然而，確實地，凡細察此事的人，無不視之為奇蹟，在價錢方面，簡直等於是白白得來的，還有，來看房子的修會人士全都瞎了眼，看過之後都不想買；好像在布格斯不曾有過這個房子。現在見到這房子的人都感到驚奇，責備其他的修會，說他們愚蠢。還有一個尋找房子的女隱修院，甚至是兩個（一個

44. 若望・歐帖加（Juan Ortega de la Torre y Frías）。
45. 這筆買賣的交易是在一五八二年三月十六日，修女們在三月十八日，即聖若瑟節日前夕，搬進該屋。
46. 房子的賣價是一千兩百九十達卡。
47. 見 34 節。

是不久前才建立的；另一個，因先前的房子被燒掉後，從別處搬來的），都在不久前看過這房子。另有一個富翁，也想要建立一座隱修院，最近才來看過，但卻放棄：他們全都懊悔萬分。

❸❾上述是城中的流言，使我們清楚地了解，好亞基阿碩士對整個交易守密，又敏捷地處理，極為正確；的確，我們能說，除了天主，亞基阿碩士給了我們這房子。靈巧的聰明在一切事上大有助益。由於他聰明非凡，天主推動他的意志，由他來完成這工作。有一個多月的時間，他幫助我們，又給我們出主意好好整頓房子，及少花費用。顯然，這是我們的上主為自己保留的房子，看來好像所有的事都做好了。真的，當我一看見房子，就好像一切是為我們設計的，看到這麼快完工，我覺得好像在作夢。我們的上主豐厚地回報過去的受苦，帶我們進入愉悅之地，因為，觸目所及無非是花園、景色和水。願祂永遠受讚美，阿們。

❹⓿總主教立刻知道此事，也非常高興我們的美好成果，他認為，這是他之所以堅持的理由，他是極有道理的。我寫信給他，說我很高興他的滿意，及我會很快整頓房子，待完成一切後，得蒙他恩賜許可證。對他說了這事後，我趕快搬進，因為有人提醒我說，直到結束，我不知道他們還要我們留下什麼書面合約，他們要我們留在原地。所以，雖然還住有一位房客㊽，請他搬走有過一些困難，我們就遷入一個房間。後來，有人告訴我，總主教非常生氣我們的搬遷。我盡所能地平息他，因為他是個好人，即使生氣，也會很快消氣。當他知道我們設置鐵格窗和轉箱時，也同樣生氣，因為他認為我企圖非做不可。我寫信告

48. 房客名叫熱羅尼莫・比諾（Jerónimo del Pino）和他的妻子瑪達肋納・索羅札諾（Magdalena Solórzano）。

訴他並非如此，因為在度收心生活的會院中，通常有這些設施，我甚至連一個十字架也不敢擺設，因為不是他想的那樣，這是真的。我表達出所有的善意，還是沒有辦法使他願意頒賜許可證。

41 總主教來看房子，非常滿意，也很親切地對待我們，但卻沒有給我們許可，雖然給我們多些希望：就是必須和加大利納．托蘿莎，一起擬定我不知道是什麼的契約。大家都很害怕他不會給許可。然而，曼索博士，就是我說的[49]，省會長神父的另一個朋友，他是總主教非常要好的朋友，等候時機，提醒總主教這事，並且催促他；看見我們這麼的毫無著落，使他難過至極；甚至在這房子內，有個祈禱室，只供屋主望彌撒用，不曾有其他用途，總主教也絕不許我們在家裡望彌撒，遇有慶節和主日，我們出去教堂望彌撒[50]，幸虧非常靠近，然而，自從遷屋之後到建院，其間大約經過一個月。所有博學者都說這是充足的理由，應該給許可。總主教是非常博學的人，也明白這事，這樣看來，其理由無非是，我們的上主願意我們受苦，雖然我忍受得較好一些，可是，有位修女看見自己在街道上，因覺得痛苦而顫抖。

42 為了擬定契約，我們碰到不少麻煩，因為一下子對擔保人滿意，一下子他們又想要錢，及其他許多強硬的要求。在這事上，總主教並沒有這麼多的過失，而是非常敵對我們的一個管家，若非那時天主安排他去旅遊，更換了另一管家，看來是絕對得不到許可的。啊！在這事上，加大利納．托蘿莎所受的苦，多麼不可言喻！她耐心地容忍一切，令我驚嘆，她供應我們的所需，從不覺疲倦。為了安頓房子所需的家當，她全都給了我們，如床

49. 見24節。
50. 即聖路加醫院和教堂，離大德蘭買的房子只有幾公尺。

和其他的東西——因為她的家樣樣俱全——及所有我們需要的；看來好像我們什麼都不缺，雖然她的家因此而缺少家當。我們隱修院其他的建院恩人，奉獻很多的資產；但是，付出像她那樣辛勞奔波的十分之一者，一個也沒有。如果她沒有兒女，她會給出能給的一切所有。她這麼渴望看見完成建院，為達此目的，她認為所做的全都太少。

43 眼看著一拖再拖，我寫信給帕倫西亞主教，央求他再度致書總主教。主教對總主教極感不悅，因為他對我們所行的一切，主教認為就是對他做的。令我們驚訝的是，總主教從來都不覺有任何得罪我們的事。我請求他再寫信給總主教，說，由於我們已有了房子，凡他願意的也都做了，希望他完結這事。主教送來一封給總主教的公開信，像這樣的信，如果給了他，我們會毀掉一切；所以，曼索博士，我的告解神師和求教者，不要我把信給總主教。因為，雖然信函謙恭有禮，信中說的一些真話，按總主教的性情，足以惹怒他；他已經為了主教寫給他的一些事而不悅，他們是很好的朋友。他[51]對我說，由於我們上主的死，化敵為友，現在經由我，使雙方成為仇人。我對他說，由此可見，我是怎樣的人。我特別細心處理這事，依我的見解不要使雙方互相惱怒。

44 我再度懇求主教，盡我所能地提出更好的理由，請他寫另一封非常友善的信給總主教，提醒他隱修院所獻給天主的服事。他按我的請求做了，這可不是個小事；由於看到這是服事天主，也是施恩於我，他總是這麼一成不變地幫助我，最後，他勉而為之；後來他寫信告訴我，比起寫這封信，他曾為修會做的所有事都算不了什麼[52]。總之，隨著這封信的來到，再加上曼索博士的敏捷洽商，總主教給了我們許可[53]，好葉南多·曼坦察受派送來許

51. 原文沒有清楚說出這個「他」是誰，按上下文，譯者認為可能是曼索博士，K.K. 英譯本直接說是「主教」，A.P. 英譯，則保留原文的含糊，譯為「他」。

可證書，他懷著不小的歡喜到來。原本這一天，修女們最為憂苦，從來沒有過這麼愁苦，而好加大利納亦然，什麼都安慰不了她；彷彿是上主願意的，當祂快要給我們欣慰時，使我們更受折磨；甚至連我，在那前一夜都感到失去信心。願祂的聖名受讚美永世無窮，永遠永遠受頌揚，阿們。

45 總主教准許曼索博士主祭次日的首台彌撒，並供奉榮福聖體。聖保祿的院長神父[54]（他是道明會士，本會虧欠這修會和耶穌會很多）：院長神父唱大禮彌撒，伴隨著管樂團，他們是不請自來的。

我們所有的朋友都歡欣鼓舞，幾乎是全城興高采烈，非常同情我們所經歷的困境；他們認為總主教所做的這麼不好，有時，聽到關於他所說的話，比起我們所經歷的，更令我難過。好加大利納和修女們欣喜無比，激起我的虔敬之情，向天主說：「上主！祢的這些僕人尋求的，無非是事奉祢，並為了祢，看見自己隱居在永遠不必離開的地方。」

46 除非親身體驗過，沒有人會相信，在這些建院中，當我們看見有了隱院禁地，世俗人不能進入其內時，所感受的欣喜；無論我們多麼喜愛他們，都不足以除去看見自己獨處時的這個大安慰。我覺得，這就好像用一個網，從河流中捕了許多魚，魚若沒有再返回水中，牠們無法生存；這些靈魂亦然，她們習慣生活在其淨配的流水中，若把她們從中拉出，觀看那些世物的羅網，真的，除非看見自己重返那水中，她們是活不了的。在所有的修女中，我都看見這事。我從經驗明白這事。若有修女覺察自己渴望去外面，處在世俗人中間，或和他們談許多話，要害怕，上主對撒瑪黎雅婦人說的活水[55]，她們還沒有找到，她們的淨

52. 意思是說，寫這封信，對他有多麼困難。
53. 時為一五八二年四月十八日。
54. 那一天是四月十九日。道明會的院長是若望．阿雷迪阿諾（fray Juan de Arcediano）。

配隱藏起來了，這是理所當然的，因為她們不滿足於和祂同處。我擔心的是，這來自兩個原因：她們入會修道不單是為了祂；或是，她們入會後，沒有認清天主賜給她們的極大恩惠，為祂自己揀選了她們，使之免受一個男人的束縛，這束縛往往使她們的生命告終，天主保祐，不會也是她們靈魂的喪亡。

47 啊！我的淨配，真天主也是真人！這個恩惠該這麼受輕看嗎？我的修女們，讓我們讚美祂，因為祂賜給我們這恩惠，我們不要疲於讚美這麼偉大的君王和上主，為了明天就結束、且包含成千愉悅的一些小磨難，祂為我們準備的王國，永無窮盡。願祂永遠受讚美，阿們！阿們！

48 建院後數天，省會長神父[56]和我都認為，關於加大利納·托蘿莎捐給修院的定期收入，會有一些不妥當，可能引起訴訟，帶給她一些困擾，而我們願意更信賴天主，不願因此而給她任何的痛苦。為此和其他的一些理由，得到省會長神父的批准，在公證人面前，放棄她給我們的資產，並還給她所有的法律文件。這事進行得非常隱祕，因為不要讓總主教知道，以免觸犯他，雖然受損害的是修院。因為，當人們知道修院是守貧的，不用怕，人人都會來幫助；然而，若知道有定期收入，看來是危險的[57]，必會隨時陷入斷糧的處境。加大利納·托蘿莎提出一個改善的辦法，在她逝世後即可實行，就是她的兩個女兒，今年在我們帕倫西亞修院發願[58]，發願時會宣誓放棄財產，她可將這財產轉給布格斯修院。她的另一個女兒，也渴望在此穿會衣[59]，也把得自父母的合法遺產留給我們，這些相當於所給的定期收入，然而，其缺點是不能立刻享有。不過，我常認為我們必不會匱乏，因為上主，

55. 《若望福音》四章 7—15 節。
56. 從瓦亞多利返回。
57. 因為修院私下歸還加大利納·托蘿莎的資產，表面上是有定期收入的修院，其實沒有。所以可以預見的是，會失去外來的支援。
58. 瑪利亞和依撒伯爾，於一五八二年四月廿二日發願。
59. 就是入會的意思。愛蓮娜·耶穌因年紀太小，等到一五八六年六月五日才發願，一六〇七年，首次獲選為院長，那次的選舉由他的哥哥塞巴斯蒂安神父主持，他是當時卡斯提的省會長。

祂使其他靠施捨的修院有人捐助，也會激發人來幫助這裡，或給修女們維生的方法。雖然如此，沒有一座隱修院的建立是如此的情況，有時，我向上主懇求，由於是祂願意的建院，求祂安排，使之得到救助，並得到所需要的，我也不願離開這裡，除非等到看見有新來的修女入會。

49 有一天，領完聖體後，我正這樣想著，上主對我說：「妳懷疑什麼呢？這事已經結束了；妳完全可以離開。」祂使我明白，她們不會缺乏所需要的；因為發生這樣的事，我覺得彷彿留給她們豐富的定期收入似的，再不會使我操心。我立刻準備離去，因為我覺得，除了在修院中享福，這裡我已沒事可做；這對我非常合宜，而在別的地方，雖然有更多的磨難，我可能會更有用[60]。

總主教和帕倫西亞主教仍是非常好的朋友；因為總主教隨即給我們很多的恩惠，為加大利納·托蘿莎的女兒[61]，及另一位後來很快入會的修女[62]，主持領會衣禮。直到現在不斷有人幫助我們，我們的上主也不會讓祂的淨配們受苦，如果她們事奉祂，一如她們所應當的。為此，因至尊陛下的大仁慈和良善，賜給她們恩惠。

60. 一五八二年七月廿六日，聖女大德蘭離開布格斯，真福安納和小德蘭與她同行，前往亞味拉，因為小德蘭要在那裡發願。來到梅地納時，省會長安道·耶穌神父要她去奧爾巴，一五八二年十月四日，聖女逝世於奧爾巴。

61. 愛蓮娜·耶穌於一五八二年四月廿日領會衣，是建院日的隔天，總主教主持典禮，講道，並且公開致歉，因沒有早日給予許可證，使聖女大德蘭和修女們受苦而道歉。(*deposición de Teresita de Jesús —Cepeda— en los procesos de Avila* 1610： B.M.C., t. II, p. 328)

62. 碧雅翠絲·耶穌（Beatriz de Jesús）是葉南多·貝內羅（Hernando de Venero）的遺孀，她的兄弟是該城的議員。五月六日得古嵐清神父批准，同月廿四日領會衣。

JHS

跋

❶我想在此記述，為何亞味拉聖若瑟的修女，即首座隱修院——其建院我寫在別處，不在本書中[1]——本是受主教管轄，改成受修會管轄。

❷這隱修院建立時的主教阿爾巴羅．曼多撒——他是現任的帕倫西亞主教——，在亞味拉時，他極度恩待修女。那時修會隸屬且服從主教，因我從我們的上主聽到[2]，屬主教管轄是合宜的，後來確實如此；因為，對於修會的所有爭論，我們從他得到很大的幫助，還有其他許多事，從中可以看出，他從不答應讓神職人員來視察，在那隱修院裡，他也不做任何多於我請求他的事。就這樣過了十七年，多或少幾年[3]，我不記得了，我也無意改變管轄權限。

❸這些年過去了，亞味拉主教被調到帕倫西亞[4]。這時，我在托利多隱修院，我們的上主對我說，讓聖若瑟修女的管轄權隸屬於修會，是合宜的，要謀求這事，因為不這麼做，很快會看見那修院的鬆懈。由於之前我聽到的是，歸屬主教是好的，似乎前後矛盾。我不知該怎麼辦，於是告訴我的告解神師，他就是現在的奧斯瑪主教[5]，一位極博學的人。他對我說，並沒有互相矛盾，因為此一時，彼一時，所需要的不一樣，在許多事上，清楚看出

1. 見《自傳》32—36。
2. 見《自傳》33．16：「上主對我說，隸屬於本會的長上是不合宜的…」。
3. 事實上，是十五年，一五六二至一五七七。
4. 一五七七年六月廿八日，他被任命為帕倫西亞主教。七月中旬之前，聖女離開托利多到亞味拉，八月二日，阿爾巴羅．曼多撒主教使管轄權限的轉移合法。
5. 就是亞龍索．貝拉斯克斯，參閱 28．10。

來真是這樣，他認為更好的是，亞味拉隱修院不要落單，要和其他的隱修院連合一起。

❹他安排我去亞味拉商談這事。我發現主教的看法非常不同，絕不能同意這事。不過，我告訴他一些理由，即可能會出現的損害，而他很愛修女們，因而深思細想這些理由，由於他的理智非常靈敏，天主也來幫助，他想到其他的理由，比我對他說的理由還嚴重，於是決定更改管轄權。雖然有些神職人員來告訴他，這麼做不適宜，他也無動於衷。

❺這事必須有修女們的投票。有些修女很難接受這事。然而，因為她們很愛我，接受我告訴她們的理由，尤其是，她們體會到曼多撒主教不在了，這一位主教，修會虧欠他那麼多，我也喜愛他，而我也不會再和她們一起了。這些話深深打動她們，所以，這麼重要的事就決定了，男會士和隱修女都清楚看出，如果做出相反的決定，那對修會將有多大的損失。

願上主受讚美！祂這麼細心關注涉及其僕人們的事！願祂永遠受讚美，阿們！

譯者的分享

如果說，導讀是引發讀者的興趣，樂於深入閱讀，那麼本文勉強可以算是。不過，我還是覺得名之為「譯者的分享」比較貼切。因為，譯完全書，再譯英譯本的長篇導論之後，滿腦子想的是，如何補充這篇導論，幫助華文讀者更快進入《建院記》，掌握全書的脈絡，品嘗其精華，我寫下了「譯者筆記」。接著，寫了一點翻譯此書的花絮，一些心得、感想和感謝，名之為「譯者心語」。最後，由於長上表示，中文的相關資料太少，希望我整理一些歷史典故，我奉命而寫，所以有了最後兩篇分享的史事。

所以，本文成分三個部分：「譯後筆記」、「譯者心語」和「歷史典故」。

一、譯後筆記

聖女大德蘭的主要著作中，《建院記》是最少被引用的，雖然如此，其重要性卻絲毫不亞於《自傳》、《全德之路》、《靈心城堡》。基本上，它不是解說靈修，而是見證靈修。我們從建院的記述中，可以一覽無遺地看見大德蘭的使徒熱誠，她對耶穌的愛和順服。眼看著病重垂危的她，依然風塵僕僕，奔波在建院的路途上，甚至死在歸途中。英譯本前面，柯文諾神父寫了長達八十二頁的導論，最後，神父說：「**沒有天主，沒有來自耶穌基督的恩寵，她的生命是不可解釋的。**」①

1. *The Collected Works of St. Teresa of Avila*. Translated by Kieran Kavanaugh & Otilio Rodriguez（Washington, D.C.：ICS, 1985）Vol. III. P. 78。

A、基本韻律

聖女大德蘭服從神師李帕達神父的指示，要如同《自傳》中記載亞味拉的建院經歷，記述後來的七座新院（1-19章）；寫完七座新院後，古嵐清神父要她繼續，再寫出接續建立的新院，不只記事，還要寫得趣味盎然。基本上，每座新隱修院的建立，都是獨立的單元，首先是天主的推動，藉著人與事的發生，耶穌如何以神諭指示她，有時鼓勵，有時責備，有時安慰，大德蘭總是把耶穌擺在第一位，不斷地強調，是主耶穌建立了這些隱修院，是祂大能的手完成一切。

再來是建院恩人，或幫助建院的朋友，大德蘭詳述恩人們的功德，提醒修女們，無論他們或生或死，都要記得在主前為他們祈禱，為了表達感恩之情，這是必須的。讀者最好準備筆記本，記錄一下人名和地名，抱著和大德蘭一起結交好朋友的心情，讓她筆下的每一位都成為自己的好友，如此一來，會讀得津津有味。否則的話，恐怕不斷出現的人名和地名，會令讀者招架不住，難免覺得眼花撩亂。

接著，買地購屋的經過，常是困難叢生，若是遇見當地主教的刁難，事情會陷入更糟糕的窘境，然而，一次又一次，天主總是勝利者，祂粉碎魔鬼的惡勢力，彰顯祂的光榮。

以上是《建院記》的基本韻律，此外，會母大德蘭也插入特寫人物的見證故事，有自己的會士、建院的恩人，特殊的聖召故事等等。

《建院記》中有一個很長的中斷，就是從第四章至第八章，是大德蘭暢談靈修的小論文。大德蘭累積了許多的經驗，寫下非常重要的教導。在這五章中，大德蘭提出辨識神祕經驗的具體原則，包括如何處理憂鬱症的病患，她透視事情的真相，徹底的務實令人嘆為觀止。柯文諾神父甚至這麼說：「大德蘭的憂鬱症小論文，是西班牙後來相關主題的先驅。」②

B、結構

本書可以清楚地劃分為三本小書，或說分為三卷，第一卷是第一章至第十九章，中文字數大約六萬七千；第二卷是第二十章至第二十七章，字數約三萬四千；第三卷是第二十八章至第三十一章，字數約三萬七千。要了解本書的結構必須分成這三個部分來探討。

聖女大德蘭一生建立十七座女隱修院，以下頁的表格標示本書的基本架構：

2. 同上，p. 55。

1562 年，亞味拉，首座革新隱修院，寫於聖女大德蘭的《自傳》
《建院記》第一卷 1—19 章（約 67000 字）
1567 年，梅地納
1568 年，馬拉崗
1568 年，瓦亞多利
1568 年，杜魯耶洛（男）
1569 年，托利多
1569 年，巴斯特日納 *
1569 年，巴斯特日納（男）
1570，撒拉曼加
著書時間：1573 年 8 月開始寫。
《建院記》第二卷 20—27 章（約 34000 字）
1571 年，奧爾巴
1574 年，塞谷維亞
1575 年，貝雅斯
1575 年，塞維亞
1576 年，卡拉瓦卡 大約寫於 1576 年 7 月至 11 月間。 *1574 年，修女們逃離巴斯特日納，廢棄這座隱修院。
《建院記》第三卷 28—31 章（約 37000 字）
1580 年，哈拉的新鎮
1580 年，帕倫西亞
1581 年，索里亞
1582 年，革拉納達 *
1582 年，布格斯
無法確定開始寫的時間，完成於 1582 年 6 月底。 * 革拉納達的建院沒有敘述，因為是聖女安排人去建立的。

C、歷史背景

既然《建院記》是分成三個時段完成的，我們也要分成三個部分來探討其著書的歷史背景。

第一時段：1-19章

一五六二年八月二十四日，亞味拉聖若瑟隱修院建立後，大德蘭度過了約五年非常寧靜的隱院生活。期間，一位從墨西哥返國的方濟會傳教士，亞龍索．曼多納多來訪，告知許多靈魂喪亡了，因為沒有機會接受福音。大德蘭為此深感痛心，流淚哀求上主，希望能做點什麼來拯救靈魂。上主應允她的懇禱，對她說：「**女兒，再等一等，妳會看見大事。**」

上主說的大事果然應驗，半年後，遠在義大利的總會長來西班牙視察，甚至出現在亞味拉，聖女得以會晤總會長。不但獲得總會長的賞識，也得到大力的支持，主動頒給她所有的許可，要她建立如頭髮一樣多的革新隱修院；但只限於在北部卡斯提，不許在南部安大路西亞建院。總會長也答應她，可以在北部建立兩座革新的男會院。

一五六七年四月二十七日，總會長魯柏授權大德蘭建立其他的隱修院。同年八月十五日，在梅地納建立第一座新院，也是《建院記》記載的首座修院。從一五六七至一五七一年，短短的四年，大德蘭一共建立了七座隱修院，兩座男會院，這樣的速度是夠驚人的，充滿活力的大德蘭，完全捲入革新的建院浪潮。

這時，一股逆流出現，教廷的視察員斐南德斯，他負責監管加爾默羅修會在卡斯提的革新，由於降生隱修院問題叢生，眼看著大德蘭的革新修會如此成功，於是想出一個妙招，任命大德蘭返回降生隱修院擔任院長。大德蘭萬分無奈，俯首聽命，暫停建院的工作。面對新的處境，她迫切需要一位得力助手相幫，她想到的不二人選是聖十字若望，於是向斐南德斯請求，派聖十字若望來擔任修院的聽告司鐸。降生隱修院在兩位聖人的指導下，彷彿立竿見影，獲得相當成功的改善。當然，也博得斐南德斯的歡心，致使大德蘭很容易得到他的支持。

在她擔任降生隱修院院長期間③，由於先前建立的撒拉曼加隱修院沒有妥當的住屋，斐南德斯命令她回去撒拉曼加，幫助修女安頓住處，時為一五七三年。這時，李帕達神父命令聖女寫《建院記》。

李帕達神父④比大德蘭小二十歲，之前，一五七〇年，建立撒拉曼加隱修院時，大德蘭曾把她的《自傳》給神父看過。他是聖女的告解神師與摯友，獲悉上主曾在一五七〇年二月九日顯現給她，要她建立更多的隱修院，並且寫下建院的經過。為此，他堅持命令大德蘭寫《建院記》，記載這些新修院的故事。

大德蘭深感為難的理由很多，的確如此，她正在撒拉曼加為修女們購屋。另外，塞谷維亞的建院也在醞釀中，這個建院牽涉到預備放棄巴斯特日納隱修院，把修女們接到塞谷維亞。多麼艱難的策劃，她必須寫信得到斐南德斯的許可，才能繼續建院。總之，在如此的情況下，健康不佳，職務纏身，極想推辭時，上主對她說：「**女兒，服從給予力量。**」

3. 一五七一年十月至一五七四年十月。
4. 李帕達神父：西班牙教理講授學家、耶穌會會士。其主要著作《基督徒教義的簡介教理講授》(*Catecismo y exposición breve de la doctrina Christiana*, 1618），有反新教的特色，全書以二人對話式書寫，共分四部分：信經、祈禱、誡命與聖事。另著有西班牙《師主篇》（*Imitatio Christi*）之譯本，《對世界的輕視或效法基督》（*Contemptus mundi o de la imitación de Cristo*, 1612）等。（神學辭典）

這樣，她動筆寫出《建院記》的前十九章。

一五七三年八月二十五日開始寫，我們無法確定她寫完的日期。這十九章中，第四章到第八章是個中斷，可以視之為獨立的單元，專論隱修院中一些困難的靈修問題。正如《自傳》有四十章，聖女把全書分成四部分，每個部分約十章，在第二部分插入「四種水」的靈修專論，講解祈禱上的修持。《建院記》前十九章，大德蘭也用四分之一的篇幅，講解隱院生活中很難處理的課題：活動與默觀、假的神祕經驗、如何處理憂鬱症及各種精神官能症、神見與啟示。這五章是很有價值的靈修教導，尤其寫給院長們，幫助她們管理修院時，如何對待和指導屬下。

第二時段：20-27章

二十章至二十七章，敘述一五七一年建立的奧爾巴隱修院，及一五七四年至一五七六年間建立的四座隱修院：塞谷維亞、貝雅斯、塞維亞和卡拉瓦卡。大約寫於一五七六年七月至十一月間，確定完成於十一月十四日。

一五七一年大德蘭返回降生隱修院擔任院長，她的建院暫時中斷，這個期間，她寫了《建院記》的前十九章，認為李帕達神父給她的命令已完成。一五七四年，降生隱修院院長職結束之前，她得到長上的許可，建立了塞谷維亞隱修院。十月初，她返回亞味拉聖若瑟隱修院，重新擔任革新隱修院的院長，接下來的兩年，又建立了三座革新隱修院。

革新修會的快速發展，累積了新、舊修會之間的衝突與誤解，終於一發不可收拾。一五七五年五月，總會在義大利碧山城召開大會，決定鎮壓革新修會的發展，同時命令大德蘭選擇卡斯提的一座隱修院，留守院中，不許再建立新院。大德蘭十二月得到傳達的命令，次年六月底返回托利多。正是在此時期，因古嵐清神父的命令，她以短短的時間寫下二十一至二十七章。

二十七章的末了，聖女大德蘭好像寫跋一般，做了結束的交代，她真的以為，建院的工作至此已完全結束，她說：「願光榮與榮耀歸於我們的主耶穌基督，祂現在和將來永遠為王，阿們。為了我們上主的愛，我請求閱讀此書的兄弟姊妹們，把我交託給我們的上主，為使祂憐憫我，擺脫煉獄的痛苦，如果我堪當在那裡，使我能享見祂。既然當我還活著時，你們不會見到這書，而寫此書的勞累，及懷著熱切的渴望所寫下的，恰巧說了些安慰你們的事，如果合宜，但願在我死後，你們讀到這書時，能對我稍有裨益。」（27．23-24）

從一五七六年起到一五七九年，革新修會處於暴風雨中，大德蘭被禁足。一五七七年底，聖十字若望被綁架，關進托利多的監牢。此時，聖女大德蘭在亞味拉摔斷左手臂。一五七八年，情況更形惡劣，古嵐清、瑪利安諾、安道三位神父也遭監禁和處罰。一五七九年，得到國王斐理伯二世的大力幫助，終於得以脫免一切災難，一五八〇年，教宗國瑞十三世頒布詔書，批准赤足加爾默羅為一獨立會省。這時，大德蘭再度奔波於建院的旅途中。

第三時段：28-31章

這個部分，大德蘭寫下的建院有四：哈拉的新鎮和帕倫西亞（一五八〇）；索里亞（一五八一）；布格斯（一五八二）。也許是建立每座隱修院之後立刻就寫，總之，一定是在建立布格斯隱修院之後寫完的，那是一五八二年六月底，聖女大德蘭逝世之前四個月。

當然這是古嵐清神父的命令，要她寫下每個建院的故事，聖女以完全服從的精神，完成這個她所說「使我備嘗艱辛和勞累」（27・22）的工作。

第二十八章開始，為接續已寫下結語的二十七章，聖女寫道：「塞維亞建院完成後，四年多停止建院的工作。理由是，極大的迫害開始強烈地打擊赤足男會士和隱修女，雖然之前已有好多的迫害，但都沒有這麼極端，幾乎完全將之毀滅。」

大德蘭的健康日漸衰微，最後的這四章都沒有寫上章數，只寫出小標題，尤其到了最後一章，「出現許多的錯誤拼字、重複和語意不清，顯示出她的虛弱和耗損，但記述的內容依然活潑生動。」

此時的大德蘭，已達到靈修的高境，經過許許多多的磨難後，天主總是勝利者。風燭殘年的大德蘭，仍奔波於建院的旅途中，她的內心如此平安，我們可以想像，她那高貴的神情，所流露的是何等的光彩。是的，這是大德蘭寫這一部分時的心境，遵照古嵐清神父的指示，寫下建院過程所發生的事，寫得趣味盎然。她的《建院記》完成了，實際上才是開始，五個世紀過去，她的女兒們繼續不斷地建院，至今遍布全球各地。

四、年金Vs守貧——巧妙的平衡

「聖德蘭以令人敬佩的巧妙平衡和超性的謹慎，使隱修生活適應女隱院的環境。除了

祈禱和默觀外，聖德蘭也保存了隱修精神、獨居和靜默、赤貧、克修和補贖。」（1990會憲．緒論一⑤）

在聖女大德蘭建院的過程中，建立祈禱默觀的隱修院，維持隱修的精神，這些聽起來都容易了解，然而，打從一開始建立亞味拉聖若瑟隱修院，有一個問題讓大德蘭舉棋不定，考慮再考慮，後來的建院亦然，這個問題一再出現，很可能一般的讀者會看得滿頭霧水，這個問題就是守貧與年金（定期收入）。我們不妨在此稍微解釋一下，欣賞會母大德蘭的巧妙平衡。

定期收入　建立修院時，大德蘭一定先要得到主教的同意，申請建院時，主教必會詢問，修院是否有定期收入。意思是，修院有否固定的基金，每個月的生活費用有一定的供應。在當時，由於社會階層嚴明，貧富懸殊，所謂有定期收入的修院，並非意指修女們不守貧，而是指建院的恩主承諾定期供應所需，恩主多半是王家貴族或富豪。如果所承諾的定期費用，足以維持修女們的生活，通常會毫無困難地得到主教的建院許可，否則會很難獲准，大德蘭在談及梅地納的建院時說：「由於是守貧的隱修院，在所有的地方都很難得到准許；因此在交涉上拖延了幾天。」（3．1）

守貧　在《自傳》第三十五章中，聖女大德蘭訴說建立守貧修院的初衷。「上主告訴我，我絕不可不建立守貧窮的修院，因為這是祂的父和祂的意願，而祂會幫助我的。這事發生在很深的出神中，且有這麼許多的明顯效果，這個渴望是從天主來的，不容我絲毫的懷疑。另一次，祂告訴我，定期收入會造成心思混亂，及其他誇讚貧窮的事。祂向我保證，

5.　《加爾默羅山至聖榮福童貞瑪利亞赤足隱修會會規與會憲 1990》，28-29 頁，（2006，苓林加爾默羅聖衣會隱修院）。

凡守貧窮者，不會缺乏生活的所需。」

為此，大德蘭努力排除眾議，深得聖伯鐸・亞爾剛大拉的鼓勵和支持，聖人甚至前往羅馬，為大德蘭申請到教宗的建院許可。亞味拉聖若瑟隱修院因此而誕生。這是一座守貧的隱修院，沒有定期收入，修女們以手工操作，及教友的捐獻維生。

大德蘭非常滿意地在聖若瑟隱修院度過五年，之後，因聖神的引導，總會長的命令，她開始創建其他更多的隱修院。第二座是梅地納聖若瑟隱修院，這地方是當時的貿易中心，教友們的捐獻足以維持修女們的生活所需。

然而，當露薏莎・瑟達夫人請求在馬拉崗建立第三座隱修院時，大德蘭拒絕了，因為那是一個很小的地方，修女們絕對無法靠捐獻生活。瑟達夫人卻執意堅持，請求大德蘭的神師，道明・巴臬斯神父的幫助。巴臬斯神父一面倒地幫助瑟達夫人，甚至責備大德蘭，聖女自己這麼說：「（巴臬斯神父）說我的做法不對，因為神聖大公會議准許有年金，我不該因自己的意見，而不在那能這麼事奉天主的地方建院。有此反對，再加上這位夫人許多堅決的請求，因此，除了接受，我別無選擇。她提供足夠的年金；因為我總是喜歡我的修院，或是完全貧窮，或是這樣（譯按，有充足的年金），修女們不必向任何人，一再強求生活所需。」（9・3）

巧妙的平衡　聖女大德蘭建立的十七座隱修院中，守貧的有十座，有定期收入的七座：馬拉崗、巴斯特日納、奧爾巴、貝雅斯、卡拉瓦卡、哈拉新鎮和索里亞。我們看得出來，大德蘭多麼順服神師，即使在如此堅持的事上，她仍能按實際的情況接受天主的安排。

當她記述建立奧爾巴隱修院時，她寫下自己對此事的反省：「在建立有定期收入的隱修院時，我總是希望能有相當充足的年金，務必使修女不依靠親戚，或任何人，修院要能供應吃和穿的，及所有的必需用品，而且病人能得到很好的照顧；因為，當必需用品缺乏時，會導致許多的弊端。至於建立許多沒有年金的守貧修院，我從不缺少勇氣和信心，我確信，天主必不會辜負她們。至於建立有年金的修院，年金卻很少，一切都使我受挫。我認為，最好還是不要建立這樣的修院。」（20．13）

大德蘭是一位腳踏實地的母親，她確實以「巧妙的平衡和超性的謹慎」，奠定了革新加爾默羅隱修會的重要基石。

二、譯後心語

《建院記》什麼時候會翻譯出版？每當這個詢問傳來，我會這麼說：「快了！快了！」然而，真的著手工作，立即發現一點也快不了，好一本不容易翻譯的大書，全書出現的人名大約兩百多，必須製作長串的人名清單，再加上出現的地名約一百多個，真是夠瞧的了。

這本書開始寫的時間是一五七三年八月二十五日，結束此書的時間是一五八二年，前後長達九年，也就是說，聖女大德蘭用九年的時間，記述十五年的建院歷程。不同的時候，不同的心境，使用的語詞也不盡相同，譯者必須隨著作者轉換，有翻譯經驗的人會明白，這也是困難之一。再加上作者因繁務纏身，常是振筆疾書，難免用些當時的通俗用語，有時很難確定其明確的意思，導致譯者經常發現，對照兩本最好的英譯本時，兩者的翻譯並不完全一致。這可真的令人頭痛。

寫《建院記》和靈修教導大不相同，對大德蘭而言，她從不認為寫靈修道理讓她感到厭倦，因為談論靈修之事，彷彿再次沉入與主的親密，甚至有修女見證，當她寫《靈心城堡》時，常是在領完聖體後，而且聖女的面容發光，似乎沉浸在神魂超拔中。然而，寫《建院記》則是另一回事，大德蘭清楚表示，絕不說謊，所記述的是真實的事件。像這樣的一本書，必須清楚列出正確的人名、地名和日期，在記載事件時，要明智下筆，兼顧當時可能的讀者，及還活著的人，諸如此類的基本要求，的確相當煩瑣。大德蘭是很認真的人，做事絕不馬虎，就是這樣，如她說的，盡力寫出每個建院的故事。時至今日，我們甚至驚訝於她寫作時選擇的文具，紙張和筆墨都是當時最優質的成品，我們真的感謝大德蘭的徹底認真，致使她的原稿能無損地保存至今。

話說回來，一旦深入大德蘭的寫作狀況，當我從翻譯「靈修書」的小格局跳出時，頓時開始和大德蘭攜手共遊，那是另一番翻譯的心境。感覺上，彷彿在聽慈愛的母親說故事，分享大德蘭經歷的事件，陪伴她經歷偉大的冒險之旅。

我也從「兩本英譯說得不同」的陷阱中得到釋放，翻譯本來就沒有絕對答案，甚至可以多選，尤其像這樣遊記似的文體。**A.P.** 譯本傾向譯得多彩多姿，帶給讀者傳神的感覺，**K.K.** 譯本倒是非常忠實地逐句翻譯，兩者我都欣賞。整個翻譯過程，不斷閱讀原文，對照兩種譯本，設法以最忠實的方式，用華文表達會母的初衷。雖已盡力為之，但自覺才能有限，難免掛一漏萬，尚請讀者不吝賜教與指正。

《建院記》終於譯完，也翻譯好柯文諾神父的英譯導論。在這篇導論中，神父對《建院記》的當代環境、文化，甚至修會歷史做了徹底的交代，是深入了解《建院記》必讀的上選資料。此時，正好讀到一篇文章，是一本聖女大德蘭傳記的附錄，記載大德蘭逝世後，她的遺體沒有腐爛，其被發現的經過。大德蘭的《自傳》述說她的童年、聖召、入會修道和創立第一座革新加爾默羅隱修院，《建院記》敘述的是從第二座隱修院，直到她逝世前三個月，其所創立的十六座隱修院的生命故事。大德蘭死而不已，她不朽的遺體繼續光榮天主（**詳見本文　歷史典故段落**）。大德蘭革新修會的建院故事依然進行在歷史的洪流中，仍有太多可以分享的故事，長上說，中文的相關資料太少，要我盡力整理一些歷史典故，和讀者們分享，最後，我寫了「痛心的史實」。

本書主要根據的是：1）*Santa Teresa Obras Completas, septima edicion, preparada por Tomas Alvares*（Burgos, Monte Carmelo, 1994）; 2）*The Collected Works of St. Teresa of Avila. Translated by Kieran Kavanaugh & Otilio Rodriguez*（Washington, D.C.; ICS, 1980）Vol. III.。這是目前使用最廣的西文版及英文版，在某些難解的地方，也參照過去的英譯本：*The Complete Works of Saint Teresa of Jesus. Translated by E. Allison Peers*（New York, Sheed & Ward, 1946）Vol. III。

感謝美國華盛頓特區加爾默羅靈修出版中心（Washington Province of Discalced Carmelites ICS Publications 2131 Lincoin Road, N.E. Washington DC 20002-1199 U.S.A. www.icspublications.org）的慷慨授權。

許多的感謝

首先，我要感謝修院的長上和姊妹們，她們的寬容與支持，給了我足夠充裕的時間，才能完成這個艱辛費時的工作，姊妹們無私的愛是我最大的幫助和鼓勵。還有許多的親友給我的默默鼓勵，天主知道一切，願祂給予最美好的回報。

二十多年來，房志榮神父給我的協助，是無可言喻的，一本又一本，會父聖十字若望、會母聖女大德蘭的著作，全都經過他的審定，根據原文修正我錯誤的地方，回想起來，自己是多麼幸運又幸福，擁有這麼一位博學有德的神長呵護，無疑地，這是天主的特別祝福。

去年年底，譯完此書時，立刻打電話邀請房神父，他一如往常，滿口應允。多年前，神父會來隱修院小住幾天，特別撥出時間，專心校閱。漸漸地，神父年事已高，不能獨自前來。只好把書送到神學院，請他批審。這一次，我要了一個賴，請房神父親自來隱修院取書，他先是一愣，我緊接著說：「神父，如果您不來隱修院，我根本沒有機會見您的面。」神父立刻會意地笑了，滿口答應。真好！

就這樣，一位熱心的教友把神父帶來，我和神父在會客室敘舊。九十高齡的房神父，身著舊得不能再舊的夾克，早已褪色的藍色夾克，上面還留有「輔大神學院」⑥的標誌。我不禁對神父說，這件衣服好老舊，神父開心地笑著，疼惜的表情讓我知道，他對神學院的愛有多深。對他而言，這是寶貝。

聊起一些認識的神長時，我發現，神父非常正向與積極，在他的口中，我聽到的是對

6. 現已更名為輔仁聖博敏神學院。

自己修會弟兄的欣賞與愛，他總能列舉他們的優長。比如說，一談起谷寒松神父⑦，他馬上讚不絕口，對他照顧痲瘋病人的慈善工作、各種愛德和神學工作，表示欽佩，甚至還說一句非常誇張的話：「如果我是教宗，我會立刻給他列聖品。」天哪！這是何等的兄弟之愛。也印證了從前一位老姆姆告訴我的話：「耶穌會的兄弟們非常相愛，他們從不說自己弟兄的不是！」

神父臨走時，我再耍一次賴，請神父審閱完後，親自移駕送還。慈祥的房神父好似找不到拒絕的理由，面不改色地應允。回想起這些事，內心迴旋的是感恩與愛，天主啊！願祢親自酬報祢的忠僕⋯⋯

感謝關永中教授、曾慶導神父S.J.、陳新偉神父O.C.D.、孔令信教授和張達人醫師為此書寫推薦序。我知道，他們之樂意為之作序，是出於對聖女大德蘭的仰慕和深愛。感謝旅美藝術家范毅舜先生，再次熱情洋溢地為本書提供圖檔，他是一位非常直爽的人，獲知所需，立即行動，為我們挑選可能採用的照片，不只一幅，他的慷慨支持使本書增色不少。

最令人欣喜的是，得到亞味拉聖若瑟隱修院院長姆姆的序言，真是太棒了，直覺上，彷彿是和會母大德蘭直接連線，得到她親自的祝福一般。誠如姆姆說的，「在大德蘭的《建院記》中，你們會找到基督徒智慧的寶藏，能夠回答過去和現在的許多問題。」這確實是一本值得深入閱讀的好書。

最後，深深感謝星火文化，這些年來出版了一系列的加爾默羅靈修書，使基督徒的靈修經典呈現在各書局，幾乎是史無前例之舉。每念及此，內心的讚賞與感激，誠非筆墨所

7. 谷寒松神父來自奧地利，一九七五年起服務樂生療養院，獲第十四屆醫療奉獻獎，二〇一七年七月獲頒中華民國身分證。

能形容！

自從受命翻譯會母與會父的全集，至今《建院記》已完成，自覺鬆了一個氣，好像已經告了一個大段落。會母聖女大德蘭和會父聖十字若望的大著作：《自傳》、《全德之路》、《靈心城堡》、《攀登加爾默羅山》、《黑夜》、《靈歌》和《愛的活焰》都已完成，再來就只剩下小品著作待譯。然而，譯者也日漸年老體衰，能否譯出小品，全交在天主的手裡。聖會母在本書的序言中說：「**為了祂的愛，我請求凡讀本書的人，唸一遍聖母經，為能幫助我離開煉獄，得以面見我們的主耶穌基督，祂和聖父及聖神，永生永王，阿們。**」我則請求讀者，為我唸三遍，向榮福聖母祈求，盼能與諸聖相聚天堂。

三、歷史典故

A、聖女大德蘭的不朽聖身

一五八二年七月二十六日，大德蘭離開布格斯，這是她的最後建院，踏上返回亞味拉的歸途，途中於十月十五日逝世於奧爾巴。但是她的故事還沒有結束，一般而言，世人「蓋棺事始定」（杜甫詩），但是對天主教的聖人卻不然，往往「重新開棺」又是一件大事。聖女大德蘭埋葬後，第二年再度開棺，她的不朽聖身經歷一番波折，彰顯了天主的奇工妙化。⑧

8. 本文資料取自 Marcelle Auclair, *Saint Teresa of Avila,* trans. Kathleen Pond（Pantheon Books, New York, 1953）pp. 430-435。

第一次開棺

根據真福安納・聖祿茂的記述，大德蘭逝世的次日，隆重地舉行葬禮。遺體入殮，接著埋葬，堆滿了許多石頭、磚塊和石灰，所有這些碎石全倒進去，把靈柩掩埋起來。為什麼要這麼做呢？因為奧爾巴修院的建院恩人，德蘭・雷氏夫人下達這個命令，要把這些碎石塞滿墳墓。誰也阻止不了她，她以為只要多放些石頭，大德蘭的遺體絕不會被人移走。

畢竟人算不如天算，大德蘭的墳墓不斷散發出愉悅的芳香，奧爾巴的修女渴望再看一次會母的遺體。趁著省會長古嵐清來視察修院，她們抓住機會，向他表明這個願望。神父批准了，於是他們著手進行，偷偷地移開石頭。石頭多得不得了，古嵐清和他的同伴花了四天的時間予以清除。

一五八三年七月四日，就是在大德蘭逝世後九個月，重新開棺，他們發現棺材蓋已被亂石砸碎，棺木腐爛了一半，滿是黴菌，潮溼的氣味撲鼻而來。聖身滿是滲入棺材的塵土，也全是潮溼的，不過卻新鮮而完整，彷彿昨天才下葬一般。

古嵐清是現場目擊者，他的見證是，聖女的聖身保持得如此完整，當修女們清理聖身上的塵土和腐爛的衣服時，他和他的同伴暫時避開。叫他返回時，聖身上蓋著一條床單，但胸部沒有蓋住，他很驚訝地看見聖女的胸部這麼豐滿與結實。

整個房間滿是美妙的芳香，修女們重新為遺體穿上新會衣，再把她用床單包裹起來，放回原來的棺木。入棺前，古嵐清神父取下聖女的左手掌，裝在一個布帽裡，再用紙包起來；油從中流出。他把聖女的左手留在亞味拉，裝進一個密封的小箱子。當古嵐清切斷她的左手時，也切下她的小指，做為私藏的隨身寶物。後來，當古嵐清神父遭遇海難，被土耳其人俘虜時，他們奪走聖女大德蘭的小指，古嵐清神父說，他花了約二十雷阿爾（reales）和幾個金戒指，把它買回來。

第二次開棺

話又說回來，亞味拉是聖女大德蘭的故鄉，那裡的人堅持聖女大德蘭是屬於他們的，必須返回本鄉。因此，赤足男會士召開會議，出了一道命令，德蘭姆姆的遺體理當帶回她的家鄉。為了避免奧爾巴公爵從中作梗，要祕密進行這事。

亞味拉主教座堂的總管若望．卡利友（Juan Carillo），及大德蘭生前創會的跟班胡利安．亞味拉神父，兩人在一五八五年十一月二十三日，星期五一大早就出發，次日，星期六，他們很早就抵達奧爾巴，一如國瑞．納祥神父給他們的指示。進城之前，若望總管通知國瑞神父，他們已經來到，國瑞神父傳話過來，要他們偷偷進城，謹慎小心，也要若望總管在晚間七點時，到他所住的旅店會合。總管準時到場，不久古嵐清神父也從撒拉曼加到來。他們一起商討進行的對策，最後決定第二天，也是主日那天，在同一時間和地點會合，在那之前，誰都不許露面。

次日，國瑞神父急於完成此舉，他也比古嵐清神父大膽多了，他們就來到奧爾巴隱修院，修女們請求容許再看會母的聖身。晚間，這兩位會士取出棺木，他們發現，聖身上的會衣和覆蓋的布已經很糟糕。他們把聖身請出來，放在修女們可以看見的地方，大家欣喜無比。當修女們念夜禱的時間到了，必須離去時，古嵐清神父出命令，要修女在樓上的經堂念誦讀日課，他有意拖長時間，不讓修女們太快回來。那時，只留下這兩位神父、院長姆姆、副院長和華納．聖神修女（Juana del Espíritu）；神父認為時機已到，拿出會議決定的法令，命令將聖身送返亞味拉聖若瑟隱修院。三位修女當場聞言，悲傷難過萬分。所以，神父們決定留下會母的手臂，以寬慰修女們的心。

國瑞神父負責執行截肢，雖然深覺不願，也感到這是他一生中獻給上主最大的犧牲，但為了服從，他從腰間取出刀子，切下大德蘭的左手臂，就是之前已被古嵐清拿走手掌的那隻手臂，也是在一五七七聖誕夜，聖女大德蘭在亞味拉從樓梯摔下來，跌斷了的左手臂。令人驚奇的是，神父不費吹灰之力，好似切開一個香瓜，或切下一片新鮮乳酪，他輕而易舉地取下左手臂。之後，他們再次為遺體穿好衣服，用一條起絨粗呢包裹起來，國瑞神父將她抱起，放在他的雙臂中，預備安置在修院對面的一個房間。古嵐清神父跟著走在後面，胡利安神父已在等待他們。

當他們把聖身放在床上，古嵐清神父揭露遺體，他們都見證聖身從頭到腳，完整無缺，甚至連一根頭髮也沒有失落。彷彿是剛剛逝世的人，用手去碰觸時，是柔軟的，不過體重輕盈多了。面部有些變平，顯然是埋葬時放進太多石頭所致，但沒有被打破。聖身散發出極甜美的芳香，靠近時香氣更加濃郁。這香味相似什麼呢？誰也說不上來，勉強形容的話，有點像車軸草的芳香，但要輕淡得多。他們檢視聖身之後，重新穿上為她準備的會衣，包裹起來，一切都處理好之後，他們再回到旅店。

國瑞和胡利安徹夜守著大德蘭不朽的聖身。準備踏上歸途時，他們把聖身放在騾子上，兩旁各放一大把稻草，聖身散發出來芳香，瀰漫在她所停留過的任何地方。

返回亞味拉

大德蘭逝世後三年，一五八五年十一月二十六日，星期一清早，天還未亮，他們帶著聖身離開奧爾巴，再次翻山越嶺，返回亞味拉。一路上，氣候溫和，宛如六月天，傍晚約六點鐘時，抵達大德蘭的故鄉亞味拉。當這珍貴的聖髑交還給聖若瑟隱修院時，修女們歡天喜地，與奧爾巴修女的悲傷難過，恰好形成強烈的對比。

聖女大德蘭的聖身被安置在修女們易於親近之處。首先是放在會議室，以製作精美的布料包裹著；然後，製作一個靈柩形的長箱子，裡面襯上黑色的塔夫綢，配上絲和銀線的裝飾，外面蓋上黑色的天鵝絨，裝飾著絲與金，安上鍍金的環扣，及鍍金的鎖、閂和鑰匙；又置入兩個金和銀的盾牌，一個是修會的盾形徽章，另一是耶穌的至聖聖名。在這個墳墓上的題字，是以金絲銀線繡成的：「Madre Teresa de Jesús」（耶穌．德蘭姆姆）

亞味拉主教，伯鐸．斐南德斯．德密諾（Pedro Fernádez Temiño），獲悉此事，立刻宣布來院探視。九點鐘時，主教與大約二十人一起前來，其中包括法官、兩名醫生、狄耶各．葉培斯神父、胡利安．亞味拉神父，他們來到修院的門廊處，通往外面街道的門關閉起來，聖女大德蘭的遺體安放在長箱內，在火把的光中，聖身是敞開的，所有人都跪下，並且脫帽，注視著不朽的聖身，滿懷敬畏，同時流了許多的眼淚。

醫生檢視聖身，宣布是真實的奇跡，無法給予自然界的解釋，因為未曾塗香油防腐，經過了三年，全身完好如初，而且不斷散發香氣。

主教嚴禁所有在場者談論這事，以絕罰加以威脅。可是，他們說：「啊！我們看見的是多麼大的奇事！」這些人強烈地渴望描述所見證的事，使得主教必須撤銷他的絕罰，這事就此傳遍全城。

重返奧爾巴

大德蘭的聖身被遷移的消息不脛而走，一傳到奧爾巴公爵的耳朵，他勃然大怒。開始揚言恐嚇奧爾巴隱修院的修女，如果那為安慰她們而留下的手臂，要是再被取走，他將要施以嚴厲的報復，此外，他開始直接和羅馬交涉。這位在西班牙超級強勢的公爵，順利地獲得教宗的批准，聖座下令，大德蘭的不朽聖身該歸還奧爾巴修院。於是德蘭姆姆再次走上旅途。這一次從亞味拉遷回奧爾巴，同樣極其隱祕地進行，深恐引發民眾的暴動，偷偷地從聖若瑟隱修院搬回去。從此以後，德蘭姆姆的聖身從未再返回自己的家鄉。

耶穌會士方濟各・李貝納⑨，是寫大德蘭傳記的早期作家之一。他曾在一五八八年見過大德蘭的聖身，作證說，聖身是直的，雖然有些彎曲前傾，如老人家行走時，仍能看出她的身材很好。當有人把她的身體扶起，只需一隻手撐在後背，就能保持直立；也能夠為她穿衣和脫衣，如同活人一般。雙眼是乾的，但卻完整。臉上的痣，毛毛仍在上面，她的腳

9. 一五三七至一五九一。

很好看，比例很勻稱。

李貝納繼續說，看見這個隱藏的寶貝，對他而言，是這麼大的安慰，他不認為，在他的一生中，還會有比這更棒的一天。他覺得唯一的遺憾是，想到有一天，因重要人物，或大德蘭其他隱修院的請求，聖女的聖身會被分割。

李貝納的預料果然成真，聖女大德蘭的聖身被肢解，分送到不同的地方。至今，她的右腳和一片上顎在羅馬，左手在里斯本，右手、左眼、手指、身體的片斷遍布西班牙全境，或說，全球世界各地。她的右臂和心臟裝在聖髑匣，連同不朽聖身剩餘的部分，全都留在奧爾巴。

結語

在大德蘭的時代，人們對聖髑的敬禮和熱愛，近乎瘋狂。不朽的遺體，無疑地，彰顯神性的大能，喚醒更多人熱愛天主。天主行奇跡，隨心所欲，祂知道祂所做的是什麼，人無法質問理由，只能從內心深處讚嘆祂的奇工妙化。

聖女小德蘭逝世後二十三年，一九一〇年九月六日，在里修，約有一百個人圍繞在埋葬聖女小德蘭的墓地。到場的人包括教區主教、負責列品案件的神長、修會總會長的代表，許多神父及聽取列品案件的法庭人員等等。重新開棺時，散發出紫蘿蘭的芳香，而小德蘭的身體只剩下骨頭，但令人驚奇的是，放進棺木同葬的棕櫚枝卻依然青翠，如同下葬的那一天，至今仍保持其不朽。

真是令人讚嘆的另類奇蹟。當小德蘭病重垂危期間，多次聲明她所渴望的是，在她死後，只會剩下骨頭。在她死前不久，有位初學生問她：「妳一直都深愛天主，祂會為妳行奇事，我們會發現妳的身體沒有腐爛。」這個說法使她覺得難受，她略帶感傷地說：「啊！不！不是這種奇事！這會偏離我的謙虛小路；在我身上，小靈魂必找不到有什麼可羨慕的，所以，妳可以期待，除了骨頭，什麼也沒有。」天主俯聽了她的渴求，但也行了另類的奇跡，彰顯祂慈愛的大能，確認了小德蘭的神嬰小道。

聖女大德蘭是革新修會的會母，她一生熱愛天主，在《自傳》中，當她描述靈魂達到結合的高境時，會渴望「**全然化為脣舌，好能讚美上主。吐訴千言萬語，神聖的痴話連篇，不斷尋求取悅現已占有他的那位。**」（自傳16．4）這正是她自己靈魂的寫照，她的熱烈渴望死而不已，不朽的聖身散發出甜美香味，不只見證天主的大能，也邀請每一個人讚美頌揚天主。

B、痛心的史實

聖女大德蘭寫《建院記》時，多次提及古嵐清神父，對他的重視和珍愛流露無遺，然而，為什麼在提及革新加爾默羅會的會父時，我們說是聖十字若望呢？大德蘭在世時，作夢也不會想到，她深愛的古嵐清神父，這位極優秀的會士竟然會被逐出修會，提到這事，確實牽涉到一段令人痛心的史實。

此一事件的高潮是一五九一年，修會的最高領導多利亞神父，在那一年六月召開會議，無情地貶抑和放逐聖十字若望，因為他的意見與多利亞相左，直言反對他：對修女們的報復，及陷害古嵐清神父，若望因而遭到如此的下場。同年十二月，十字若望會士如聖人般病逝，次年二月，古嵐清神父被逐出修會。所有忠於大德蘭的傑出修女，如安納．耶穌、瑪利亞．聖若瑟和真福安納．祿茂，也都遭到多利亞的迫害。限於篇幅，本文無法深入詳述細節，在此僅將主題聚焦於介紹尼古拉和古嵐清，從中點出這個令人痛心的史實，讓讀者一窺此發人深省的典故，從中取得神益。

一、尼古拉．多利亞神父

出生與聖召　一五三九年，尼古拉．多利亞（Nicholás Doria）生於義大利的熱那亞，屬於望族門第。早年是個銀行家，一五七〇年，三十一歲時，來到西班牙的塞維亞，謀求致富，在短短的時間內，極有成效。有一天，他遭逢船難，幾乎喪生，此時，碰觸到天主恩寵的他，決定捨棄以往的揮霍生活，追尋自己靈魂的得救。妥當安排財務之後，慷慨大量地布施給窮人，然後成為一名教區的司鐸。一五七六年，三十七歲時被祝聖為神父。

一年後，由於好友瑪利安諾．聖貝尼多的榜樣，他進一步決定加入赤足加爾默羅會。一五七七年三月二十四日，在塞維亞的雷梅地歐斯赤足加爾默羅男修院，由古嵐清神父手中領受修會的會衣。一五七八年三月二十五日誓發聖願。他的初學陶成充滿克苦的修行，這位熱心的棄俗者完全投入，而且終身標榜嚴格的克苦和守規。

初學一結束，多利亞立刻被任命為初學院的代理院長，因為一五七八年正是赤足加爾默羅會最艱難的時期，修會的領導者，如古嵐清、瑪利安諾和安道神父，都被監禁或處罰。多利亞充分地顯示出是個能幹與果斷的領導者。一五七九年，他以聖女大德蘭的名義，前往馬德里交涉事情，並在同年六月，在亞味拉和會母晤談數天，也在這一個月，他被選為巴斯特日納初學院的院長。

多利亞在修會內的晉升非常快速，發願後一年，成為巴斯特日納初學院的院長，這是男修會中最重要的會院，兩年後，即一五八一年，他被選為第一參議，甚至超越聖十字若望和安道神父（他們分別是第二和第三參議）。

走極端的克苦 根據方濟・聖瑪利亞會士（Friar Francisco de San Maria）的報導（他是專門頌揚多利亞的人），我們會看到多利亞對古嵐清的態度有多麼過分。

一五八三年五月一日，省會長古嵐清神父召集會議於奧默多瓦。

多利亞離開巴斯特日納修院，帶著一匹驢子，載著他的大斗篷，有時也騎坐牠。驢子上毫無舒適的裝備，只有一條普通的韁繩。到了托利多的旅店時，正巧省會長古嵐清神父和隨從的神父也到達。這兩位神父騎的騾子，裝備十足，樣樣俱全。多利亞神父一看，認為這樣闊氣的裝備，哪會是真正貧窮和謙虛的人，而他們正是應該為人榜樣者，按捺不住內心的不滿，故意面帶笑容，譏諷地說道：「昨天，我們的神父，您規定我們不該使用鞍座，您和您的同伴，竟然這麼快就違犯規矩？」古嵐清笑一笑，命令人取走裝飾用的馬具，可是多利亞還是不滿意，執意地要他們除掉一切，只剩下一條韁繩，他才心滿意足。

接下來，還有更糟糕的事。當他們停留在馬拉崗隱修院時，修女們預備了一頓極豐盛的餐點，熱情地招待神父們。神父們一來到，進入隱院外界的餐廳，看見滿桌的佳餚，有雞肉、山鶉肉，甚至還有一隻火雞。多利亞這下子可真火了，完全失控，抓住火雞的腿，高高舉起，咆哮說：「我的神父們，餐後，我們就要去開會革新修會。讓要吃肉和蛋的人，給我吃下去……」

方濟．聖瑪利亞會士沒有記載，後來享用這宴席的人有幾位，不過可以確定的是，大家必是胃口全無，良心不安，即使是在省會長的面前。

然而，加爾默羅的《原初會規》上，關於戒食肉類有明文規定，「因為你們旅行時，常該沿路求乞，所以出門在外，可以吃與肉類同煮的菜餚，免得煩勞招待你們的恩主。」（會規15）古嵐清神父經過許多的辛勞，革新修會終於成為獨立的會省，這是第二次召開大會，路過時，修女們當然會盡力招待，本是無可厚非。此外，古嵐清神父不善騎騾，常會從騾子上掉下來。大德蘭開他的玩笑說，神父騎騾時，最好用一條繩子綁起來。為此之故而裝備馬具，情有可原。《會規》上說：「必需之事，不受法律的約束。」（會規14）

多利亞當選為省會長　一五八三年奧默多瓦會議中，多利亞針對古嵐清神父大肆批評，尤其是他的不夠克苦和守規。然而，古嵐清為人天真正直，一點也覺察不出多利亞的排擠，甚至已經到了非常過分的地步。

一五八五年，修會在葡萄牙里斯本召開大會，選舉省會長。多利亞遠在義大利，並沒有參加。然而，因古嵐清的推薦，他獲選為省會長，這是當時修會的最高領導。選舉畢，古嵐清神父還沾沾自喜於所推舉的人獲選，聖十字若望則直言相告，說出後來應驗的預言：「神父您所推舉的這位省會長，來日會剝下您的會衣。」

一五九一年事件 一五九一年六月二日，聖神降臨節，於馬德里召開總會會議，這是修會的高階會議，會議中選舉參議和修會中要職人選，同時討論重要的議題。

聖十字若望參加這次的會議，他在修會內的重要職務完全被撤消，主要的理由是他反對多利亞的觀點。這次會議的焦點問題有三：一是古嵐清事件；二是男會士和隱修女的法規問題；三是隱修女從教宗得到詔書，不得更改會母為她們寫的《會憲》，多利亞決定要放棄管理隱修女。在這三點上，聖十字若望完全不贊同多利亞的作法。在此我們只能論及古嵐清的事件。

聖十字若望勇敢地表明，不該如此極端地布局，公開地反對古嵐清，甚至讓修會外的人知道這事。他甚至明言：「即使我們已經開始追查，我們的執行不宜讓外人參與。」他的意思是，對會士的規過要有愛德，而不是採取這麼極端的公開羞辱。為了不讓古嵐清有任何逃脫的藉口，多利亞透過國王的干預，下令 Évora 的總主教，把古嵐清從葡萄牙的里斯本，送回西班牙馬德里受審。的確，如果我們詳讀史實，會清楚看出，多利亞利用他的職權，布下天羅地網陷害古嵐清。聖十字若望透視整個大局，即使明言相勸也無濟於事。

古嵐清一到達馬德里，無疑地，等於是開始他的加耳瓦略，他受到最冷酷無情的監禁和審訊，我們可以說，不亞於聖十字若望在托利多的牢房所受的折磨。限於篇幅，無法在此細談拖延數月的審訊與監禁。幾近精神崩潰的古嵐清，無論如何天真，他終於夢醒。審訊後的定罪是給他許多無理的補贖，冷酷至極的羞辱和貶抑。他明白了，就算他接受這些補贖，多利亞對他的追殺也會沒完沒了，直到把他驅逐出會。由於他拒絕接受處罰和補贖，多利亞立即把他趕出修會。

一五九二年二月十七日，在馬德里的男會院，多利亞、參議會、諮議會、會院院長、一名道明會士等人，公開宣讀開除古嵐清的判決。隨即進來兩名會院的會士，前來剝除他們前省會長的會衣，古嵐清舉手阻退，他帶著尊嚴的神情，自己脫下會衣，擲在地上。大德蘭最親信的長上和神師，就此離開赤足加爾默羅會。令人痛心的是，十五年前，古嵐清神父為多利亞穿上會衣，如今，他卻無情地剝下古嵐清的會衣！

天譴 外表看來，多利亞平步青雲，以他的嚴格克苦，嘩眾取寵，深得國王與教廷的青睞，古嵐清完全不是他的對手。又以出眾的組織才幹，排除異己，意圖建立他理想中的革新修會。因為他的積極奔走，修會得到完全的獨立，將於一五九四年五月底選舉修會的總會長。當然，我們可以想像，多利亞志在必得，修會的第一任正式總會長，非他莫屬。然而，人算不如天算，臨近凱旋之際，前往馬德里的路途中，在亞爾加拉時，突然生病，十五天後病逝。

主持選舉總會長的大使 Gaetani 致書羅馬的樞機主教 Aldobrandini，報告多利亞的病逝，及後來會議選舉的結果。他說新選出來的總會長厄里亞．聖瑪定（Elías de San Martín），是多利亞死前推薦的最合適人選。大使在信末說：「**多利亞神父的逝世，並沒有引起任何的慌亂。的確，事情倒是有個好結果，因為，雖然他是很有功勞的人，他的當選為總會長，**

卻不是一件好事；他無休止地管理修會，已經令人憎惡，也開始造成修會的分裂。」實際上，當修會的會士獲悉古嵐清之被逐出，大家也開始看清多利亞是何許人也。甚至有人說，即使他沒病逝，也不一定會當選為總會長。

最後，我們要說，回顧多利亞義正嚴詞地追殺古嵐清，加給他無數的罪狀，指出他的自由和平易的作風，是一種品行不檢。他自認為，這麼處理古嵐清，是為了團體的益處。也許，他從來沒有面對的一項事實是，他對權力的熱愛，使他滿懷成見，也迫使他毫不手軟地窮追古嵐清，因為多利亞管理修會的唯一對手，且在聲望名氣上，唯一超越他的會士，正是古嵐清。

二、古嵐清神父

出生與聖召 一五四五年六月六日，生於西班牙的瓦亞多利城。他具有西班牙和波蘭的血統，父親狄耶各・古嵐清・阿德雷特（Diego Gracián and Alderete）是國王斐理伯二世的「拉丁文祕書」，也是個十足的人文主義者。狄耶各是卓越的書法家，通曉多國語言，又是古典文化的行家。他擔任主教們的祕書，翻譯多部著作，尤其是希臘文和拉丁文的書籍。年輕時，有機會結識未來的岳父若望・當提斯克（Juan Dantisco），他是波蘭駐西班牙和德國的宮廷大使。古嵐清從父親與外祖父繼承了對文學與文化的熱愛。

古嵐清在家中排行老三。母親華納・當提斯克（Juana Dantisco）是位極虔誠的教友，她的孩子中，其有七位進入修會，其中五位是加爾默羅會士。古嵐清從小就有一位耶穌會士做他的神師。他就學於著名的亞爾加拉大學。十九歲獲得文學碩士。接著研讀神學，二十四歲被祝聖為司鐸。當他被祝聖為神父，且得到博士學位之後，他開始考慮要加入耶穌會。正巧此時，他認識了巴斯特日納加爾默羅隱修院的院長及修女，她們的生活和精神深深令他著迷。一五七二年，他進入巴斯特日納加爾默羅男修會的初學院。

古嵐清的家庭背景，與西班牙王室的密切關係，加上他個人的古典文學和耶穌會的陶成，加入革新修會後，很快脫穎而出。當他仍是初學生時，就被指定為初學生上課。一五七三年八月四日，即發願後四個月，二十八歲的古嵐清，被任命為宗座視察員，監督安大路西亞的加爾默羅會。

與大德蘭會晤　《建院記》的第二十三章，聖女大德蘭詳談古嵐清的聖召經過，從中可看出會母對他的寄望、期許和讚賞。接下來的第二十四章1至2節，大德蘭描述，一五七五年四月，第一次在貝雅斯會晤古嵐清時的心情，她甚至說了這麼一句話：「**當我開始與他交談，我的喜樂非常非常的大，因為，按照他之令我滿意，我覺得那些對我稱讚他的人，其實是不認識他的。**」（24·2）

此後，大德蘭開始和他密切通信，聖女對他完全信任，甚至向他許下服從願，在一切事上服從他。我們也要感謝天主，因為有這個服從願，大德蘭寫下了《靈心城堡》及完整的《建院記》。還有，一五七六年，當大德蘭必須離開塞維亞隱修院時，古嵐清命令一位輔理修士畫了一張肖像，至今，這張畫仍是最真實的大德蘭畫像。

徹底的淨化　前文已經概略述說了一五九一的事件，多利亞的病逝使革新修會的發展穩定，一切納入正軌。至於古嵐清呢？一五九二年脫下會衣的他，繼續他傳奇的朝聖之旅，也受到徹底的淨化。

古嵐清被逐出修會後，他在西班牙的東海岸停留一段時日，等候帶他去義大利的船。不幸得很，多利亞派去羅馬的特使也上了同一艘船。到了羅馬城，古嵐清真的是百口莫辯，無法得到信任，雖然教宗命令他加入修會，問題是，沒有一個修會要接納他，他已被貼上背叛者的標籤。他申請加入「加布遣會、熙篤會、赤足方濟會，及其他所有修會……沒有一個修會願意接納我，我看見自己之被拒絕，好像是世上最卑劣的會士。」（PA，5[10]）

古嵐清離開羅馬，路經那不勒斯（Naples），在西西里停留約八個月，在一座醫院幫忙和聽告解。一五九三年，一月二十七日，他接獲教宗的詔書，Uberes fructus，確定自己被赤足加爾默羅會開除，並命令他加入奧斯定會或其他修會。古嵐清隨即離開嘉愛塔（Gaeta）海港，返回羅馬。

豈料竟在途中被巴巴利海盜襲擊。開始時，海盜以為他是個重要人物，要去羅馬受祝聖為樞機主教——真是太諷刺了！起初相當禮遇他，期盼從他獲得可觀的贖金。日子一天天過去，他們漸漸發現，這個俘虜不如所想的那麼重要。接著，想也知道，海盜會如何對待他。

古嵐清當了三年的俘虜，受盡折磨，身帶鎖鍊，腳底被刺青，滿是十字架。雖然處在骯髒和雜亂的俘虜群中，他還是滿懷傳教救靈的心火。古嵐清後來自己寫道：「我聽俘虜中基督徒的告解……當他們挨打後，安慰他們，和解他們之間的爭吵，生病時去探望他

10. PA：*La Peregrinación de Anastasio* 這是古嵐清神父自述的傳記，以下都簡稱為 PA。

們，若有人想要砍掉某人的鼻子或耳朵時，我設法用點小錢使之化解，這些錢是那些基督徒給我的。」（PA．6）後來，有位好心的猶太人，名叫西默盎．艾斯卡南西（Simon Escanasi）幫助他付贖金。一五九五年四月十一日，突尼西亞（Tunisia）的海盜頭目簽署他的自由狀。

重返羅馬，多利亞已逝世，古嵐清的案件重新再審，教宗下了一道詔書，允許他再返回赤足加爾默羅會。雖然修會的總會長是溫良的厄里亞．聖瑪定，他和參議們都認為，這麼快讓古嵐清重返是不明智的。一五九六年三月，教宗送來詔書給總會長，正式批准收納古嵐清。結果，雖然多利亞死了，但國王斐理伯二世仍健在，他並不贊同此事，最後，教宗對國王讓步。

教宗對古嵐清深表同情，再次命令他加入義大利非赤足的加爾默羅會，這一次他得到慷慨的接納，允許他在修會內遵守《原初會規》，給予他應有的修會地位（意即，就像他在一五七二已經進入他們的修會）。

美好的豐收　接下來的十八年，一五九六至一六一四年，經過徹底淨化的古嵐清，深受老加爾默羅會的恩待，得以展現他的才華，結出豐美的果實，在此不多贅述，只提及他的忠於聖女大德蘭。修會賦予他很大的自由，致使古嵐清仍能繼續幫助大德蘭的女兒們，他在義大利幫助創立首座革新女隱修院。甚至，也去西班牙拜會加爾默羅隱修院的修女，穿梭於西班牙和義大利之間，除了宣道與牧靈的工作，他不斷寫作，是個多產的作家。

一六〇五年，總會長建議古嵐清到法蘭德斯，在那裡出版他的著作。因為那地方的印刷，品質好又便宜。古嵐清欣然前往，以西班牙文、拉丁文和法文出版他的書。一六〇九年，古嵐清為大德蘭的列品寫了一篇報告。一六一〇年，古嵐清出版了拉丁文的《大德蘭自傳》，此書一出版，立刻廣為流傳，不只法蘭德斯，甚至達及德國、法國和英國。一六一四年四月二十四日，古嵐清得以參加大德蘭的列真福品。同年九月二十一日，古嵐清逝世，享年六十九歲。

我們會以為，古嵐清的故事應該就此結束，其實不然。時間流逝，到了二十一世紀，當教宗若望保祿二世在二千禧年，公開對歷史的過錯道歉，赤足加爾默羅修會的總會受到鼓舞，對古嵐清的事件，也公開認錯並道歉，並且予以平反，接納古嵐清重返赤足加爾默羅會。二〇一四年，古嵐清逝世四百週年，非赤足和赤足加爾默羅會雙方的總會長聯合發表一份文件：「*Fr Jerónimo Gracián, a Man on a Journey…*」文件中，對古嵐清有相當深入的肯定和讚揚，甚至也聽說，要開始申請他的列品案。

結語

赤足加爾默羅男修會初創時的兩位俊傑，一位是文化才子，另一位是金融高手。歷史評論家認為，如果多利亞留在世俗中，無疑地，他會成為金融界的鉅子。然而，他把商界的手段帶入修道生活，這根本是行不通的，一時的豐功偉績，瞬間化為泡影。事實上，類似的戲碼層出不窮地出現在各種團體中，多利亞的事件足資鑑戒。

文化才子古嵐清，是個道地的文人，大而化之的自由風格，辨識不出許多的危機狀況，善良的他吃盡苦頭，受到至極嚴酷的淨化，但仍忠於他的初衷，即使身帶鎖鍊依然努力做個好神父。他留下的著作，其中最著名的是 *La Peregrinación de Anastasio* ，這本書可說是他的自傳，述說親身經歷的一切：與大德蘭的友誼、被修會開除、被海盜俘擄、重回修會……。他那開擴的心胸，流露出深湛的寬恕、愛和靈修。

開始時，我們問：為什麼聖十字若望是我們的會父？現在答案應該是很清楚了。聖十字若望是個聖人，可惜的是，古嵐清和多利亞都沒有獲益於他的聖德，即使聖十字若望是他們的屬下。在那女士不該是創會者的時代，修會一定得找出一位男士，的確，只有聖十字若望當得起這個名銜，雖然不曾做過修會的最高領導，但他是修會精神的陶成者，確實奠定了修會的靈修基礎。

最後，我要以聖十字若望的教導總結這段史實：「**少許這樣純潔的愛，在天主和靈魂面前，都更為寶貴，也更有益於聖教會，……遠勝於其他所有工作的總和。**」（靈歌29．2）世上的人，幾乎是人人在工作和受苦，如果沒有純潔的愛，何益之有呢？

資料來源：

1. *The Collected Works of St. Teresa of Avila*. Translated by Kieran Kavanaugh & Otilio Rodriguez（Washington, D.C.：ICS, 1985）Vol. III.
2. *Saint Teresa of Avila.* Marcelle Auclair, Trans. Kathleen Pond（Pantheon, New York, 1953）

3. *Hiers of St. Teresa*, Winifred Nevin,（The Bruce Publishing, Milwaukee, 1959）
4. *Handbook to the Life and Times of St. Teresa and St. John of the Cross,* E. Allison Peers,（Burns Oates, London, 1954）
5. *God Speaks in the Night ~The Life, Times, and Teaching of St. John of the Cross,* Kieran Kavanaugh, OCD. trans. Washington, D.C. ‥ ICS,1991. Reprint, 2000.
6. http://www.ocd.pcn.net/histo_10.htm「Chapter X: *Change of Superior, Change of Direction, Father Nicholas of Jesus And Mary, Doria*」
7. A Circular Letter from the Superiors General Fr. Fernando Millán Romeral O.Carm. and Fr. Saverio Cannistrà, O.C.D. on the occasion of the closing of the 4th centenary of the death of Fr. Jerónimo Gracián de la Madre de Dios（1614-2014）. Jerónimo Gracián, a man on a journey ......

《建院記》英譯本導論

紀南・柯文諾（Kieran Kavanaugh, O.C.D.）

聖女大德蘭寫下她《自傳》的美妙故事，是出於告解神師和靈修指導者的命令，他們希望在上主帶領大德蘭的道路上，了解並啟迪她。她所敘述的資料，穿插著純自傳性的日常經驗，以及天主開始傾注祂的神祕恩寵，大德蘭內在熱烈生活的特殊經驗。搜索往事，她的記述不只平鋪直述，更是一個見證的故事，證實她的內心生活，及天主轉化的大能。大德蘭生命的故事，逐漸發展成天主仁慈的故事。

然而，大德蘭的故事並沒有就此結束。由於在天主內的神魂超拔，她愛火中燒，幾乎不知要轉向何方，致使她著迷於渴望事奉「至尊陛下」——這是她對上主的稱呼。對於這些渴望，她首次勇敢地嘗試做些什麼，戲劇性地述說在《自傳》的最後五章。

雖然聖若瑟新團體的建院，帶給大德蘭許多的幸福，愛的渴望卻沒有完全平息。在《全德之路》中，這位創會者說出，由於教會正在遭逢的磨難，她所感受的痛苦。現在，在《建院記》中她說，當方濟會的傳教士亞龍索・曼多納多來到聖若瑟隱院，更加深了她受的折磨。曼多納多不久前從墨西哥返回，他來到隱修院的格窗前，講述有上百萬的人從未聽說過耶穌基督。大德蘭心想，沒有比這更糟的災難了。再者，她認為，能獻給上主最大的服事，就是把靈魂帶給上主。這位女子，曾在孩提時離家出走，要去摩爾人的地方成為殉道者，現在更吸引她的想法，不是殉道，而是把人引領到基督那裡。「**當我們讀聖人的傳記，讀到他們歸化靈魂時，更是讓我崇敬、深愛和羨慕，遠超過他們所忍受的一切致命。**」（1・7）這些愛的憂愁在她內交戰，她向上主抱怨自己的無能為力，無法落實心內的熱望，突然間，她聽到上主對她說：「**女兒，再等一等，妳會看見大事。**」（1・8）

一五六七年，加爾默羅會的總會長——他的名字義大利文是Giovanni Battista Rossi（洗者若翰・羅西），大德蘭以西班牙文的方式稱他為洗者若翰・魯柏——來視察西班牙的加爾默羅會院。大德蘭滿心切願，卻有點憂心忡忡；新的創會者安排會見他，為能向他解釋自己所做的事，並表明她的熱切渴望。

事實上，這個會見的結果，大德蘭和她的總會長都覺得歡喜。總會長欣喜於這位熱心修女的靈修，及她在加爾默羅會內，建立起來的默觀生活方式，魯柏神父不只批准，甚至做更多的要求。他希望大德蘭建立其他相似的隱修院，同時主動發給她正式的信函，無需她費力申請。大德蘭得到很大的安慰，儘管如此，除了正式的恩准信函之外，她感到無助：「**我在這裡，一個貧窮的赤足隱修女，除了上主，沒有來自任何地方的幫助，只有恩准證書和善願。**」（2・6）懷著這些無法放開的渴望，只有來自上主的幫助，這位貧窮的赤足加爾默羅隱修女，繼續建立隱修院，不算亞味拉聖若瑟隱修院，她個人再創立了另外的十四座，其他兩座係按照她的遠距指導創立的。總之，在她臨終前，已經建立的女隱修院共有十七座：一五六七年，梅地納；一五六八年，馬拉崗和瓦亞多利；一五六九年，托利多和巴斯特日納；一五七〇年，撒拉曼加；一五七一年，奧爾巴；一五七四年，塞谷維亞；一五七五年，貝雅斯和塞維亞；一五七六年，卡拉瓦卡；一五八〇年，哈拉的新鎮和帕倫西亞；一五八一年，索里亞；一五八二年，革拉納達和布格斯。她也在男會士間開始她的生活方式，一五六八年的杜魯耶洛，一五六九年的巴斯特日納，無論是在收納首批會士，或建立會院上，她都扮演著活躍的角色。

本書的緣起與著作

一五七三年八月二十五日，大德蘭留在撒拉曼加，幫助那裡的修女購置適宜的房子，身處這些麻煩的事務中，她開始下筆寫她的建院故事。（序．2—3）寫這本新書的主意，看來是出自耶穌會士熱羅尼莫．李帕達神父，他原本懷疑大德蘭，現在反而成了朋友和告解神師。李帕達神父讀了她的《自傳》，及其中敘述的創立首座隱修院的經過，李帕達神父鼓勵這位創會者，加寫建院的故事，自從她完成第一本書後，她又創立的七座隱修院，都要寫出來；也要她述說創立的首座男會院。李帕達神父堅持「這是獻給我們上主的服事」，對大德蘭來說，是個無法反駁的論據，另一方面，神父可能只是鼓勵他的靈性女兒，聽從上主先前賜給她的一個恩惠。一五七〇年，二月間，上主顯現給她，催促她盡所能地建院，並寫下建院的故事①。

1. 見 *Spiritual Testimonies* 6.

大德蘭不情願聽從上主要她寫建院記的催促，可能是出於害怕別人會以為是她個人的成就，這是她拒絕接受的想法。這是天主的工作。此外，因為缺少寫作的安靜時間，她很怕接下這個工作。繁務纏身，寫不完的信函，長久的健康不良，的確，這一切絲毫引不起熱衷此事的火花。最後，只有念及服從她的告解神師，給了她必要的力量，開始下筆。

她能找到的第一個自由時段，是從一五七三年八月底至一五七四年三月，那時她住在撒拉曼加，準備去塞谷維亞建院。這段期間，我們不知道她寫了多少章，但至少能揣測，她所寫的不會超過九章，她只對我們說，由於職責，她擱下寫作。不過，第十章的內容，即述說嘉思塔·帕迪亞小姐的聖召故事，不可能是後來寫的。雖然第十章至十二章，看來似乎寫於瓦亞多利——大德蘭說，當嘉思塔逃離她的家，來到隱修院時，她不在「那裡」（11·3）——她在哪裡，或是什麼時候寫完其餘的篇章，完全無法確定。大德蘭一寫完第十九章，她服從李帕達神父的責任已了。她既沒有時間，也不宜於寫更多。

下一位進場的是古嵐清神父，他堅持要德蘭姆姆寫完她的故事。大德蘭懇求並反對，表示這工作多麼使她疲累，所得到的只是更進一步的鼓勵，勸她有時間才寫，慢慢寫，盡力而為。（27·22）

一五七六年七月，大德蘭的弟弟，勞倫·賽佩達，收到姊姊給他的一封信。姊姊現在是創會者，請他寄來一個箱子、一些文件，及包含奧爾巴建院細節的文書。她說，視察員神父「**命令我寫完建院記。**」一五七六年十月五日，寫給古嵐清神父的信中，她自稱已經開始寫其餘的故事。二十至二十七章，不太像是用零散的時間寫的，可能是在一個月內，下筆疾書完成的。從二十七章的結尾聲明來判斷，大德蘭明確地認為，現在一五七六年十一月十四日，她已完成這個傷腦筋的工作。因為，反對她創會的風暴正在進行中，不容她預想更多的建院，也就是說，她沒有必要再寫有關建院的事。

然而，風暴過後，一五八〇年至一五八二年她逝世前，期間她建立了五座隱修院，除了革拉納達隱修院外，她全都親身參與。還有四章要寫，雖然這些最後的建院故事，可能是一建院之後立即寫下，但很可能，她是在布格斯時完成最後的部分。或許，也可能來自古嵐清極力催促，如果不是用他的話語，至少是以他的親臨。最後一章寫得很長，敘述布格斯的建院，充滿沒完沒了的麻煩，大德蘭的筆跡證明了她的疲憊狀態。

內容概述

耶穌會士李帕達神父的渴望是，如在《自傳》中，大德蘭對這些事件的記述，有時熱烈如火，詳述亞味拉聖若瑟院的相關故事，同樣，她也應該記載其他建院的許多相關事件。這是大德蘭寫這部新書的主要動因。首先，這部作品是敘述每個建院中所發生的事。按建院的年代順序逐一記述。

不過，敘述史實不是創會姆姆的唯一興趣。她曾經比喻自己像隻鸚鵡，只知道重複所聽見的話。（城堡序・2）她承認自己的傾向，是不斷重複關於祈禱她必須說的事。在這部作品中亦然，由於李帕達神父的鼓勵，她擴大敘述的範圍，為了再轉向祈禱的主題和相關的論點。從第四到八章，是述說建院歷史中，最長的中斷。其中，她宣稱，事實上，在她所建立的隱修院中，大部分的修女體驗到完美的默觀（這個說法足以使古嵐清神父困惑，致使他竄改手稿），而且在每個修院中，都有一或多位熟知出神、神見和啟示。（4．8）說了這話之後，她向院長們提出一些貼切的勸告，源自她在其修院中，對所發生之靈性事件的觀察。

這些勸告論及：第五章——有時候，因服從或愛德的要求，為了做服務的活動工作，必須放開默觀；第六章——雖然是持續好幾個小時的愉快神迷，卻是個騙局，係出自身體因苦行造成的虛弱；第七章——憂鬱症，這是當時情緒失調和精神疾病的通用語詞；第八章——經驗神見和啟示時，安全的處置程序。這些勸告的話題中穿插的史實，是大德蘭直接獲知，或從別人聽來的。

此外，在她的著作中，關於明智的管理與克苦的修行，她提出一些勸告給院長們。（18．6－13）她的敘述中，零散地出現一些較短的訓誡，及母親般的規勸，隨著敘述行文，論及相關的靈修生活。這些例子有：規勸修女忠於她所建立的生活方式，或訓告她們，對於誠懇的望會者，不可拒絕收納，她們缺乏入會金，並不是因自己的過失。（27．11—12；29．32－33）

總之，我們有理由相信，德蘭姆姆認為，提出靈修生活的告誡，比詳述建院的種種細節史實，還是比較不令人覺得厭煩。甚至，當她談及靈修生活時，她肯定地說：「**雖然書寫這事可能感到吃力，我卻不覺厭煩。**」（6．8）

除了故事中這些重要、深具觀察力的離題之外，在她的整部著作中，她處處導入傳記性的短文和軼事，其中有的寫得相當長。訴說這些是為了開導，及表揚早期聖徒的特點，這樣的聖徒傳是大德蘭習慣閱讀的。她記述的短文中，有女孩子的聖召故事，也有隱修女典範生活的描述。我們讀到嘉思塔．帕迪亞（10．8-11章）、碧雅翠絲．降生（12章）、加大利納．桑托巴（22．4-24）、碧雅翠絲．天主之母（26．2-15），還有幾位來自托利多的修女（16．1-4）。另一方面，我們讀到有關德蘭．雷氏的敘述，她把修女引進奧爾巴建院（20．2-14），還有加大利納．卡多納的故事，寫得既長又令人眼花繚亂，她在靠近哈拉新鎮的一個洞穴，引導男會士建立會院（28．21-36）。

男會士亦然，大德蘭也描述了安布羅西歐．瑪利安諾（17．7-15），以及熱羅尼莫．古嵐清（23章），還有一些較短的敘述：安道．艾瑞狄亞（3．16）、聖十字若望（3．17）、尼古拉．多利亞（30．5）。

如果故事描述的許多細節，讓二十世紀的讀者感到費解，我們要記得，大德蘭自己的生命故事，才是最引人注意和非凡的。雖然如此，作者仍希望肯定事實。其中有幾位，她自己也覺得難以置信。關於加大利納．桑托巴的病，她從所聽到的加以證實：「如果不是醫生、住在她家裡的人及其他的人告訴我……我會想這事有些誇大其辭。」（22．23）說到加大利納．卡多納的驚人補贖，她立刻覺察，必須向她的讀者保證：「這事非常確實，甚至連在那裡的男會士都是證人。」（28．27）碧雅翠絲．天主之母遭受的虐待，大德蘭承認找不到合理的解釋。（26．9）

其他許多人物，大德蘭在適當的時候，給予簡潔的敘述。她特別細心地提及恩人們，不只為了教導，也是要修女們記得為他們祈禱。說畢塞維亞附近加杜仙修道院院長後，她說，她之提及這位院長，是要修女們在祈禱中記得他，她加上：「無論他們是活著或已過世，把凡幫助我們，這麼多的好人交託給天主，是理所當然的。」（25．9）

她的故事中，有兩個原則是大德蘭慎重考慮的，打從一開始就清楚地表明：她必須完全真實，光榮與讚美必須歸於天主。（序3）關於後者，全書充滿一種擔憂，深恐讀者以為是她的成就。無論有否寫下所有重要的史實，或刪略無關緊要的事，都不會使她擔憂。她關心的是，由於天主的工作，天主必須受讚揚。竟至在她的記述中，她彷彿突然感到害怕，會有人把成功歸於她或其他的人。在她心中，「只有至尊陛下能提拔達到目前的境況。」（13．7）

的確，她建院工作的主角是天主。如同現代新世界的發現者，她也有所發現，她熱心地搜尋，看見天主有效的行動，遍布在歷史事件的底下，但卻往往超越於其上；再者，她明白，即使是最微小的細節，天主都捲入其中，也承諾此歷史的進程。

大德蘭本身是個獨居的愛好者，現在，可以說，她更明顯地深入這個歷史的進程。她這麼做的力量，來自念及耶穌基督，祂因聽命從父的懷中下來，成為我們的奴僕。有時大德蘭會陷入困境，她認為，這是為了顯示她在何處缺少德行。「如果一個人很英勇，假使沒有作戰，怎麼會知道呢？」（5．15）此外，真正的愛人經常且處處都愛著心愛主，誰會比她更知道？那麼，她有個更重要的教導，是要給所有必須度活動生活的人：「使靈魂

進步，不在於長時間的祈禱；時間妥善地運用於工作時，是個大幫助，以非常短的時間，做更好的準備，點燃起愛火。」（5·17）

創會姆姆懷著她典型的決心，即 *muy determinada determinación*（非常決心的決心），擁抱天主已給她的新工作。凡她認為能有助於事奉天主之處，她很快地結識朋友。她必須決定，哪個城市和鄉鎮，為她的建院提供最好的機會，什麼地點是最有益的。她必須籌款，尋找房地產，租或買下房子，收納具備必要德行的修女，她們能忍受建立新院必會有的問題，她能信任這些修女，一旦再創立新院時，她們會繼續她的精神。她必須通曉完美的技巧，和主教及其他的當權者周旋。她成為一個專家，詳察附在合約上複雜的法律條文；有時協商延長到好幾個月，甚至幾年。她總是很小心，避開任何可能引起訴訟的事，但有時候，令她十分震驚的是，惹上了官司。她成為處理複雜金錢的專家，也是一位用心組織和擬定計畫的專家。她必須為新建立的修院找到裝備，也要照顧好旅途上需要的配備。總之，她被投入的世界，滿是人、金錢和房地產，以及所有不受歡迎的衝突，這些都是必會發生的，尤其當個人或集體的自我受到威脅，必須得到支撐和防衛時。

在諸事中，在棘手的衝突中，找到天主，一如在獨居隱室中——或者，用她的名言來說，甚至「在鍋碗瓢盆當中」（5·8）——這是她被迫精通的藝術；在尋找天主時，她發現，這位天主能做她所不能的事。「像我這麼無能的小女子，我清楚明白，是什麼也做不了的。」（2·4）

獲得總會長的鼓勵和所有必要的許可之後，她有深切的無助感，毫無完成其善願的辦法。然而，賜給她善願的上主，使之成為可能，她後來驚呼：「**啊！偉大的天主！祢如何顯示祢的大能，賜給一隻螞蟻膽量！**」（2・7）

天主的大能也顯示在她女兒們的生活中。述說碧雅翠絲・降生的非凡克修和聖德生活及逝世之後，大德蘭提醒我們，她之敘述在她隱院中修女們的故事，是為了「**使全部修女都讚美上主，因為對一些軟弱的小女子，這麼地讓祂的崇高尊貴發出光輝。**」（12・10）

在她的故事中，另有一個扮演重要角色的演員，分享中央舞台的敵手，就是魔鬼，牠冷酷無情，策劃陰謀，傾全力破壞上主的工作。大德蘭的《自傳》中，讀者看到魔鬼設法阻礙大德蘭機警的靈魂，牠的手段是，挑起周遭社會不良的影響、內在狡猾與欺騙的慫恿、假的神見，甚至攻擊肉身。到了《建院記》，魔鬼的出現，有如敵對事件的主謀和帶動者，阻礙她建立男、女會士的新團體。本書一開始，是按年代編寫的第一座隱修院，梅地納，在碰到第一個麻煩的挫折時，大德蘭表達出這個主題，那時奧斯定會的男會士威脅，如果修女們租下這現成的房子，他們要起訴控告。「**當祢，上主，願意賜予勇氣時，所有的反對都不算什麼，反而使我因之勇氣倍增！既然魔鬼開始擾亂，必定是上主會在這修院受事奉。**」（3・4；18・2）此外，魔鬼尋機欺騙大德蘭的修女，使用憂鬱症、擾亂的思想、假的神見，作為工具。有的修女，牠可能在其臨終時誘惑她們，然而，上主許諾，要在此時以特別的恩惠保護大德蘭的修女。（16・4）

雖然幾乎很少提到天使，而魔鬼卻到處都有。牠們甚至跟隨人到曠野，顯形如同龐大的惡犬，或是蛇。（28・27）不過，似乎在有些環境中，魔鬼忙個不停。塞維亞城，以其氣候、富裕、絢麗的生活方式，為魔鬼提供了合適的背景。「我常聽人說過，那裡的魔鬼有更大的魔力誘惑人，必是天主給牠們的，在那裡，我深受折磨，一輩子，不曾見過自己，有比在那裡時更怯懦和膽小。」（25．1）當修女才搬進住屋時，幾乎著起火來，大德蘭指責魔鬼，牠們「看見另一座天主的家……必定大發雷霆，想要下手報復。」（25．14）

由於修會內部的分歧，她的建立新院受到暫時的中斷，大德蘭推測，因為魔鬼很不高興，建立了這麼多的隱修院，使上主得到事奉。事實上，魔鬼如此狡詐，要不是國王的介入，全都會化為烏有。（29．31）

有時，創會姆姆自己成為受害者。當她要做個決定時，魔鬼使她混淆不清，或使她覺得極其反感，不想繼續推展她的工作；（28．14）總而言之，魔鬼設下陷阱，不停地騷擾和反對。（29．9；31．14、22、31）

這個靈修傳統深植於人們當中，尤其是從中世紀到十七世紀，人們說，魔鬼在世界各處，在每個人內，不分晝夜，時時刻刻，然而，始終都要有天主的許可，如聖國瑞（St. Gregory）在《約伯傳》註釋中所肯定的。在陰暗的地方和洞穴處，人會偶然碰上魔鬼的巢穴。甚至有些禮儀經文也反映出這些觀點。

大德蘭在其著作中反射出這些流行的想法。不過，她並沒有接受任何流行的觀念。例如，為避開魔鬼，她從未建議求助於迷信之舉。有個預防魔鬼的做法是，焚燒發出惡臭的氣味，如硫磺、金絲桃和白松香，希望逼走魔鬼，或讓牠改變方向。然而，大德蘭的方法是祈禱，「這是上主賜予光明，理解真理的地方」（10．13；17．3；28．15—16），及修行基督徒的德行，如愛德、謙虛和服從。此外，她勤快地請教告解神師、博學者和別人，為辨識更能服事天主的是什麼②。一旦分辨清楚，雖然有害怕和懷疑的感覺，她還是堅決地全然投入工作。「**天主所要的不外乎這個決心，好使祂能親自完成一切。**」（28．19）那麼，魔鬼能做的不外乎天主所准許的，是為了更大的益處，如建立布格斯隱修院時的情形：「**上主啊！顯然可見，祢是大能的！魔鬼用來阻礙建院的詭計，祢用來完成更美好的事。**」（31．31）③

像這樣地大談特談魔鬼，會讓人有怎樣的想法呢？這無非是邪惡勢力的一種通俗擬人化嗎？困難在於明確地辨識，什麼是屬人的領域，什麼是超越人的「**率領者和掌權者**」（《厄弗所書》六章12節）的領域。雖然大德蘭通俗地談及魔鬼，她故事中採取此一本質重點，絕不是偶然的，也不單是十六世紀思潮的過時因素。這個本質重點是，透過耶穌基督，她體驗到釋放，所有來自人或魔鬼勢力的干擾，不會使她憂慮，在努力服事耶穌時，她發現，到最後，耶穌總是獲勝，從不辜負凡追求服事祂的人。（18．1；27．11、20）大德蘭的工作是耶穌的，不是她自己的。「**由此往往可以看出來，在這些建院中，不是我做了什麼，而是大能的祂做了一切。**」（29．5；27．11—12）

至於本書的寫作風格，係屬創會姆姆對她的女兒們講述；不太像是照著她說的來寫，而藉著書寫來述說。在《會憲》中，她給予一些有關散心的勸告，顯然有意彌補隱修生活的缺少娛樂，提醒修女們，天主將賜恩寵給某些修女，使團體歡喜怡悅。（會憲34條）無疑地，大德蘭屬於取悅人的這一群。修女們當然愛聽她的故事，大大小小的演員上場，層

2. 參閱 5・6、10—17；8・2—4；29・20。
3. 參閱 25・14。

出不窮的困境，戲劇中含有超越界，結局時，至尊陛下總是勝利者。閱讀本書時，我們彷彿被邀請，參加隱修院的團體散心，聆聽大德蘭的精彩分享。凡認識創會姆姆的修女，都同意安納·耶穌④的見證，她說，閱讀德蘭姆姆的著作時，自覺彷彿是聆聽她一般⑤。

加爾默羅修會

一三四二年，在法國亞味農聖堂有篇講道，其中的一段精彩地表達出大德蘭時代的一般想法，也解釋了大德蘭對加爾默羅修會的許多觀點：

「你們會驚奇，為什麼我說加爾默羅會是特殊的，是屬於聖母的古老修會，然而，如果你們知道理由，就再也不會覺得驚奇了。厄里亞和厄里叟的可靠歷史，告訴我們，他們如何經常居住在加爾默羅山上，距離聖母的城鎮只有三里格⑥。聖善的人士繼續在那山上過獨居的生活，直到救世主的時代。那時，獨居隱修士因宗徒的宣道而歸依。在山的一邊，他們建立光榮聖童貞的聖堂，或說是經堂，所在的地點，據說是聖母生前和她的少女友伴常去的地方。為此理由，在所有的修會中，他們最早被稱為加爾默羅山榮福瑪利亞的子女。從初期教會以來，他們敏捷地宣講福音，後來得到耶路撒冷宗主教若望頒賜的會規，其基礎是聖保利路斯（Paulinus）和聖巴西略（Basil）的會規。因此，理所當然，這修會享有最古老修會的榮譽。」⑦

在這個小摘要中，沒有包含修女們的傳說，離譜得很，說厄里亞的妻子建立了一個類

4. 這位安納·耶穌修女，不是聖十字若望題寫《靈歌》的革拉納達的院長姆姆，而是另一位，名喜梅納（Jimena）的安納修女。
5. *Biblioteca Mística Carmelitana,* ed., Silverio de Santa Teresa, 20 vols（ Burgos： El Monte Carmelo, 1915—35），18．433。以下簡稱為 B.M.C.
6. 三里格，約 14 公里。
7. 見 *Analecta Ordinis Carmelitarum*, Vol. 3（Rome, 1934）, p. 166。

似的女修會。後來，大德蘭逝世後，加爾默羅修會，缺乏明確的修會歷史，也沒有一位清楚的創會者，面臨的挑戰是證實修會的古老傳統。一六六八年，耶穌會士帕伯洛克（Daniel PA.P.enbroch，S.J.），是一位著名的博蘭德研究團（Bollandist）學者，他主張，加爾默羅修會由聖博索（Berthold）建立於一一五五年，即弗卡斯（Phocas）描述，來自卡拉布里亞[8]的一位白髮隱修士。這個主張一出現，引發了為期三十年的文字論戰。雙方的爭論極度強硬、不留情，缺乏善表，致使聖座於一六九八年強制雙方保持靜默。後來，到了一七二五年，加爾默羅會於羅馬的聖伯多祿大殿，歡慶勝利地供奉了著名的厄里亞態像，視其為該會的創始者，其辯護者認為他們是勝利者。

從歷史的觀點看來，我們能確定的是，加爾默羅山上有一派先知，無疑地，對初期教會的隱修士和獨修士，厄里亞先知有很強烈的影響，而且老早開始，已有基督徒的隱修士，隱居在加爾默羅山上。[9]

從十四世紀到十七世紀，加爾默羅會士認為，《首批獨修士的規章》（*The Institution of First Monks*），先輩留給他們的會規，大約在主曆四百年時，由第四十四任耶路撒冷宗主教若望頒布。據推想，這些獨修士忠實奉行這個會規，直到十三世紀，獲得耶路撒冷的雅爾伯制定的生活規章，或說會規。然而，雖然現在普遍承認，《首批獨修士的規章》，按其呈現的方式，不能早於十四世紀，而且最初不是以希臘文寫成的[10]，這本書確實是加爾默羅會士靈修的卓越指南。

這部著作的佚名作者，描述邁向「先知性全德」的道路，及隱居修會生活的宗旨。在

8. 卡拉布里亞（Calabria），是義大利南部的一個地區。
9. 見 *The Latin Hermits of Mount Carmel*：*A Study in Carmelite Origins,* by Elias Friedman（Roma： Teresianum, 1979）。
10. 如果是寫於主曆四〇〇年，那麼理當是以希臘文寫成。

第八章中，藉著註解聖經對厄里亞先知的記載，他解釋其中的寓意，指出隱居默觀的理想，在於獲得雙重的目的：第一，獻給天主一顆聖善的心，全然不受實際罪過的玷汙（因恩寵的助祐，藉個人自己的努力）；第二，因天主的恩賜，有時在內心深處，品嘗天主的甜蜜，在靈魂內，經驗天主神性臨在的大能。「**你要喝那河裡的水。**」（《列王記上》十七章2—4節）天主以這句話許給厄里亞，暢飲天主之愛的洪流[11]。

修會對聖母的敬禮，由於另一個傳統而加強。一二五一年，加爾默羅會處於艱難的時期，聖母顯現給總會長西滿·思道克，鼓勵他，恩賜他聖衣，作為聖母保護的特恩。對此神見的最古老記載，出現在傳說事件的一百五十年後，由於間隔時間太久，無法確定事實，尤其是中世紀人們的觀點，喜歡在故事中披上靈修或神學的信念。更有甚者，現今確定的是，從一二四七年至一二五六年的總會長，不是西滿·思道克，而是哥弗瑞（Godfrey），這是在最近發現的合法文件中，發現的總會長名稱。

大德蘭找到的靈感，是當代這一切令人珍愛的加爾默羅傳統，她也講述往昔聖父們的生活、修會的古老時期、這個修會是聖母的修會、會衣是聖母的會衣。

大德蘭告訴我們，古嵐清神父決定進入加爾默羅會之前，他通常用許多散心的時間，大談加爾默羅修會的古老和偉大。（23·3）我們會感到驚奇，是否那時的歷史寫法，已經是以散心的方式寫成的。到了十九世紀之後，歷史家才開始強調，必須透過精細的搜尋和嚴格的辨識，建立事實。附帶說明一點，值得確認的是，大德蘭寫建院的歷史，對她是個重擔，她也費盡苦心，避免寫出任何假的訊息。「**所寫的是為了頌揚我們的上主，說謊**

11. 見 Ancient Carmelite Texts 中的 "*The Institution of the First Monks*"，Roots Committee 編譯，pp. 41—56。

會使我的良心極度不安，我認為這不只浪費時間，也是以天主的事功來欺騙。」（序．3）至於日期，她則提醒說，我們必須存疑，可能會早或晚些。（20．15）最後，大德蘭以典型的風格，結束古嵐清神父的聖召故事：「**這位榮福童貞是他領受會衣的理由，致使他這麼愛她的修會。**」（23．4）

加爾默羅修會的正式開始，或在加爾默羅山上，隱修士靠近厄里亞水泉，聚集修行的真實情況，可能永遠不會揭曉。雖然如此，大約在一二一〇年，確實有個團體在那裡，他們決定請求雅爾伯，即住在阿卡（Acre）的耶路撒冷宗主教，為他們制定生活的規章。在開始的時期，雅爾伯寫的這個簡單會規，是為了隱修士，並給予規定，一二二六年，經教宗何諾三世（Honorius III，一二一六—一二二七）批准。於是，他們被稱為加爾默羅山聖瑪利亞的隱修士，他們持有一座獻給聖母的小聖堂。一九五八年的挖掘，發現了聖堂的廢墟，及附近隱修士的斗室。

一二三九年以來，由於基督徒在聖地的危險處境，隱修士決定在西方建立修院。為了組織這些修院，建立在穩固的基礎上，一二四七年，在英國的愛爾斯福特（Aylesford）召開會議。在此會議中，做了一個對後來深具影響的決定，就是請求教宗更改會規。一二四七年九月四日，教宗頒布詔書 *Quae honorem*，聖雅爾伯會規被緩和，成為正式的法規，如同其他經批准的修會會規一般，在當時，這是必須的，因為第四屆的拉特朗大公會議（一二一五年）禁止新的會規[12]。所以，這就是大德蘭以為的《原初會規》。這個會規容許加爾默羅會士，奉行新的修會生活方式，那是漸漸流行的托缽修會的法規。雖然對聖雅爾伯會規

12. 見 *Rule of Saint Albert*, Eds. H. Clarke and B. Edwards（Aylesford： Carmelite Priory, 1973）.

的修改很輕微，卻有深遠的影響：會院建立在城鎮和鄉村；隱修的生活方式得以發展，逐漸導入外在的傳教工作。

一四三二年，加爾默羅會請求聖座，做進一步的更改，聲稱會規某些方面過於嚴格，阻礙修會的進展。一四三二年二月十五日，教宗恩仁四世（Eugene IV）頒發詔書正式批准，加爾默羅會士可以每周三天吃肉，也可以在某個時間，在聖堂、修院內、庭園走走，不必一直留守自己的斗室。在加爾默羅會士成為托缽會士的進展中，這些妥協無異於是最後的階段，這也就是大德蘭所說的，緩和的會規。然而卻從未寫入會規，看起來，似乎對修會有個很不愉快的負面效果，因為有些人視之為背叛的標記，就是放棄加爾默羅會的理想。

一直到十五世紀，修會中仍然沒有修女的隱修院，對這事也無所關心。隨著女隱修院而來的，是要負起責任：費事地照顧隱修院的建造和修繕；安全防護，以免火災和偷竊；服務附屬隱院的聖堂；援助修女們的靈修。真福若望．穌雷（John Soreth）是十五世紀的總會長，他採取了令人擔心的一步，引導修女進入加爾默羅會的生活，一四五二年，獲得教宗的詔書（*Cum nulla*），正式批准加爾默羅修會收納女會士。

然而，穌雷從未到過西班牙。在那裡，加爾默羅修女團體的發展沒有他的介入，結果，西班牙加爾默羅隱修女的生活特質，處處不同。起初是一群虔誠的婦女團體，稱之為 *beaterio*，隸屬於加爾默羅修會，穿上會衣。亞味拉的降生隱修院，建立於一四七九年。大德蘭誕生的那一年，就是一五一五年，修女們遷移到更寬大的修院，是在亞味拉的城牆外建造的。隨著這次的搬遷，她們也導入一種修會的生活方式。雖然修院很大又寬敞，卻一點也不豪華。只有聖堂有舖上瓦片的屋頂，經堂上的屋頂是臨時湊合起來的，冬天時，雪花從隙縫飄落在日課經本上，到了夏天，陽光可以照射進來，即使窗板緊閉，誦經時也能有足夠的光亮。

修女人數隨即增加，這座大修院很快成為一個忙碌的世界，導致不幸的經濟後果。貧窮的情況十分令人擔憂，修女們只有麵包可吃，修道院聖堂的建造，因生活的急需而無法竣工。儘管修院的種種貧乏，這個團體成為貴族女士的避難所。她們的入會，有時是為了保全在社會上的面子，而非渴望度修會生活。這些高貴的女士，帶著「唐娜」（Doña）的名銜和入會金，她們得以保留自己的女僕、世俗的親戚和朋友。甚至也容許孩童和小女孩住在修院內，有的女孩子才十二歲就穿上會衣。結果是，非常的熙熙攘攘，許多的交際和分心。由於這些貴婦的特權，她們成為不公平、不同階級和被嫉妒的根源。我們不要忘了，大德蘭在降生隱修院時，她也擁有「唐娜」的名銜，住的是套房，有時還能招待她的親戚。

根據一五六七年，總會長魯柏神父視察降生隱修院，我們獲知，那裡有一百四十四名黑紗的隱修女（即發過隆重聖願），一年中，足夠給團體的食物，只有四個月，修院又負債，養得起修女的最大人數是六十，再加上，未完工的聖堂即將倒塌。迫於貧窮，修女必須外出，向朋友和親戚求助，且許可她們保有自己的錢。有個時期，一五六〇至六五年間，超過五十位修女居住院外，在親戚和恩人的家裡。客人來訪也受到鼓勵，因為有助於結交恩人，及獲得捐獻。

根據魯柏總會長的視察，我們也獲悉，修女們也受到來自人的問題困擾。對於告解神師有不同的意見，有的修女希望是本會的會士，有的渴望有更廣的選擇，有的反對耶穌會士講道，因為這些修會的司鐸，有時會在講壇上談論修女的私事，及「無關緊要的問題」；也有修女建議，加爾默羅的男會士，要讀些靈修書，好好準備自己；有個糟糕的抱怨是，當地的院長神父是修會的恥辱。⑬

收心與祈禱生活雖有許多的阻礙，對於在這團體內，眾多活力充沛的虔誠和優秀的修女，卻磨損不了她們什麼。大德蘭在她的《自傳》中，讚揚降生隱修院中的許多修女，「**她們這麼好，而且真正事奉上主，至尊陛下不能不恩待她們。**」（自傳7・3）大德蘭總是表達她對降生隱修院的敬愛，當她要開始建立新修院時，多少感覺不情願離開。事實上，後來為了她的新修院，她收納來自降生隱院的修女，計三十四位之多。其中留下的，有二十二位，其餘的大致上是為了健康的緣故，返回原來的修院。若遇有人抱怨，說她從降生隱修院偷走所有的好修女時，大德蘭回答，那裡還有超過四十位能創立新修會的修女。

《建院記》二十一章中，大德蘭敘述建立了撒拉曼加和奧爾巴隱院後，她如何被任命為降生隱院的院長。這個任命發生在一五七一年，出於宗座視察員，道明會士伯鐸・斐南德斯，他希望大德蘭做些改革，補救這個團體的經濟困境。大德蘭召請她的赤足加爾默羅新會士十字若望，來擔任告解神師和靈修導師，協助她管理修院。按斐南德斯的看法，所採取的這個步驟極為成功；降生隱修院的團體，在這兩位領導的照管下，體驗到屬靈的完全更新，也解除了許多的問題。

13. 見 *La Reforma del Carmelo Español,* Oteger Steggink（Roma： Institutum Carmelitanum，1969）。

西班牙的革新

十四和十五世紀的西班牙，「革新」這個語詞，象徵著不明確的渴望，希望改變教會的內部，尋求更多解決問題的靈性方案。修會會士和在俗的神職，積聚大量的資產，享有特權，免繳國王徵收的稅額。神職人員，包括修會會士，接受聖俸為生，成為許多的弊端和爭論不休的根源。由於黑死病，導致修院生活的全面大變動，會士們被迫放棄日常生活，也不遵守《會規》和《會憲》。一旦允許有收入和個人財產，購買聖職、特權和學位的惡習，隨即應運而生。當一群群的人起來，開始要放棄這些可疑的特權、習俗，返回會祖的純真或「原初」的精神時，他們被稱為「嚴規者⑭」，以之和代表前述之人的「緩規者⑮」，作為對比。在本篤會、熙篤會、方濟會、奧斯定會和道明會中，嚴規者的堅固團體興起。由於他們可圈可點的改革，無論在學術或倫理道德上，這些嚴規者很快贏得人們的敬重。

到了一四七四年，天主教王朝的斐迪南國王（Ferdinand）和伊莎貝拉皇后（Isabella），開始他們的改革運動，那時，在此返回嚴規的過程中，早已有一段歷史了。這個王朝抓住革新運動的時機，加以採納，尋求使緩規者成為嚴規者。嚴規者的靈修強調嚴格，靜默的克苦修行，及內在和外在的收心。

方濟·紀梅內思·西斯內羅（Francisco Jiménez de Cisneros）是方濟會的嚴規者，皇后請他擔任自己的告解神師。由於教宗歷山六世⑯，已於一四九一年授權天主教王朝，接管宗教改革之事，西斯內羅看見他的機會來了，於是懷著充沛的精力，開始推展革新的工作，

14.「嚴規者」（observants）：意指嚴格遵行會規、會憲的紀律。
15.「緩規者」（conventuals）：指的是前述那些神職人員和修會會士，他們享有特權……，造成許多弊端。Conventuals，原意是修道院，在此譯為緩規者，表示這些修道人沒有奉行嚴格的紀律，只生活在修道院中。
16. 教宗歷山六世（Alexander VI, 一四九二至一五〇三）。

一四九五年，被任命為托利多主教後，他繼續同樣的改革。面對頑強的反對時，他開始從自己的方濟會著手，在《會規》上強加嚴格的紀律。成千的方濟會士拒絕讓步，促使他們遷移到非洲。在那時，西斯內羅的改革遍及道明會、本篤會、熱羅尼莫修會，最後達及在俗的神職和教友。

查理五世帝國王朝的整個期間，一五一六至一五五六，政府盡力控制，維持持續不斷的革新，這個運動即便沒有新的創舉，至少受到可靠的支持。

接著繼位的西班牙國王斐理伯二世，從一五五六至一五九八在位，西班牙的革新過程經歷強烈的改變。深恐異端進入西班牙，斐理伯的行動顯示出，在他的心中，他認為宗教是太重大的事情，不能留給任何其他的人，包括教宗在內，只能由他自己來處理。他決意要使西班牙王朝成為一座堅固的城堡，異端企圖掌控歐洲，到他這兒鐵定無功而返。天主教王朝設置宗教法庭，為推廣共同信仰，多少已成為國家的一個政府部門。

任何來自羅馬的事，到了西班牙都會有所保留。無論是國王或皇家法庭，都無法信任特利騰大公會議革新法令提案的嚴肅性。國王堅持有權仔細審察教宗的詔書，及禁止在他的國家內出版，事實上，國王延遲兩年出版特利騰大公會議的法令。如果沒有附帶一個條件，保證國王得以繼續支配教會的管轄權和任命主教，他們也不會出版。

大公會議的神長為整個教會制定了革新的計畫。不過，他們制定的法案尚須羅馬的支持，方能生效。由於對羅馬能否達成任務缺乏信心，西班牙遂接掌管理這些事。在馬德里召開大會，按西班牙的理想，監督修會的革新。在西班牙認為神聖的國王特權，羅馬卻視之為背叛和未經授權的舉動，不尊敬教宗的權利。諷刺的是，經過幾任的教宗，在梵蒂岡中最不被看重的王朝是西班牙國王，但他卻以素稱「天主教國王」而聞名。大德蘭也反映這個輿論，稱他為「**我們的天主教國王**」；她甚至毫不忌諱地稱他為「**我們的聖善國王**」（28．6；29．30—31）

斐理伯二世多次嘗試，從羅馬宗座獲取特許狀，准許他實行比特利騰大公會議要求更高的修會革新，一再受挫，最後終於贏得一位新教宗的首肯。一五六六年與一五六七年，宗座恩准詔書 *Maxime cuperemusp* 及 *superioribus mensibus* 中，教宗碧岳五世（Pius V，一五六六—一五七二）許可取消緩規的團體，導入嚴規的生活。一五六二年，大德蘭在亞味拉建立第一座革新修院，她記述在《自傳》中，表達出先前西班牙革新運動的影響，一五六七年起，她開始建立許多新修院，即本書中所記載的，在這期間，西班牙當局也開始實施特利騰大公會議的決議，附上王權強加的法案。適逢此嶄新又複雜的事態轉折點，德蘭姆姆出發，踏上她精彩、冒險的旅途，遍及西班牙全境。

大德蘭的團體

「**任何尚未開始修行祈禱的人，為了天主的愛，我懇求，不要失掉這麼極大的好事。**」（自傳8．2）甚至在創立聖若瑟隱修院之前，大德蘭對祈禱的轉化力量，已有這麼強烈的確信，別人不能不覺得被她吸引。由於體驗到內在的催促，嚮往深度的祈禱生活，人們親近大德蘭，要求她把降生隱修院內的房間，轉變成靈修談話的聚會處所。大德蘭的一位親戚，瑪利亞．賽佩達．奧坎伯（María de Cepeda y Ocampo）有一天開玩笑地說，革新修會是可能的，她們可以回到更接近隱居的生活方式，就是加爾默羅山上，她們的聖善先輩們所奉行的生活。（自傳32．10）赤足方濟會在伯鐸．亞爾剛大拉的領導下，提供一個典範。這些赤足會士組成的團體，尋求比嚴規者更進一步，度著嚴格和收心的退隱生活。辨識他們的外在記號是，粗糙的毛會衣和赤足。

當半開玩笑的話變成值得追求的理想時，弔詭的是，大德蘭首先關心的是金錢的問題。如此的冒險必須有可靠的收入，足以讓團體的生活沒有擔憂。事實上，特利騰大公會議在當時規定，除了方濟會之外，所有的修會團體都要有收入，且要配合修會的人數。然而，從瑪利亞．耶穌獲知有關《聖雅爾伯會規》更多資訊，又蒙伯鐸．亞爾剛大拉的鼓勵之後，大德蘭對金錢的看法改變了，決定所建立的會院是貧窮的，沒有固定的收入，完全信賴天主的照顧。（自傳35．1—7）一五六二年，當大德蘭轉變到赤足修會的新生活方式時，她也放棄了她的名銜，不叫唐娜德蘭．奧瑪達（Doña Teresa de Ahumada），改名為德蘭．耶穌（Teresa de Jesús），從那時起以此名稱為人所知。到了二十世紀，在西班牙以外的地區，開始稱她為亞味拉的德蘭（Teresa de Avila）。（**譯按，華語地區，稱她為大德蘭，以資區別法國里修的小德蘭。**）

當魯柏總會長神父正式視察西班牙時，他探訪這個新的小「默觀」團體，他更愛稱之為「赤足的」加爾默羅會，儘管大德蘭懷有擔心，總會長離去時是深受感動的。他鼓勵他的女兒建立更多的隱修院，頒發給她所有必須的許可。後來，為表示他的支持，竟然還告訴她，要興建如她的頭髮那麼多的新修院。

一五六一年，十二月二十一日，一封寫給她弟弟勞倫的信中，她概述開始設想的理想：「建立一座隱修院，在那裡只有十五位修女，不可能再增加人數。她們將修行非常嚴格的退隱，從不外出，也不被看見，除非頭戴面紗。她們的生活將紮根於祈禱和克苦。」

她那個時代，居住在擁擠的城市和鄉鎮中，人們住得很靠近，他們在熱鬧的街道上尋求消遣，無憂無慮，不拘形式，暢談他們的消息來源。如果有婦女想避開吵嘈，獻身於獨居和收斂，隱修院禁地是個方式，吸引她們進入其中。

聖佳蘭的《會規》包含典型的禁地特點，經教宗諾森四世（Innocent IV，一二四七年）、教宗伍朋四世（Urban IV，一二六四）批准，還有教宗博義八世（Boniface VIII，一二九八）頒賜的法令。隱修女絕不許離開禁地，除非身患重病，外人也絕不許進入禁地內，為使修女們「得以隱藏，不被世俗注視，而能懷著更大的順服和自由服事天主。」⑰許多人抱怨這個法令過於嚴格，很快地，提出許多放棄禁地的藉口，每個團體各自建立符合所需的個別法規。

降生隱修院內奉行的禁地，並不嚴格，大德蘭經常外出。直到一五六四年八月二十一日，教廷大使亞力山大・克里貝立（Alexander Cribelli）豁免她的降生隱修院緩規，她才能以其嚴格的方式實行隱院禁地。在這同時，特利騰大公會議論及恢復禁地，做為革新的方法。然而，在西班牙到一五六六年才獲知其法令。同年，教宗碧岳五世藉著頒布 *Circa*

17. 見 Francis and Clare： The Complete Works, trans. Regis J. Armstrong and Ignatius C. Brady（New York： Paulist Press, 1982）. pp. 209—25。

pastoralis 憲章，加給所有的女會士嚴格的禁地規定，包括沒有許諾度禁地生活的虔誠婦女團體（*beaterios*）。可以理解的是，寬免禁地的請求開始湧入羅馬，一五七○年，碧岳五世堅決地頒布憲章 *Docori*，再次肯定先前定立的法規，廢止所有違背的法律或習俗，離開隱修院的理由嚴限於「嚴重的火災、痲瘋病或傳染病」。一五七二年，次任的教宗國瑞十三世，公布 *Deo sacris* 憲章，確定隱院禁地的界限，下令修女通往隱院外聖堂的門要封閉，禁止隱修女出去關聖堂的門。一五八一年之前，這些比大德蘭還要嚴格的國瑞十三世的法律，她似乎不知道，後來她才開始強調加以遵行。

大德蘭對隱院禁地的熱愛，在於她決心提供給修女們默觀的環境，藉著當時看來最安全的合法途徑。大德蘭記述，努力在布格斯多方嘗試建院，遭受一切麻煩的複雜事件之後，修女們最後終於能設立隱院禁地，她描寫其幸福：「除非親身體驗過，沒有人會相信，在這些建院中，當我們看見有了隱院禁地，世俗人不能進入其內時，所感受的欣喜；無論我們多麼喜愛他們，都不足以除去看見自己獨處時的這個大安慰。」（31・46）她繼續指出，禁地對於她的修女們，如魚得水，因為這些默觀的修女，生活在其淨配清澈的湧流中，已是如此的習慣。

那時代的建築風格顯示出對防禦工事的偏好，有時採取的是相當誇張的外觀。自從天主教王朝統治以來，西班牙的社會生活開始穩定，人們著手建造房子、宮殿和紀念碑。國內或國外的建築師多的是。由於和外國訂定貿易合約，隨之帶來新的影響。華麗的法蘭德斯哥德式風格，及義大利的新人文樣式，結合了中世紀卡斯提的猶太、伊斯蘭和基督教傳統。當時所呈現的典型西班牙建築，開始被稱為銀匠式風格（*Plateresque*），因為那舖張的裝飾令人聯想起銀器的製造。這是非常富裕和奢華的風格，需要有富翁和揮霍的贊助人。大德蘭在《全德之路》中警告修女們，不要蓋豪宅。（全德之路2．9）在這本《建院記》中，她幽默機智地看出來，如果修院的建造不是精巧設計，修女們就可以省下必須四處觀賞牆壁的時間。（14．5）

從其他角度看來，那時的建築顯得特別喜愛大磚塊，或石頭城牆、黑的鐵格窗，堅固單純的外形，以鐵條防護的小窗。莊園的門裝飾著鐵或金色的尖鐵，加上造形漂亮，悅耳動聽的敲門環。門楣上方是石刻的家族盾形徽章。

典型的隱修院建築反映出這些特色，有時也帶有奢華風格。降生隱修院，高牆上頂著城垛，彷彿一座小城堡。花崗石的扶壁，獨塊巨石的門楣，從門突出的尖尖鐵釘，全都給人留下強勢和堅不可摧的印象。小小的窗子亦然，都裝上防護的厚鐵格子，覆上尖尖的鐵釘。

大德蘭的隱修院，以比較簡陋的方式，也採取相同的風格：門上裝飾著尖鐵，小窗子有粗的鐵條防護，及舉行禮儀時，隔著鐵格柵。會客室的格窗是很粗的，覆上大型鈍鈍的尖鐵，是個強有力的警告，好似保衛著一些寶藏。

往往大德蘭的女兒們，必須學會將就使用所能找到，或買得起的建材。她建立的隱修院，有時是連接鄰近的房子，將之改建成尚可的隱修院。如今她的女兒們，有的仍繼續住這樣的房子，度著她所建立的默觀生活。如果精巧和昂貴的建築，只要關係到她的理想時，會使得她不悅，然而，美麗的景色，及帶有樹木花草的花園，對她而言，是最重要的[18]。花園也用來設置獨修室。在亞味拉聖若瑟隱院，當大德蘭住在那裡時，花園裡設置的獨修室有十座之多。

不過，如果精巧的建築令大德蘭不悅，那麼，修院的大小則必須取決於居住的人數。馬拉崗的隱修院，係露薏莎・瑟達夫人捐助的，也是唯一一處大德蘭能按其意願設計、全新建造的隱院；除此之外，通常都是改建已有的房舍。一五七九年，當修女們能搬進這個新隱修院時，雖然尚未完工，她們和大德蘭一起欣喜鼓舞，因為比起所居住的擁擠處所，這裡的生活空間寬敞得多了[19]。

婦女戴紗遮面的這個習俗，幾乎和人類的歷史同樣古老。例如，在古代中東的某些地區，婦女戴紗蒙面清楚記載於中古亞述人的法典，妓女或女奴無須蒙面，除此之外，所有婦女出現公眾場所時，都必須戴紗蒙面。第一世紀時，婦女在公眾地方蒙面的習俗，在巴勒斯坦已是習以為常的事，不過，聖保祿發現在某些地方很難強求。（《格林多前書》十一章3－6節）事實上，基督徒沿襲這個習俗，來自三個文化背景：猶太、希臘和羅馬。遮蓋東西或人奉獻給神，其做法延伸到其他的奉獻方式，例如領洗、結婚和貞女獻身。婦女蒙紗的習俗，在西方日漸式微，但卻續存於東方和穆斯林信徒中間。雖然如此，十六世紀的西班牙仍盛行蒙紗，尤其在受摩爾人影響的地區。

修會方面，頭戴面紗成為獻身婦女的標記。在大德蘭的時代，看見修女的臉蒙上頭紗，是不會令人驚奇和不悅的；因為其他的婦女常這麼做，當她們走上街頭時，總是以紗蒙面。

18. 參閱（10・3）；一五八〇年四月三日寫給瑪利亞・聖若瑟的信；一五八一年二月十七日，寫給古嵐清的信。
19. 見一五七九年十二月十二日寫給古嵐清的信。

再者，紗的樣式繁多，各有其含意。穌亞雷斯（Suarez）說及其中的一些：白頭紗，是考驗的標記，初學生戴的，雖然輔理修女也戴；全奉獻的頭紗，是在二十五歲時領受的；受命擔任女執事時的頭紗，四十歲，這位修女在日課中，要能朗讀福音及相關的道理；嘉獎的頭紗，是授予達到七十五高齡的長上。⑳

由於大德蘭很看重隱院禁地，視之為培育獨修的方法，避免其他隱修院散漫和分心的氛圍，所以她重視頭紗。她的修女們出現在公眾地方時，一定頭戴面紗，無論她們到那裡，處處引人好奇。例如，寫索里亞的建院時，她流露出對這事的感受：「我們急著進入屋內，因為有一大堆人。這已不是什麼新鮮事，無論我們到哪裡，總有這麼多人，世人這麼喜愛新奇，要不是我們的臉上蒙著頭紗，必會是很大的磨難；有了頭紗，就能容忍他們。」（30．8）

根據回歸聖佳蘭會規已定的習俗，會客室的格窗亦然，覆蓋一層紗或窗簾。在新建的隱修院，甚至在尚未封院前，大德蘭也遵守將就的格窗法規，如在布格斯：「透過蓋住紗布的鐵格窗，我和來訪者交談。」（31．20）

至於父母和家人，或類似的情況，戴面紗是不必要的，大德蘭也不做此要求。她自己，當有人請求時，也會為朋友掀開面紗。大德蘭逝世後，尼古拉．多利亞（Nicolás Doria）定下嚴格使用頭紗的規則。

創會姆姆發現，修女較少時，意謂著較多的和諧與安靜。她的理想一直都是，藉著有益於教會的默觀祈禱生活，一小群好朋友聚在主內，完全為祂生活。在《全德之路》中，

20. 見 Suarez，*De Religione, tr.* 6, 1, col. 2。

她所敘述的，是對這一小群修女的靈修展望。開始時，大德蘭的想法是十三位，象徵基督和祂的十二位宗徒（自傳32·13）。當她必須返回降生隱修院當院長時，她覺察她小團體的寧靜，與降生隱修院一百三十位修女的嘈雜，形成鮮明的對比[21]。德蘭姆姆晚年時，對於有固定收入的修院，她增加至二十位；守貧的修院，她限制的人數是十三或十四位經堂的修女[22]。建立馬拉崗隱修院時，她開始准許收納輔理修女，但不超過三位。起初，她規定十三位修女，她想的修女是健康和年輕的修女，足以分擔工作。當修女逐漸年老，有的修女也患病，需要別人付出更多的照顧和時間，這時，人數方面就必須做調整。

我們所能說的，除了上述致書勞倫信中總結的要點之外，還有必須敘述的是，德蘭姆姆為她的加爾默羅修女創始的生活方式，絕對不只是一項改革或復古，而是在於根除弊端，復興正規的紀律。大德蘭深受福音的啟迪，在加爾默羅的團居生活框架中，她開創了一種隱修的生活模式。再者，她以嶄新的洞見，清晰地彰顯這個默觀的生活模式，使之深入其意義，並且強調祈禱的使徒和教會的面向，及凡涉及服事基督的事，都是有關連的，她把這些事緊密地放在心中。她確實在教會內導入新的特質，亦即，祈禱生活是一種服事。

革新運動的厲行苦修

大德蘭時代的西班牙有些革新的運動，其特色是嚴厲的苦行，有時真的難以置信。在她的《自傳》中，對於聖伯鐸·亞爾剛大拉的厲行補贖，做了一個典型的敘述。（自傳27·16—20）現在，在這本《建院記》中，比起她所寫過的這位方濟會士的苦行，她給予

21. 見一五七一年十一月七日，寫給露薏莎·瑟達夫人的信。
22. 經堂的修女（choir Sisters）：當時教育不普及，不是人人能誦念經文，能在經堂唱經的修女稱為 choir Sister。大德蘭的隱修院中也容許收納少數幾位輔理修女。

更多的篇幅，談及一位婦女非凡苦行的壯舉，即加大利納．卡多納。（28．20－36）按照當時流行的想法，崇高的成全必須具備嚴厲的苦行。處在吶喊著革新的宗教世界裡，像這樣的克苦表現，深得民眾的青睞。當人們獲知，卡多納女士在靠近拉羅達的黑暗山洞中，厲行極度的補贖時，大批的人潮開始湧去看她。群眾多到必須把她高高抬起，方能看得見她，並接受她的降福。

苦修甚至也擠進斐理伯二世的宮廷。事實上，是大德蘭的男會士們，以其嚴行苦修為他們贏得了國王的恩待。國王曾經保護他們，對謝加大使指出，他覺察大使有意反對誓發厲行苦修和全德的人。

在方濟會、奧斯定會、道明會和熱羅尼莫會中，所興起的祈禱（或收心、隱修生活）的修院，赤足運動從中湧現，他們採取的更多步驟是，在紀律中要確保修行所謂心禱的時數，應有許多小時，還要有明顯的厲行苦修。這個苦修生活的外在標記，是赤足和粗糙的毛會衣。大德蘭的修女開始時可能赤足，不過，很快就開始穿 *alpargatas*，用麻繩編成的，一種貧窮款式的涼鞋。她的男會士繼續赤足行走，不過也逐漸改穿麻鞋，起初只准許病人穿。

然而，在隱修的修院中，他們並不認為宣道的職務與隱修互不相容；的確，他們視之為隱修生活的一部分。其理論是這樣的，愈厲行苦修，宣道的果實愈豐盈。

厲行苦修與祈禱和收心的關係中，它被看成是個幫助。藉著平靜外感官的活動，人能備妥第六感去行動。在此第六感中，會凝聚靈性的能力，使人能把握存於事物之外的真實，尤其是天主的真實，祂是純靈的。奧思納（Osuna）教導說，「**關閉肉身和外感官，會開啟靈魂的內感官。**」[23]

受到一般看重苦行和補贖的影響，大德蘭熱情地寫下伯鐸・亞爾剛大拉和加大利納・卡多納。雖然如此，弔詭的是，對這些極端的苦行，她不能不感到有點懷疑。有一次，當她想著加大利納・卡多納的生活時，由於告解神師們不許她多做什麼而引以為憾，上主對她說，她走在一條正確又安全的道路上。「**妳看見了她做的所有補贖嗎？我更看重妳的服從。**」[24]懷此精神，當她談及加大利納・桑托巴・柯蒂內斯力行的補贖和苦工時，大德蘭以補充卻具有啟發性的方式，指出會做這麼多苦行，係因這個女孩無人指導她。（22・11）

有個著名的軼事是，大德蘭探望杜魯耶洛的男會士，首先查看的是他們建立的生活方式。大致說來，她深受感動。不過，還是有些疑慮讓她十分不安，所涉及的是嚴厲的補贖苦行。她請求男會士要節制，擔心整個工作會毀於過分極端。（14・12）後來，當古嵐清在巴斯特日納做初學生時，事實上，他遭受強烈的出會誘惑，正是因為極端的苦行，由於初學生的管理者，是個有情緒障礙的年輕會士，指派他來管理初學生是很不明智的。關於這件事，大德蘭寫信請教她的博學神師，道明會士道明・巴臬斯，接著安排十字若望會士前去巴斯特日納，緩和那裡初學生的生活。（23・9）

因萊奧納・瑪斯嘉蕾娜思和教會神長的請求，大德蘭前往瑪利亞・耶穌在亞爾加拉建立的隱修院，為協助修女們緩和厲行的苦修，因為團體已經開始生病了。她的《自傳》中，大德蘭說到瑪利亞・耶穌，「**是個修行許多補贖和祈禱的女子。**」（自傳35・2）這位女

23. Francisco de Osuna, *The Third Spiritual Alphabet*, trans. Mary E. Giles（New York： Paulist Press, 1981）, p. 97.
24. *Spiritual Testimonies* 19。

士曾經赤著腳走到羅馬，請求獲得建院的許可文件，為建立她所渴望的修院，也是她，首先告知大德蘭《會規》中有關貧窮的規定。（自傳35．1-2）不過，幫助這二十幾位年輕修女改變其生活方面，大德蘭沒有什麼成果。她們的補贖模式是僵硬的，她們排斥大德蘭的溫和方式。瑪利亞．耶穌繼續赤足，不分冬夏，且厲行其他的苦修，直至逝世。後來，當有人問及當中的一位修女，為什麼團體未曾保留大德蘭的任何紀念物，她據實解釋說，大德蘭來到那裡時，她們覺得與她毫無差別，那些出神的經驗，在她們的團體中是平常的事。最後，經過幾個月後，道明會士巴臬斯勸告大德蘭，繼續她的建院，不要浪費時間想要改變她們。

創會姆姆察覺，在她自己的團體中，當身體的力量因苦行而削弱時，一種愉悅的神迷會這麼地操控一位修女，她會使自己長時間被迷住，甚至數天之久，不願離開如此的愉悅。在《建院記》中，大德蘭小心地驗證這事，像這樣的神迷與出神是多麼不同，出神是短暫的，其效果極為有益。另一方面，長時間耗在上述的神迷中，她警告說，是在浪費時間；如果苦行導致虛弱，就必須減輕。（6章）

當德蘭姆姆再三懇求院長們，管理修院時要明智，她請求她們，不要加重苦行給她的女兒們；院長必不可認為，由於她的熱心和能接受新的苦行，團體中其他的修女也如此。大德蘭認為最重要的是，修女們一定要遵守《會規》中較本質的事項，就此而言，修女已有足夠的事要做。（18．6-10）

按現今的標準來看，大德蘭建立的苦行生活方式，可能顯得極端，但在她那個時代，卻常被視為不足。按姆姆的看法，祈禱、操作和獨居的平衡生活，得自修女們的經驗，寫在她的《會憲》上，並獲得批准，還加上《全德之路》中的靈修解釋，提供達到靈修生活之目標的所有要素。這個目標在於翕合天主的旨意，及其中所涵蓋的；為了翕合主旨，厲行苦修和出神一樣，都是不需要的。在此《建院記》中，我們發現大德蘭經常引述有關全德的話：「至高的全德，顯然不在於內在的恩賜，也不在於崇高的神魂超拔，不是神見，也不在於預言的神恩，而在於我們的意志這麼翕合主旨，凡我們知道祂渴望的，我們無不以全部的意志去渴望，無論愉悅或痛苦，我們都這麼喜樂地接受，只要知道是至尊陛下渴望的。」（5．10）

為了倡導修會革新，特利騰大公會議採納的方法，在於鼓勵遵守《會規》和《會憲》。為了預防懶散，此一方法極受大德蘭的看重；不過，她也視守規為預防過度的苦行。這個適應性明顯地呈現在服從和謙虛的德行上，她認為，這比苦行更是靈修成長的方法。她要視察者提高警覺，不可准許院長增加更多的重擔。[25]

關於她的愛服從及其善表，創會姆姆有時給人的印象是，在這事上，她極為鼓勵，甚至顯得愚蠢，有點像我們所讀到的沙漠聖父那樣。另一方面，她對服從的熱情，其觀點是正確的，當她發出警告，反對不明智的服從時，她提出一個容易理解的規範：「對於沒有長上的命令，去做是犯大罪的事，如果長上出了命令，她們還是不可以去做。」（18．11）她力勸自己的修女向博學者討教，如何在審慎明辨上更有進步。事實上，她述說必須如何召請博學者前來約束修女們，並向她們解釋那有義務服從的事。（19．1；16．3）

25. 見 On Making The Visitation, 22．24．29。

當大德蘭第一次遇見古嵐清神父時，她立刻了解，正是這一位，他能在男會士中促進這同樣的平衡，「因為有些人這麼想，另有些人又那麼想。」（23．12）第一次視察男會士時，「他處理諸事這麼成熟與和諧，真的好似得到神聖至尊陛下的助祐，也是我們的聖母揀選他來挽救她的修會。」（23．13）

切望她的男會士是好默觀者的同時，大德蘭也盼望他們是良好的靈修指導者與宣道者，在他們中有博學者。處在隱居修行的改革運動中，有時會反對學識和大學學位。當大德蘭請教博學者，有關亞味拉聖若瑟的建院不靠固定收入時，伯鐸．亞爾剛大拉在一封信中責怪她，在關於靈修成全的事上請教神學家。雖然如此，大德蘭畢生明確的方針是向博學者討教。她時常為環境所迫，對無異於迷人的行動方向，必須做出極重要的決定，在她辨識的過程中，她覺得極度需要光明和協助。「對於這些會院的任何事務，或我所碰到任何與之相關的事，我不做，也不曾做，我明知稍有違反天主旨意的事，……，就我所能記得的，我的思想也不想別的事。」（27．15）然後，她表示自己的切實智慧：「遵照我的神師給我的勸告，自從建立這些隱修院，我常是這麼做，如妳們知道的，我的神師都是非常博學的人，也是天主的忠僕。」（27．15）這些主要的指導者來自道明會和耶穌會[26]。

由於希望她的男會士中有博學者，大德蘭擔心的是，過於強調苦行會打消大學生中有此渴望的聖召。男會士認同她的理想，確實在短短的時間內，於大學城亞爾加拉和培亞城設立會院，使年輕的會士能繼續研讀。[27]

大德蘭逝世後，尼古拉．多利亞掌權，他擴增修女的《會憲》，對男會士的神職服務

26. 見3．1；31．45。
27. 23．1—10。

給予嚴格的限制。那些想要保護創會姆姆精神的人，如十字若望和古嵐清，都因而失寵。由於擔心德蘭姆姆的精神被扼殺，古嵐清深受困擾，他採取抵抗，結果是被逐出修會。古嵐清向國王申訴，卻不被接納，因為多利亞對嚴規和苦行的確信，深得國王的賞識。修女們當中，瑪利亞．聖若瑟和安納．耶穌是大德蘭的心腹，為了保存創會姆姆所建立的精神，也在修會內受懲罰（免職、監禁，某種的流放）。

古嵐清在他所寫的男會士建院故事中，堅決主張大德蘭是男、女會士的創會姆姆。多利亞否認這個宣稱，後來也被其他的人採納，主張安道．耶穌創立首座男修院，其最初的苦行精神，由多利亞欣喜地予以保存。總而言之，要這些強硬苦行的男人承認，修會是由一位女士創立的，是太過分的事。這普遍的想法是這樣的，因為男人比女人強壯，他們能做更多的苦行；因此修女只能分享男會士的全德。

世界

世界（world）㉘這個語詞太常出現在大德蘭的著作中，而且總含有貶損之意，是與神修人不能兩立的敵人。使用這個語詞，大德蘭指的只是現今的人對世界的部分看法。她斬釘截鐵地公開明言事物的實質美善，及如何閃耀造物主的燦爛輝煌。她的主要課題之一是，人乃按照天主的模樣和肖像所造的，具有美麗和驚人的能力。

當她說「**世界**」時，大德蘭所指的只限於，所有相反和阻礙天主工作的事實（reality）。在她的眼中，「**世界**」彷彿一個真實的人，反抗奮力要主導靈魂的天主。「**世界**」好像一

28. 本書中，關於世界（world），按上下文，有時也譯為「世俗」。

個說謊者，設法欺騙基督徒，使他們和天主分離，搶奪他們的平安和靈魂的內在寧靜。大德蘭在她的著作中，直覺地對「世界」講話，指責它們的欺騙。衡量靈修時，她喜愛的說法是其與世界的距離：「這個年輕人是有福的，這少女也是有福的，他們堪當這麼蒙惠於天主，在這樣的年紀，世界通常掌控其中的居民，他們卻將之踩在腳底。」（10．12）

榮譽和金錢湧出精力，保持世界生氣勃勃。處在十六世紀的卡斯提，榮譽是社會活動的靈魂。金錢亦然，扮演著決定性的角色，和榮譽緊密掛鉤，致使兩者可以簡化為「榮譽」一詞。

大德蘭的著作中，「榮譽」這個詞具有不同的微妙含意。主要意指聲望，所有能使人超群出眾的。重要的並非人們無愧於他們的名聲，或別人眼中的尊貴；重要的卻是人們說這些事，並相信它們，無論是否實際存在。由於這些庸俗的掛慮，西班牙人成為他人的奴隸，害怕別人會說什麼。

由於「榮譽」本質上是一個高貴的標誌，特別看重的是血統和社會階級。這個階梯的最高層，是大公[29]，來自卡斯提和亞拉岡（Aragón）最古老家族的一群人。他們的一個卓越特權是，可以在國王面前戴帽子。他們以下，隨之而來有頭銜的貴族，是公爵、侯爵和伯爵。再次要的貴族，他們的特別稱號是「先生」（*Don*），也稱為 *caballero*（紳士或騎士），或 *hidalgos*。他們的地位得以免繳稅金。在這些貴族當中，有的富裕，有的極其貧窮；有的來自古老的家族，有的是才成為貴族的中產階級。

附屬貴族家產的社會和實際的利益，使之成為普遍渴望的目標；處處裝飾的家徽，成

29.「大公」（grandee），就是最高階的貴族。

為辨識不同地位的絕對線索。人們把大量的時間和精力都投入建築、構造，及能證明實有貴族祖先的家譜。儘管強調祖先，自從一五二〇年，貴族的特權可以出售，藉以增加逐漸減少的皇家財富。所以，富豪的家族能以財富和貴族血統的體面家族聯結。

由於這麼看重出生和階級，普通的老百姓在純血統（purity of blood）的學說中找到補償（compensation）。他們的看法是，寧願生於卑微但純基督徒的家族，也不願做個有伊斯蘭教和猶太教「可疑」背景的紳士。純的家世所提供給社會的低階者，正如高貴的家族給予高階者一般。所獲得的榮譽是藉以證明一個人的家世。

在俗世中，大德蘭注意到人們對名聲和財產的熱烈追求：「**如果對名譽和錢財不自私自利，人與人之間會有何等的友誼！我認為這會解決所有的問題。**」（自傳20．27）這種對名聲和錢財的追求，導致人反對天主的工作。像這樣的追求，存在著一種騙局，讓人執迷於塵世、瞬間的快樂，執著於膚淺、有限、行將告終的事物。這些事物無法換取天主友誼的崇高恩賜。不過，世界的基本問題，按這個意義來理解，就是對天主的啟示和聖言一無所知。「**所有臨於世界的損害，全來自沒有清楚真實地認識聖經的真理。**」（自傳40．1）

對貴族家庭而言，最重要的是家產的繼承人。《建院記》第十章中，有個動人的案例。若有的女兒被迫入會，是為避免家族失去榮譽，有的則是為了保存，或增加家族的名聲，而被阻止入會。布恩笛亞伯爵的姊妹，卡斯提行政長官的遺孀，瑪利亞．雅古娜夫人的兒子和女兒，當他們決定放棄遺產，入會修道時，遭受家族強烈的反對。十二歲的嘉思塔．

帕迪亞小姐逃避家人安排的婚事，進入隱修院的生動故事，現代的讀者難免會覺得既驚訝又有趣。大德蘭和我們分享她對這事的省思。「令人深感悲傷的是，現今的世界，有這麼多的不幸和盲目，那些父母以為，他們的榮耀在於不忘記今世美物的糞土，在於不記得這些事物遲早必會告終。」詳述這事，她繼續哀嘆說：「那些父母，不惜以可憐的孩子做為代價，來維持他們的虛榮，大膽無比，從天主奪走，那些天主願意屬於祂的靈魂。」（10．9）㉚

另一個榮譽或名聲的標記是，為埋葬遺體而建造的聖堂㉛，已成為一種令人羨慕的方式，廣受社會接納。在托利多有個實例，大德蘭陷入很難應付的局面，有貴族人士要求聖堂，然而她已先答應給拉密雷斯的家族，他是一位商人，也可能是歸化的猶太人（*conversos*）。正在處理這問題時，她說出自己的經典之言：「我常看重的是德行，而非名門聲望。」（15．15）事實上，大德蘭接受這麼多人的意見，她不知如何是好，開始動搖。上主親自介入，給她所需的光照，如經常啟迪她的方式。藉著一個神諭，上主強調說，面臨天主的審判，名門望族和社會地位根本不重要。祂嚴厲地責備大德蘭，告訴她，「這些不是已經輕視世俗者掛念的事。」（15．16）

至於創會姆姆對金錢的處理，如所說的，她最初想的是，要有固定的收入來建立她的隱修院，亦即由正式的建院恩人、市政府或私人企業提供的資金，從中取得利息。那麼，修女們會免於操心基本的生活需求。德蘭姆姆個人對貧窮的喜愛，顯然可從《自傳》中看出來，她在書中說：「長久以來，我一直渴望著，能夠為了天主的愛而去行乞，而且既沒

30. 參閱 22．5；26．7—8。
31. 當時非常流行的做法，貴族富豪捐獻整座聖堂，為了埋葬於聖堂，做為永久的紀念。

有家，也沒有任何東西。」（自傳35．2）不過，這麼崇高的理想不能強加給別人：「我害怕的是，如果上主沒賜給別人這些渴望，她們的生活就會很不快樂。」（同上）結果，選擇的做法與博學者給她的勸告相左，由於聖伯鐸．亞爾剛大拉的鼓勵，她隨從來自內裡的催促，建立守貧的隱修院，沒有固定和安全的收入。懷著對天主的完全信賴，她把首座的會院交託給祂照顧。結果證實，她的同伴也體會出伴隨貧窮而來的特殊喜樂。她們在富裕的托利多承受的赤貧，是個共同的經驗，並且「造成一種溫柔的默觀」。（15．14）從那時起，大德蘭更加渴望貧窮。「我持有自主權，去輕視那些暫時的世物；因為缺乏世物，導致內在的美善，的確，其他的滿足和寧靜也隨之而來。」（15．15）

事實上，德蘭姆姆對貧窮的理想，在獲得建院許可的事上，給她帶來的困難更多。再者，她愈渴望貧窮，必須處理金錢的事，似乎也隨著增加。她寫給弟弟勞倫說：「現在我已到了極憎惡金錢和業務的地步，天主願意我不處理別的什麼，這不是一個小十字架。」㉜

然而，大德蘭的貧窮理想有個問題，潛藏在小鄉鎮。因為居住在小地方，若沒有固定的收入，根本不可能存活。姆姆最初拒絕露薏莎．瑟達夫人的請求，去小鄉鎮馬拉崗建院。決心一往直前的露薏莎夫人，在神學家中找到她的盟友，尤其是大德蘭神師群中的一位，道明．巴臬斯神父。她拒絕在奧爾巴建立有固定收入的隱修院，有關這事，她再次受到巴臬斯神父的挑戰。實際上，神父真的責備大德蘭，如她的解釋：「他責備我，並對我說，由於大公會議已經許可有定期收入，而為此理由放棄建立一座新院，是不好的。」（20．1）巴臬斯神父繼續堅持立場說，無論修院有無固定收入，和修女們的聖德毫無關係。在

32. 一五七〇年一月十七日的信。「天主願意我不處理別的什麼」，就是說，她整天都要處理金錢和相關的事務。

屈從這位道明會士的立場下，大德蘭只能接受這條件，亦即，建立有固定收入的隱修院是個例外，其正當的理由在於隱修院所屬地方的經濟情況。她不考慮在富裕的城市建立有固定收入的隱修院。

當她應邀在小鄉鎮建院時，就是說，有固定的收入，她認真地要求捐款，為的是不讓修女們將來面對經濟的問題。例如，關於奧爾巴的建院，她寫道：「我們非常困難地達到協議，因為在建立有定期收入的隱修院時，我總是希望能有相當充足的年金，務必使修女不依靠親威，或任何人，修院要能供應吃和穿的，及所有的必需用品，而且病人能得到很好的照顧。」（20．13）大德蘭樂於信賴天主，她從不憂慮建立守貧的修院，但那些必須靠定期收入維生的修院，對她而言，則是大不相同。她說，如果固定收入太少，隱修院必會陷入絕境。結果，建立了七座有固定收入的隱修院：馬拉崗、巴斯特日納、奧爾巴、貝雅斯、卡拉瓦卡、哈拉新鎮和索里亞。

在大德蘭的時代，靠資金生活，是每一位卡斯提權貴的美夢。最安全的投資是土地、城市的不動產，及成為王族身分的最有效因素。工作並不被視為財富的根源。大德蘭不合時代潮流，也和其他隱修院的修行相左，創會姆姆希望她的團體，藉工作所得的收入及捐款得以繼續維生。

德蘭姆姆推薦的工作是平安、不複雜、沒有期限壓力的紡織勞作。不過，婦女的工資尤其微薄，翻閱帳簿顯示，修女的工作所得和捐款相比，實在微不足道。後者成為團體維生的真正辦法。無論如何，雖然平常的捐款和勞作所得支付日常所需，額外的收入則用來以備萬一，例如，房子的修繕、建造新房子或支付欠債。後面這些例子，慷慨的恩人通常會挺身而出。

在《建院記》中，大德蘭刻意提出恩人的姓名，「為使現在和後來的修女，在祈禱時紀念他們。」（31．29）她的經驗是，上主經常經由喚醒某些人來相幫，以供應她們的所需。「當人們知道修院是守貧的，不用怕，人人都會來幫助；然而，若知道有定期收入，看來是危險的，必會隨時陷入斷糧的處境。」（31．48）

入會金構成團體經濟需求的另一貢獻。按照當時的習俗，一位女士入會修道必須帶來入會金。大德蘭先前的修院，降生隱修院，其地位的不同等級，乃在於入會金的多寡。因此，對於入會金，她顯露出某種的輕視。她告誡自己的修女，絕不可因為缺少入會金，而拒收任何望會生。她說：「相反的，我很害怕那些富有的人，而那些能舒展我心靈的窮人，給予一種好大的愉悅，會使我流下喜樂的眼淚。」（27．13）

雖然入會金的貢獻很有幫助，但大德蘭對上主的信賴容許較多的彈性。她逝世後，一五八七年，在瓦亞多利召開的大會中，男會士規定入會的金額是五百達卡。瑪利亞．聖若瑟為此表示遺憾說，這和她聖會母的精神背道而馳。

在建院的這些戲劇性歲月裡，德蘭姆姆面對無數的法律行動和經濟憂慮。她從未疏於努力，她對許多的訴訟和有益的資金提出勸告，到處防止困境，鼓勵團體之間互相協助。她被迫深陷許多的官樣文章中，研讀錯綜複雜的合約，其中的條款必須詳細地一讀再讀。購買一座房子必須機靈。當姆姆在帕倫西亞找房子時，我們得以窺見她機靈的那一面。「最

後，我還是去看那房子，也看街道聖母的房子，雖然不是要去買，只是為了不讓另一屋主想我們別無選擇。」（29・15）

聖德並不妨礙創會姆姆欣喜於低價買到好貨。在寫給安布羅西歐・瑪利安諾的一封信中，她分享自己的喜樂，在塞維亞用六千達卡買到的房子，其價值超過兩萬達卡㉝。寫到麻煩叢生的布格斯建院時，她稱讚好友亞基阿博士的敏捷和聰明，因他堅守祕密，而能買到一座房子，其價錢讓許多人「**無不視之為奇蹟**」。（31・38）開始時，她們在托利多的貧窮經驗，修女們只有三或四個達卡屬於她們的名下。由於亞龍索・阿爾巴雷斯的幫助，她們能買到一座吸引人的好房子，大德蘭表示她的愉悅說，「**是托利多最好的房子**」，值一萬兩千達卡。（15・17）

梅地納團體的帳簿會使我們了解修院的收入和支出。一五七一年八月，收入是五千一百七十一馬拉威迪，支出是一萬七千零三馬拉威迪。九月的收入是一萬兩千七百八十馬拉威迪，支出是一萬七百一十九馬拉威迪。九月的盈餘來自一筆特別的捐款，一位名叫若望・梅地納（Juan de Medina）的商人，他的二十達卡使團體感到驚喜。修院的支出主要是食品：麵包、雞蛋、油、水果、魚、米和蔬菜。特別的開銷會使預算失衡。其中包括：長上們的旅費，德蘭姆姆的建院旅費，派遣使者、修理屋頂或牆壁。

大德蘭最常提及的金額是達卡和馬拉威迪，也是最好計算的購物金額。達卡是最通用的金幣，值三百七十五馬拉威迪。以一五六〇年的幣值作為參考，一公升的油值四十三馬拉威迪，一打雞蛋三十五馬拉威迪，一公斤麵包六馬拉威迪。關於錢的這些問題，大德

33. 一五七六年五月九日。

蘭堅持確信天主絕不會「**辜負事奉祂的人，如果事情安排合宜恰當，修女這麼少（的團體中），又能以雙手的勞力維生，我決定去建院。**」（18・1）她確信的效驗是個驚人的見證，事實是所建立的十七座修院[34]，四個世紀過了，至今仍然存在；其中有些團體仍住在建院時的房子。

建立新院

在建立一座新院時，大德蘭發展出她個人的進行方法，以之順應環境。建立守貧的修院時，踏上旅途出發前，她盡力租個房子，作為臨時的住所，直到買到一棟或數棟適合修院的房子。建立有固定收入的修院時，修女們先住在建院恩人的寓所，直到建造好修院的房子。

大德蘭透過痛苦的經驗，才達到這個方法。在瓦亞多利，首次得到的房地產，其結果是不利健康又遠離城市。另有一個重要的因素，她必須以租房子開始。大德蘭直率地說：「**我一文不名，買不起房子。**」（21・2）根據她無止盡的信賴，她相信，一旦她們在租來的房子裡建院，上主會供應一切。她後來的經驗支持著她的信念：「**正如在其他建院時所看見的，上主親自在各處找人來幫助祂。**」（29・8）

大德蘭首次離開亞味拉在梅地納建院，經過那尷尬的混亂事件之後，她的結論是，建院開始時，最好帶著盡可能少的修女同行。建院姆姆和她的少數修女，可由一位隨行司鐸

34. 譯按，如果刪除巴斯特日納隱修院，則是十六座。

和其他的幫助者陪同，如胡利安・亞味拉和安東尼奧・凱堂。她們也帶著一些基本的家具，例如稻草，「**我創立會院時，首先要準備的就是稻草，因為有了稻草，我們就不會沒有床。**」（19・4）

再者，她安排白天的行程，好使這一小夥人在夜裡隱祕地到達目的地。經證實，這些夜晚的進入是最有益的。主要是因為，能使大德蘭和她的同伴能準備一個房間，她總是委婉地稱之為聖堂，為能次晨在那裡立刻舉行彌撒，得以正式建院。如此祕密地建院，及以「**既成事實**」使當地的人民驚訝，她能夠引發反對，通常的反對尤其來自嫉妒的修會。

因此，第一個夜晚，修女們常是急促地徹夜工作，而非辛勞旅途後急需的休息。整個建院故事中，明顯地看出，大德蘭全心投入這個要求及其他的工作，似乎樂此不疲。「**在工作上，我喜愛爭先恐後。**」（19・6）在這方面，她的一些幽默敘述已是經典名言。

一旦修院以此不穩定的方式建立起來，創會姆姆步入尋購房屋的領域。有時她沒有碰到麻煩，如在瓦亞多利，大德蘭得到一位朋友幫助，她是深具影響力的恩人，瑪利亞・曼多撒，是睿智又賢能的方濟・克博斯（Francisco de los Cobos）的遺孀，西班牙在他溫和的領導和管理下，平順地度過查理五世在位的二十年。有的時候，富有者和朋友並沒有給予幫助；在托利多，窮學生安德達在短短的時間就找到房子，富有的朋友卻一直找不到。在撒拉曼加，尋找房子拖了三年之久。到最後，好像一切都安排就緒時，屋主卻勃然大怒，甚至到大德蘭寫下這事時，房屋的買賣仍未定案，屋主惹出如此之多的複雜事情。

反對大德蘭購屋之事，有時演變成法律訴訟。在塞谷維亞，修女們也被方濟會、聖母贖虜會[35]和教區會議的法律訴訟所困擾。教區會議擔心失去「年金」，修會團體則害怕塞谷維亞居民給予捐助上的競爭。修女們找到的唯一解決之道是錢。大德蘭說，「說起來好像沒什麼，身歷其境則是困難重重。」（21·9）

在塞維亞，大德蘭要買靠近方濟會的房子，他們激烈抗爭，以致當修女們在晚上搬進時，如此害怕，「她們看每一個影子都像是方濟會士。」（25·7）大德蘭深思細想，念及自我人性的軟弱經驗，因為想到她的害怕來自好的理由而放心。「啊！耶穌！在取得這些隱修院的房子之前，我經歷多少的害怕！我深思細想，如果不做惡事，而是服事天主，一個人感受到這麼多害怕，那些存心做惡，反抗天主和近人的人，會是怎樣的呢？」（25·8）對於其他修會的反對，也有一種補償，德蘭姆姆表明立場，提及一直都有道明會士和耶穌會士的協助。

有時候，如果屋主看見創會姆姆有興趣，就會提高價錢。在帕倫西亞，當屋主相當肯定修女們會購買時，他開了一個高價；當他確定成交時，要求額外的三千達卡。不過他的小花招適得其反，使大德蘭決定買另一座吸引她的房子，而且，上主透過一個神諭，要她買這房子。

附帶地，也應該提及在許多實際的事上，大德蘭體驗到來自上主經由神諭的特殊助祐。她繼續不斷地接受神諭，直到生命末刻。雖然如此，她對此的習慣作法是，請教神師有關所得的神諭，決心遵行神師的勸告，即使與神諭相左[36]。（29·21）這個決心的一個強有力的例證是，雖然上主告訴她去馬德里建院，她聽從古嵐清的命令，去了塞維亞。她相信，

35. Mercedarian，一二一八年成立於西班牙，創立的目的為致力贖回被伊斯蘭教徒俘虜的基督徒。今日稱為仁慈童貞聖母瑪利亞修會（The Order of the Blessed Virgin Mary of Mercy）。

36. 參見 *Spiritual Testimonies* 65·4

服從長上比服從神諭，更是確實承行天主的旨意。

回過頭來再說購屋之事，在布格斯引發強烈的抗議，不是因為大德蘭買房，而是因為她以超低價買到。她之能辦到，係因她的朋友亞基阿博士的精明交涉，事後，人們不滿地抱怨說，受委派賣屋的司鐸其實是贈送給人。

當反對來自教區的主管時，麻煩更形惡劣。在兩個案例中，她遭受總主教的反對。在塞維亞，在給予許多的承諾之後，修女們一旦抵達，總主教卻拒絕所做的承諾。大德蘭很想返回卡斯提，不要在塞維亞建院。直到總主教親自探望大德蘭，並且開始支持修女們之後，才建立修院。更痛苦和擾亂的是布格斯總主教的作為。既古怪又不可思議，當他的要求一實現，立刻又來一個新的要求。「總主教常說，他渴望這個建院，遠甚於一切，我相信這話，因為他是很好的基督徒，他說的都是真話。事實看來則非如此，他所要求的事，好像是我們不可能辦到的。」（31．31）

衡量一下每次建院所經驗的困難，創會姆姆的結論是，最困難的是亞味拉，其次是塞維亞。（26．2）如果最後建立布格斯之後，再次評估，她必定將之歸屬最艱難的建院之一。雖然如此，除了索里亞，從一開始就發展得很好，其他每一座修院，對建院者大德蘭而言，全是身體、心理和心靈的考驗。「沒有一次的建院，上主願意我沒有許多艱難的：有時是這樣，有時是那樣。」（24．15）

處在教堂被摧毀、榮福聖體被撤除的時代，大德蘭強烈渴望得到的安慰是，看見多一座供奉榮福聖體的聖堂。「雖然我們往往未加留意，是耶穌基督，真天主又是真人，真的在許多地方的至聖聖體內，這對我們應該是很大的安慰。」（18．5；3．10）德蘭姆姆認為，建立起她的一座修院，事實上，是當地的人民得到來自天主的一份寶貴恩惠。建立太多隱修院的想法從未使她困擾。她堅決主張，凡有許多隱修院之處，天主賜予很大的祝福，修院多或少，祂都有能力供養。（29．27；31．13）

然而，她得到最好的建院資訊時，卻有許多的衝突意見要考量。她抱怨說：「耶穌啊！要和這麼多的意見爭鬥，是多麼艱難的事啊！」（21．9）至於負面的勸告，「有些人為我們的好處設想說，我們這麼快來是錯誤的；然而，面臨當務之急，如果於事無補，那些勸告也很難接納。」（19．8）陷入爭論和懷疑時，她的一個渴望總是承行主旨。她聲稱，在所有的事務中，及其他任何有關她的建院的事，她絕不、也不曾做過任何違背天主旨意的事，這並不排除必須經常以守密作為最好的進行模式。「如果開始求問意見，魔鬼就擾亂一切。」（29．9）不過，在她的想法裡，絕沒有完全沒有過錯這回事。「也許我錯了，因無知做了許多錯事，也有無以數計的不成全。」（27．16）她在講故事時，對反對她的人輕描淡寫，盡量寬恕他們。至於恩人，及為了上主而幫助建院的人，她津津樂道對他們的感恩。

如果取得建院的房子必須偷偷進行，後來的公開落成，通常是非常隆重的慶祝。那時，會以明確的方式供奉榮福聖體，因天主克勝魔鬼而歡欣鼓舞；對修女們而言，那是凱旋的時刻，現在確定地能夠度與天主相偕的獨居生活。

當建院的主要障礙克服了，修女們的基本需要有了著落，一切就緒時，創會姆姆從不在乎離開新院。當她在托利多尚未完全安頓好時，愛伯琳公主堅持要她去巴斯特日納，大德蘭對抗公主施加的壓力。談到一位長上命令她離開撒拉曼加，要她回去降生隱修院擔任院長時，她寫道：「**會院尚未擁有自己的房子、隱修的環境及合我心意的布置之前，我不會、也真的不曾離開任何一座新院。**」（19．6）

前去建立新院時，大德蘭總帶著基督及聖人的聖像。這些聖像正是她深愛的，對她而言，是喚醒愛的最佳媒介。裝飾她的聖堂和獨修室，擺置態像和福音場景的畫作，是她生活中的樂事之一。在托利多時，用屬她名下僅有的三或四個達卡，她買了兩床草墊和一條毛毯；剩下的錢用來買兩幅耶穌苦難的畫像。（15．6）至今，這些畫仍保存在托利多的隱修院裡。同樣，她建立的其他修院中，也還存有各樣的態像或聖像畫，是她帶來或她熱心崇敬的；有時，她雇用藝術家來畫某些的主題。最著名的是〈有美麗眼睛的基督〉（*Christo de los Lindos Ojos*），供奉在亞味拉聖若瑟隱修院的獨修室中，是根據大德蘭得到的基督神見而畫的。創會姆姆認為，這些聖像是她所愛者的肖像。

大德蘭的神祕經驗絕非自命不凡。即使她豐富的靈修生活已發展至圓滿花開，從內經驗深奧的光照之後，她仍然重視這些愛的單純方法。事實上，我們可以說，她的神祕生活賦予這些方法新的能量，結果，她從中獲得更多。對神性實體的經驗性神祕領悟，常會覺察一個強烈的需求，要向外表達這個領悟。

奔波旅途

一五七五年，在義大利碧山城召開的大會，執意限制赤足男會士在西班牙的擴展，維持控制。同時，大會也做了一個非公開的決定，請德蘭姆姆的省會長，安赫・薩拉察，告知她。其理由何在，後來會加以解釋，大會命令大德蘭留守在卡斯提的一座隱修院，不許離開。大德蘭解讀這個命令是某種的拘禁，她達到的結論是，「**因為沒有修女，為了修會必要的益處，省會長不能命令她從一處到另一處。**」（27・19）不足為奇，這個情況的諷刺之處是，大德蘭現在之受責備，係因她做了被要求去做的事。

然而，除了德蘭姆姆的男會士在修會中迸發的麻煩之外，在教會內，特利騰大公會議後的想法已經改變。教宗碧岳五世在解釋大公會議的法令時，規定所有的隱修女遵守嚴格的禁地。教廷大使奧曼尼多雖然非常恩待大德蘭，也開始對創會姆姆的奔走西班牙全境，有所懷疑。寫給古嵐清神父的信中，他透露說，對於大德蘭的離開修院，他並不覺得完全滿意，並要求一些較溫和的解決之道，而不致於使「這位聖善的好姆姆」悲傷。

他對「這位聖善的好姆姆」所做的判斷是錯誤的。碧山城大會的命令，不許她離開修院，並沒有使她悲傷，反倒是極其欣喜。這一直是她所渴望的：在靜息中結束一生。

對健康不佳的大德蘭，旅行往往是個真實的折磨。在那個年代，即使是身強體健的人，旅行絕不是賞心樂事。她的故事中，對旅途上的艱辛，通常避而不予詳談，然而無疑地，創會姆姆對旅行的感受是厭惡。一句偶然說出的話中，她解釋道：「**在敘述這些建院時，我沒有提路途上極大的艱辛：寒冷、酷熱和下雪……；有時迷路、有時生重病又發燒。**」（18・4；27・17）指出她所說的，旅途中許多所發生的事，到了她寫去塞維亞的旅途時，她確實詳談這些細節。在此，讀者獲知旅行者遭受的酷熱，大德蘭還要忍受她欠佳的健康。至於後者，她感嘆說：「**生病真是不得了的事啊！健康時，樣樣都容易忍受。**」（24·8）在這次的旅途中，也發生了著名的渡過瓜達爾幾微河。寫到前去布格斯的路途，她再次對旅途多所著墨。這一次，除了她發燒和喉嚨痛到不能進食外，天寒地凍和大雨，使旅行者寒冷徹骨。馬車不斷地陷入泥巴中，竟至在穿越洪水中的大橋時，差點沒有全被淹死。

旅途中，他們許多次迷路。有一次，嚮導並不清楚該走哪條路，誤導大德蘭的一小夥人，所走不是馬車的路線，使得馬車翻倒。最後，當嚮導完全迷了路，不知怎麼往前走時，居然找藉口說，現在他們有其他的事要辦，非得離開不可。夜幕低垂後，更平添迷路的風險。胡利安·亞味拉，在這些旅途中，他常是修女們的隨行司鐸，《大德蘭傳記》中，他說，在前往撒拉曼加的一次旅途上，天黑後，載著錢的騾子不見了。甚至有一次，大德蘭和她的小夥人分散了。

大德蘭吶喊說：「**還有，旅店啊！**」那裡完全不舒適、擁擠、骯髒、到處是害蟲。顧客往往是吵鬧、囂張又滿口髒話；有時，男會士和隱修女也遭受戲謔。也沒有人能確定，一家旅店有否食物供應飢餓的旅客。前往塞維亞的途中，大德蘭和她的同伴停在阿比諾的旅店，想要舒解乾渴和充飢，卻發現旅店缺水，僅存的食物是一些鹹沙丁魚。後來的一封信，大德蘭寫自塞維亞：「**天氣很熱，但這比阿比諾的旅店還容易忍受。**」[37] 有一次，她在想用什麼來比喻地獄時，她選用的是糟糕的旅店。（全德40·9）

大德蘭和她的同伴使用的旅行工具，除了從不坐轎之外，幾乎西班牙當時的所有交通

37. 一五七五年七月十日，寫給安東尼奧·凱堂的信。

工具：驢、騾、馬、有篷的馬車、豪華的大馬車和載客的馬車都曾派上用場。大德蘭比較喜歡、而且常常使用的是有篷的馬車，可以遮掩住修女們，避開人群的好奇。必要時，她也不在意搭乘豪華的大馬車，那是更時髦和闊氣的旅行方式，由富豪所提供。這樣的馬車可由馬或騾拖拉。當事務或建院涉及貴族時，這是她的交通工具。她在不同的時候乘坐豪華的大馬車，例如，屬於曼多撒家族的大馬車，即亞味拉主教的家族；還有建立馬拉崗的建院恩人，露薏莎．瑟達夫人；巴斯特日納的建院，愛伯琳公主；哈拉新鎮的居民，他們派出一輛豪華大馬車，把創會姆姆從馬拉崗送來。所有的旅途中，最好的一趟是前往索里亞，大德蘭有三輛豪華大馬車供她使用，由碧雅翠絲．貝亞蒙第、奧斯瑪主教和帕倫西亞主教所提供。在平坦乾地上的短途旅程，大馬車雖然是理想的，不過在風雪和大雨的冬天上路，也會平添重擔。如此即是元月間踏上布格斯的旅途。她生命中，最後一次，也是特別不愉快的行程，是到奧爾巴，那時她已病勢沉重，大德蘭乘坐她所知道的最豪華車輛，奧爾巴公爵的馬車；然而，她的健康衰竭至極，已無法享受任何這類的事。

德蘭姆姆也知悉，在十二月中旬騎驢旅行是怎麼回事，因為那時她必須執行長上的命令。有少少的幾次，她也騎驢旅行。不過，當她不坐篷車或馬車時，通常她騎騾上路，曝露在酷暑或嚴冬的寒風中。八月間，她騎騾前去探望杜魯耶洛。事實上，古嵐清曾記述德蘭姆姆善於騎騾。他沒有記載，而我們從別處獲知的是，古嵐清自己經常被騾子摔下來。大德蘭有一次開玩笑建議說，他們要把他綁在馬鞍上。

大德蘭的所有旅途充滿一種精神：她為一個理想而奔波。踏遍西班牙全境去建院的她，也創造出自己的旅行風格。實際上，她所做的是，把加爾默羅的團體生活轉化，帶進篷車內，並且使篷車內的生活，與外在幫助的夥伴們建立良好關係。篷車內，團體有她們的院長，也有時間表、一個滴漏、一個小鐘、她們的日課經本、聖水、十字苦像和一些聖母、聖若瑟或聖嬰耶穌的態像。外面，這一小夥人包括車夫，及可能是一位高貴人士或商人，或其他朋友，他們已準備好要隨時幫助所需；最後，還有隨行司鐸，一路上遇有小聖堂時，他可以舉行彌撒聖祭。

篷車內，修女們有歡笑和開玩笑的時間——她們是喜樂的獨修者——也有書寫和唱詩歌的時間，為幫助她們度過漫長的日子；她們也誦念日課，遵守靜默時間。篷車外的人，要留意所走的是正確的道路，保持騾子成直線，有時雇艘駁船渡河，或處理遭受的毀損，或因走錯路而折回。神職和男會士在他們中盡力維持平安。

騾夫通常會被創會姆姆吸引和鼓舞，因為她這麼關心每個人的需要。然而，他們也會不時地恢復舊我，抗拒大德蘭的虔誠省思。有一次，整天在大雨中趕路之後，沒有庇護之處，也找不到投宿的地方，經過長途的跋涉之後，這群人在黃昏時抵達一個旅店，卻發現，那裡沒有照明的燈火，也沒有食物。再加上，屋頂滿是漏洞，到處漏水，甚至殃及床頭。大德蘭想要振奮每個人的心神，吶喊說：「**現在，振作起來吧！這是獲得天堂非常有功勞的日子！**」騾夫混身溼透，無動於衷地回答：「留在家裡，我也能獲得天堂！」

每當靠近一間旅店時，大德蘭會派人先去訂食物，並且預訂房間。其中要有個大房間，足夠修女們住在一起，而她們所需要的一切都放在裡面。下馬車時，修女們的頭紗下垂；

一旦在房間裡，她們把門關上，指派一位看門的修女。所住的旅店，若修女們不能有自己的房間時，會在房間內掛起毛毯，容許她們有自己的私處。㊳

疾病

從年輕直到逝世，大德蘭飽受身體疾病的攻擊；疾病是她畢生的大戰。敏銳地觀察，她以感人的客觀、明確的描述，單純至極地寫下這些疾病。當她二十出頭時，已是降生隱修院中的一位發過願的修女，德蘭．奧瑪達開始得到一種發燒的病，後來因貝賽達斯一名密醫的可疑療法，嚴重地惡化。經過連續四天的痙攣和昏迷，她後來的康復非常緩慢。根據大德蘭的描述，及目擊者的證詞，所做的鑑定疾病的解析，現在有可能結論出，其患病的可能原因是布魯斯氏杆菌病（brucellosis），及腦膜炎和神經炎的併發症㊴。這個疾病自然發展的結果，不會留下任何嚴重的神經問題；雖然如此，大德蘭的身體健康卻受到負面的影響。然而，她欠佳的健康，從未實質地妨礙她的理智，或組織工作的能力，或阻礙她靈修的圓滿成長。

無疑地，大德蘭的神祕生活，及身為創會者的服事生涯，必定要承受無數的考驗，及隨之而來的壓力，必然也會遭致損傷健康，增加她的病情。她自知這個可能性，從她寫給瑪利亞．聖若瑟的一些安慰話語中，可以清楚地看出來，那時在塞維亞的瑪利亞，正處於相當不愉快的困境中：「**聽到妳內心的苦惱，我覺得難過，這是很痛苦的。不過，對於妳**

38. 參閱 *Saint Teresa of Avila: A Spiritual Adventure,* Tomás Alvarez and Fernando Domingo.（Washington D.C.： ICS Publications, 1981）。

39. 這是 Dr. Avelino Senra Varela 仔細求證的結論，他是西班牙加地斯（Cádiz）大學的病理學家和教授，一九八二年三月廿二日，他在亞味拉的德蘭中心（Teresian Institute）曾發表一篇文章，見”*La Enfermedad de Santa Teresa de Jesus*”，Revista de Espiritualidad 41 （1982），pp.601—612。

那可怕的磨難，及妳的非常孤獨，我並不驚奇。雖然上主已經施恩給我們，給予妳德行和勇氣忍受這些考驗，妳不得不感受其身體上的效果。」㊵

創會姆姆的情況中，有個更深入的困難，使得已經虛弱的身體惡化，就是她極度不在意自身得到的照顧和休息不足。令我們驚奇的是，醫師必須告訴她，如果她不要半夜兩點還在寫信，她頭部的情況會好轉，也要警告她，絕不要在半夜裡書寫㊶。

如果磨難會殃及她的身體狀況，她身體的疾病，反之亦然，也會影響她的精神。她承認：「**我往往向我們的上主抱怨，可憐的靈魂要分擔好多身體的疾病；彷彿靈魂必須受制於身體的定律，分受身體的需求和事物。**」（29．2）

一五七七年的聖誕夜，大德蘭又增加了一個病，在亞味拉聖若瑟隱修院的樓梯上，她跌下來，摔斷了手臂。由於沒有處理好，有位著名但無執照的醫師，從梅地納來為她行折骨術。再次折骨以矯正畸形，這是最痛苦的治療，不但沒有改善病情，反而更加惡化。大德蘭的左手臂因此而殘廢，什麼都不能做；她的餘生一直需要幫助，即使是簡單的事，如穿衣和脫衣。

若是說大德蘭是有意不照顧自己，她親身經歷的身體疾病與心靈磨難，卻增強了她的能力，同情其他受苦的人。在寫給古嵐清的一封信中，談及一個靈魂能有的滋養品，沒有比磨難更好的，她也清楚明言，這個確信，不會除去看見別人受苦時的痛苦。「**我的意思是，在自己受苦，和看見近人受苦，兩者之間必是截然不同的。**」㊷因此，她命令，特別是患病者，應得到充滿愛的照顧，關心她的舒適，表示同情。健康的修女要準備好受窮，

40. 一五七八年六月四日，寫給瑪利亞．聖若瑟的信。
41. 一五七七年二月十日，寫給勞倫的信。
42. 一五七九年四月廿九日。

不致使患病者失去體貼的照顧。

有時，我們會很想知道，在十六世紀，靈修上的苦行，對於身體與心理的衛生會有多少覺知。大德蘭對待她的修女們，顯示出對隱修院衛生的明確關心。她希望在健康的環境建院，要求入會者有良好的健康，由院長來評估，如果院長生病，則是副院長評估。她建議修女們要有六個小時以上的睡眠。她強調清潔，特別是在照顧病人時㊸。

大德蘭的著作充滿對各種疾病的意見：三日或四日熱、心臟病、結核病、吐血、頭痛、頭昏眼花、胃痛、乳癌、著涼、感冒、瘟疫、肝炎、痛風、坐骨神經痛、斑疹傷寒、腫瘤、側邊痛、肩痛、癱瘓、結石、風溼、牙痛、皮疹等等。她靈活又正確地使用當時的醫學術語。

她也表達出十分熟悉當時的治療法。她所說和勸告的不同良方，是基於十六世紀的藥典：橘子花水、洋菝葜、堅果、香菜、大黃、歐洲野薔薇、薰衣草等等。從大德蘭當時代某醫師的敘述中，我們可以窺看這些藥方的使用：「香菜是好的，但也不是太好。大黃的作用有助於消化良好、催瀉和驅蟲。歐洲野薔薇有豐富的單寧酸，用來止血和預防腹瀉；薰衣草用於風溼症和挫傷，將之放入酊劑中做為興奮劑，也可煙燻薰衣草作為消毒劑。」如果她在信中或其他地方所寫的，有關疾病的症狀、藥方和治療，她從未想要自行下藥，而是常常表示尊重醫學和醫師。她常指明醫師特別開給她的藥方，及勸告人與醫師商談。她也非常小心辨識重病與小病。發燒是警告的記號，要予以關心。

大德蘭詳述加大利納·桑托巴·柯蒂內斯那令人無法置信的疾病時，她明言，最重要

43. 參閱《會憲》17 條；一五八〇年二月一日，寫給瑪利亞·聖若瑟的信。

的是把事情弄清楚。儘管她親身經歷所有的疾病，人家告訴她的，許多有關加大利納患病的事，她還是覺得這麼震驚，所以她親自詢問醫師，為印證事實。談到加大利納的這些病，大德蘭也列舉了當時的治療方法：放血、拔火罐、燒灼、傷口上撒鹽。其中的一些療法是極疼痛的。（22・14-16）

至於精神和情緒的病，創會姆姆將之統稱為「憂鬱症」。《建院記》第七章等於是談憂鬱症的一篇小論文。讀者會很驚訝於其觀察力之敏銳，及對人類心靈的深入了解；這是出自一位在醫學上、甚至連最基本的訓練都沒有，也沒有讀過任何相關書籍的人。在當時，人們以為四種體液之一的黑膽汁過多，會造成憂鬱症，導致心理和情緒的失常。大德蘭的憂鬱症小論文，是西班牙後來相關主題的先驅。甚至安德・貝拉斯克斯（Andrés Velázquez）的《憂鬱症之書》（*Libro de la Melancholy*）於一五八五年發行於塞維亞，也是在大德蘭逝世後。

在這一章中，德蘭姆姆警告院長們，無論她們如何努力，從團體中排除患有憂鬱症的望會生，「這是如此地難以捉摸，在必要時，呈現的情況很不明顯，所以我們認不出來，除非到了無法補救的地步。」（7・1）收納患有憂鬱症者，足以擾亂整個團體的安寧。對於有此體液的人，其用來得逞己意的花招，她要院長們提高警覺。必須找出並了解這些花招，以之管理患有此病者，方不致傷害到其他的修女。

大德蘭對嚴重患者提出的處理方法，至今仍然有效：這種情況要當做重病來照顧；患病修女應該隔離；應該很有愛心地對待她，但也要明白，只要她自認為可以隨心所欲，就不能返回團體；允許她返回時，極重要的辦法是讓她負有職務，不讓她有機會胡思亂想；有時，這種體液能藉服藥而減輕。大德蘭建議，像這樣的修女不要吃魚，顯示出她知道飲食的重要。在當時，人們大概認為魚不像肉那麼營養。

宗教法庭

在西班牙境內，基督徒、猶太教徒和伊斯蘭教徒混雜一起，造成複雜的宗教和種族問題，促成組織一個法庭，其解決之道是強制信奉正統的基督宗教。西班牙處於存有許多異教觀點的地方，北方的新異端能輕易地進入和紮根，為此，若絲毫偏離最嚴格的正統宗教，西班牙的宗教法庭是無法忍受的。其所害怕的是，任何小小的偏差，都會開路給公然的異端。受宗教法庭調查是件嚴重又危險的事，更不用說可能惹來的所有閒言閒語，及喪失名譽。大德蘭的《自傳》中，她自嘲會被宗教法庭告發的憂慮，她說，如果她對自己的信仰有什麼害怕的事，她會親自去找宗教法庭。（自傳33．5）證明她如此無畏的機會來了，當她居住在塞維亞時，有人向宗教法庭告發她。（27．19—20）

塞維亞隱修院建立後不久，首批的初學生進來了。其中有一位四十歲的寡婦，她是在家修行者，享有聖德的美名，已備受人們肯定。她的名字是瑪利亞．柯羅（María del Corro）。她的年紀，及她個人的靈修，使她把德蘭加爾默羅會的生活改造成苛求的雜活，她又必須不斷地求寬免這個和那個。此外，在加爾默羅會內，她所依賴的聖德，再沒有人讚美了。最後，迫於接納自己的失敗，她偷偷地離開隱修院，沒有告訴任何人她的意圖。然而，她發現，先前視她為聖女的許多人，現在反而嘲笑她沒有能力度隱修院的生活，她於是尋找補償的方法。她得到告解神師的幫助，這位神師是站在她那邊的，她在宗教法庭前告發德蘭姆姆和依撒伯爾・聖熱羅尼莫，說她們非常相似光照派者（*Alumbrados*），並且取笑宗教法庭。

這個消息迅速傳遍全城，古嵐清開始受責備，因為他把這些修女帶來塞維亞。創會姆姆整天受威脅，會被送去宗教法庭，而且被勸導要做一生的總告解。古嵐清作證說，有一天，當他去修女那裡時，不期然地發現，修院外有許多的馬和騾子，也立即認出來，那是屬於宗教法庭審判官的，這些審判官正在修院內。當他能和大德蘭談話時，發覺她正興高采烈地希望受到公然的侮辱。大德蘭親自寫道：「**這些事不只沒有帶給我愁苦，反而賦予我歡享一種附帶的喜樂，使得我無法自抑。**」（27・20）她繼續說，她一點也不驚奇，達味王在約櫃前唱歌和跳舞，因為這是她當時想要做的感受。不過，古嵐清可沒有覺得想要唱歌和跳舞。整個事情令他痛苦極了。他不能抹掉記憶中的一個事實，就是他曾命令大德蘭來塞維亞建院，恰恰違背大德蘭在祈禱中得自上主的神諭和內在的光照，上主告訴她去馬德里建院是為她更好。

大德蘭是否被要求離開隱修院，在宗教法庭前作證，不得而知。無論如何，這時，她確實寫了一份靈修生活的報告給羅瑞格・阿爾巴雷斯（Rodrigo Alvarez），他是耶穌會士，宗教法庭的一位顧問[44]。結果，大德蘭被宣判無罪，她的答覆謙虛又智慧，加上她寫給阿爾

44. 見 *Spiritual Testimonies* 58、59。

巴雷斯具有靈修特質的報告，留給法庭深刻的印象。雖然如此，瑪利亞・柯羅告發依撒伯爾・聖熱羅尼莫和大德蘭時，巧妙地碰到團體的痛點。依撒伯爾是個憂鬱症病患，團體大概不會選擇讓她去面見宗教法庭的審判官。

男會士之間的衝突

真福若望・穌雷（Bl. John Soreth）擔任加爾默羅會總會長時[45]，他謀求促進守嚴規的生活，除去十五世紀男會院的弊端。他特別關心已得到批准的常規，但這並不包含守貧。在這些常規中，男會士畢生可以擁有不受限的存款，及不使用的實物，並可將實物遺贈給其他會士或團體。這個逐漸毀損的守貧，導致雙重的生活水準，一是富裕的，另一是貧窮的。不過，西班牙始終和修會的其餘部分隔離，因此，若望・穌雷未曾涉足伊比利半島，他熱烈革新的努力，對西班牙毫無影響。在西班牙的加爾默羅會士之間，除了皇家對改善修會的普遍興趣之外，也不曾主動地興起任何的革新運動。

到了尼古拉・奧德（Nicolás Audet）擔任總會長時[46]，加爾默羅會士再度認真地轉向革新。革新的事項再度涉及守貧，但也有以下諸項：教育，糾正兄弟們的無知，防止不恰當和不學無術的人登上講壇；日課，每座會院至少有六位司鐸，負責在經堂舉行白天和夜晚的日課；及有關居住會院外和離開會院的法規。然而，奧德的努力改革在西班牙導致大批會士出會。在卡斯提，超過半數的該省人員放棄修道，造成省會徒留少數會院和不足的人數。在安大路西亞，所有的革新努力完全失敗。

45. 一四五一至一四七一年。
46. 一五二四至一五六二年。

奧德的總會長領導角色之後，繼起的是洗者若翰・羅西，就是大德蘭敬愛的魯柏。他繼續致力於革新，但在現存的責任框架內。一五六六年，他來西班牙視察，卡斯提會省經奧德的改革後，共有九座修院，一百多位男會士。

《建院記》第二章中，大德蘭熱情地述說魯柏，他非常親切慈善，安慰並鼓勵大德蘭。雖然如此，有一件總會長表示不情願的事，就是有關建立幾座男會院，所度的生活方式和大德蘭的修女類似。總會長離開後，姆姆寫信給他，再一次呈上她的請求，這時，魯柏同意了。一封發自巴塞隆納的信，寫於一五六七年八月十日，他給予許可，堅持這些建立的新院，必須稱為默觀的加爾默羅會男會院或修道院。當遇有需要時，男會士也要幫助他們的鄰居，他們要遵守「老會憲」（即穌雷所著，經奧德和魯柏修訂的）。他們要隸屬省會長，只准許建立兩座男會院。由於在嘗試改革安大路西亞省時沒有成功，魯柏在他信的口氣中，顯出對可能的問題相當擔心。他說：「我們的意向不是要引發可怕的爭吵，而是要助長成全的加爾默羅修會生活。」默觀的加爾默羅會士必須服從卡斯提會省，度合一的生活，而且「如果任何時候，有任何會士，假借度更成全的生活，依仗王公貴族、教宗詔書及其他來自羅馬的特許，尋求和省會分離，我們鄭重宣布，他們是受惡神引導和誘惑的人，是煽動叛亂、爭吵、競爭和野心的禍首，欺騙和喪失他的靈魂。」[47]魯柏是當時的宗座代表，經授權能夠在其文件中，使用聖座的語式。很不幸，魯柏擔心的許多事情，真的都發生了。

如果大德蘭藉著她那鼓舞人心的領導，能夠使所創立的女隱修院之間維持同質性和統

47. *Monumenta Historica Carmel Teresiani*, ed., Institutum Historicum Teresianum（Rome： Teresianum, 1973—）1．67—71。以下簡稱 *Monumenta*。

一性，在男會士之間則非如此。《建院記》第十四章中，談及在杜魯耶洛，最初小團體所度生活的美好敘述之後，她做了一個很有意思的評論說，對她所說的，不要他們厲行補贖的話，他們並不在意。

杜魯耶洛地處偏遠，故其進展緩慢。當大德蘭遇見安布羅西歐．瑪利安諾時，她十分欣喜，因為提供給她建立第二座男會院的機會，這就是在巴斯特日納。那那裡，人數快速成長，不過，其中有些成員係來自安大路西亞的男會士，而這個會省的人，在總會長試圖予以改革時，彼此糾紛不和。事實上，安大路西亞很快就成為大德蘭實現理想的禍根。當總會長聽到一些新入會者時，他在一五七〇年八月八日寫的信中說：「我們獲悉所發生的事，可能會引起異議和爭吵。」他要求，西班牙和葡萄牙會省的成員，應先有他的書面同意，方能收納進入「默觀的加爾默羅會，或如一般人所稱的赤足會」。接下來，他禁止默觀的加爾默羅會院，從安大路西亞收納曾被他處罰、或已經背叛及對他的服從義務桀驁不馴的會士。他禁止這事，「以免整個默觀的羊群被他們敗壞⑱。」

當魯柏在西班牙執行他的革新任務時，斐理伯二世也在計劃他的修會革新，加爾默羅會包括在內。這是不足為奇的，因為按照斐理伯得到的消息，北歐路德派的成功因素，係由於修會會士的鬆懈⑲。

得到教宗碧岳五世一五六六年十二月二日的詔書 *Maxime cuperemus*，國王的第一個動作是，命令主教們執行視察各修會。執行這些視察必須經由代表，而他們應由該會省會長正式指派的會士陪同，至於加爾默羅會、聖三修會和聖母贖虜會（是守嚴規的人數較少的

48. 見 Joachim Smet, *The Carmelites*, 2：52—52。
49. 見 *Monumenta* 3．560。

修會，缺少能協助主教實現改革緩規者），一五六七年四月十六日，另一詔書*Superioribus mensibus*，命令要有兩位道明會士陪同主教的代表。

國王的行動完全不理睬這些修會具有的特權，及特利騰大公會議的法令，即把改革委託於修會的長上。再者，加爾默羅會在一五六四年的總會議中，已經宣布放棄緩規，屬於嚴規修會。魯柏向聖座呈上報告，陳述他的西班牙視察，並請求廢止國王的視察。不過，在這同時，斐理伯改革的第一步驟失敗了。事實上，當斐理伯決定免除道明會士的協助，把一切交在教區神職和在俗教友手中時，情況更糟。安大路西亞會省中，曾經被魯柏開除和免職的加爾默羅會士，謀求得到新視察者的寵幸，得以復職，並赦免其絕罰的處分。魯柏獲悉這事，憤慨地指出，他處以的絕罰，其豁免權是教宗嘉禮三世（Callistus III，一四五五—一四五八）保留給聖座的。

或許因為總會長們的抱怨，教宗碧岳五世決定撤去主教手中的視察職。一五七〇年一月十三日正式撤銷宗座詔書*Superioribus mensibus*，教宗轉向另一個解決方案，把改革的工作交在總會長的手中，各自負責其修會。不過，他做了一個細心的破例，把加爾默羅會、聖三會和聖母贖虜會的革新委託道明會男會士，他們繼續留職四年，擔任宗座代表。如果有必要，四年後命令仍可延續。

伯鐸．斐南德斯和方濟各．巴加斯，兩位道明會士被任命為加爾默羅會的視察員，前者在卡斯提，後者在安大路西亞。他們有權命令會士遷移會院或會省，協助長上們的職務，也能從道明會或加爾默羅會中，指定代理的長上。他們受命執行視察所有必要的行動，糾正和改革所有男、女會院的長上和成員。

魯柏憂慮不已，其回應是緊急派出二十位代表，前去保護西班牙加爾默羅修會的權益。這些代表受命不可准許違背修會革新的立法，也不准許任何侵犯聖座給予修會的特權。大德蘭的男會士和先前會士之間的爭吵，大多半起因於對於聖座賜予的權柄，有不同的種種解釋。

道明會士斐南德斯機智又圓融地，在加爾默羅會正規合法的範圍內，執行他的職責。正是他，於一五七一年，視察亞味拉降生隱修院後，命令大德蘭中斷創會的工作，回到她原來的修院當院長（19．6-7；21．1）。大德蘭接受命令，盡力改善那會院的物質和心靈的福祉。

大德蘭和道明會士斐南德斯之間，有很深的互相尊重，也發展出良好的工作關係。德蘭姆姆愈來愈轉向斐南德斯，向他請求必要的許可。一五七一年六月，大德蘭曾寫信給亞味拉主教的姊妹，瑪利亞．曼多撒夫人，談及一項許可：「我們能向省會長請求准許，而您能告訴團體接受他們。另一個選擇是，我們能找視察神父，他會立刻給我們許可。我更容易和他工作，甚於省會長神父，因為省會長就是不回答我的信，無論我多麼常寫給他。」

有如修女們的情況，斐南德斯也同樣負責大德蘭的男會士，希望藉此推展革新。然而，這個行動對正要起步的新默觀團體卻招致損害。

安大路西亞完全是另一回事。方濟各．巴加斯切望在他的轄區內推行革新，一五七一年十一月，他寫信給安布羅西歐．瑪利安諾會士，這位是大德蘭為創立巴斯特日納會院接

50. 見 *Spiritual Testimonies*, 16。

收的會士，巴加斯命令他在塞維亞創立一座與巴斯特日納同樣的男會院。他也決定，這座新院不屬安大路西亞加爾默羅省會的管轄，而且只收錄來自世俗的望會生。巴加斯給瑪利安諾的命令，違反魯柏為默觀男會士規定的約束。實際上，由於求助於大德蘭的男會士革新加爾默羅修會，兩位宗座視察員都越過了總會長設定的界限，當時，他只許可少數的默觀男會院。

一五七〇至一五七五年間，建立了七座默觀的男會院，再加上大德蘭有較多直接參與的原先兩座（杜魯耶洛和巴斯特日納）。在卡斯提建立的四座新院：亞爾加拉、亞爾多米納、拉羅達、奧默多瓦，其建立經總會長的批准。問題出於安大路西亞建立的會院：塞維亞、革拉納達和培紐耶納。最後三座是因道明會宗座視察員巴加斯的要求，卻違背了魯柏的命令。

這時，道明會視察員的任期屆滿，大德蘭在降生隱修院的院長職亦然，整個局面大大改變，以致總會長、省會長，甚至連大德蘭也驚慌。魯柏驚慌，因為所建立的修院沒有徵詢總會長，甚至違背他明示的禁令；省會長驚慌，因為在他的管轄區內興起的加爾默羅團體，事實上是自治的，他們的改革和習俗不同於修會的傳統；大德蘭驚慌，因為她觀察出來，男會士已偏離方向，不同於她的展望。

在《建院記》中，她流露自己的感受，當時她寫道，如果不是對上主的信賴，有時她會很懊悔建立男會院。她承認他們沒有領導者，也抱憾他們沒有一致同意的《會憲》。她不贊成地評論說：「**每個會院各行其道。**」（23．12）大德蘭沒有說她的理由，我們只能猜測，她起初並不願意在安大路西亞建立男或女的修院。事實上，當她在貝雅斯建院時，她以為那是在卡斯提。直到修院已經建立，她才發現，貝雅斯在國家的行政版圖上屬於卡斯提，但在教會的管轄上，卻屬於安大路西亞。

正是在貝雅斯，她欣喜萬分地會見「**大師會士熱羅尼莫・古嵐清神父**」。此乃創會姆姆的祈禱獲得應允。這位會士博學又有靈修，明顯地具備挽救大德蘭創會所需的政治能力。關於在貝雅斯令人鼓舞的經驗，大德蘭寫道：「**在那幾天裡，我受到無比的安慰和滿足，真的連我也對自己感到驚奇。**」不過，或許最驚訝的是古嵐清，他確實聆聽了大德蘭的意見，談及男會士、他們的問題和其他事情。後來，古嵐清自己熱情地寫下這些的會見：「她告訴我每一件她知道的事，教給我許多的道理、規則和勸告，關於她教導我的，我能夠寫下一本大書[51]。」在決定性的會面之前，巴加斯已經任命古嵐清，擔任安大路西亞加爾默羅會的宗座視察員。在被任命的這時，古嵐清才發願一年多，在他入會前，他已經被祝聖為司鐸，且已獲得神學博士學位。

一五七五年五月二十二日，加爾默羅會在碧山城召開大會，立即提出安大路西亞赤足男會士的問題。他們直言不諱地重申，到現在為止總會長採取的立場。凡被立為長上，不服從修會內正當的長上者，或者，已接受職位或所住的修院和地方，是正當的長上所禁止者，一律開除。安大路西亞赤足男會士的修院，要在三天內廢棄。男會士和隱修女不准完全赤足行走，「因為《會規》中完全沒有規定像這樣的事。」他們也不可自稱為「赤足的」，而是「默觀的」或「原初的」。不可稱「赤足的」，而稱其他的「穿衣的」[52]，在修

51. 見 *El Carmelo Teresiano,* I. Moriones, p.101。
52. 「穿衣的」（of the cloth）：西班文是“*Paño*”，聖女大德蘭常以此稱呼非赤足的會士。

會內製造分裂。

前一年，一五七三年八月十三日，新教宗國瑞十三世宣布，道明會士的視察結束，下令從那時起，加爾默羅會應該由總會長及其代表視察。然而，授予道明會視察員的職務仍在有效期限內。後來，宗座大使奧曼尼多得到擔保，召回道明會視察員，絕不會影響大使視察和改革修會的職權。聖座正式撤銷視察員，卻什麼也沒有告訴國王，此舉觸怒了他，國王傲慢地宣布，教宗國瑞的詔書無效，因為缺少他皇家的贊同。

確實是當古嵐清在貝雅斯時，奧曼尼多大使召喚他去馬德里，一五七五年八月三日，大使不僅確認他現行的職務，而且擴大他的權限，兼任卡斯提男會士和隱修女的改革者和視察員。古嵐清接受的動機，不太在於想要改革非赤足會的男會士，卻在想要保護大德蘭的男會士——或稱「默觀的會士」——不被取消。還有，在他視察的期間，他力求建立自己男會士的修院，好使這個團體深入紮根。於是乎有人猛烈地指責他接受任命乃厚顏無恥，野心勃勃[53]。

先前在貝雅斯時，古嵐清相反創會姆姆的渴望，命令她更深進入安大路西亞，在塞維亞建院，那是個富裕、令人感覺美好的城市，擁有三萬居民，面向前去西印度地區[54]的大門。大德蘭無奈地順服，寫道：「**這個恩惠是我們的上主賜給我的，認為長上在一切事上是對的。**」的確，塞維亞的建院結果，成為大德蘭最艱苦的建院之一。如果在那時，她的弟弟勞倫沒有從西印度地區返回幫助她，姆姆的建院可能會一無所成。開始時，不像在卡斯提，安大路西亞人不覺得有興趣幫助她。

53. 見 *Monumenta* 3，557—58；560—61；578。
54. 西印度地區（the Indies）：此處泛指西班牙當時在中南美洲的殖民地。

現在加給大德蘭多一個磨難，就是擔心古嵐清的性命。一五七五年，古嵐清身為改革者，從馬德里回到塞維亞加爾默羅男會院，帶著大使的特許狀，會士要求把特許狀給他們，他們要做個複本。當古嵐清明理地拒絕給出時，引起八十位男會士的小報復。謠言迅速傳遍全城，說古嵐清的生命處於危險中。當然，謠言傳入德蘭加爾默羅會的大門，在那裡，自從修女們知道，聖母獻堂日（十一月二十一日）這一天，要開始這令人擔心的視察時，她們已經在祈禱了。她們也都熟知那些嚇人的故事，不久前，在加泰隆尼亞（**Catalonia**），一位改革者已被刺死。謠言發生時，流言也傳入加爾默羅隱修院，這個版本說的是，古嵐清已經被殺死了。面對騷亂和表面的不服從，古嵐清不顧大德蘭的勸告，採取報復的行動，這位年輕的加爾默羅視察員，對這些男會士懲以絕罰，因而給這滿是醜聞的城市，帶來更多的醜聞。

雖然熱羅尼莫．古嵐清神父已經表明他的職權，仍在爭論他是否有什麼權柄，直到次年的一月，都不許他開始視察。雖然如此，事情發展的結果，古嵐清絕不是一位令人害怕的暴君。事實上，在他視察的過程中，有人向他抱怨，說他沒有以須有的嚴格來視察。特別提倡更嚴格的人是安布羅西歐．瑪利安諾，及若望．卡罕．帕迪亞（**Juan Calvo Padilla**），他是卡斯提的司鐸，他致力於修會的改革工作，受到國王的敬重。另一方面，也有人抗拒古嵐清慎重的改善方法，散布有關他的惡意的謊言，企圖損毀他在馬德里和羅馬的聲譽。

在發生這一些擾亂事件的期間，魯柏於一五七五年十一月十日，委派督斯達多擔任視察員、改革者和西班牙會省的總代表。他給督斯達多的指示是，強迫執行碧岳五世的視察員所制定的法規，及碧山城總會議，尤其是教宗國瑞十三世的法規。督斯達多的職權上有兩個限制：他不可准許任何人加入默觀的男修會，也不許默觀的男會士建立任何修院。魯柏把這些許可權保留給自己。督斯達多尚未抵達之前，已經謠傳他要來摧毀大德蘭的工作，奧曼尼多大使奉勸督斯達多延遲安大路西亞的視察，先去葡萄牙。

大德蘭的男會士中間，這個運動到此為止的發展，已經到無法轉變形勢的地步。他們的人數將近三千，贏得人們及皇家宮廷相當的好評，又獲得奧曼尼多大使的強力支持。一五七六年八月三日，古嵐清率先倡導，這些男會士宣稱自己是分離的會省，包括十座女隱修院及九座男會院。

一五七五年六月，大德蘭已親筆寫一封憂慮的信給魯柏，設法向他解釋一切。她向魯柏擔保她的愛、欽敬和祈禱，及所有修女的祈禱。至於男會士，她坦白地說：「他們在防衛自己的地位，我真的認為，他們是您的忠誠兒子，渴望不觸怒您。然而，我還是不能不責備他們。現在他們似乎開始明白，他們應該隨從不同的路線，不要使您不悅。」指出這些會院的建立，乃出於巴加斯的宗座授權，大德蘭提到男會士的數目，及在人們、甚至國王的心目中，他們深受敬重。她這麼寫，是為了要警告魯柏，避免任何猛烈的措施，惹起人們和國王反對修會。接著，她懇求說：「作為真正的父親，忘掉過去，記得您是聖童貞的僕人，對那些辛勞地尋求擴增她修會的人，如果您停止幫助，她會感到不悅的。」另一個請求是平安，一五七五年十一月，她催促古嵐清向總會長傳達，表明對他應有的順服：「所做的事違反他的意願，但有您給他的一些親切話語，或對他的關心，這就夠了。我的神父，您看，我們是向他許願服從的，這麼做，什麼損失也沒有。」

一五七六年二月，大德蘭更進一地努力向魯柏解釋，她熱切地保護古嵐清，述說他如何抗拒和不願從事加給他的職責，視察安大路西亞：「自從我們到這裡，他們處處幫助我們，正如我寫給您的，我發現這裡的人很有才幹和學識。如果在我們卡斯提會省，能有些人像他們，我一定會很高興。」再加上她典型風格的話：「我一點也不驚奇，他們對所有的視察和改變感到厭煩。」

再把話題轉到古嵐清和瑪利安諾的問題上，顯然地，她把這一切化為求情：「不過，請您考慮，孩子做錯的特點是，父親寬恕和不看過錯。為了我們上主的愛，我懇求您賜給我這個恩惠。」然後，她為自己請求，希望魯柏會聽她的建議：「想想看，為了許多的理由，這是可取的建議，或許您遠在那裡，不像此地的我了解得清楚，即使我們女人家不適宜提出建言，有時我們是對的。」

大德蘭於一五七六年從塞維亞返回，一五七七年五月，古嵐清結束在安大路西亞的視察。在南方召開一個會議之前，古嵐清前去馬德里，和教廷大使磋商。然而，一個意外的不幸事故翻轉了他的計畫。一五七七年六月十七日夜間，奧曼尼多大使逝世，滿是聖德的芬芳，他的名下分文不留，完全給了窮人。雖然國王通知古嵐清，他擔任視察員的職權，並不因大使的逝世而終止，然而，新大使裴理伯・謝加並不同意，企圖說服國王，放棄奧曼尼多倡導的革新計畫，留給修會自己去改革。此外，謝加大使通知古嵐清，因奧曼尼多的逝世，他的職權已經中止。

雖然來到西班牙的謝加，滿懷反對大德蘭及其男會士的偏見，他還是希望先調查整個事情，好能對所發生的事有較好的判斷。國王則相反，他偏袒的是大德蘭和他的男會士，他肯定而且堅持，大使要有助理協助，對於加爾默羅會兩派會士之間的不同，獲取正確的資訊。

一五七八年十月，默觀的男修會犯了表面上的大不敬[55]，在奧默多瓦舉行會議，這個會議是之前兩年，由古嵐清仍有職權時決定的，謝加立刻採取行動。一五七八年十月十六日，他宣布會議無效，並處以絕罰，禁止獲選的安道．耶穌擔任省會長。謝加採取安全措施，遂把大德蘭的男會士和隱修女隸屬卡斯提和安大路西亞的省會長管轄，即若望．古提業雷斯（Juan Gutiérrez）和狄耶各．卡德南斯（Diego Cárdenas）。這些省會長喧嚣地聲稱自己的職權，以粗魯的方式，正式通知默觀的男會士和隱修女。當省會長的使者們來到亞味拉聖若瑟隱修院時，大德蘭記述修女們的經驗：「那是個審訊的早晨，所有在場的人——法官、律師和紳士們——都震驚於他們缺乏修道人應有的行為，我覺得非常憂傷。我很樂意告訴他們我的想法，但是我不敢說話。」[56]這些公開的場面，在大德蘭的其他隱修院重現，無論是在卡斯提或安大路西亞。

大德蘭男會士的領導者，安道．耶穌、安布羅西歐．瑪利安諾、佳播．聖母升天和古嵐清都被絕罰，拘捕於不同的修道院內，直到調查結束。古嵐清關在馬德里加爾默羅修院內，他坦白承認，非赤足會士中，有些人非常善待他。

在這一切的騷動之前，魯柏已逝世於一五七八年九月，享年六十九，係因之前兩年，

55. 就是說，沒有遵照教宗詔書的要求及規定。
56. 一五七八年十月，寫給羅克．胡耶塔先生（Don Roque de Huerta）的信。

從騾子上摔下來所受的傷害。大德蘭悲傷地向古嵐清寫及這事：「聞訊之日，我只是哭泣又哭泣，為了我們給他造成的所有磨難，我感到極度的痛苦，他確實不應受到這些磨難。如果我們前去稟告他這事，一切都會順利地進行[57]。」

當男會士的領導者被囚禁時，大德蘭透過書信和推薦函，著手進行支持男會士的運動，她寫給凡她能想及的許多有影響力的人。她接連不斷致書馬德里、羅馬及其他地方，寫給國王、主教和高貴人士，及任何她認為能幫助的人。

當大使的調查員獲悉，省會長執行視察默觀的會院時，其蠻橫的方式，還有散布反對古嵐清的謊言，他們中有些人希望首先提防這事，延遲調查，尤其是古嵐清被控的過失。謝加說：「不！」堅持應首先處罰古嵐清。

古嵐清的處境進退維谷。他知道如果他否認反對他的控告，就要開始進行辯護的法律訴訟，大德蘭的男會士也會同時敗陣。另一方面，如果他順服指控，他就會因沉默而承認那不是真的事。經過向許多位神學家請教，如同他們的習慣，出現不同的意見，他最後做出決定，為了赤足會的益處，他不要製造麻煩，為自己辯護[58]。

受委派的法官們非常認真嚴謹，處理加給古嵐清的刑罰，他們知道，他是不應受譴責的。謝加責備他們中的一位，說他想要做個護慰者，而非法官；受指責的法官厲聲頂回說，謝加想要做個控訴者，而非法官。結果，對古嵐清的所有責難全被赦免，但被剝奪選舉權和被選權，送返亞爾加拉的默觀修院，給予補贖，禁止他寫信和收信，特別是來自修女的信，或其他干預修會事件的信。

57. 一五七八年十月十五日。
58. 見 *Monumenta* 3，613—15。

至於瑪利安諾，在上述致書魯柏保護衛動會士的信中，大德蘭承認，她自己一再地受他困擾，但卻學會超越，因為她知道他是個怎樣的好人。當委員會前來調查瑪利安諾，聽取他的口供時，公證人詢問，他最後一次寫信，或和國王談話，是什麼時候。或許是已意料到，瑪利安諾迅速又漫不經心地說：「自從上一次。」公證人譴責他取笑大使時，瑪利安諾辯解說，這個問題不該有其他的答覆，因為問題本身暗示，一個臣民寫信給天主教國王斐理伯或和他談話是不對的。當然，一直都有人向國王報告所有發生的事。聽聞瑪利安諾的故事時，國王可能面露微笑，這是斐理伯二世難得一見的笑容。不難理解，瑪利安諾脫免處罰，出發前去赫雷斯．弗龍特拉（Jerez de la Frontera），從事國王贊助的工程計畫[59]。

這時尼古拉．多利亞神父登場了。在十四世紀末，巴塞隆納主要的私人銀行倒閉，義大利的金融家開始擔任起亞拉岡諸王的首要銀行家。熱那亞特別靈巧地利用機會，逐漸化身為西地中海的金融首都。熱那亞人定居在哥多華、加地斯（Cádiz）和塞維亞，他們占住一個又一個戰略要點，藉以在卡斯提的金融界鞏固地位。尼古拉．多利亞是熱那亞的銀行家，由於他的才能，已引起國王的注意。然而，有一次，他因遭遇海難而幾乎喪生，驚嚇萬分的他徹底地歸向天主，獻出他的財產施捨給窮人，最後加入塞維亞大德蘭的男修會，時年四十二歲。當大德蘭的男會士領導者全被拘捕和放逐時，大德蘭轉向的人就是多利亞。這位精明的熱那亞銀行家，順利地隱瞞他的真正理由，混進馬德里。當他住在非赤足的加爾默羅會院時，巧妙地處理有關大德蘭男會士的事情，不曾引起絲毫的懷疑。

59 同上，615。

古嵐清受判決之後，有一位調查委員會的會員辭職，他強迫謝加大使請求國王補缺。斐理伯二世答覆這事，「主動伸手恩待我們」，任命大德蘭的好友，道明會士伯鐸・斐南德斯，大德蘭說：「他清楚知道兩者如何生活的真相；我們全部的渴望，無非是明察事實真相。」在表達聽到這消息時的釋放，她又說：「就這樣，當我看見國王任命了他，致使事情得以完結，由於天主的慈悲，事實如此。」（28・6）這個委員會所做的是，讓安赫・薩拉察接管默觀的會士，他是原先卡斯提非赤足加爾默羅會的省會長。按古嵐清的看法，他是個溫和又謹慎的人，他主要的關心是安慰憂苦者，及倡導平安[60]。

《建院記》二十八章開頭，大德蘭快速地描述這些事件，並且許諾，對這整個事件，會有比她得到更多直接資料的人來寫。這個人就是古嵐清，他後來記述了男會士的建院，直到最近才被發現。大德蘭一再提醒她的讀者，在所有令人難過的衝突中，她最大的痛苦是總會長的不高興。在第二十八章中，她總結自己的兩難及不愉快的處境：

> 雖然我沒有幫助建立男會院，他卻對我深感不悅，這是我建立這些隱修院中，所經歷的最大磨難，即使我曾遭受的磨難很多。因為放棄幫助進展中的建院工作，從中我清楚看出，建院是服事上主，也是擴展我們的修會，那些極博學者，即我向之告解與討教的神師們，不同意我放棄，然而，與我長上的明顯意願相左，對我彷彿是個死亡。因為，除了對他應有的服從之外，我溫情萬分地愛他，而且有許多的理由服從他。事實是，雖然我願意在服從上取悅他，我卻不能，因為有宗座視察員，我必須服從他們。（28・2）

處在這些麻煩的幾年裡，大德蘭不可建立更多的新修院。然而，如她指出的，「我

60. 見 *Monumenta* 3・617。

們全都專注於不斷的祈禱和補贖，為使天主助長已建立的修院，如果這麼做是為了服事祂。」（28·7）塞維亞建院後過了四年，一五八〇年，她才重新上路。也是在這一年，大德蘭的男會士獲准成立獨立的會省，「為了我們的平安和寧靜，這是我們的全部渴望。」（29·30）大德蘭結論這個喜悅的結局：「現在我們都得到平安，無論是赤足或非赤足。不再有人阻礙我們服事我們的上主。為此，我的兄弟姊妹們，由於至尊陛下這麼好，俯聽你們的祈禱，讓我們趕緊去服事祂。」（29·32）

風燭殘年

有位農家女，一五四九年生於阿爾門德拉（Almendral，在托利多省），二十一歲時進入亞味拉聖若瑟隱修院，取會名為安納·聖祿茂。因天主賦予的特殊神祕恩寵，這位一九一七年被宣封為真福的加爾默羅會士，以驚人的單純接受神恩，結果，這些恩寵使她強烈地渴望在團體中服事他人，有時候同時身兼三份工作。一五七七年聖誕夜，大德蘭摔斷手臂後，她選擇安納做她的看護和祕書。真福安納成為大德蘭隨身不離的同伴。我們感謝她，因為大德蘭臨終日子的坦誠、心酸的記述，是她留給我們的。

一五八二年元月二日，德蘭姆姆離開亞味拉，前往布格斯建院時，她帶著她的侄女小德蘭，即她弟弟勞倫的女兒，與她同行。小德蘭雖然還不到十六歲，已經和修女們一同在隱修院內生活，希望等她夠大時，能成為團體中正式的一員。大德蘭帶她的侄女去布格斯的理由，是為了不給一些不值得尊重的親戚機會來施壓，強迫這個小女孩離開，為能獲得勞倫先生贈與聖若瑟隱修院的遺產。布格斯總主教對建立新院的持續刁難一旦克服，隱修院終於建立起來，大德蘭雖然仍在不穩定的病情中，她熱切地計劃返回亞味拉。小德蘭發願的時候近了，她也不願「**帶著這個小女孩，從一地到另一地**」。再者，大德蘭從古嵐清得到的命令是，布格斯一完成建院，立即返回亞味拉擔任院長。

安納．聖祿茂已指出，在前往布格斯的可怕旅途中，下雨、飄雪，洪水淹沒路面和橋梁，大德蘭的健康也不比天氣好。在抵達布格斯時，他們全都溼透了，所以晚上圍火取暖的時間比平常久。這造成大德蘭很大的傷害，夜間她開始暈眩，嚴重嘔吐。由於她的喉嚨已經發炎，引發出血的疼痛。接下來三個月期間，期待在布格斯建院時，卻是滿滿的失望，大德蘭身患重病，她的喉嚨疼痛不已，必須依靠流質食物。

終於，到了七月底，她能離開布格斯。她順路造訪帕倫西亞，留在那裡直到八月二十五日，然後前往瓦亞多利。在一封八月二十六日發自瓦亞多利的信中，她說，她的計畫是留在該地，直至九月八日，聖母的慶日，然後再到梅地納，最後「**賴天主的助祐……月底時在亞味拉。**」

創會姆姆在瓦亞多利的停留是很不愉快的。大德蘭的一些親戚，尤其是她姪兒方濟各的岳母，反對勞倫先生的遺囑，而瓦亞多利的院長瑪利亞．包迪思塔，是大德蘭的親戚，也是長期以來的朋友，支持那些抗議的親戚。由於創會姆姆堅決反對他們，瑪利亞．包迪思塔大發忿怒。根據安納．聖祿茂，當她們離開時，院長對她們砰然關門，告訴她們滾，永遠不要再回來。在寫給古嵐清的一封信中，大德蘭流露她的感受：「**在這裡，我和方濟各先生的岳母有很大的困難。她是一個古怪的女人。**」[61]她繼續說，因為在亞味拉隱修院宣布的事已經傳出，她信賴天主，這修院最後必會繼承一切。

抵達梅地納的時間，可能是在九月十七日，有意留在那裡十天，然後回去亞味拉，大德蘭卻接到一個很痛苦的命令。安道．耶穌是代理的省會長（當時古嵐清在安大路西亞），他來到梅地納傳達這個消息，創會姆姆必須去奧爾巴，因為那裡就要選舉院長，也因為奧爾巴公爵夫人要看她。久病中的她仍然虛弱不堪，盼望著回去亞味拉，大德蘭陷入很深的悲傷。代理省會長的命令及帶給姆姆的後果，深深地存留在安納的腦海裡。對這位忠心的護士來說，這件事是大德蘭德行的極重要典範。安納作證，她從未見過，對於長上命令的任何事，大德蘭這麼痛苦過。

至於在奧爾巴選舉一位院長，團體內似乎沒什麼做為是有建設性的。無疑地，安道神父認為，大德蘭的臨在會引發更好的行為，改變一些態度。在之前，八月六日，寫給建院恩人德蘭．雷氏的信中，德蘭姆姆指出奧爾巴團體的一些問題，直截了當地說，她對某些修女的行為感到不悅。她憂慮的是，沒有院長會久留在那裡，因為這麼多人都想避開這個職務。姆姆寫道：「**如果修女們都稱職**[62]**，誰是院長有什麼要緊呢？然而，這些是幼稚的做法，顯示出其所貪戀的，對赤足隱修女是完全不適宜的，在其他會院也不會找到。**」這就是大德蘭臨終時所在的團體。

不過，在她離開梅地納之前，創會姆姆也碰到和那裡的院長很不愉快。當她觀察出一

61. 一五八二年九月一日。
62. 英譯本“If the nuns are what they ought to be”，直譯是「修女們都是她們應該是的那樣。」

些不妥當的事，院長亞爾伯塔．包迪思塔感到不好意思，很是懊惱，回去她的房間。大德蘭憂慮，她的話語使這位常顯露良好精神的院長難過，深覺心情沉重，也回去她的斗室，沒有進食，又徹夜失眠。次晨，當她們離開時，安納告訴我們，送她們上路時，沒有給半點行路食糧。竟至到了靠近佩尼亞蘭達（Peñaranda de Bracamonte）時，大德蘭覺得快暈倒了，她病得這麼重，也虛弱萬分。除了一些無花果乾，沒有什麼食物可以給她。真福安納記述她的傷痛心情：「當我發現買不到任何食物時，我淚流滿面地看著聖女，因為她的面容看來已近乎半死。我絕無法言喻當時所感受的極度痛苦。我彷彿肝腸寸斷，當我看見她所處的苦境，我只能痛哭，因為我看著她瀕臨死亡，卻一籌莫展，幫不了她的忙。」

約在傍晚六點時，她們抵達奧爾巴，可能是在九月二十一日，聖瑪弟亞慶日。大德蘭以很深的喜悅和平安問候修女們，然後告訴她們，她已是精疲力竭，「天主幫助我，我是多麼疲倦！」於是比往常提早去休息。安納懷疑，她身上是否還有一根健康的骨頭。

雖然如此，創會姆姆還是沒有氣餒，次日，她起來，下去領聖體，甚至也去唱日課，參與會客室中的一些事務。這段期間的訪客之一是煩人的德蘭．雷氏，無疑地，她想要談論快要舉行的選舉，及其他的團體問題。

另一位訪客是奧斯定．雷耶思（Agustín de los Reyes），他是一位男會士，想要說服大德蘭，應該讓撒拉曼加的修女在大學城買一棟房子。不過，大德蘭反對這個觀點，因為所要買的房子位於太嘈雜的地方。和姆姆談了三個小時後，大德蘭還是絲毫不為所動。奧斯定最後對她說，總之，因為契約已經簽妥，木已成舟。大德蘭反問道：「契約已經簽妥？」

然後她明確斷言：「**已成定局？絕對不會！**」德蘭姆姆逝世後八天，撒拉曼加新房子的交涉也瓦解了。

這些日子裡，來探望大德蘭的訪客，也許是在九月二十八日，是她的妹妹華納・奧瑪達（Doña Juana de Ahumada），大德蘭向她表明渴望前往亞味拉。然而，到了九月二十九日，姆姆就此臥床不起。她出血不止，由此知道，她將不久人世。研究她最後病情的記錄描述，醫生們相信，大德蘭逝世的病因是子宮癌。

十月一日，團體選舉院長。她們想要和姆姆討論這些事，但她拒絕涉入。

十月三日，清早，放血的理髮師來為創會姆姆行吸杯放血（cupping），這是非常痛苦的療法，是當時的一種普遍治療術，用意是排出體內的一些液體或體液。

下午五點，大德蘭要求安道神父送聖體給她。雖然他想拖延到次日，最後，神父還是滿全她的心意，送聖體給她。在等候送聖體時，她請求修女們寬恕她立下的壞表樣，且要她們更成全地服從《會規》和《會憲》。她請求修女們不要效法她，因為她是最沒有遵守好的人。

聖體進入時，她的面容改變，光輝燦爛，閃耀著崇敬的美，使她看起來年輕許多。她大聲說出愛的衝勁如此熱烈，彷彿已快死的她，現在想要從床上跳起來，領受她的主。她大聲說出愛的熱情話語：「**啊！我的主，我的淨配！現在我們離開此流放之地的時候到了，我的靈魂歡躍於和祢結合為一，這是我深深渴望的。**」她還說些熱情的話，感謝天主使她做教會的女兒，使她死於教會內。承認她是個大罪人，她反覆唸著聖詠五十：「**天主！祢不輕視**

痛悔和謙卑的赤心」;「求祢不要驅逐我,疏遠我」;「天主!求祢給我再造一顆純潔的心」。晚上九點,她要求臨終傅油,也幫助誦念聖詠和別的祈禱文。

大德蘭臨終前夕,在她領聖體前後,及領受病人聖事之後,她大聲說出祈禱文的事,目擊者的作證有著共同一致的證詞。另一方面,她流露出自己強烈的痛苦感受,反覆地懇求天主的仁慈。她透過取自聖詠的詩句來表達,以拉丁文唸出,如她在經堂誦唸教會的祈禱學來的。另一方面,她表示知道已靠近和她的新郎基督結合,而她熱切渴望著這個時刻。這些話表明一種主動湧起的愛情能力和追求,而非被動等待的態度。「現在時候已經到了」。

再者,她感謝自己是教會的女兒時,她歡躍於念及慈母教會,在其中,她找到啟示的寶庫、信仰的準則、聖事的施行、基督的家庭;這教會,現在給予她基督的寶血,救贖的恩寵。

次日,聖方濟(亞西西的小窮人)的慶日,她滿臉散發光彩,手中握著十字苦像,她沉浸在祈禱中,很深的安靜和平安,整天沒有說話或翻動。到了晚上,在她死前兩個小時,由於真福安納一直留守在會母的身旁,安道神父要她離開去吃點東西。可是,大德蘭開始四下觀望,安道神父問她,是不是在找安納修女,她做出肯定的表情。當安納回來,大德蘭面露笑容,以溫柔的愛握住這位謙虛修女的手臂,把她的頭靠在安納的手臂中。聖會母一直保持這個樣子,直到晚上約九點到十點逝世。團體的所有修女都圍繞著她。她的侄女小德蘭、真福安納、安道·耶穌神父,還有多瑪斯·升天神父(P. Tomás de la Ascensión)也在場。

大德蘭逝世後，她的面容白潤光滑，彷彿雪花石膏，滿臉的皺紋消失不見，美麗非凡。一股強烈又怡人的芳香，開始從她的身體散發出來，瀰漫整個房間，宛如她深奧的著作，有一天也會傳遍全世界。沒有天主，沒有來自耶穌基督的恩寵，她的生命是不可解釋的。

親筆手稿

《建院記》的手稿一完成，可能留在奧爾巴隱修院，後來給了撒拉曼加的著名學者，奧斯定會士路易斯．雷翁（Luis de León），他被委派準備出版大德蘭著作的初版。他編輯的大德蘭著作，在撒拉曼加，一五八八年由紀耶爾莫．弗柯爾（Guillermo Foquel）出版，其中沒有《建院記》。給予的解釋是時間不夠。不過，很少人會質疑，此書省略尚有其他的原因，而書中提及的人物仍健在，也是原因之一。書中所讚揚的嘉思塔．帕迪亞，後來她離開加爾默羅會；還有那些對古嵐清的稱讚，當時，他正逢在男修會的職務上失寵。（10．8-16；11．1-11；23．1-13；24．1-4）

一五九一年，路易斯．雷翁會士過世，手稿傳到方濟各．索布里諾（Francisco Sobrino）的手中。然而，第二年，由於斐理伯二世全面致力充實他的圖書館，索取了這位卡斯提隱修女、改革者和神祕家的手稿。

除了《建院記》之外，《自傳》、《全德之路》及小品《論視察》的手稿，如今都存留在埃斯科里亞（Escorial），即斐理伯國王皇家修道院和王宮的大圖書館裡。

近二十年期間，由於這部著作還沒有付梓成書，因而複製了許多抄本。一六一〇年，大德蘭的兩位密友，古嵐清神父和安納·耶穌姆姆，實際上，在那時都從西班牙被放逐，他們承擔起工作，在布魯塞爾（Brussels）印出這本書。由於大德蘭沒有為此書取名，他們將書名題為《她的建院史書》（*The Book of Her Foundations*）。不過，他們的發行有其缺點。書中最迷人的篇章之一被取消，即十至十一章，談及嘉思塔·帕迪亞聖召故事的奇妙事件。此外，並非意外的事，古嵐清把他的更改和修正放進書中。最後，加入革拉納達的建院，這是古嵐清要求安納·耶穌寫的。革拉納達的建院，是大德蘭在創立布格斯隱修院期間，授權安納姆姆和十字若望會士建立的。在西班牙，此書的發行沒有廣受接納，因為其印行未經修會當局須有的許可，也因為編輯依靠的是有瑕疵的複本，而非那時無法查閱的親筆手稿。

即使是手稿，勤快的古嵐清刪掉一些話語，他以靈巧的方式刪除，還可以很容易看出原稿。他也在邊緣插入很多不必要的評論。這些評語寫於前七章。後來，道明會士道明·巴臬斯劃掉古嵐清的許多評註和修正，重新把大德蘭的原來話語清楚地寫入原稿，提醒我們，耶穌會士方濟各·李貝納（Francisco Ribera），在《靈心城堡》的手稿上，他對古嵐清的修正也感到難於接受[63]。古嵐清的修正，沒有被巴臬斯取消之處，會印在這個版本中。這和大德蘭的其他著作不同，在路易斯·雷翁的版本中，他對古嵐清的修正置之不理。手稿上最明顯的變動，到二十世紀才被斯培理奧神父（Fr. Silverio）解碼的，是第四章的最後一段：「**在這些會院中，上主賜予這麼多的恩惠，如果有一或兩位，天主現在帶領走默想之**

63. 見大德蘭，《聖女大德蘭的靈心城堡》（星火文化·台北，2013）73 頁，註解 1。

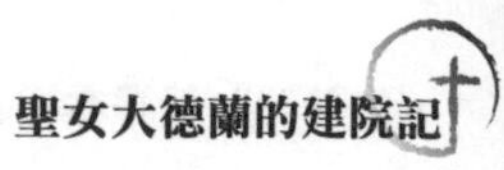

路，其餘的全都達到完美的默觀。」（4・8）古嵐清刪掉一些字，修改原稿成為：「在這些會院中，上主賜予這麼多的恩惠，雖然天主帶領所有的修女走默想之路，卻有些修女達到完美的默觀。」

一直要到一八八〇年，文生・福恩德先生（Don Vicente de la Fuente）出版了原稿的影印本後，讀者才有忠實的複本。斯培理奧神父的校訂版，首次提供給眾人大德蘭著作的可靠原本[64]。

《建院記》全書重點摘要：

1・談建立更多的隱修院（1－2章）
2・梅地納隱修院（3章）
3・祈禱的勸言
　A・成全祈禱的實質（5・2）
　B・如何得到愛（5・3－17）
4・對於一種心靈的神迷提出勸告（6章）
5・關於憂鬱症的勸告（7章）
6・有關啟示和神見的勸告（8章）
7・馬拉崗（9章）
8・瓦亞多利（10－12章）

64. 見 Teófanes Egido, "*Libros de las Fundaciones*", *Introdución a la Lectura de Santa Teresa,* ed. Alerto Barrientos（Madrid： Editorial de Espiritualidad）.

A．嘉思塔．帕迪亞的聖召（10．8-11章）
B．碧雅翠絲．降生的生平與逝世（12章）
9．赤足男會士的首座修院（13-14章）
10．托利多（15-16章）
A．聖德生活的範例（16．1-3）
B．聖德逝世的範例（16．4-7）
11．巴斯特日納，隱修女與男會士（17章）
12．撒拉曼加（18-19章）
A．旅行（18．4-5）
B．告誡院長關於克苦與服從（18．6-13）
13．奧爾巴與德蘭．雷氏的故事（20章）
14．塞谷維亞（21章）
15．貝雅斯（22-23章）
A．加大利納．桑托巴．柯蒂內斯的歸化與聖召（22．4-24）
B．古嵐清的生平與聖召（23章）
16．塞維亞（24-26章）
A．旅途的磨難（24．5-15）
B．碧雅翠絲．天主之母的早年生活與聖召（26．2-15）

17・卡拉瓦卡（27章）

A・告誡與反省（27・10-19）

B・她的工作遭反對（27・20-21）

C・版權頁（27・22）

18・哈拉新鎮（28）

A・赤足男會士受迫害（28・1-7）

B・加大利納・卡多納的補贖生活（28・21-36）

19・帕倫西亞及赤足加爾默羅會獨立會省（29章）

20・索里亞（30章）

21・布格斯（31章）

22・跋

大德蘭生平紀要

1515	3月28日，生於西班牙亞味拉。 4月4日，領洗於聖洗者若翰堂區聖堂。
1522 7歲	和哥哥羅瑞格逃家，想要去摩爾人的地方殉道。

1528 13 歲	大德蘭的母親碧雅翠絲·奧瑪達逝世。
1531 16 歲	大德蘭的大姊瑪利亞·賽佩達結婚，居住在卡斯提亞諾斯。大德蘭進入恩寵聖母修院學校。
1532 17 歲	秋天，由於生病，大德蘭離開修院學校。
1533 18 歲	病後療養於奧提格薩，她的叔叔家，及卡斯提亞諾斯，她的大姊家。
1534 19 歲	她的哥哥葉南多前往祕魯。 （聖依納爵及其同伴，在巴黎的蒙馬特誓發聖願。）
1535 20 歲	大德蘭的哥哥羅瑞格前往南美拉普拉他。 11月2日，大德蘭離家，進入降生隱修院。 （英王亨利八世頒布至尊法案，自任英國教會的最高元首。）
1536 21 歲	11月2日，大德蘭在降生隱修院領會衣
1537 22 歲	11月3日，大德蘭在降生隱修院誓發修會聖願。

年份	年齡	事蹟
1538	23 歲	由於生病，離開降生隱修院，到貝賽達斯接受治療。停留在奧提格薩，她的叔叔家，及卡斯提亞諾斯，大姊的家。閱讀叔叔給她的書，奧思納的《靈修初步》（*The Third Spiritual Alphabet*）。
1539	24 歲	4月，開始接受貝賽達斯密醫的治療。 7月，病勢沉重地回到亞味拉父親家中。八月，陷入連續四天的昏迷。被帶回降生隱修院，她的癱瘓持續了三年。
1540	25 歲	11月5日，她的弟弟勞倫和業樂（Jeronimo）前去美洲，加入巴卡．卡斯楚的探險隊（the Expedition of Vaca de Castro）。
1542	27 歲	大德蘭因聖若瑟的代禱，獲得痊癒。她因假謙虛而放棄祈禱。 （教宗保祿三世頒布詔書，召集特利騰大公會議；聖十字若望誕生於方堤貝羅。）
1543	28 歲	大德蘭照顧她生病的父親，在他臨終前幫助他。（12月）
1544	29 歲	因家庭的告解神師文森德．巴隆神父的勸告，大德蘭重新修行祈禱。
1546	31 歲	元月18日，大德蘭的四位兄弟參加尹納基多戰役。 元月20日，大德蘭的弟弟安東尼在戰役中陣亡。 大德蘭的弟弟奧斯定跟著伯鐸．加斯卡（Pedro de la Gasca）的探險隊前往美洲。 （2月18日，馬丁路德逝世。）

1549	34 歲	大德蘭的三個弟弟勞倫、業樂和奧斯定參加Jaquijahuana戰役。
1553	38 歲	大德蘭的小妹華納・奧瑪達和若望・奧巴耶在奧爾巴結婚。
1554	39 歲	四旬期，大德蘭在基督受傷的態像前，經驗到深奧的悔改。開始請教耶穌會的神父，狄耶各・沈迪納（Diego de Cetina）。
1555	40 歲	若望・布蘭達諾斯（Juan de Prádanos）成為大德蘭的告解神師。
1556	41 歲	5月，大德蘭得到神訂婚的恩寵。巴達沙・奧瓦雷思成為大德蘭的神師。
1557	42 歲	聖方濟・博日亞（Francis Borgia）路過亞味拉，大德蘭向他請教。她深愛的哥哥羅瑞格越過安地斯山脈，死於智利的戰役。
1559	44 歲	開始有基督的理智神見。（教宗保祿四世逝世，碧岳四世繼任。宗教法庭審判官費爾南多・瓦耳德斯〔Fernando Valdés〕出版禁書目錄。）

1560 45 歲	1561 46 歲	1562 47 歲
開始有耶穌基督的想像神見。她被命令要嘲笑神見，並做出輕視的舉動。 當她留在紀爾瑪・于佑雅（Guiomar de Ulloa）的家時，得到神箭穿心的恩寵。 聖伯鐸・亞爾剛大拉來到亞味拉，他向大德蘭保證，她的靈性恩惠是天主的工作。 地獄的可怕神見。 開始談論建立新院。 寫給伯鐸・伊巴涅斯（Pedro Ibáñez）她的靈修生活自述，即《自傳》如今尚存的第一版本。	4月4日，加斯帕・薩拉札（Gaspar de Salazar）到亞味拉，擔任耶穌會院的院長。 8月，買下首座革新隱修院的房子。 8月12日，聖佳蘭許諾幫助她。 聖誕節，省會長命令她去托利多，陪伴露薏莎・瑟達夫人。	1月至6月，居住在托利多；遇見賈熙亞・托利多。 3月，會見瑪利亞・耶穌，獲悉《原初會規》中的修行貧窮。 6月，結束她的《自傳》第一版本，從托利多回到亞味拉。 7月，在亞味拉，收到來自羅馬的聖若瑟隱修院建院恩准詔書，簽署日期為2月7日。 8月24日，建立聖若瑟隱修院，首座革新修院。四位初學生領會衣。大德蘭被召回降生隱修院。 8月29日，市民提告，反對新修院。 10月9日，伯鐸・亞爾剛大拉逝世。 12月，大德蘭獲得省會長准許，遷至聖若瑟隱修院，同時帶了四位降生隱修院的修女同去。改會名為德蘭・耶穌修女。

1567 52 歲	1566 51 歲	1565 50 歲	1564 49 歲	1563 48 歲
2月18日，總會長魯柏來亞味拉視察。 4月27日，魯柏授權大德蘭建立其他的隱修院。 5月16日，在另一封許可證書中，總會長清楚申明，他的許可不包括安大路西亞。 8月15日，在梅地納建立第一座新院。 8月16日，魯柏准許建立兩座大德蘭的男會院，但不許在安大路西亞建立。 大德蘭在梅地納會晤聖十字若望，說服他加入她的革新工作。	大德蘭結束《全德之路》的第一版本，也可能完成第二版本；她也寫了《默想雅歌》。 墨西哥的方濟會傳教士，亞龍索·曼多納多，來拜訪聖若瑟隱修院。 （1月，碧岳五世當選為教宗，碧岳四世逝世於之前一個月。）	1月，大德蘭的哥哥葉南多死於哥倫比亞。 7月17日，教宗碧岳四世的詔書，批准新隱修院守貧窮，及隸屬於教區主教。	5月21日，魯柏當選為加爾默羅會總會長。 10月21日，聖若瑟隱修院的四位修女發初願。	大德蘭被任命為院長，安納·聖若望（Ana de San Juan, Dávila）返回降生隱修院。 為聖若瑟隱修院寫《會憲》，經亞味拉主教阿爾巴羅·曼多撒贊同，一五六五年經教宗碧岳四世批准。 （特利騰大公會議閉幕於12月4日。）

1568 53 歲	1569 54 歲
1月，離開梅地納到亞爾加拉，拜訪瑪利亞．耶穌的新修院。 3月，到托利多，在那裡，同意在馬拉崗建院。 4月，建立馬拉崗隱修院。 5月19日，離開馬拉崗，前往瓦亞多利，途經托利多、埃斯卡洛納（Escalona）、亞味拉、杜魯耶洛和梅地納。 8月15日，在瓦亞多利建院。 在瓦亞多利，大德蘭教導聖十字若望她的生活方式。十字若望後來去杜魯耶洛準備房子，作為男會士的首座修院，時為11月28日。 10月31日，大德蘭接獲聖若望．亞味拉（St. John of Avila）的信，讚許她在《自傳》中所寫的。 （摩爾人在革拉納達叛亂。）	2月，離開瓦亞多利；路過梅地納，探望杜魯耶洛的男會士，停留在亞味拉。 3月24日，抵達托利多。 5月14日，建立托利多隱修院。 5月30日，離開托利多到巴斯特日納；8天停在馬德里的赤足皇家修道院（收納貴族的赤足方濟會修女）；遇見瑪利安諾。 6月23日，建立巴斯特日納的女隱修院。 7月13日，建立巴斯特日納的男會院。 寫她的《獨白》（*Soliloquies*）。 8月26日，指定兩位加爾默羅會的視察員：伯鐸．斐南德斯O.P.和方濟各．巴加斯O.P.。

1570 55 歲	1571 56 歲	1572 57 歲	1573 58 歲	1574 59 歲
10 月 10 日，在巴斯特日納，大德蘭參加安布羅西歐・瑪利安諾・聖貝尼多和若望・慈悲的發願禮。 11 月 1 日，建立撒拉曼加隱修院。 （教宗碧岳五世絕罰英國伊麗莎白女王一世。）	1 月 25 日，建立奧爾巴隱修院。 10 月 14 日，大德蘭在降生隱修院擔任院長。	安排聖十字若望來降生隱修院，擔任駐院司鐸和告解神師。熱羅尼莫・古嵐清進入初學院。 寫她的 *Response to a Spiritual Challenge*。 （奧曼尼多大使抵達西班牙。）	8 月 25 日，大德蘭開始寫《建院記》。	3 月，和聖十字若望從奧爾巴到塞谷維亞，3 月 19 日，在塞谷維亞建立隱修院。 4 月 6－7 日，因大德蘭的命令，修女們放棄巴斯特日納隱修院，塞谷維亞隱修院接納她們。 10 月 6 日，結束她在降生隱修院的院長任期。

1575 60 歲	1576 61 歲
2月24日，在貝雅斯建院。4月至5月，首次會晤古嵐清。 5月18日，離開貝雅斯到塞維亞。 5月24日，在埃西哈的聖安納聖堂，許願服從古嵐清。 5月29日，塞維亞建院。 8月12日，她的弟弟勞倫從美洲返回。 12月，有人向塞維亞的宗教法庭告發她。 接到碧山城會議給她的命令，要她退隱到卡斯提的一座隱修院內。	1月1日，卡拉瓦卡建院，是大德蘭命令安納．聖雅爾伯去建立的。 寫她靈修生活的報告，呈給羅瑞格．阿爾巴雷斯S．J．，他是塞維亞宗教法庭的顧問。 5月28日，偕同她的弟弟及其家人，離開塞維亞，數天停留在奧默多瓦和馬拉崗。 6月23日，抵達托利多。 8月，寫《論視察》（*On Making the Visitation*）。

1577 62 歲	1578 63 歲
2 月 6 日，寫《諷刺的批評》（*Satirical Critique*）。 6 月 2 日，開始寫《靈心城堡》。 6 月 18 日，奧曼尼多大使逝世。 7 月，她前往亞味拉。 8 月 29 日，新大使謝加抵達馬德里。 11 月 29 日，大德蘭寫完《靈心城堡》。 12 月 3 日，聖十字若望被囚禁，次日大德蘭寫信給國王，代替聖人請求援救和公道。 12 月 24 日，在亞味拉聖若瑟隱修院的樓梯摔斷左手臂，斷骨一直沒有接好，導致餘生手臂傷殘。	7 月 23 日，發表相反的宗座詔書，取消古嵐清的宗座視察員職權。 8 月 9 日，皇家會議禁止赤足會服從謝加。 8 月 14－15 日，聖十字若望逃出托利多牢房。 10 月 9 日，大德蘭的男會士在奧默多瓦召開會議，不顧大德蘭更好的看法，選舉安道・耶穌神父為省會長。 10 月 16 日，謝加廢止會議的決定，把大德蘭的男會士和隱修女隸屬於非赤足加爾默羅會省會長的管轄。 11 月 4 日，總會長魯柏逝世。

1579 64 歲	1580 65 歲
4月1日，謝加剝奪管轄大德蘭男會士和隱修女的省會長職權，任命安赫・薩拉察為代理總會長。 6月，大德蘭再度踏上旅途：梅地納、瓦亞多利、撒拉曼加、奧爾巴、亞味拉、托利多。 11月24日，抵達馬拉崗，致力於加速新修院的建造工程。 12月8日，修女們遷入新修院，這是根據大德蘭的設計而建造的唯一修院。	2月，在哈拉新鎮建院。 3月，大德蘭離開哈拉新鎮，回到托利多，那時她身患重病。 6月，離開托利多，前往塞谷維亞，途經馬德里。在塞谷維亞的會客中，古嵐清和狄耶各・揚嘉思（Diego Yanguas, O.P.）在大德蘭面前審閱和「修正」《靈心城堡》。 6月22日，宗座詔書 *Pia consideratione* 允許大德蘭的男會士和隱修女成立獨立的會省。 6月26日，大德蘭的弟弟勞倫先生逝世。 8月8日，她抵達瓦亞多利，生了重病。 12月8日，離開瓦亞多利，前往帕倫西亞，次日在該地建院。 （葡萄牙的國王逝世，無人繼承王位。斐理伯二世聲稱有權繼承王位，命令奧爾巴公爵入侵葡萄牙。）

1581 66 歲	1582 67 歲
3月3日，在亞爾加拉召開會議，考慮大德蘭寫信給古嵐清所談及制定修女們的法規。 3月4日，古嵐清當選為省會長。 6月30日，在索里亞建院。 9月10日，在亞味拉，瑪利亞．基督放棄院長職，大德蘭當選為院長。 11月28日，聖十字若望到達亞味拉，渴望說服大德蘭去革拉納達建院，但是她婉言謝絕了。 （斐理伯二世被公認為葡萄牙的國王。Legazpi和Urdaneta發現馬尼拉。）	1月2日，大德蘭離開亞味拉，最後一次上路，前往布格斯建院。 1月20日，聖十字若望和安納．耶穌在革拉納達建院。 4月19日，布格斯的建院終於達成。 7月26日，離開布格斯。 8月2日，停在帕倫西亞。 8月25日，到達瓦亞多利。 9月15日，離開瓦亞多利，到達梅地納。 9月19日，離開梅地納，因安道神父的命令，前往奧爾巴。 9月20日，約傍晚6點，抵達奧爾巴。 9月29日，重病臥床不起；宣布她的死期已近。 10月3日，領告解和終傅聖事。 10月4日，晚上9點以「教會的女兒」之名逝世，享年67歲。 （教宗國瑞十三世改革陽曆，把一五八二年10月4日以後的日期提前10日，即緊接著的日子是10月15日，所以大德蘭逝世的日子變成10月15日。）

1614	4月24日，教宗保祿五世宣封她為真福。
1622	3月12日，教宗國瑞十五世宣封她為聖人，同時列聖的聖人：希道（Isidore）、依納爵、方濟．薩威、斐理．乃立（Philip Neri）。
1970	9月27日，教宗保祿六世宣封她為教會聖師，她成為首位的女性教會聖師。

大德蘭的建院與行程

年份	行程
1567	亞味拉、阿雷巴羅、**梅地納**、馬德里、亞爾加拉
1568	亞爾加拉、馬德里、托利多、馬拉崗、托利多、亞味拉、杜魯耶洛、奧爾巴、梅地納、**瓦亞多利**
1569	瓦亞多利、梅地納、杜魯耶洛、亞味拉、**托利多**、馬德里、**巴斯特日納**、馬德里、托利多
1570	托利多、馬德里、巴斯特日納、馬德里、托利多、亞味拉、**撒拉曼加**
1571	撒拉曼加、**奧爾巴**、阿雷巴羅、亞味拉、梅地納、阿雷巴羅、亞味拉

1572	……
1573	亞味拉、奧爾巴、亞味拉、撒拉曼加
1574	撒拉曼加、奧爾巴、梅地納、阿雷巴羅、**塞谷維亞**、亞味拉、瓦亞多利
1575	瓦亞多利、梅地納、亞味拉、托利多、馬拉崗、**貝雅斯**、哥多華、**塞維亞**
1576	塞維亞、哥多華、馬拉崗、托利多
1577	托利多、亞味拉
1578	……
1579	亞味拉、阿雷巴羅、梅地納、撒拉曼加、亞味拉、托利多、馬拉崗
1580	馬拉崗、托利多、**哈拉新鎮**、托利多、塞谷維亞、亞味拉、阿雷巴羅、梅地納、瓦亞多利、**帕倫西亞**
1581	帕倫西亞、奧斯瑪的布爾格、**索里亞**、奧斯瑪的布爾格、塞谷維亞、亞味拉
1582	亞味拉、阿雷巴羅、梅地納、瓦亞多利、帕倫西亞、**布格斯**、帕倫西亞、瓦亞多利、梅地納、奧爾巴

興建嘉義大林聖若瑟
加爾默羅聖衣會隱修院

一天天，一年年，隱修者，在靜寂中，為普世人類祈禱，

以生命編串出愛的樂章，頌揚天主的光榮！

急需您的幫助…

捐款的方式：郵政劃撥或銀行支票　請註明「為嘉義修院興建基金」

郵撥帳號－芎林修院：05414285　深 坑修院：18931306

傳真－芎林修院：03-5921534　深 坑修院：02-26628692

郵政劃撥、銀行支票受款戶名：財團法人天主教聖衣會

※所有捐款均可開立正式收據

嘉義大林聖若瑟加爾默羅隱修院的建築藍圖

國家圖書館出版品預行編目資料

聖女大德蘭的建院記：十六世紀隱修女的創業家、旅行家、管理者的奇妙旅程／大德蘭 St.Teresa of Avila 作．加爾默羅聖衣會譯
——初版，—— 臺北市：星火文化，2017 年 12 月
面；　公分．——（加爾默羅靈修；14）
譯自：Libro de las Fundaciones

ISBN 978-986-95675-0-3（平裝）

1. 德蘭（Teresa of Avila）　2. 天主教

249.9461　　106019920

加爾默羅靈修 014

聖女大德蘭的建院記：
十六世紀隱修女的創業家、旅行家、管理者的奇妙旅程

作者	大德蘭 Teresa of Avila
譯者	加爾默羅聖衣會
封面圖片	特別感謝攝影家范毅舜
封面設計暨內頁排版	Neko
總編輯	徐仲秋
出版者	星火文化有限公司
地址	台北市衡陽路七號八樓 購書相關資訊，請洽（02）23757911 分機 121
香港發行	里人文化事業有限公司 “Anyone Cultural Enterprise Ltd” 地址：香港 新界 荃灣橫龍街 78 號 正好工業大廈 22 樓 A 室 22/F Block A, Jing Ho Industrial Building, 78 Wang Lung Street, Tsuen Wan, N.T., H.K. Tel ：(852) 2419 2288　Fax ：(852) 2419 1887 Email: anyone@biznetvigator.com
印刷	韋懋實業有限公司

2017 年 12 月 4 日初版　　Printed in Taiwan
ISBN 978-986-95675-0-3　　定價／ 380 元